Soziologische Theorie

D1665771

Soziologische Theorie

*Richard Münch* ist Professor für Soziologie an der Universität Bamberg.

Richard Münch

# Soziologische Theorie

Band 1: Grundlegung durch die Klassiker

Campus Verlag
Frankfurt/New York

Bibliografische Information der Deutschen Bibliothek
Die Deutsche Bibliothek verzeichnet diese Publikation in der Deutschen Nationalbibliografie.
Detaillierte bibliografische Daten sind im Internet über http://dnb.ddb.de abrufbar.
ISBN 3-593-37589-3

Studienausgabe

Besuchen Sie uns im Internet: www.campus.de

# Inhaltsverzeichnis

# Vorwort

Nichts ist schwieriger, als ein Lehrbuch zu verfassen. In der Regel geschieht dies deshalb arbeitsteilig. Es dennoch als Einzelautor zu versuchen, erfordert viel Zeit. So ist der vorliegende Band 1 dieses dreibändigen Lehrbuchs wie die anderen zwei Bände über lange Jahre gewachsen. Kapitel sind bearbeitet und als Vorlesungsmaterial genutzt worden, dann wieder liegen geblieben, erneut bearbeitet worden und wieder liegen geblieben, bis das Lehrbuch jetzt die Form für die Publikation gefunden hat. Ich hoffe, es kann damit gut gearbeitet werden.

Grundlage des Lehrbuchs war eine erste, 1994 bei Nelson Hall (Chicago) in englischer Sprache erschienene Fassung. Dieser Text musste ins Deutsche übersetzt werden. Außerdem wurde er überarbeitet und ergänzt. Die Übersetzung von Band 1 wurde von Michael Opielka in erster Fassung erstellt und von mir korrigiert und überarbeitet. Das gilt auch für die Zitate aus den englischen Originaltexten der hier behandelten Autoren. Brigitte Münzel hat eine schließlich korrigierte Fassung erstellt. Martin Hartmann hat das Manuskript von Verlagsseite durchgesehen und wertvolle Hinweise zur Bearbeitung gegeben. Tina Guenther hat zusätzlich Korrektur gelesen, das Glossar und die Liste der Orientierungsfragen erstellt. Judith Polterauer hat das Literaturverzeichnis, das Namen- und das Sachverzeichnis bearbeitet. Die Formatierung für den Druck hat schließlich Annerose Baum vorgenommen. Allen Beteiligten an dem Projekt sei für ihre Unterstützung herzlich gedankt.

Editorischer Hinweis: Fettgedruckte Begriffe sind im Glossar am Ende des Bandes erläutert. Jedes Kapitel enthält am Anfang eine biografische Einleitung und am Ende eine Zusammenfassung, eine kritische Würdigung und eine knappe Skizzierung der Wirkungsgeschichte sowie Orientierungsfragen und Literaturempfehlungen.

Bamberg, im März 2002                    Richard Münch

# Einleitung

Gegenstand des ersten Bandes dieses dreibändigen Lehrbuchs ist die Grundlegung der Soziologischen Theorie durch die Klassiker in der Gründungsphase zwischen 1850 und 1920. Die Beiträge der Klassiker sollen in ihren jeweils eigenen theoriegeschichtlichen Kontext gestellt, in ihrem spezifischen Gehalt systematisch herausgearbeitet und auf ihre Tragfähigkeit hin geprüft werden. Wir gehen dabei von der grundlegenden Überzeugung aus, dass die Klassiker auch heute noch aktuell sind und eine eingehende Auseinandersetzung mit ihrem Denken auch für die gegenwärtige Soziologische Theorie unverzichtbar ist (Münch, 2001). Ihr Werk ist durch spätere Theorieentwicklungen ergänzt und erweitert, aber keineswegs ersetzt worden. Am Modell der Naturwissenschaften gemessen, wird dieser Entwicklungsstand der Soziologie gern als Zeichen der Unreife interpretiert, um Anstrengungen zur Herausbildung einer soziologischen Einheitswissenschaft zu rechtfertigen. Alle derartigen Versuche haben bisher allerdings immer zu einer Unterwerfung der Vielfalt des soziologischen Denkens unter die beanspruchte – wenn auch nie realisierte – Herrschaft eines Paradigmas geführt, mit dem Ergebnis der Verarmung des soziologischen Wissens. In den 1950er Jahren hat der Strukturfunktionalismus diese Rolle gespielt (Parsons, 1951), in der Gegenwart treten der Rational-Choice-Ansatz (Coleman, 1990; Esser, 1996) und die Systemtheorie (Luhmann, 1984) mit diesem Anspruch auf. Jeder dieser Versuche bedeutet letzten Endes immer, dass eine spezifische Sicht auf die soziale Welt fälschlicherweise für das Ganze gehalten wird, mit der Konsequenz, dass die Soziologie einen großen Teil ihrer Einsichten auf dem Altar eines den Naturwissenschaften nacheifernden Kultes der Einheitswissenschaft opfern muss.

Dem Kult der Einheitswissenschaft liegt schon ein falsches Bild der Naturwissenschaften zu Grunde. Auch die Naturwissenschaften sind in eine Vielzahl von Disziplinen, Subdisziplinen, Disziplinenverbindungen, Forschungszweige, Forschungsrichtungen und methodische Vorgehensweisen differenziert. Es kann deshalb nicht im Geringsten davon gesprochen werden, dass sie alle einem einzigen Paradigma folgen. Eine echte Konkurrenz findet nur in einem jeweils eng begrenzten Forschungsfeld statt. Jenseits eng begrenzter Forschungsfelder stehen die unterschiedlichen Forschungsfelder und Forschungsrichtungen weniger in einem Konkurrenzverhältnis und mehr in einem arbeitsteiligen Ergänzungsverhältnis zueinander. Das ist die Realität der Naturwissenschaften, die von der Ausdifferenzierung der Soziologie in eine Vielzahl von Forschungsfeldern, Forschungsrichtungen und damit verbundenen Theorieansätzen gar nicht so weit entfernt ist. In der Mehrzahl handelt es sich dabei um arbeitsteilig sich ergänzende Vorgehensweisen und nicht um konkurrierende Theorien und Hypothesen, von denen jeweils nur eine wahr sein kann.

Es hat demgemäss keinen Sinn, nach dem alles andere überragenden Theorieansatz zu suchen, der die Weiterführung anderer Theorieansätze überflüssig machen würde. Da sich die meisten Theorieansätze durch die Beleuchtung unterschiedlicher Aspekte und Erscheinungen der sozialen Realität unterscheiden, sind sie jeweils besonders geeignet, um diese Aspekte und Erscheinungen verstehen und erklären zu können, aber weniger hilfreich, um andere Aspekte und Erscheinungen zu untersuchen, für die andere Ansätze zur Verfügung stehen. Konkurrenz kann nur innerhalb begrenzter Untersuchungsbereiche sinnvoll ausgetragen werden, aber nicht über deren Grenzen hinaus. Jenseits solcher Grenzen herrscht eher Arbeitsteilung als Konkurrenz.

Was wir so weit allgemein festgestellt haben, gilt auch für die Klassiker. Keiner von ihnen hat einen Beitrag geleistet, der alle anderen übertrumpft, keiner von ihnen ist überflüssig und durch einen oder mehrere andere ersetzbar. Herbert Spencer, Karl Marx, Vilfredo Pareto, Georg Simmel, Emile Durkheim, Max Weber und George Herbert Mead – die in diesem Band in jeweils einem eigenen Kapitel zur Sprache kommen – haben zur Grundlegung der Soziologie einen je spezifischen Beitrag beigesteuert, der in seiner Eigenart und seinem theoriegeschichtlichen Kontext verstanden werden muss, um von ihm einen fruchtbaren Gebrauch machen zu können. Ihre Beiträge lassen sich nicht ohne Verlust ihres wesentlichen Informationsgehalts als kleines Element in das Korsett eines einzigen Paradigmas mit Monopolanspruch hineinzwängen. Wenn wir etwas über die Selektions- und Integrationsleistung von Märkten jenseits von staatlicher und rechtlicher Regulierung erfahren wollen, dann müssen wir Herbert Spencer zu Rate ziehen. Wir finden dazu bei ihm mehr Anhaltspunkte als bei den anderen Klassikern. Interessieren uns die inneren Widersprüche und die Entwicklungsdynamik des Kapitalismus oder die Dialektik von Produktionskräften und Produktionsverhältnissen, dann ist immer noch Karl Marx die richtige Adresse. Die Dynamik von Machtgewinn und Machtverlust kann am besten mit Hilfe von Vilfredo Pareto untersucht werden, die Dialektik von Konflikt und Integration mit Hilfe von Georg Simmel. Wie soziale Ordnung produziert und reproduziert wird und welch grundlegenden Strukturwandel von Solidarität und sozialer Ordnung die Entfaltung der Arbeitsteilung über alle Gemeinschaftsgrenzen hinaus mit sich bringt, hat kein anderer Klassiker so gut dargelegt wie Emile Durkheim. Dagegen müssen wir auf Max Weber zurückgreifen, um ein angemessenes Verständnis der Herausbildung und der Paradoxien des spezifisch westlichen Rationalismus der Weltbeherrschung zu gewinnen. George Herbert Mead richtet wie kein anderer Klassiker unseren Blick auf die Interaktion zwischen persönlicher Identitätsbildung und Vergesellschaftung.

Wenn auch Spencer, Marx, Durkheim, Weber und Simmel in der Entwicklung des Kapitalismus einen gemeinsamen Untersuchungsgegenstand haben, stehen sie dennoch nicht im Wettbewerb um die Wahrheit von einander widersprechenden spezifischen Hypothesen. Vielmehr beleuchten sie jeweils einen anderen Aspekt ihres Untersuchungsgegenstands und ergänzen sich über weite Strecken gegenseitig. Jeder Beitrag hat seine blinden Flecken, die man gerade mit Hilfe der anderen Beiträge entdecken und ausgleichen kann. Das alles gilt nicht nur für die inhaltliche Seite, sondern auch für die methodische. Wir müssen uns nicht grundsätzlich für Durkheims Grundbegriff des sozialen Tatbestands oder für Webers Grundbegriff des sozialen Handelns entscheiden. Beide Grundbegriffe bringen eine je spezifische Qualität des Sozialen zum Ausdruck; welcher Begriff für eine soziologische Analyse angemessen ist, richtet sich nach dem Untersuchungsgegenstand. Max Webers idealtypisch verfahrende, verstehende Soziologie bietet sich für die historische Erklärung etwa der Herausbildung des Geistes des Kapitalismus aus der Ethik des asketischen Protestantismus an, das impliziert aber nicht ihre generelle Überlegenheit gegenüber der auf gesetzmäßige Zusammenhänge des Strukturwandels zielenden strukturanalytischen Methode Emile Durkheims. Auch die Einsichten von Simmels formaler Soziologie in allgemeine Gesetzmäßigkeiten der Wechselwirkung sind nicht durch eine idealtypisch verfahrende, immer auf den Einzelfall bezogene historische Erklärung im Sinne von Webers verstehender Soziologie zu gewinnen. Dasselbe gilt natürlich auch in der umgekehrten Richtung.

Es ist infolgedessen besser, einen anderen Weg der Integration des soziologischen Wissens zu gehen als den Weg der Reduktion von Vielfalt durch das Monopol eines Paradigmas als Korsett einer Einheitswissenschaft. Dieser Weg besteht darin, möglichst genau zu ermitteln, für welche Untersuchungszwecke und für welchen Untersuchungsgegenstand ein Theorieansatz bzw. eine Forschungsrichtung oder eine Forschungsmethode besonders geeignet ist, und die unterschiedlichen Paradigmen zu einem Netzwerk zu verknüpfen, mit dessen Hilfe ein möglichst breites und in sich differenziertes Spektrum der sozialen Realität eingefangen werden kann. An die Stelle einer Hierarchie mit Prämissen und abgeleiteten Hypothesen der paradigmatisch verengten Einheitswissenschaft tritt dann das Netzwerk unterschiedlicher Paradigmen. Erkenntnisfortschritte werden dabei dadurch erzielt, dass es gelingt, lose Enden zwischen den Paradigmen miteinander zu verknüpfen, Löcher im Netzwerk durch Verknüpfungen zu beseitigen und die Maschen immer enger zusammenzuziehen, sodass die soziale Realität breiter, differenzierter und tiefer erschlossen werden kann. Das gelingt zunächst durch die Verknüpfung von eng miteinander verwandten Paradigmen. Da auch sie sich meistens ergänzen, können – durch ihre Verknüpfung – bestimmte Teile der sozialen Realität genauer erfasst werden als nur mit Hilfe eines Paradigmas. Außerdem kann auf einem enger begrenzten Untersuchungsfeld neben der Arbeitsteilung auch ein Stück weit Konkurrenz entstehen und zur Präzisierung der Aussagen zwingen. Darüber hinaus sind auch Verknüpfungen von weiter voneinander entfernt liegenden Paradigmen erforderlich, um die Interaktion unterschiedlicher Kräfte in konkreten Erscheinungen zu untersuchen. Um den Kapitalismus in seiner Entwicklungsdynamik zu erfassen, müssen wir seine Kultur (Max Weber) mit seiner materiellen Basis (Karl Marx), seiner Solidaritätsstruktur (Emile Durkheim) und seiner Machtdynamik (Vilfredo Pareto) in Verbindung bringen.

Das Fangnetz der soziologischen Paradigmen hat eine vertikale und eine horizontale Achse. Auf der vertikalen Achse können Interaktion, Organisation und Gesellschaft als drei Ebenen der sozialen Wirklichkeit unterschieden werden (Luhmann, 1997: 812–847). Dazu passt die Unterscheidung von Handlungstheorie, Organisationstheorie und Gesellschaftstheorie. Soziologische Theorien können sich auf die Untersuchung (1) der Feinheiten der sozialen Interaktion zwischen einer überschaubaren Zahl von Akteuren, (2) der Organisation des zwischenmenschlichen Handelns in Behörden, Unternehmen, Verbänden oder Kirchen oder (3) der Strukturen und Dynamiken großer gesellschaftlicher Einheiten spezialisieren. Sie können aber auch die Beziehung zwischen den drei Ebenen thematisieren, gegebenenfalls ausgehend von einem spezifischen Fokus auf einer der drei Ebenen. So ist es einerseits möglich, sich mit einer Handlungstheorie auch dem Aufbau der Ordnung des Handelns in Organisationen und in der größeren Einheit der Gesellschaft zu nähern. Andererseits kann der Fokus auf der Gesellschaft liegen, um von dort die Konkretisierung gesellschaftlicher Zusammenhänge in Organisationen und Interaktionssituationen zu betrachten.

Auf der horizontalen Achse spielt sich das soziale Handeln zwischen zwei Polen ab: der materiellen und der ideellen Seite, der materiellen und symbolischen Reproduktion von Handeln, Organisation und Gesellschaft. Jedes menschliche Handeln ist mit mehr oder weniger Mitteln ausgestattet, um unter gegebenen äußeren Bedingungen (materielle Seite) in einem kulturellen und normativen Rahmen bestimmte Ziele zu verwirklichen (ideelle Seite). Handeln hat eine materiell-strategische Seite, indem es unter gegebenen Bedingungen Mittel einsetzt, um Ziele zu erreichen, und eine ideell-kommunikative Seite, indem versucht wird, über die Wahrheit von Wissen, die Richtigkeit von Normen und die Wahrhaftigkeit von expressiven Äußerungen eine Verständigung unter den beteiligten Akteuren herbeizuführen (Habermas, 1981, Bd. 1: 114–151). Handlungstheorien können mehr die eine oder die andere Seite beleuchten. Die materielle und strategische Seite des Handelns ist der Gegenstand von ökonomischen Theorien und Konflikttheorien. Ökonomische Theorien betrachten Handeln als eine Nutzenmaximierung. Akteure begegnen sich als nützliche Tauschpartner oder Konkurrenten auf einem Markt. Alle Tauschpartner auf dem Markt können Gewinne erzielen, selbst Konkurrenten müssen sich nicht gegenseitig die Gewinne schmälern, wenn die Konkurrenz zu einer Steigerung des Konsums führt. Konflikttheorien sehen Handeln als Zielverwirklichung. Akteure betrachten sich wechselseitig als Hindernisse, die bei der Zielverwirklichung durch den Einsatz von Macht überwunden werden müssen. Deswegen kommen sie zwangsläufig in Konflikt miteinander. Sie befinden sich in einem Nullsummenspiel; der Gewinn des einen bedeutet den Verlust des anderen in gleicher Höhe. Die kommunikative Seite des Handelns ist Gegenstand von Theorien der Lebenswelt und von Theorien der Kommunikation. Theorien der Lebenswelt interpretieren Handeln als Teil einer vom normativen Einverständnis der Beteiligten geprägten Lebenswelt. Kommunikationstheorien deuten Handeln als Vollzug einer Praxis der Verständigung über den Sinngehalt, die Wahrheit, Richtigkeit oder Wahrhaftigkeit von Äußerungen.

Wie auf der Ebene der Interaktion können wir auch auf der Ebene der Organisation die strategische von der kommunikativen Seiten in jeweils zwei Varianten unterscheiden. Organisationen können einerseits unter den Gesichtspunkten der ökonomischen Arbeitsteilung oder der Machtverteilung, andererseits unter den Gesichtspunkten des normativen Einverständnisses der Organisationsgemeinschaft oder der Kultur und Kommunikation der Organisationsmitglieder untersucht werden. Dasselbe gilt für die Ebene der Gesellschaft. Theorien der Gesellschaft können einerseits Wirtschaft und Märkte oder Herrschaft und Macht, andererseits Zivilgesellschaft und Assoziationen oder Kultur und Kommunikation fokussieren.

Was wir über die Spezialisierung der soziologischen Theorien bezüglich der vertikalen Achse der sozialen Wirklichkeit gesagt haben, gilt auch für die horizontale Achse. Theorien können ihren Fokus auf eine bestimmte Seite und dort auf einen bestimmten Teil der gesellschaftlichen Reproduktion richten und es dabei bewenden lassen. Sie können aber auch von dort ausgehend in einem weiteren Schritt die Ausstrahlung des fokussierten Feldes der gesellschaftlichen Reproduktion auf die anderen Felder betrachten. Es ist auch möglich, dass sie direkt die Interaktion zwischen zwei Feldern im Auge haben oder versuchen, alle Felder gleichgewichtig in ihrem Beitrag zur gesellschaftlichen Reproduktion zu erfassen. Da jedoch alle soziologischen Theorien zu einem spezifischen Fokus neigen, sind wir auf eine möglichst breite Einbeziehung von Theorieansätzen angewiesen, um ein breit angelegtes und tiefes Verständnis der sozialen Wirklichkeit zu gewinnen (Tabelle 1).

Tabelle 1: Ebenen und Felder der Vergesellschaftung

| | Materielle Reproduktion durch | | Symbolische Reproduktion durch | |
|---|---|---|---|---|
| Gesellschaft | Wirtschaft Geld | Politik Macht | Zivilgesellschaft Einfluss | Kultur Wertbindungen |
| Organisation | Arbeitsteilung | Herrschaft | Vereinigung | Diskurs |
| Interaktion | Nutzenmaximierung und Austausch | Zielverwirklichung und Konfliktaustragung | Reproduktion von Strukturen der Lebenswelt und Kooperation | Sinnkonstruktion und Kommunikation |

Die klassischen und die nachklassischen Beiträge lassen sich im Netzwerk der Soziologischen Theorie nach ihrem jeweiligen Fokus annäherungsweise auf der vertikalen und der horizontalen Achse verorten, sodass ihre spezifische Erklärungsleistung erkennbar wird. Wenn wir eine solche Verortung vornehmen, dann müssen wir allerdings eine Entscheidung treffen, welcher Aspekt eines komplexeren Theorieansatzes den im Vergleich mit anderen Theorieansätzen spezifischen, in besonderer Prägnanz ausgeprägten Beitrag zum Netzwerk der Soziologischen Theorie ausmacht. Wir nehmen z.B. eine Zuordnung zu den Handlungstheorien vor, wenn auf die Ausarbeitung der Handlungstheorie besonderes Augenmerk gelegt wird, der Blick auf Organisation und Gesellschaft von unten, von der Interaktionssituation aus gerichtet wird, um dem Aufbau der Gesellschaft von unten besonderes Augenmerk zu schenken. Umgekehrt erfolgt die Zuordnung zur Gesellschaftstheorie, wenn die soziologische Analyse größerer gesellschaftlicher Zusammenhänge und historischer Entwicklungen im Vordergrund steht, obwohl dies auf einer handlungstheoretischen Grundlage geschieht. Die verstehende Soziologie Max Webers hat beispielsweise eine handlungstheoretische Grundlage, dennoch nimmt die vergleichende Untersuchung größerer gesellschaftlicher Zusammenhänge bei Max Weber einen so breiten Raum ein, dass eine Zuordnung zur Handlungstheorie im engeren Sinn – wie dies z.B. im Falle des Symbolischen Interaktionismus geboten ist – der Interpretation von Max Webers spezifischem Beitrag zur Soziologie nicht gerecht würde. Es wird ja auch häufig von Max Webers Gesellschaftsgeschichte gesprochen.

Unter „Gesellschaft" soll alles verstanden werden, was auf der Makroebene angesiedelt ist und weit über nationale Gesellschaften auf die Weltgesellschaft und auf supranationale Kulturen hinausgreift. Gesellschaftstheorie meint dementsprechend nicht eine Theorie der nationalen Gesellschaft, sondern Makrosoziologie im weitesten Sinn mit einem Fokus auf Strukturen und Prozessen oberhalb der Ebene von Organisationen, also auf der makrosozialen Ebene von nationaler, supranationaler – z.b. europäischer – und globaler Gesellschaft und Gesellschaften übergreifenden Kulturen. Mit der Zuordnung zur Gesellschaftstheorie ist also weder eine Fixierung auf nationale Gesellschaften noch eine Thematisierung von Gesellschaft ohne handlungstheoretisches Werkzeug impliziert; allein der Fokus der Untersuchung auf größere makrosoziale und kulturelle Zusammenhänge ist für diese Zuordnung entscheidend.

Ein Gegenstück zur überwiegenden Verortung von Max Webers Werk auf der Ebene der Gesellschaftstheorie trotz handlungstheoretischer Grundlegung wäre unter den neueren Theorieansätzen der Gegenwart die überwiegende Verortung von James Colemans *Foundations of Social Theory* (1990) auf der Ebene der Handlungstheorie, obwohl Coleman erhebliche Anstrengungen unternommen hat, um von der Mikroebene des Handelns über die Mesoebene von organisierten Handlungssystemen zur Makroebene der Gesellschaft aufzusteigen. Dabei wird allerdings der Untersuchung von mikrosozialen Gesetzmäßigkeiten ein so breiter Raum eingeräumt, dass eben im Vergleich zu Max Weber von der Gesellschaft doch verhältnismäßig wenig sichtbar wird, vor allem nicht in ihrer historisch konkreten Gestalt. Deshalb ist eine überwiegende Zuordnung von James Colemans Sozialtheorie zur Handlungstheorie gerechtfertigt.

Eine weitere Relativierung unserer Unterteilung in Ebenen der Vergesellschaftung müssen wir in der Hinsicht vornehmen, dass wir auf ein Ausfüllen der Kategorie Organisationstheorien in diesem Kontext verzichten, weil sich in der Allgemeinen Soziologischen Theorie doch eine Verteilung des primären Fokus auf die Makroebene oder die Mikroebene ausmachen lässt und von beiden Ebenen ausgehend in einem sekundären Schritt die Mesoebene von Organisationen untersucht wird. Dazwischen hat sich eine Schicht von Organisationstheorien herausgebildet, die jedoch in der Regel nicht im Rahmen der Allgemeinen Soziologischen Theorie diskutiert werden und zwar deshalb nicht, weil es sich meistens um organisationssoziologische Spezifizierungen von allgemeinen Theorien der Mikro- oder Makrosoziologie handelt. Beispielsweise gehört Max Webers Bürokratietheorie auch zu den Organisationstheorien. Bei Max Weber ist die

Bürokratietheorie jedoch in einen größeren gesellschaftlichen und geschichtlichen Zusammenhang eingebettet, weshalb wir gut daran tun, hier die primäre Verankerung in der Gesellschaftstheorie zu betonen und erst in einem sekundären Schritt die Mesoebene der Organisation in den Blick zu nehmen. Ebenso hat Niklas Luhmann wichtige Beiträge zur Organisationstheorie geleistet, die von seiner allgemeinen Systemtheorie gespeist werden. Diese Systemtheorie erstreckt sich auf alle drei Ebenen der sozialen Wirklichkeit, trotzdem steht Luhmanns Gesellschaftstheorie im Vordergrund, weil sie den weitaus größten Teil seines Werkes einnimmt. Ein anderes Beispiel ist die Untersuchung von ausgehandelten Ordnungen in Organisationen. Wir ordnen sie der Mikroebene der Handlungstheorie zu, weil der primäre Fokus auf die Prozesse des Aushandelns in Interaktionssituationen gerichtet ist.

Ähnliches gilt für die organisationssoziologische Relevanz aller handlungstheoretischen und aller gesellschaftstheoretischen Ansätze. Beide Theorierichtungen finden auf der Mesoebene von Organisationen einen breiten Bereich der Überschneidung. Beispielsweise können sich symbolisch-interaktionistische und makrosoziologisch-kommunikationstheoretische Analysen in der Untersuchung von Unternehmenskulturen treffen. Kurz und gut: Wir verzichten nach üblichem Verfahren auf das eigene Ausweisen von Organisationstheorien in der Allgemeinen Soziologischen Theorie, weil wir der Entwicklung der Theorieansätze von der Ebene der Handlungstheorie oder der Ebene der Gesellschaftstheorie folgen und erst von diesen Ebenen her in gegebenen Fällen auf die mittlere Ebene der Organisationen Bezug nehmen.

Was wir über die Zuordnung von Theorieansätzen zu den Ebenen der Handlungstheorie oder der Gesellschaftstheorie gesagt haben, gilt auch für die Zuordnung zur Seite des strategischen, nutzenmaximierenden oder zielverwirklichenden Handelns oder zur Seite des kommunikativen, lebensweltlichen oder diskursiven Handelns. Sie kann nur nach einem primären Fokus erfolgen und schließt nicht aus, dass von diesem Fokus ausgehend sekundär auf den jeweils anderen Teil der eigenen Seite oder auch auf die andere Seite aus gegriffen wird.

Die klassischen Beiträge zur Grundlegung der Soziologischen Theorie sind in je eigenen Denktraditionen verwurzelt. Um sie in ihrer Eigenart und spezifischen Leistungsfähigkeit zu verstehen, müssen wir diese Wurzeln freilegen. Wir werden jeden Klassiker in der für ihn einflussreichsten Denktradition verankern, werden aber auch darauf achten, in welcher Hinsicht jeder von ihnen die Fesseln seiner denkerischen Herkunft gesprengt hat, um zu einer eigenen Position zu gelangen.

Talcott Parsons (1937/1968) hat darzulegen versucht, dass Vilfredo Pareto, Emile Durkheim und Max Weber neben dem Ökonomen Alfred Marshall gleichermaßen den das 19. Jahrhundert prägenden Gegensatz von Positivismus und

Idealismus überwunden haben und in einem beide Seiten integrierenden Paradigma konvergierten, das er als voluntaristische Handlungstheorie bezeichnete und das er selbst fortzuführen beanspruchte. Demnach hat Pareto mit seiner Lehre von den Residuen und Derivationen die positivistische Tradition überwunden, um zu realisieren, dass soziale Ordnung nur durch die Verankerung in gemeinsam geteilten Gefühlen (Residuen) und durch Legitimation mittels gemeinsam geteilter Ideen (Derivationen) einen stabilen Charakter erhält. Das heißt, er hat festgestellt, dass Akteure, die nach bestem Wissen unter Einsatz der besten Mittel ihre Ziele verfolgen, zu keiner sozialen Ordnung gelangen, wenn sie nicht Gefühle und legitimatorische Ideen gemeinsam teilen. Beide Seiten, die materiell-instrumentelle (Positivismus) und die ideell-kommunikative (Idealismus), müssen sich gegenseitig durchdringen, wenn eine reale, weder in den Machtkampf noch in den realitätsfernen Idealismus abgleitende soziale Ordnung bestehen soll. Emile Durkheim ist ebenfalls vom Positivismus ausgegangen, um auch die Seite des Idealismus einzubeziehen, indem er z.B. erklärt hat, dass die Marktordnung nicht durch die bloße Interessenkomplementarität der Marktteilnehmer (Positivismus) entsteht, sondern der Verankerung der vertraglichen Beziehungen in nicht kontraktuellen Grundlagen in Gestalt des Vertragsrechts (Idealismus) bedarf. Max Weber hat für die Integration von Idealismus und Positivismus das schöne Bild gefunden, dass Ideen (die Seite des Idealismus) als Gleise die Richtung der geschichtlichen Entwicklung bestimmen, während Interessen (die Seite des Positivismus) als Lokomotive für die nötige Vorwärtsbewegung sorgen.

Unter Positivismus ist demnach eine Denkrichtung zu verstehen, die menschliches Handeln als instrumentelles Handeln begreift und soziale Ordnung aus der Konstellation von äußeren Bedingungen und dem instrumentellen Handeln von Akteuren kausal zu erklären versucht. Idealismus ist dagegen eine Denkrichtung, die menschliches Handeln als sinnkonstruierendes Handeln begreift und soziale Ordnung als kollektive Konstruktion von Sinn nachvollziehend zu verstehen versucht. Der Voluntarismus verbindet beide Seiten und zielt darauf hin, Handeln und Ordnung aus der gegenseitigen Durchdringung beider Seiten zu erklären. In den Worten von Jürgen Habermas (1981) handelt es sich um die Verknüpfung der materiellen und der symbolischen Reproduktion der Gesellschaft.

Wie weit man der von Parsons festgestellten Konvergenz der genannten Klassiker auch folgen mag, sind sie diesen Weg doch auf dem Entwicklungspfad der Denktradition gegangen, in der sie am stärksten verwurzelt waren. Das heißt, dass sich ihre Beiträge zur Grundlegung der Soziologie trotz Konvergenz durch ihre Mitgliedschaft in einer je eigenen Denktradition deutlich unterscheiden, die Konvergenz auf je eigene Art vollzogen wird. Wie wir schon gesagt haben, treten sie dadurch aber weniger in ein Verhältnis des Widerspruchs und mehr in ein

Verhältnis der gegenseitigen Ergänzung. Die Klassiker sind insofern nicht einfach die Quellen einer später von Parsons ausgearbeiteten Synthese des soziologischen Denkens, sondern die Gründerväter von Denktraditionen, die sich noch heute voneinander unterscheiden und noch heute wirksam sind. Wir wollen die Beiträge der Klassiker zur Grundlegung des Soziologischen Denkens infolgedessen aus ihrer Denktradition heraus interpretieren und als jeweils eigenständige Teile im gesamten Netzwerk der soziologischen Paradigmen betrachten. So gilt es Herbert Spencer vor dem Hintergrund des britischen Individualismus und Utilitarismus zu verstehen, Emile Durkheim vor dem Hintergrund des französischen Rationalismus und Positivismus, Vilfredo Pareto vor dem Hintergrund des italienischen Machiavellismus, Karl Marx, Max Weber und Georg Simmel vor dem Hintergrund des deutschen Idealismus und Historismus und George Herbert Mead vor dem Hintergrund des amerikanischen Pragmatismus (Aron, 1967; Coser, 1977; Levine, 1995).

Die empirische Verwurzelung von Theorieansätzen in komplexeren Denktraditionen sperrt sich gegen ihre diskrete Aufteilung nach unserer analytischen Unterscheidung von Ebenen und Feldern der Vergesellschaftung. Wir müssen deshalb die Klassiker und ihre Nachfolger gleich mehrfach in die entsprechende Tabelle einordnen, gegebenenfalls mit primärem Fokus (ohne Klammer) und sekundärem Fokus (mit Klammer). Im Vorgriff auf die Bände 2 und 3 dieses Lehrbuchs können wir auch die Nachfolger der Klassiker ein- oder mehrfach in unsere Tabelle eintragen (Tabelle 2). Der Aufbau des Lehrbuchs folgt vor diesem Hintergrund der Unterteilung in die Grundlegung der Soziologischen Theorie in die Klassiker (Band 1), nachklassische Beiträge zur Handlungstheorie (Band 2) und nachklassische Beiträge zur Gesellschaftstheorie (Band 3). Die Tatsache, dass alle Felder mehrfach belegt sind, beweist, dass die Einbeziehung eines breiten Spektrums von Theorieansätzen zu einem breit ausgreifenden und tiefreichenden Netzwerk der Soziologischen Theorie zwecks differenzierter Erfassung der gesellschaftlichen Wirklichkeit führt.

Tabelle 2: Beiträge zur Soziologischen Theorie auf den Ebenen und in den Feldern der Vergesellschaftung

| | Materielle Reproduktion | | Symbolische Reproduktion | |
|---|---|---|---|---|
| | durch Nutzenmaximierung und Austausch | durch Zielverwirklichung und Konfliktaustragung | durch Reproduktion von Strukturen der Lebenswelt und Kooperation | durch Sinnkonstruktion und Kommunikation |
| **Gesellschaft** | Spencer<br>Marx<br>Offe<br>Wallerstein<br>(Coleman) | Pareto<br>Simmel<br>Coser<br>Dahrendorf<br>Elias<br>Beck<br>(Marx)<br>(Offe)<br>(Wallerstein)<br>(Weber)<br>(Foucault)<br>(Bourdieu)<br>(Touraine)<br>(Elias)<br>(Giddens) | Durkheim<br>Merton<br>Parsons<br>Lévi-Strauss<br>Foucault<br>Bourdieu<br>Touraine<br>Giddens | Weber<br>Habermas<br>Luhmann<br>(Simmel)<br>(Marx) |
| **Organisation** | | | | |
| **Interaktion** | Homans<br>Blau<br>Coleman | Collins<br>Bacharach/Lawler<br>(Weber)<br>(Simmel)<br>(Bourdieu)<br>(Touraine)<br>(Elias)<br>(Giddens) | Schütz/Berger/Luckmann<br>Garfinkel<br>Subkulturforschung<br>(Durkheim)<br>(Bourdieu)<br>(Touraine)<br>(Elias)<br>(Giddens) | Mead<br>Blumer<br>Goffman<br>Strauss<br>Joas<br>Etikettierungsansatz<br>Piaget<br>Kohlberg<br>(Weber)<br>(Habermas)<br>(Simmel) |

Die Zuordnung konkreter Beiträge zu den analytisch unterschiedenen Ebenen der Handlungstheorie oder der Gesellschaftstheorie kann nur nach ihrem primären Fokus erfolgen und schließt nicht aus, dass Beiträge zur Handlungstheorie sekundär auf die Gesellschaft ausgreifen und sich Beiträge zur Gesellschaftstheorie im sekundären Fokus auch auf Organisation und Interaktion erstrecken sowie eine handlungstheoretische Grundlage haben. Obwohl der Fokus der europäischen Klassiker auf der Ebene der Gesellschaftstheorie liegt, verfügen sie doch über einen Unterbau auf den Ebenen der Interaktion und der Organisation. Dagegen fokussiert George Herbert Mead die Ebene der Interaktion und bietet nur wenig Hilfestellung, um von dieser Analyseebene auf die Ebenen der Organisation und der Gesellschaft emporzusteigen. In dieser Hinsicht nimmt Mead eine Eigenart vorweg, die bis heute weite Teile der amerikanischen Soziologie von der europäischen Soziologie unterscheidet, wie die Aufteilung amerikanischer und europäischer Beiträge auf Band 2 (Handlungstheorie) und Band 3 (Gesellschaftstheorie) bestätigt.

Die in Band 2 behandelten Handlungstheorien haben in der Tat einen sehr dezidierten Fokus auf der Ebene der Interaktion und versuchen höchstens zaghaft, die Ebene der Gesellschaft zu erreichen. Dagegen zeichnen sich die in Band 3 untersuchten Gesellschaftstheorien dadurch aus, dass sie auch die Ebenen der Organisation und der Interaktion thematisieren und über einen entsprechenden theoretischen Unterbau verfügen.

Die Einteilung der Kapitel in den einzelnen Bänden folgt allerdings nur dort unseren analytischen Unterscheidungen, wo sich Paradigmenfamilien um einen spezifischen analytischen Fokus gruppieren, aber dort nicht, wo Paradigmenfamilien quer zu den analytischen Unterscheidungen existieren. Das gilt insbesondere für die Verbindung von Marx, Weber und Simmel zu einer Paradigmenfamilie in der Tradition des deutschen Idealismus und des Historismus, für die Verbindung von Habermas' Theorie des kommunikativen Handelns mit der Tradition des Marxismus, für die vom Strukturalismus beeinflussten Theorien und für Funktionalismus und Systemtheorie. Durch die Verknüpfung von Theorieansätzen zu Paradigmenfamilien quer zu den analytisch unterschiedenen Feldern und Ebenen soll gegenüber den analytischen Unterscheidungen eine für die Interpretation der Theorieansätze wichtige zusätzliche Dimension der Verwandtschaft zum Tragen kommen. Die dadurch entstehenden Spannungen sollen helfen, die Komplexität der Theorieansätze deutlich zu machen.

# I. Die angelsächsische Tradition des Individualismus und Utilitarismus

## Herbert Spencer

### Biografische Einleitung

Herbert Spencer wurde am 27. April 1820 in Derby inmitten des industriellen Herzens Englands geboren. Seine Eltern waren nonkonformistische Protestanten, der Vater unterrichtete an einer Schule in Derby. Er war ein impulsiver, auf seine Selbständigkeit bedachter Mann der keine ererbten Titel respektierte, die Mutter war eine ruhige und bescheidene Frau. Sohn Herbert ging nicht zur Schule, sondern wurde privat zunächst von seinem Vater, ab dreizehn Jahren von seinem Onkel erzogen. Der Onkel war in der Nähe von Bath als Pfarrer tätig. Er engagierte sich für soziale Reformen. Neffe Herbert lernte im Hause des Onkels die Ideen des Philosophischen Radikalismus und die strikte Moral des nonkonformistischen Protestantismus kennen.

Das Menschenbild, das ihm in diesem Kontext vermittelt wurde, stellt die Freiheit und Selbständigkeit und gleichzeitige moralische Selbstverpflichtung des Menschen in den Vordergrund. Ein solcher freier und moralisch kontrollierter Mensch benötigt keine starke äußere Kontrolle durch staatliche Instanzen, weshalb die Staatstätigkeit auf ein Minimum beschränkt bleiben kann. Bevor der junge Herbert Spencer eigene Gedanken zu diesem, sich in seiner Zeit im Konflikt mit den konservativen Kräften der traditionalen, hierarchischen Ordnung befindenden Menschenbild entwickelte, stand jedoch die Beschäftigung mit Mathematik, Naturwissenschaften und Technik im Vordergrund. Er konnte stundenlang im Garten Vorgänge in der Natur beobachten, hatte dafür weniger übrig für das Erlernen von Sprache, Literatur und Geschichte.

Im Alter von siebzehn Jahren fand die Erziehung von Herbert Spencer ihren Abschluss. Er übernahm 1837 die Stelle eines Ingenieurs bei der Londoner und Birminghamer Eisenbahnbaugesellschaft. Im folgenden Jahr verbesserte er sich, um für die Birmingham und Gloucester Eisenbahnbaugesellschaft als Konstruktionsingenieur zu arbeiten. Daneben beschäftigte er sich mit kleineren Erfindungen, die jedoch keine praktische Anwendung fanden. Im Jahre 1841 war die Baumaßnahme und damit Spencers Beschäftigungsverhältnis beendet. Er ging für drei Jahre zurück nach Derby und begann sich mit Fragestellungen der Politik und der Gesellschaftsreform zu beschäftigen. Ein erstes Ergebnis dieser Beschäftigung waren die Briefe über „The Proper Sphere of Government" (Das angemessene Tätigkeitsfeld der Regierung) an den *Nonconformist*, eine Zeitschrift der protestantischen Dissenter-Bewegung, der es um die Unabhängigkeit des moralisch selbstkontrollierten Individuums gegen die äußere Kontrolle der traditionalen Ordnung ging. Hier scheinen die Grundüberzeugungen auf, denen Spencer in seinem ganzen späteren Werk folgen wird: Beschränkung der Staatstätigkeit auf die Gewährleistung von Sicherheit und Ordnung und Verzicht auf ein staatliches Erziehungssystem, auf eine Staatskirche (wie es die Anglikanische Kirche war), auf Armengesetze und auf die gesetzliche Regulierung von Handel und Industrie.

Wir befinden uns hier in einer Zeit, in der in England die Protagonisten einer liberalen Ordnung, die auf Inklusion der Arbeiterklasse zielende Bewegung der Sozialreform, insbesondere die Chartisten, und die Repräsentanten der traditionalen ständischen Ordnung miteinander im Kampf um die zukünftige Gestaltung der Gesellschaft liegen. Es ist die Zeit der Regentschaft von Königin Viktoria (1819–1901), die „viktorianische Epoche". Im Jahre 1843 schließt sich Spencer der Bewegung zur Wahlrechtsreform in Derby an. Er wird deren Ehrensekretär und versucht auf diese Weise, seine gesellschaftspolitischen Überzeugungen in den politischen Prozess einzubringen. Für kurze Zeit (1844) übernimmt er eine Redakteurstätigkeit beim *Birmingham Pilot*, versucht es nochmals für zwei Jahre (1844–1846) als Ingenieur und entwirft Eisenbahnen bei der Birmingham und Gloucester Eisenbahnbaugesellschaft. Weitere zwei Jahre (1846–1848) schlägt er sich, teils in Derby, teils in London ohne geregeltes Einkommen durch, probiert sich ohne Erfolg an technischen Erfindungen, um schließlich 1848 in London für fünf Jahre die Redaktion der nonkonformistischen Zeitschrift *The Economist* zu übernehmen. Hier findet er Zugang zu den gehobenen Kreisen des Verlagswesens und des Journalismus. Es beginnen die ersten näheren Bekanntschaften mit einer über die Tätigkeit beim *Economist* hinaus wachsenden Reihe der angesehensten Naturwissenschaftler, Philosophen und Schriftsteller, unter ihnen die Naturwissenschaftler Thomas Huxley und John Tyndall, der Philosoph John Stuart Mill sowie der radikale Schriftsteller George H. Lewes und dessen Lebensgefährtin George Eliot (Mary Ann Evans).

Während seiner Redaktionstätigkeit beim *Economist* setzt Spencer den Anfang seiner späteren Hauptbeschäftigung: das Schreiben von Büchern, die er in den gebildeten Schichten zu verbreiten versucht. Nach einer recht langen

Durststrecke gelingt ihm dies ab Mitte der 1870er Jahre immer besser. Die erste Buchpublikation erscheint 1850: *Social Statics*. Hier entfaltet Spencer seine schon in den Briefen über *The Proper Sphere of Government* konzipierten Vorstellungen über eine liberale Ordnung. Das Buch wird ein Erfolg und von der Kritik wohlwollend aufgenommen. Darüber hinaus schrieb Spencer Aufsätze für eine Reihe von Zeitschriften wie der *Westminster Review* und der *Edinburgh Review*, u.a. 1852 einen evolutionstheoretischen Aufsatz, der nach dem Biologen Lamarck Evolution als Vererbung von erlernten Fähigkeiten begreift. Sieben Jahre später wird Charles Darwin mit einem ganz anderen Ansatz, der auf dem Prinzip von Mutation und Selektion beruht, der Evolutionstheorie zum Durchbruch verhelfen. Spencer selbst wird den Erfolg Darwins bewundern und sich von ihm bei dem Versuch inspirieren lassen, auch die gesellschaftliche Entwicklung als einen Prozess der Evolution von niedrigeren, weniger komplexen, zu höheren, komplexeren Formen der Gesellschaft zu verstehen.

Eine Erbschaft von seinem Onkel erlaubt Spencer 1853, den Redakteursposten beim *Economist* aufzugeben und sich als Privatgelehrter ganz dem Schreiben von Büchern und Aufsätzen zu widmen. Später kommt eine weitere Erbschaft von seinem Vater hinzu. Er führt zeitlebens ein recht sparsames Leben in bescheidenen Unterkünften. Zeitweise nimmt er intensiv am Londoner Clubleben teil und wird Komiteemitglied des Athenäum-Clubs. Immer wieder zieht er sich jedoch aus Krankheitsgründen aus dem öffentlichen Leben zurück, die letzten Jahre seines Lebens fast ganz. Erholung und Regenerierung sucht Spencer regelmäßig auf ausgedehnten Reisen. Im Jahre 1855 setzt Spencers Krankheitsgeschichte mit einem Nervenleiden ein. Er ist bei jeder Tätigkeit schnell überfordert, kann kaum einem Gespräch folgen. Erst 1857 bessert sich Spencers Zustand, sodass er an seinen Publikationsprojekten arbeiten kann, häufig allerdings nur stundenweise und unterbrochen von Phasen der Erschöpfung. Manchmal kann Spencer nur gerade fünfmal zehn Minuten am Tag mit Unterbrechungen schreiben. Trotz dieser Einschränkungen durch Krankheiten bringt Spencer ein umfangreiches Werk zustande. Zur Finanzierung seiner Publikationen gibt er Subskriptionen heraus. Die Subskribenden finanzieren die Buchproduktion, wozu die Beschäftigung eines schreibenden Sekretärs und die Material- sowie Druckkosten gehören. Im Jahre 1855 erscheint die erste Fassung der *Principles of Psychology*, 1862 der erste Band der Synthetischen Philosophie: *First Principles*, zwischen 1864 und 1867 kommen mehrere Bände seiner *Principles of Biology* heraus, 1873 dann *The Study of Sociology*. Es dauert bis Mitte der siebziger Jahre, erst dann finden Spencers Werke breitere Beachtung. Dazu trägt insbesondere die positive Aufnahme durch die bekanntesten Wissenschaftler, Philosophen und Schriftsteller seiner Zeit bei. Von den 1870er bis zu den 1890er Jahren erscheinen die vielen Bände seiner *Principles of Ethics* und seiner *Prin-*

*ciples of Sociology.* Alle Bände zusammen bilden das *System of Synthetic Philosophy.* Dazu kommen noch *The Man versus the State* und zahlreiche Bände der *Descriptive Sociology* sowie einige Bände von kleineren Arbeiten (*Fragments*) sowie Spencers *Autobiography.*

Mit der zunehmenden Reputation des Autors steigen die Auflagen der Bücher und die Einnahmen. Spencer ist im letzten Viertel des 19. Jahrhunderts ein vielgelesener Autor. Zahlreiche Übersetzungen beweisen, dass sein Werk in ganz Europa und in Amerika gelesen wird. Er nimmt auch zur aktuellen Politik Stellung, indem er sich z.b. gegen den Burenkrieg in Südafrika wendet. Als Spencer am 8. Dezember 1903 stirbt, hat sich jedoch das Blatt schon gegen ihn gewendet. Der reine Liberalismus wird durch den um soziale Integration bemühten New Liberalism und durch den zunehmenden Einfluss der Arbeiterbewegung verdrängt (Schmid und Weihrich, 1996).

## Hauptwerke

*Social Statics.* (1851/1970)
*First Principles.* (1862/1904)
*The Study of Sociology.* (1873/1908)
*The Principles of Sociology.* 3 Bände. (1897–1906/1975)

## Theoriegeschichtlicher Kontext: Individualismus und Utilitarismus

Unter den Gründervätern, welche die Entstehung der Soziologie als eine gesonderte wissenschaftliche Disziplin beeinflussten, repräsentierte Herbert Spencer am nachdrücklichsten die liberale ökonomische Auffassung der Gesellschaft. Er verband den philosophischen Utilitarismus seiner britischen Landsmänner Jeremy Bentham (1789/1970) und John Stuart Mill (1861/1974) mit organizistischen und evolutionistischen Theorien, die zu dieser Zeit aufgrund des beeindruckenden Erfolges der biologischen Evolutionstheorie Darwins aufblühten. Spencer war ein Gelehrter, der auf den Gebieten der Philosophie, Biologie, Psychologie und Soziologie zu Hause war. Seine Soziologie ist daher zugleich Teil eines umfassenderen gedanklichen Systems, das sich der Idee der Einheit der Wissenschaften in ihrer Konvergenz innerhalb eines evolutionären Modells verpflichtet sieht. Wir beginnen unsere Analyse von Spencers Gedankengut mit einem Überblick über die angelsächsische Tradition des Individualismus und Utilitarismus, in der sein Denken begründet ist.

Das menschliche Individuum ist unabhängig, rational, dazu fähig, sein Verhalten rational so zu kalkulieren, dass die angewandten Mittel das beste Ergebnis in Bezug auf Kosten und Nutzen garantieren. Das Individuum kann und wird das tun, was am nützlichsten für es ist. Die Gesellschaft ist nicht mehr als die Vereinigung unabhängiger Individuen durch freie Übereinkunft. Solch eine freie vertragliche Vereinigung ist höchst nützlich für alle Beteiligten, da jeder von den individuellen Leistungen des anderen profitiert und sich auf die Ordnung, die von der vertraglichen Vereinigung garantiert wird, verlassen kann. Es gibt keine andere Quelle für diese Ordnung als die vertragliche Vereinigung von unabhängigen Individuen, wie auch die Leistungen der Individuen den einzigen Ursprung für alle Belohnungen darstellen. Weder Gott, noch Tradition, noch die Macht der Krone können solch eine Ordnung errichten, wenn diese nicht auf die Leistungen der Individuen und deren freier vertraglicher Vereinigung gegründet ist. Alle außerhalb des Individuums existierenden Mächte sind nur im direkten Zusammenhang mit den leistungsorientierten und sich vereinigenden Individuen denkbar, da nur so eine soziale Ordnung garantiert werden kann, die für jeden nützlich ist. Gott will, dass der Einzelne frei und selbstverantwortlich handelt, die Tradition gibt jedem das Recht so zu sein, und der Monarch muss dieses Recht akzeptieren, da er nur durch die freie Übereinkunft der Individuen in diese repräsentative Stellung eingesetzt wurde.

Diese Auffassung von Individuum und Gesellschaft ist heute zwar sehr geläufig, ist aber dennoch keine allgemeingültige, sondern eine sehr eigentümliche Auffassung, die ihre Wurzeln in einer spezifischen Denktradition findet: in der angelsächsischen liberalen Theorie, die mit der liberalen Bewegung im England des 17. Jahrhunderts entstand. Dies ist das Jahrhundert, in dem die Macht der Monarchie gebrochen und eine Regierung eingesetzt wurde, die nicht mehr als ein regierendes Komitee war, gewählt von in Freiheit assoziierten, unabhängigen Individuen und nur ihnen verantwortlich. Selbst die Apologeten eines monarchischen Absolutismus wie Thomas Hobbes (1588–1679) wurden durch diese Bewegung dazu gezwungen, die absolutistische Herrschaft aus einem Vertrag von frei assoziierten Individuen herzuleiten (Hobbes, 1651/1966). Hobbes konnte sich nicht mehr auf die Macht Gottes berufen oder auf die Tradition der Monarchie, um die Legitimation der Souveränität des Monarchen zu begründen. In seiner Argumentation belässt das Fehlen einer solchen souveränen politischen Macht im so genannten Naturzustand die Individuen ohne eine Einrichtung, die ihre natürlichen Rechte garantiert. Die Handlungen der Individuen werden durch ihre Leidenschaften und ihre Klugheit geleitet. Die Tatsache, dass jeder so handelt, schützt niemanden vor dem Zugriff der anderen. So muss sich jeder selbst gegen diese Zugriffe schützen. Die einzigen Mittel, die sich eignen, diese Vorsichtsmaßnahmen sicherzustellen, sind Gewalt und Täuschung im Versuch, jeglichen Bedrohungen durch andere gegenüber der eigenen Person und dem eigenen Eigentum vorzubeugen. Wenn sich aber jeder auf diese Weise verhält, entwickelt sich ein Krieg aller gegen alle, und jeder muss seinen Nächsten fürchten. In dieser Situation erkennen die Individuen, dass es gegen ihre eigenen Interessen verstößt, in diesem Naturzustand zu verbleiben, und dass es für alle nützlicher wäre, einen Vertrag untereinander abzuschließen, in dem jeder seine individuelle Macht einer souveränen Macht überträgt. Letztere ist dann für die Bewahrung der zivilen Ordnung verantwortlich, welche die Rechte der Individuen untereinander garantiert. Die Individuen haben kein Recht, sich gegen diese souveräne Macht zu widersetzen, solange sie diese zivile Ordnung garantiert. Damit legitimiert Hobbes den Absolutismus in Begriffen der Nützlichkeitsabwägung von Individuen, die in einem freien Vertrag miteinander verbunden sind. So benutzte er das Vokabular des **Individualismus**, um den Absolutismus zu legitimieren.

Eine weitaus konsistentere Theorie im Sinne individualistischer Nützlichkeitsüberlegungen wurde eine Generation später durch Hobbes jüngeren Landsmann John Locke (1632–1704) entwickelt. Locke (1690/1963/dt.1970) ist der erste bedeutende Theoretiker des **Liberalismus**. Für Locke ist die Gesellschaft ausschließlich eine Vereinigung von sich frei assoziierenden Individuen. Allerdings benötigen diese Individuen keine höhere Macht, die über ihrer Vereinigung in der Gesellschaft steht. Locke zeichnet ein weit weniger desaströses Bild des Naturzustandes als Hobbes. Die Individuen sind sehr wohl in der Lage, ihr Verhalten selbst zu regulieren und zu koordinieren, und Rechtsverletzungen ihrer Person, ihres Eigentums können so weitgehend vermieden werden. Sie werden durch identische Interessen geleitet, ihre Person, ihr Eigentum und ihre Freiheit zu sichern. Der Aufbau einer politischen Gesellschaft durch die Assoziation von Individuen ist nur ein weiterer Schritt zur Absicherung ihrer Rechte auf persönliche Unversehrtheit, Eigentum und Freiheit gegen ihre Verletzung durch andere, kein Sprung von einem universellen Kampf hinüber zu einem Zustand des Friedens wie in Hobbes' Gesellschaftstheorie. Normalerweise fürchten sich die Individuen nicht voreinander, aber ihnen ist die Furcht vor Rechtsbrüchen durch Abweichler gemeinsam. Darum assoziieren sie sich und bauen eine politische Gesellschaft auf, die wiederum einen Gesetzgeber und eine Regierung wählt und eine unabhängige Judikative Gewalt etabliert. Die Teilung der Gewalten zwischen diesen regierenden Körperschaften ist eine Garantie gegen jeden Missbrauch von Macht und dient dem Erhalt der Rechte des Einzelnen. Mehr noch, es ist die Konvergenz der Nützlichkeitserwägungen der Einzelnen über den Schutz ihrer Rechte auf Leben, Eigentum und Freiheit, die dazu führt, dass sich die

Individuen assoziieren und in einer freien Übereinkunft eine politische Gesellschaft aufbauen. Damit begründet Locke die liberale politische Gesellschaft aus Nützlichkeitsüberlegungen der Einzelnen.

Lockes Theorie einer liberalen Gesellschaft ist gleichzeitig Reflexion und Legitimation einer neuen Gesellschaft, die zunehmend auf ökonomischen Markttransaktionen zwischen Individuen, die untereinander freie Verträge abschließen, und auf einer frei gewählten Regierung mit Gewaltenteilung basiert. Dies war eine historisch einzigartige Entwicklung. Die bürgerliche Bewegung arbeitete in der Wirtschaft erfolgreich mit der etablierten Aristokratie zusammen, ebenso in ihrem politischen Kampf gegen den monarchischen Absolutismus und in ihrem Eintreten für die Rechte des einzelnen Individuums hinsichtlich seines persönlichen Lebens, seines Eigentums und seiner Freiheit. Dies war in der Tat eine Gesellschaft, die wesentlich stärker auf der frei vertraglichen Vereinigung von Individuen beruhte als jede andere Gesellschaft zuvor. Sie übertrug das Modell der bürgerlichen Assoziation der mittelalterlichen Städte auf die nationale Ebene.

Die angelsächsische Sozialtheorie behielt diese individualistische Anschauung der Gesellschaft bis in das 18. und 19. Jahrhundert bei, sie stellte die Nützlichkeitskalkulationen von in Freiheit Verträge schließenden Individuen in den Mittelpunkt (Schneider, 1967).

David Hume (1711–1776) argumentiert in seiner Moralphilosophie, dass es keine Moral und keine Gerechtigkeit gibt, die nicht im Nutzen begründet liegt (Hume, 1739/1978, 1777/1980). Er schreibt, dass das Eigentum eines Menschen und sein rechtmäßiger Gebrauch durch Regeln, Sitten und Präzedenzfälle verschiedener Art definiert wird. Obligatorisch werden diese jedoch nur dadurch, dass sie das Interesse und Glück der menschlichen Gesellschaft fördern. Weil die Gesellschaft die Summe der Individuen ist, muss jedermanns Interesse und Glück durch solche Regeln geschützt sein, ansonsten würden sie nicht als verbindlich empfunden werden. Hume bestreitet, dass ein unvermeidlicher Konflikt zwischen den Interessen der verschiedenen Individuen besteht. Er sagt, dass das menschliche Individuum nicht nur egoistische Wünsche besitzt, sondern auch soziale Wünsche hegt, nämlich ein Mitgefühl mit anderen. Dies ist der Grund, warum die Individuen dazu in der Lage sind, gemeinsame Definitionen des Richtigen und Falschen, im Nutzen für alle, zu erreichen. Regeln, die sich für einige Menschen nachteilig auswirken, werden aufgrund des Mitgefühls mit diesen Menschen von den anderen nicht gebilligt; jeder wird durch den Schaden, der anderen angetan wird, selbst verletzt. Ferner hat jeder den Wunsch, die Anerkennung der anderen zu erlangen, und diese wird hauptsächlich durch soziale Taten erreicht. Das macht gute Werke für andere für jeden sinnvoll, da sie auch soziale Anerkennung fördern.

Adam Smith (1723–1790) ist berühmt für seine ökonomische Theorie über den Wohlstand der Nationen, in der er die nützlichen Effekte des Systems des freien Marktes für die menschliche Gesellschaft und daher für jedes einzelne Individuum preist (Smith, 1776/1937). Als Käufer profitieren wir alle vom Wettbewerb der Produzenten, die uns immer mehr zufrieden stellen müssen, wenn sie ihre Profite steigern wollen. Dieser Effekt des Marktwettbewerbs führt Smith zu seiner berühmten Formulierung, dass der Markt das persönliche Laster (das Verlangen nach Profit) wie durch eine **unsichtbare Hand** in ein öffentliches Gut (die Erzeugung von Wohlstand) verwandelt. In seiner 1759 erschienenen *Theorie der moralischen Gefühle* argumentiert er, dass der Mensch nicht nur von egoistischen Wünschen geleitet wird, sondern ebenso durch soziale Sympathie, die ihn vor uneingeschränktem Streben im egoistischen Interesse auf Kosten anderer schützt. Folglich würde die egoistische Verfolgung von Interessen auch diejenigen treffen, die daran beteiligt sind, weil sie einem grundlegenden Bedürfnis zuwiderläuft (Smith, 1759/1966).

Jeremy Bentham (1748–1823) und John Stuart Mill (1806–1873) entwickelten ihre Anschauungen über menschliches Verhalten, Moralordnung und Gesellschaft in Kategorien der Nützlichkeit als sie das Gedankengebäude aufbauten, das **Utilitarismus** genannt wird.

Bentham (1789/1970) widmete dem Nützlichkeitsprinzip eine lange Abhandlung, in der er dessen generelle Gültigkeit für jede Art menschlichen Verhaltens betonte, von zutiefst egoistischen bis hin zu völlig uneigennützigen Formen. Er argumentierte, dass jede menschliche Handlung von dem Streben nach Lust und der Vermeidung von Schmerz geleitet ist. Abhängig von dem Ausmaß, in dem die Individuen dies erreichen, erlangen sie Glück. Handlungen werden von den Individuen im Sinne ihrer Brauchbarkeit zur Förderung dieses Glückes geplant. Das bedeutet, dass Kosten und Nutzen gegeneinander abgewogen werden und dass diejenige Handlung ausgewählt wird, durch die sich der größte Gewinn erzielen lässt, wenn die Kosten vom Nutzen abgezogen werden. Dies ist die Handlung, die dem Nützlichkeitsprinzip entspricht. Und weil Bentham Gesellschaft als nichts anderes als die Summe der Individuen definiert, die in dieser Gesellschaft miteinander verbunden sind, bestimmt das Nützlichkeitsprinzip ebenso, ob irgendeine Tat, ein Handlungszusammenhang oder eine gesetzliche oder politische Maßnahme gut oder schlecht für die Gesellschaft ist. All jenes wird als gut definiert, was das Wohlbefinden ansteigen lässt und/oder die Bedeutung des Schmerzes unter den Mitgliedern der Gesellschaft verringert, wohingegen all jenes als schlecht definiert wird, was Auswirkungen in die entgegengesetzte Richtung hat. Er führt das Prinzip des „größten Glückes für alle" ein, deren Interessen in einer bestimmten Handlung oder einer beabsichtigten Maßnahme involviert sind. Was auch immer jemand tut, welche Maßnahme eine Regierung in Kraft setzt, welche Regel jemand anwendet – diese Handlung, Maßnahme oder Regel wird umso nützlicher für die Gemeinschaft sein, wenn sie das Glück jedes Einzelnen vermehrt, der durch sie betroffen ist. Demgemäß gibt es kein soziales Gut, das nicht durch das Glück der Individuen definiert werden kann, das durch dieses Gut gefördert wird. Die Gesellschaft setzt sich aus Individuen zusammen, und sie muss so organisiert werden, dass sie für das Glück dieser Individuen sorgt. Soziale Normen und moralische Regeln sind keine abstrakten Verpflichtungen, die den Einzelnen auferlegt werden, ohne ihr Glück zu berücksichtigen, vielmehr sind sie Instrumente für das Glück von möglichst vielen Individuen.

Benthams Utilitarismus gibt der individualistischen Sozialtheorie eine explizit universalistische Wendung. Die Gesellschaft ist zwar immer noch die Summe von Individuen, was dann jedoch von den verschiedenen Institutionen in der Gesellschaft bewirkt wird – insbesondere von Regierung, Gerichten und Moralkodizes – wird nicht nach dem individuellen Nutzen in individuellen Situationen beurteilt, sondern nach dem Nutzen für alle, die von dieser Handlung betroffen sind. Dennoch ist es kein abstraktes Gemeinwohl, aus dem dieses Kriterium abgeleitet wird, sondern es ist die Steigerung des Glückes und die Verminderung des Leidens von jedem Einzelnen, der davon betroffen ist. Man kann hier von einem universalistischen Individualismus sprechen. Wenn eine Gesellschaft eine moralische Ordnung besitzt, muss sie berücksichtigen, dass jedermanns individueller Nutzen positiv und nicht negativ beeinflusst ist.

John Stuart Mill (1861/1974) entwickelte Benthams universalistischen Individualismus weiter, als er sich explizit einem von Immanuel Kants (1724–1804) kritischer Philosophie aufgeworfenen Problem zuwandte. Nach Kant (1788/-1964b) kann kein individueller Nutzen ausreichen, um eine Regel für alle verbindlich zu machen - was ein Charakteristikum moralischer Regeln ist. Denn was für den einen förderlich ist, das ist schmerzhaft für einen anderen, und was für ein Individuum zu einer bestimmten Zeit an einem bestimmten Ort nützlich ist, das ist schmerzhaft an einem anderen Ort zu einer anderen Zeit. Somit kann nur eine Regel, die unabhängig von nützlichen Resultaten für die Einzelnen gültig ist, für jeden bindend sein. Aus diesem Grunde formulierte Kant den abstrakten kategorischen Imperativ als einen Maßstab jeder moralischen Regel: Nur eine Regel, die zu einem allgemeinen Gesetz erhoben werden kann, kann auch bindend sein. Das ist nur der Fall, wenn jeder diesem Gesetz aus seinem eigenen freien Willen vollständig zustimmt, von nichts anderem als der Vernunft geleitet. Aus diesem Grund sind für Kant Freiheit und moralisches Gesetz miteinander verbunden. Nur ein freies Individuum kann einem moralischen Gesetz folgen, und nur in dem Maße, in dem es auf der Basis der Vernunft handelt, wird es wirklich frei sein.

John Stuart Mill akzeptiert Kants Annahme, dass eine Regel nur dann für alle moralisch bindend sein kann, wenn sie von jedem Menschen als ein allgemeines Gesetz angenommen werden muss. Er wendet jedoch ein, dass dies eine ziemlich leere Behauptung bleibt, solange sie sich nicht auf kollektive Interessen von Individuen bezieht (Mill, 1861/1974: 308). Das kollektive Interesse ist die Summe der individuellen Nutzen, die von einem Gesetz beeinflusst werden. Nur ein moralisches Gesetz, das dem Glück aller dient, kann bindend sein. In dieser Weise reformuliert Mill die universalistische Moraltheorie Kants im utilitaristischen Sinne. Für Kant resultiert eine moralische Handlung aus einer abstrakten Pflicht, die durch die Gültigkeit eines allgemeinen Gesetzes auferlegt wird und jegliche individuelle Nutzen- und Kostenkalkulation außer Acht lässt. Das ist das Wesentliche von dessen universell bindender Qualität: dass sie unabhängig von individuellen Kosten und Nutzen ist. Für Mill dagegen erfordert eine moralische Handlung eine Motivation, und diese kann nur aus den Wünschen des Einzelnen heraus entstehen. Ein Individuum kann nicht dazu motiviert werden, eine moralische Handlung auszuführen, wenn es nicht den Wunsch danach verspürt; und es wird einen solchen Wunsch nur hegen, wenn diese Handlung sein Glück fördert. Nur wenn eine Handlung zum Glück eines jeden beiträgt, wird sie auch für jeden bindend sein. Dasselbe gilt für jedes Gerechtigkeitskriterium. Was auch immer von jedem als gerecht anerkannt wird, kann nur deshalb als solches Geltung besitzen, weil es jedermanns Glück dient.

Auf diese Weise transformiert Mill den moralischen Universalismus Kants in einen universalistischen Utilitarismus, der weiterhin auf individualistischen Grundlagen basiert, weil es immer noch die Summe der individuellen Interessen ist, die durch eine Regel moralisch bindend wirkt. Für Kant erlaubt seine Abstraktion von jeglichen individuellen Interessen die Annahme einer wahrhaft universalistischen Moral, doch sie bleibt inhaltlich leer. Für Mill verleiht einfach die Addition aller individuellen Interessen den moralischen Gesetzen ihre universale Gültigkeit; in diesem Fall können dies sehr konkrete Regeln sein, doch zumeist ändert sich der Inhalt der Regeln mit der Veränderung von Situationen. Weil die Gesellschaft auf der freiwilligen Vereinigung von Individuen basiert, kann dieser Prozess nur im Einklang mit den Wünschen gelingen, die diese Individuen motivieren. Das ist die grundlegende Botschaft der utilitaristischen Gesellschaftstheorie, wie sie im angelsächsischen sozialen und kulturellen Kontext entstand.

Die utilitaristische Gesellschaftstheorie hatte ihre Blütezeit im angelsächsischen sozialen und kulturellen Kontext des 19. Jahrhunderts, als die Soziologie als eine eigenständige wissenschaftliche Disziplin Gestalt annahm. Die Gelehrten, welche die Soziologie beeinflussten und die in diesem Kontext erzogen wurden, taten dies in individualistischen und utilitaristischen Kategorien. Bei ihrer Beschäftigung mit der sozialen Evolution waren sie zugleich vom Erfolg der darwinistischen Evolutionstheorie in der Biologie fasziniert. Was sie schufen, war zum Großteil eine Kombination aus philosophischem individualistischem Utilitarismus und biologischem Evolutionismus. Eine weitere Quelle ihres Denkens war der Saint-Simonismus, der Comtesche Positivismus und der organizistische Evolutionismus in Frankreich. Dennoch teilten sie nicht die französische Betonung der Überlegenheit des sozialen Organismus über das Individuum, sondern sie stellten sich die emporkommende Gesellschaft in individualistischen Begriffen vor. Mit diesem Ansatz wurde die Soziologie als eine Wissenschaft der Gesellschaft in der angelsächsischen Kultur durch Wissenschaftler wie Herbert Spencer in England oder William Graham Sumner (1840–1910) und Lester F. Ward (1841–1913) in den Vereinigten Staaten (Hofstadter, 1959; Hinkle, 1980) etabliert.

Sumner (1906/1940) wies auf die Evolution von Sitten und Gebräuchen im Überlebenskampf der Individuen hin, die auf dem Prinzip des Strebens nach Lust und der Vermeidung von Schmerz gründen. Gebräuche entwickeln sich als ursprüngliche Regulationsmechanismen für das menschliche Verhalten, als eine bessere Anpassung der Mittel an die Zwecke. Außerdem dient der Druck zur Konsistenz menschlicher Verhaltensweisen dazu, diese Gebräuche zu koordinieren. Es entstehen Gefühle der Solidarität in Gruppen, weil sie die Einzelnen gegen äußere Feinde schützen. Diese Gefühle unterstützen die Bräuche. Je mehr Normen dem Wohlergehen der gesamten Gesellschaft dienen, desto eher werden sie sich fest als Sitten etablieren. Es werden Konventionen entwickelt, um sich verändernden Situationen anpassen zu können. Sie schaffen die Mittel für die Entwicklung neuer Sitten und Gebräuche. In diesem Evolutionsprozess unterliegen Normen einem ständigen Wandel hin zu einer immer besseren Anpassung an die Umwelt. Sumner betrachtet die sich entwickelnde liberale Marktgesellschaft als die höchste Gesellschaftsform mit der höchsten Anpassungsfähigkeit. Er spricht davon, dass sie auf der Grundlage antagonistischer Kooperation funktioniert.

Auch Lester F. Ward (1883/1902) begreift das menschliche Verhalten als bestimmt durch das Prinzip des Strebens nach Lust und nach Vermeidung von Schmerz. Die gesellschaftliche Evolution ist das Ergebnis der Suche des Einzelnen nach Lust und Vermeidung von Schmerz im Kampf ums Dasein. Die Evolution ist jedoch durch den wachsenden Antagonismus zwischen den Wünschen der Einzelnen in ihrem Existenzkampf und dem Überleben der menschlichen Gattung insgesamt gekennzeichnet. Dieser Konflikt ist der ursprüngliche Grund für die Evolution der sozialen Struktur in Form von Institutionen wie Religion, Moral, Gesetz und Staat. Diese Institutionen entwickeln sich aus einem synergetischen Prozess heraus, der aus dem Konflikt zwischen den individuellen Wünschen und dem Überleben der menschlichen Gattung entsteht. Mit dieser Feststellung misst Ward der ordnungserhaltenden Funktion der gesellschaftlichen Institutionen für die liberale Gesellschaft eine weitaus größere Bedeutung zu, als es die meisten seiner liberalen Kollegen taten. Dennoch entwickeln sich Institutionen in seiner Sicht im wahrhaft individualistisch-utilitaristischen Sinne nur aus dem individualistischen Kampf ums Dasein. Was er Synergie nennt – die Kraft, die den Antagonismus zwischen den individuellen Wünschen und dem Überleben der menschlichen Gattung in nützliche gesellschaftliche Institutionen umwandelt – ist ein deus ex machina, ein glücklicher Schicksalsschlag, der den Wunsch des Individuums nach Lust mit dem Fortschritt der menschlichen Gattung in Einklang bringt. So wie Adam Smiths' unsichtbare Hand des Marktes, verwandelt sie persönliche Laster in öffentliches Wohl.

Dies ist der intellektuelle Kontext, in dem Herbert Spencer seine umfassende Theorie der Evolution der liberalen Marktgesellschaft entwickelte, auf der Basis des Kampfes des Einzelnen um seine Existenz. Wir werden uns mit Spencers Theorie in diesem Kapitel detaillierter beschäftigen, weil sie die am weitesten entwickelte und einflussreichste Theorie dieser Zeit war.

## Methodologie

Spencer stellte seine Methodologie in *The Study of Sociology* (1873/1908) vor. Er ist davon überzeugt, dass die Gesellschaft die Soziologie braucht, weil es die Wissenschaft der Soziologie ist, welche die Gesetzmäßigkeiten der gesellschaftlichen Evolution aufzeigen kann. Das soziologische Wissen warnt vor der Illusion, dass politische Entscheidungen jedes Übel beseitigen können. Die Politik kann zwar die Erscheinungsform des Übels verändern, aber nicht sein Ausmaß, weil Letzteres abhängig ist von der Eignung des menschlichen Individuums für seine jeweiligen Existenzbedingungen und von der Entwicklungsstufe der gesellschaftlichen Evolution, die in einem sehr viel langsameren Prozess vonstatten geht.

Die Soziologie teilt uns etwas mit, was wir nicht aus dem Studium der Geschichte erfahren können. Die Geschichtsschreibung berichtet uns Geschichten über Könige, aber nichts über die natürliche Evolution der Gesellschaft, über den sozialen Fortschritt. Es ist die Aufgabe der Soziologie, uns über diesen Prozess zu informieren.

Spencer begreift die Gesellschaft als einen sozialen Organismus; dennoch argumentiert er für einen methodologischen Individualismus. Dies bedeutet, dass die Gesamtheit des sozialen Organismus als ein Ergebnis des Wirkens und der gegenseitigen Abhängigkeiten seiner Teile, nämlich der menschlichen Individuen, angesehen werden muss. Diesen Denkansatz bezeichnen wir als **Organizismus**.

Spencer war sich bestimmter Schwierigkeiten in der Praxis der Sozialwissenschaften bewusst: Soziale Phänomene sind sehr häufig nicht direkt wahrnehmbar; Denkgewohnheiten bestimmen die Wahrnehmung der Wirklichkeit; der Beobachter ist Teil des Phänomens, das er untersucht; es müssen Tatsachen miteinander verglichen werden, die in sehr unterschiedliche soziale und kulturelle Zusammenhänge eingebettet sind; der Verlauf der gesellschaftlichen Veränderungen kann nicht durch die Beobachtung eines kleinen Ausschnitts dieses Prozesses bestimmt werden; die Beurteilung der Handlungen von anderen Personen durch eigene Maßstäbe führt zu Missdeutungen; der zukünftige Zustand der Gesellschaft kann nicht aus der gegenwärtig existierenden Gesellschaft abgeleitet werden; der sehr langsame Prozess der Transformation ist nicht einfach zu beobachten; die Komplexität der soziologischen Begriffe und Aussagen macht sie schwer verständlich.

## Moralphilosophie

Spencers *Social Statics* (1851/1970) legt die Grundlagen seiner Integration einer utilitaristischen Ethik mit dem Evolutionsgedanken. Er beginnt mit der Diskussion eines allgemeinen Einwands gegen Benthams utilitaristisches Moralprinzip des größten Glücks für alle. Danach kann jeder dieses Prinzip unterschiedlich auffassen, folglich hat es keine präzise Bedeutung. Spencer argumentiert, dass dies ein natürliches Ergebnis des sich verändernden Wesens des menschlichen Individuums in seiner phylogenetischen und ontogenetischen Evolution ist. Das menschliche Wesen ist in seinem Charakter nicht einheitlich. Weil sich das Wesen des menschlichen Individuums in der Interaktion mit der Umwelt entwickelt, sind unterschiedliche Bedeutungen des Glücksprinzips eine natürliche Folge.

Spencer fährt fort zu erklären, dass jegliches Übel verschwinden wird, sobald das menschliche Individuum ein höheres Stadium der Anpassung an die Umwelt erlangt. Diese Behauptung beweisend, sagt er, dass alles Übel aus dem Versagen des Individuums resultiert, sich den äußeren Bedingungen seiner Existenz anzupassen. Er nimmt an, dass das Übel eine Schwäche ist, und diese ist wiederum Untauglichkeit für die jeweiligen Existenzbedingungen. Diese Untauglichkeit heißt, dass Fähigkeiten entweder im Übermaß oder zu gering entwickelt sind. Im Falle des Übermaßes von Fähigkeiten erfordern die Bedingungen keine vollständige Ausübung derselben, wohingegen diejenigen, die sich in einem mangelhaften Stadium befinden, mehr ausgeübt werden müssen, als es physisch möglich ist. Es ist jedoch ein wesentliches Lebensprinzip, dass Fähigkeiten, die nicht ausgeübt werden, sich verringern, wohingegen diejenigen, die übermäßig ausgeübt werden, durch die Anforderungen von außen wachsen. Deswegen werden übermäßige Anlagen verschwinden, und mangelhafte Fähigkeiten werden sich bis zu einem Punkt hin entwickeln, an dem es keine mangelhaften Fähigkeiten mehr gibt. Das menschliche Individuum wird dann in einem vollkommenen Zustand der Eignung für seine Lebensbedingungen leben. Jegliche Unvollkommenheit wird beseitigt und mit ihr alles Übel. Weil die Sittenlosigkeit ein Teil des Übels ist, wird auch sie verschwinden. Das endgültige Entstehen dieses vorbildlichen, moralisch vollkommenen und glücklichen menschlichen Individuums ist deshalb nicht nur eine Hoffnung, sondern eine logische Gesetzmäßigkeit. Fortschritt entsteht nicht zufällig, sondern in Übereinstimmung mit einer logischen Regel. Das einzige Problem besteht darin, dass das menschliche Individuum in diesem natürlichen Prozess einen langen Weg der Anpassung an seine Existenzbedingungen zurücklegen muss.

Wir können hier festhalten, dass das Prinzip der Abnahme oder Zunahme von Fähigkeiten als Folge ihrer durch äußere Existenzbedingungen bestimmten Ausübung dem Gesetz der Evolution entspricht, das von Lamarck für die Biologie formuliert wurde. Nach Lamarck entwickeln Organismen ihre Merkmale im Lebensprozess und geben sie an ihre Nachkommenschaft weiter. In der Biologie ist dieses Prinzip durch Darwins **Evolutionstheorie** mit ihrer Lehre von der natürlichen Selektion widerlegt und ersetzt worden; dies bedeutet, dass Organismen ihre Merkmale nicht im Lebensvollzug entwickeln, sondern diejenigen Organismen, die zufällig mit der Geburt diese Merkmale erhalten haben, eignen sich besser für die Umwelt, womit es wahrscheinlicher ist, dass sie überleben und ihre Merkmale an ihre Nachkommenschaft weitergeben werden. Die gleiche Kritik muss gegenüber der von Spencer übernommenen Lamarckschen Idee der evolutionären Anpassung des menschlichen Individuums an seine Existenzbedingungen geübt werden.

Bei seiner Suche nach einem obersten ethischen Prinzip beginnt Spencer

(...) bei der gültigen Wahrheit, dass menschliches Glück Gottes Wille ist (Spencer, 1851/1970: 75).

Er argumentiert weiter, dass Glück ein Zustand der angemessenen Befriedigung aller Wünsche eines Menschen ist. Wünsche können jedoch nur durch Ausübung der menschlichen Anlagen befriedigt werden. Deshalb ist die angemessene Ausübung der menschlichen Anlagen eine Vorbedingung für Glück. Weil Gott will, dass die Menschen glücklich sind, will er auch, dass sie ihre Anlagen ausüben. Jedoch ist es die Pflicht des Menschen, Gott zu gehorchen, deshalb ist es seine Pflicht, seine Anlagen zu entfalten. Es steht im Widerspruch zu Gottes Wille, seine Anlagen nicht zu gebrauchen. Um dies jedoch zu können, muss jeder Handlungsfreiheit besitzen. Ohne ausreichenden Handlungsspielraum ist es dem menschlichen Individuum unmöglich, seine Anlagen zu entwickeln. Weil Gott will, dass der Mensch glücklich ist, will er auch, dass er frei ist, deshalb will er für ihn das Recht auf Freiheit. Jedes menschliche Individuum besitzt dieses Recht, aber das bedeutet auch, dass eine notwendige Bedingung für seine Ausübung die Respektierung des Rechts der anderen auf Freiheit ist. Jedes Individuum hat das Recht, seine Anlagen frei auszuüben, soweit dies mit der gleichen freien Ausübung der Anlagen durch jedes andere Individuum vereinbar ist.

## Die gesellschaftliche Evolution

Um die **soziale Dynamik** von der **sozialen Statik** zu unterscheiden, befasst sich für Spencer (1851/1970: 409–76) die Letztere mit den Vorbedingungen und dem Gleichgewicht einer vollkommenen Gesellschaft, wohingegen die Erstere die Kräfte einer Gesellschaft aufzeigt, die sie hin zu diesem Zustand der Vollkommenheit befördern. Der vollendete moralische Zustand einer Gesellschaft ist nicht unabänderlich gegeben, sondern das Ergebnis eines ungeheuer langen Evolutionsprozesses von niedrigeren hin zu höheren Entwicklungsstufen. In einer vollkommenen Gesellschaft kann jedes menschliche Individuum seine Fähigkeiten weitestgehend in Freiheit ausüben, soweit dies mit der Ausübung der Fähigkeiten von jedem anderen vereinbar ist. Es ist ein Zustand, in dem der höchste Grad der Individuation erreicht wird und der mit dem utilitaristischen Moralprinzip des größten Glücks für alle übereinstimmt. Es ist ein Zustand der Gesellschaft, der menschlicher Individuen bedarf, die einen hoch entwickelten moralischen Charakter besitzen, die dazu fähig sind, frei die richtigen Wege zur Ausübung ihrer Fähigkeiten auszuwählen, ohne ein anderes Individuum bei der Ausübung seiner Fähigkeiten zu behindern.

Offensichtlich hat seit Beginn der Menschheitsgeschichte kaum ein Mensch und noch keine menschliche Gattung diese Bedingungen vollständig erfüllt. Sie werden vielmehr einst das Ergebnis eines evolutionären Prozesses sein, in dem sich auf lange Sicht die menschliche Gattung aus solchen Individuen zusammensetzen wird, die sich jenem moralischen Gesellschaftsniveau am besten angepasst haben werden. Die Geschichte ist deshalb ein langer Prozess der Ausscheidung derjenigen Gattungen und Individuen, die sich nicht den wachsenden Anforderungen dieser moralischen Ordnung anpassen können. Autoritätsstrukturen, Herrschaft, Gewalt und Militanz übten in früheren Phasen der Evolution einen notwendigen Druck auf die Menschheit in Richtung auf ein höheres moralisches

Niveau aus. Sie dienten als Erziehungsinstitutionen, um die moralischen Qualitäten einzuüben, die das menschliche Individuum zu der Selbstdisziplin befähigen, die für die Nutzung seines Rechtes auf Freiheit im letzten Stadium der Evolution nötig ist. Unterdrückung und Krieg dienen als Erziehungsmittel oder scheiden diejenigen Menschen aus, die aufgrund ihrer Eigenschaften nicht oder noch nicht an ein höheres moralisches Leben angepasst sind. Deshalb sollten Herrschaft, Militanz und Unterdrückung als Charakteristika primitiver und traditionaler Gesellschaften nicht vom Standpunkt der modernen Freiheit her moralisch verurteilt werden; sie sind vielmehr als Vorstufen auf dem Weg zur modernen Freiheit zu begreifen. Freilich können wir von den Menschen, die daran gewöhnt waren, andere Spezies oder andere menschliche Wesen zu unterdrücken, oder die daran gewöhnt waren, unterdrückt zu werden, nicht erwarten, dass sie sich dem moralischen Zustand einer vollkommenen Gesellschaft von einem Tag zum anderen anpassen können. Es bedarf eines langsamen, stufenweisen Zugestehens von Freiheiten, um das menschliche Individuum Stück für Stück dieser höheren Stufe der gesellschaftlichen Evolution anzupassen.

Mit dem Erreichen einer moralischen Gesellschaft gibt es schließlich auch keinen Bedarf an Zwangsinstitutionen mehr. Der Staat als eine Agentur des äußeren Zwanges wird immer mehr auf die Rolle eines Wächters der menschlichen Freiheiten reduziert werden und wird schließlich und endlich ganz verschwinden. Immer größere Freiheiten des Freihandels, der freien Presse, des allgemeinen Wahlrechts und so weiter können zugestanden werden, weil dann menschliche Individuen existieren werden, die solchen Freiheiten angepasst sind. Der Fortschritt hin zu diesem moralischen Zustand der Freiheit ist ein notwendiges Resultat dieses Evolutionsprozesses.

Was sind nun die Gesetze, die diesen Fortschritt zustande bringen? Spencers Antwort auf diese Frage verweist auf das Bevölkerungswachstum und den Wandel von einer **inkohärenten Homogenität** hin zu einer **kohärenten Heterogenität**. Das Bevölkerungswachstum ist kein gefährliches Phänomen für das Überleben der Menschheit – wie es von Malthus behauptet wurde – sondern hat positive Effekte auf die Steigerung ihrer Anpassung an die Umwelt (Spencer, 1852/1972a). Extreme Fruchtbarkeit, die die bestehenden Mittel zur Befriedigung der Bedürfnisse überfordert, übt Druck auf das Wachstum der Fähigkeiten der Menschen aus, weiterhin auf die Vervollkommnung ihrer Kooperation sowie schließlich auf einen Rückgang dieser Fruchtbarkeit. Familien und Rassen, die diese Bedingungen nicht erfüllen, werden aussterben. Diejenigen, die ihre Fähigkeiten und ihre Kooperation mit dem Resultat höherer Produktivität verbessern und zugleich ihre Fruchtbarkeit verringern, werden überleben. Folglich trägt das Bevölkerungswachstum zum Wachstum der menschlichen Fähigkeiten, zur Kooperation und zur Selektion von immer besser angepassten Individuen bei.

Fortschritt ist, so Spencer (1857/1972b), durch ein formales Merkmal in allen Gebieten des menschlichen Lebens gekennzeichnet, im organischen Leben genauso wie im gesellschaftlichen und kulturellen Leben. Dieses Merkmal ist der Wandel einer inkohärenten Homogenität hin zu einer kohärenten Heterogenität, nach Spencer (1862/1904: 291, 438) das allgemeine Muster der Evolution. Dieser Prozess hat die **funktionale Differenzierung** von Systemen in voneinander abhängige Teile zur Folge. Die Evolution des organischen Lebens von niedrigen Formen hin zu höheren Formen, beispielsweise vom embryonalen Zustand hin zum vollständig entwickelten Organismus, stimmt mit diesem Muster überein. Dasselbe gilt für das menschliche Individuum und für die Gesellschaft. Primitive Gesellschaften bestehen aus Familiengruppen, die sich sehr ähnlich sind und die vereinzelt in bestimmten Gebieten leben. Sie beschäftigen sich alle mit denselben Dingen, und dies macht sie sich ähnlich. Dennoch leben sie meistens von ihrer eigenen Arbeit und ihren Ressourcen und tauschen nicht sehr viel miteinander aus. Dies macht sie inkohärent. Je mehr sich auf der anderen Seite verschiedene Familien in der Produktion von einzelnen Dingen spezialisieren, umso mehr unterscheiden sie sich; und je mehr sie dazu gezwungen sind, Dinge zu bekommen, die sie nicht selber produzieren können, umso eher müssen sie in einen Austausch mit anderen Familien eintreten. In diesem Prozess wächst ihre gegenseitige Abhängigkeit und ihre Kohärenz. Die Gesellschaft ist von ihrem Charakter her heterogener, aber auch kohärenter. Das Gesetz, das diese Evolution von inkohärenter Homogenität zu kohärenter Heterogenität zu erklären versucht, besagt:

Jede tätige Kraft produziert mehr als einen Wandel – jede Ursache produziert mehr als einen Effekt (Spencer, 1857/1972b: 47).

Spencer illustriert die anwachsende Heterogenität der Gesellschaft, die durch die vielfachen Folgen einer Ursache erzeugt wird, anhand des folgenden Beispiels: Es stellt sich heraus, dass irgendein Mitglied eines Stammes eine besondere Begabung für die Herstellung von Waffen besitzt, die bislang jeder einzelne Mann selbst hergestellt hat. Weil seine Gefährten nun die Überlegenheit seiner Waffen erkennen, sind sie dazu geneigt, ihn ihre Waffen produzieren zu lassen. Soweit dieser Mann die ungewöhnliche Fähigkeit der Waffenherstellung besitzt und er dies gerne tut, wird er die Waffen liefern, wenn er dafür von seinen Gefährten belohnt wird. Dies ist eine erste Spezialisierung von Funktionen, die sich stetig weiterentwickelt, indem die entsprechende Arbeitsteilung voranschreitet. Der Waffenhersteller mag weiterhin seine Fähigkeiten in dieser Hinsicht verbessern, während die anderen Männer sie immer mehr verlieren werden. Es werden andere Folgen eintreten, zum Beispiel wird der Tauschhandel zum Austausch von Gütern eingeführt werden. Der Waffenhersteller wird von seinen Kunden jene Güter im Austausch für seine Waffen nehmen, die diese in bester Qualität erzeugen können. Dies gibt jedem den Anreiz, sich in seinen besten Fähigkeiten zu spezialisieren. Somit findet eine weitere Spezialisierung statt und verursacht ihrerseits eine weitere Spezialisierung und so weiter. Ein anderes Beispiel, das Spencer nennt, um das Gesetz des Fortschritts zu illustrieren, womit er die fortschreitende Differenzierung erklärt, ist die Einführung der Lokomotive und die vielfältigen Effekte, die diese bewirkte: ein Eisenbahnsystem, Gesetze, Bauarbeiten unterschiedlichster Art, eine Neuorganisation von Wirtschaft und Kommunikation und so weiter. Diese Beispiele zeigen, dass die anwachsende Arbeitsteilung auch gegenseitige Abhängigkeit und gegenseitige Austauschbeziehungen und somit die Integration von spezialisierten Familien und Individuen bewirkt, die vormals getrennte Leben führten.

Eine Gesellschaft, die sich nach dem Gesetz des Fortschritts entwickelt, vollzieht diese Entwicklung wie ein Organismus mit einer Vielzahl spezialisierter Organe, vergleichbar den Organen biologischer Organismen, mit Ausnahme einiger, allerdings nur geringfügiger Merkmale. Die Ähnlichkeiten sind folgende (Spencer, 1852/1972c):

1. Soziale und biologische Organismen beginnen das Leben als kleine Aggregate und vermehren sich immens.
2. Sie beginnen mit einfachen Strukturen, um dann zunehmend komplexere Strukturen zu entwickeln.
3. Sie setzen mit einer geringen gegenseitigen Abhängigkeit zwischen ihren Bestandteilen ein, um dann zunehmend eine größere gegenseitige Abhängigkeit zu entfalten.
4. Das Leben der Organismen existiert über das Leben ihrer Bestandteile hinaus.

Die Unterschiede sind folgende:

1. Es gibt keine spezifische äußere Form für die Gesellschaft, was jedoch von geringerer Bedeutung ist, da dies genauso für die niedrigeren lebenden Systeme gilt.
2. Das lebende Gewebe der Organismen bildet eine zusammenhängende Masse, die lebenden Elemente der Gesellschaft tun dies nicht. Jedoch sind die niedrigen Klassen der Organismen nicht weit von dieser Eigenschaft der Gesellschaft entfernt.
3. Die lebenden Elemente der Organismen sind von ihrem Ort her unveränderlich, diejenigen der Gesellschaft sind es nicht. Jedoch sind die einzelnen Mitglieder einer Gesellschaft, betrachtet man ihre öffentlichen Positionen und nicht ihre privaten, auch nicht sehr viel beweglicher als die lebenden Elemente der Organismen.

4. In einer Gesellschaft hat jedes Mitglied ein Empfinden, in Organismen haben das nur besondere Teile. Allerdings ist das Empfinden bei den niedrigsten Tieren über das gesamte System verbreitet.

Spencer fährt in seiner Argumentation fort, indem er auf weitere Übereinstimmungen hinweist: Die Gesellschaft differenziert sich wie die unterschiedlichen Schichten der Organismen in verschiedene Schichten. Sie differenziert sich in Teile, die spezifische Funktionen erfüllen, genauso ist es mit den Organismen der Fall. Der Warenkreislauf entspricht dem Blutkreislauf. Beide benötigen Kommunikationskanäle. Repräsentative Körperschaften sind das Nervensystem der Gesellschaft.

In *The Principles of Sociology* (Spencer, 1876–97/1975) vertieft Spencer die Gedanken aus früheren Schriften anhand zahlreicher Beispiele aus der sozialen Wirklichkeit. *The Principles of Sociology* untersuchen:

1. die durch die Handlungen von Gesellschaften fortschreitenden Modifikationen ihrer allgemeinen Umwelt,
2. die wachsende Größe und Dichte der gesellschaftlichen Aggregate,
3. die zunehmende gegenseitige Abhängigkeit zwischen der Gesellschaft als Ganzer und ihren Bestandteilen,
4. die wachsende gegenseitige Abhängigkeit zwischen Gesellschaften.

Die Evolution der Gesellschaft erhält für Spencer ihren Anstoß durch diese gegenseitigen Abhängigkeiten. Die Soziologie untersucht, wie sich die Eignung für gesellschaftliche Kooperation in diesem Evolutionsprozess entwickelt. Das Untersuchungsgebiet ist schließlich die Entwicklung derjenigen Institutionen, welche die Funktionen zur Koordination menschlichen Handelns erfüllen. Die Familie ist die wichtigste dieser Institutionen. Sie leistet die Aufgabe, das heranwachsende Kind zur Kooperation zu befähigen. Zeremonielle Institutionen, wie beispielsweise rituelle Tänze, sind primitive Formen der sozialen Kontrolle, die den bürgerlichen Formen vorausgehen. Politische Institutionen entwickeln sich, um kollektive Handlungen zu koordinieren und um sie zu einem gemeinsamen Ziel zu führen. Religiöse Systeme etablieren soziale Bindungen. Die Religion gibt der Vorsehung des göttlichen Wesens, die sich im Prozess der Evolution ausdrückt, eine sinnhafte Gestalt.

Die gesellschaftliche Evolution schreitet fort zu einer zunehmenden Differenzierung durch die Arbeitsteilung in der Wirtschaft und zur Vereinigung der politischen Aggregate innerhalb eines politischen Systems höherer Ordnung vermittels ihrer militärischen Unterwerfung oder ihres Zusammenschlusses. Der letztere Prozess beginnt bei einfachen Gesellschaften mit einem politischen Aggregat und bewegt sich hin zu zusammengesetzten Gesellschaften mit zwei oder mehreren vormals unabhängigen politischen Aggregaten, die innerhalb eines politischen Systems unter einer politischen Führung verknüpft werden. Der nächste Schritt der politischen Evolution ist der Zusammenschluss von zwei oder mehreren solchermaßen zusammengesetzten Systemen unter einer politischen Führung auf noch höherer Ebene und so weiter.

Die bedeutendste Veränderung, die sich während Spencers Zeit ereignete, war seiner Ansicht nach der Verfall der Militanz beziehungsweise der Militärgesellschaft und der Aufstieg der industriellen Gesellschaft. Militanz ist das charakteristische Merkmal der traditionalen Gesellschaft. Hier basiert jede soziale Handlung auf Statusbeziehungen zwischen Ungleichen oder Gleichen, Handlung wird durch Zwang bestimmt, den eine zentralisierte politische und militärische Autorität anwendet. Dies ist eine notwendige Phase der gesellschaftlichen Evolution, solange es Rassen, Gruppen, Klassen und Individuen gibt, die nicht an eine höhere Form des gesellschaftlichen Zustandes angepasst sind, in dem die Kooperation auf der freiwilligen Vereinigung von Individuen beruht. Der letztere Typus der Koordination charakterisiert die industrielle Gesellschaft. Hier wächst die gesellschaftliche Differenzierung zu einem noch nie da gewesenen Ausmaß. Entscheidungen können dezentralisiert werden und bei immer kleiner werdenden sozialen Einheiten sowie Individuen verbleiben. Eine besondere Interaktion entsteht auf der Grundlage von Verträgen zwischen freien und gleichen Individuen. Sie beinhaltet Verträge auf der Grundlage der Wahl der Einzelnen; diese vereinigen sich freiwillig im Austausch von Gütern und Dienstleistungen.

Die Entwicklung der Fähigkeiten des Einzelnen konvergiert hier mit derjenigen der anderen Individuen wie mit dem Fortschritt des gesamten Systems hin zu höheren Zuständen der Erfüllung von Wünschen, folglich mit dem Fortschritt hin zum größten Glück der größten Zahl. Der Staat wird verschwinden, weil die Individuen gelernt haben werden, ihre Fähigkeiten auszuüben, ohne die anderen zu behindern, welche die ihrigen entfalten. Die Ausrichtung auf das eigene Glück entspricht der Ausrichtung auf das Glück von anderen Individuen. Egoismus und Altruismus sind unter diesen Voraussetzungen zwei Seiten derselben Medaille. Im Streben nach ihrem eigenen Glück tragen die Individuen gleichzeitig zum Glück der anderen bei, beispielsweise über den Austausch von Waren, und sie sind sich sehr wohl der Rechte der anderen auf das gleiche Glück bewusst. Die Individuen handeln nach dem universalistischen utilitaristischen Prinzip des größten Glücks für alle.

Dennoch betonte Spencer mit zunehmendem Alter, dass dieser Evolutionsprozess hin zum endgültigen gesellschaftlichen Zustand ein sehr langsamer ist, der immer wieder Umwegen und Regressionen ausgesetzt ist. Er unterstreicht jedoch weiterhin, dass nur eine stufenweise, aber kontinuierlich fortschreitende Garantie der Freiheiten des freien Handels, der freien Presse, der Trennung von Staat und Kirche und des allgemeinen Wahlrechts auf lange Sicht den Typus von

Individuen mit sich bringt, die in einen solchen gesellschaftlichen Zustand passen. Werden die Menschen Schritt für Schritt diesem gesellschaftlichen Zustand ausgesetzt, dann werden auch die entsprechenden Charakterstrukturen gefördert und selektiert, die am besten für diesen Zustand geeignet sind; die Individuen lernen stufenweise, dass es in ihrem eigenen Interesse ist, jedermanns Recht auf Freiheit zu respektieren, weil anderenfalls die eigene Ausübung dieses Rechts durch andere gefährdet würde. Egoismus und Altruismus nähern sich in diesem Prozess einander an. Spencer war während seines ganzen Lebens damit beschäftigt, für eine Ausweitung der Freiheit in England einzutreten, um den idealen gesellschaftlichen Zustand herbeizuführen. Er war davon überzeugt, dass England in dieser Hinsicht am weitesten entwickelt war und dass es die besten Voraussetzungen für solch eine Ausweitung der Freiheiten hatte.

In seiner Kritik des Sozialismus stellt Spencer heraus, dass der Sozialismus nicht nur die ökonomischen Freiheiten preisgeben würde, sondern auch eine allumfassende industrielle Unterordnung der Arbeiter unter eine starke zentralisierte, militärähnliche Organisation einführte (Spencer, 1876–97/1975: Band 3, Teil 8).

Spencers Verwicklung in politische Debatten zeigt, dass er sich den zukünftigen gesellschaftlichen Zustand nicht nur als ein zwangsläufiges Resultat der gesellschaftlichen Evolution vorstellt, sondern auch als ein wertvolles Ziel, für das man eintreten muss, wie man auch dazu beitragen muss, dass die richtigen Voraussetzungen geschaffen werden. Insoweit glaubte er wohl nicht völlig an einen vom menschlichen Streben unabhängigen Automatismus der sozialen Evolution, wie ihn seine Theorie nahe legt.

## Zusammenfassung

### Methodologie

1. Die Soziologie hat einen praktischen Nutzen für die Gesellschaft, weil sie uns über die Gesetzmäßigkeiten der gesellschaftlichen Evolution informiert.
2. Während die Geschichtsschreibung Geschichten über Könige berichtet, informiert uns die Soziologie über die natürliche Evolution der Gesellschaft.
3. Die Gesellschaft ist ein sozialer Organismus, aber ein Organismus, der durch seine konstitutiven Elemente, die menschlichen Individuen, in seiner Arbeit und in seiner Evolution bestimmt wird.
4. Die Soziologie muss sich ihrer spezifischen Probleme bewusst sein, die auf die Komplexität ihres Untersuchungsgebiets zurückzuführen sind.

**Moralphilosophie**

5.  Das utilitaristische Moralprinzip des größten Glücks für alle hat unterschiedliche Bedeutungen je nach der stetigen Modifikation des Wesens des menschlichen Individuums im Prozess der Evolution.

**Das Schwinden des Übels**

6.  Jedes Übel hat seinen Ursprung in der Unvollkommenheit des Einzelnen im Sinne einer Nichtanpassung an seine Existenzbedingungen, verursacht entweder durch übermäßige oder durch mangelhafte Anlagen.
7.  Weil übermäßige Anlagen weniger und mangelhafte Anlagen im Prozess der Anpassung an die Umwelt mehr ausgeübt werden, wird die Unvollkommenheit und somit das Übel im Verlauf der Evolution zum Verschwinden tendieren.

**Das erste Prinzip der Ethik**

8.  Gott will, dass jedes menschliche Wesen glücklich ist. Glück ist ein Zustand der angemessenen Befriedigung der Wünsche, was die volle Ausübung der Fähigkeiten eines jeden in Freiheit erfordert. Somit hat jeder die Pflicht und das Recht, seine Fähigkeiten in Freiheit vollständig ausüben zu können. Weil nun jedes einzelne Individuum dies nur bis zu dem Grade tun kann, bei dem es nicht von irgendjemand anderem daran gehindert wird, ist es die Pflicht von jedem, das Recht auf Freiheit der anderen Individuen in der Ausübung ihrer Anlagen zu respektieren.

**Gesellschaftliche Evolution**

9.  Der vollkommene Zustand der Gesellschaft ist ein Zustand, in dem alle Individuen die Freiheit besitzen, ihre Anlagen in vollständigem Ausmaß auszuüben, ohne die Freiheit eines anderen zu beeinträchtigen.
10. Der vollkommene Zustand der Gesellschaft ist das Endergebnis eines langen Evolutionsprozesses.
11. Autorität, Herrschaft, Zwang, Militanz und Krieg erfüllen die Funktion der Erziehung beziehungsweise des Auslöschens von solchen Lebewesen, Ras-

sen, Gesellschaftsformen, Gruppen und Individuen, die nicht an die Existenzbedingungen angepasst sind und geringere Fähigkeiten besitzen.

12. Die Ausübung von Fähigkeiten und die Ausrottung Unfähiger fördern die Individuen mit denjenigen Eigenschaften, die auf lange Sicht an den vollkommenen Zustand der Gesellschaft angepasst sind. Diese Eigenschaften sind zugleich höhere physische und moralische Fähigkeiten.

13. Je höher die Stufen sind, die durch die Evolution erreicht werden, umso mehr wird die Garantie zunehmender Freiheitsrechte an freiem Eigentum, Freihandel, freier Presse und allgemeinem Wahlrecht dazu beitragen, dass sich die höherentwickelten Menschen noch weiter anpassen, um schließlich Menschen mit einem vollkommenen moralischen Wesen zu werden, die selbstverantwortlich ihre Freiheiten ausüben.

14. Mit dem Erreichen des vollkommenen gesellschaftlichen Zustandes wird der Staat zuerst auf die Rolle eines Wächters der Freiheiten reduziert und schließlich verschwinden.

## Die Gesetze des Fortschritts in der Evolution

15. Jede übermäßige Fruchtbarkeit führt zu Anstrengungen, die Fähigkeiten und die Kooperation zu verbessern und diese Fruchtbarkeit wiederum zu verringern; sie führt zur Auslese entsprechend handelnder Familien und Individuen, da sie damit die Anpassung an die zunehmend komplexeren Lebensbedingungen erreichen. Das Bevölkerungswachstum treibt damit die gesellschaftliche Evolution hin zu höheren Ebenen der Vollkommenheit voran.

16. Die gesellschaftliche Evolution beginnt mit einer inkohärenten Homogenität und bewegt sich in die Richtung einer kohärenten Heterogenität, das heißt, hin zu einer fortschreitenden Differenzierung voneinander abhängiger und zusammenhängender Teile eines Ganzen.

## Das Gesetz des Fortschritts

17. Jede aktive Kraft erzeugt mehr als eine Veränderung – jede Ursache erzeugt mehr als eine Wirkung.

18. Jede Spezialisierung verursacht eine endlose Reihe von weiteren Spezialisierungen und eine entsprechende Arbeitsteilung.

19. Je weiter die Arbeitsteilung fortschreitet, umso eher werden gegenseitige Abhängigkeit und Austausch und deshalb die Integration der unterschiedlichen Teile Platz greifen.

## Die Gesellschaft als Organismus

20. Das Leben von Gesellschaften wie von Organismen beginnt in Form kleiner Aggregate mit anschließendem gewaltigem Wachstum; sie beginnen mit einfachen Strukturen, oder überhaupt keinen, und bauen dann zunehmend komplexere Strukturen auf; sie setzen mit geringer gegenseitiger Abhängigkeit zwischen den Teilen ein und entwickeln eine immer größere gegenseitige Abhängigkeit zwischen ihnen; schließlich existieren sie jenseits des Lebens ihrer Bestandteile fort.

21. Gesellschaften sind wie Organismen in Klassen oder in Teile differenziert, die spezifische Funktionen erfüllen; sie besitzen einen Warenkreislauf vergleichbar dem Blutkreislauf und haben Kommunikationskanäle und Regierungseinrichtungen als Nervensysteme.

22. Anders als Organismen haben Gesellschaften keine spezifische äußere Form, sie bilden keine zusammenhängende Masse, sie bestehen aus Elementen, deren Platz nicht fixiert ist und alle ihre Elemente (Individuen) sind zu Gefühlen fähig. Jedoch sind die Unterschiede nicht immer sehr groß; sie hängen davon ab, welche Gesellschaften mit welchen Organismen verglichen werden.

23. Die gesellschaftliche Evolution hat eine fortschreitende Modifikation der Umwelt zur Folge, die durch die Handlung der Gesellschaften, die wachsende Größe und Dichte des gesellschaftlichen Aggregats, die zunehmende gegenseitige Abhängigkeit zwischen der Gesamtheit der Gesellschaft und ihren Bestandteilen und der wachsenden gegenseitigen Abhängigkeit zwischen den Gesellschaften bewirkt wird.

24. Die gesellschaftliche Evolution führt zu einer Differenzierung von Institutionen, die spezifische Funktionen erfüllen: Die Familie bereitet auf die Kooperation vor, zeremonielle Institutionen üben eine primitive soziale Kontrolle aus, politische Institutionen führen kollektive Handlungen einem gemeinsamen Ziel zu, kirchliche Institutionen begründen gesellschaftliche Bindungen, die Religion gibt der Vorsehung des göttlichen Wesens, die ihren Ausdruck im Prozess der Evolution findet, einen Sinn.

25. Die gesellschaftliche Evolution schreitet voran von einfachen Gesellschaftsformen hin zu einer zunehmenden Arbeitsteilung und zur Zusammensetzung von politischen Aggregaten auf zunehmend höheren Ebenen.

26. Die gesellschaftliche Evolution bewegt sich von primitiven Gesellschaften mit einer inkohärenten Homogenität hin zu Militärgesellschaften mit einer zentralisierten Autorität, Zwang und Statusbeziehungen, und schließlich hin zu industriellen Gesellschaften mit dezentralisierten Entscheidungsstrukturen, Freiheit und Beziehungen, die auf Verträge gegründet sind.

# Kritische Würdigung

Spencers stärkstes Argument ist seine ökonomische Erklärung der wirtschaftlichen Dimension der gesellschaftlichen Evolution: Die Arbeitsteilung hat eine wachsende Differenzierung der Bevölkerung in heterogene, voneinander gegenseitig abhängige Teile zur Folge, die miteinander Waren austauschen. Sobald die Menschen lernen, dass sie besser von der Spezialisierung auf die Produktion von bestimmten Waren und Dienstleistungen und ihrem Austausch gegen all die unterschiedlichen wünschenswerten Dinge leben können, werden sie dies in der Tat tun, was wiederum zu einem Grad der Spezialisierung führt, von dem aus jede Rückkehr zu weniger hoch entwickelten Ebenen kostspielig ist, Veränderungen hin zu immer weiterer Spezialisierung dabei profitabler werden.

Folglich werden unter dem äußeren Druck der Knappheit, die durch das Bevölkerungswachstum verursacht wird, diejenigen Individuen, die nach einem besseren Leben streben und die im ökonomischen Sinne planen, sich spezialisieren und deshalb den Prozess der Arbeitsteilung initiieren. Sie wenden die besten Mittel an, um ein größtmögliches Maß der Bedürfnisbefriedigung zu erreichen. Das bedeutet, dass sie danach streben, so viele Wünsche wie möglich im höchstmöglichen Maß zu befriedigen. Sie sind nicht auf die Befriedigung nur eines Wunsches ausgerichtet, zum Beispiel darauf, ihre Unabhängigkeit zu erhalten, sondern auf die Befriedigung von vielen verschiedenen Dingen, was sie in ihren Handlungen flexibler macht, aber sie auch dazu zwingt, sich für so viele Mittel wie möglich für die Befriedigung von so vielen Wünschen wie möglich einzusetzen. Dies ist ihre spezifische ökonomische Orientierung im Unterschied zu derjenigen eines Handelnden, der auf die Verwirklichung eines einzigen Ziels ausgerichtet ist, der sich den Normen anpasst, die vorschreiben welche Mittel benutzt werden sollen, oder der die Übereinstimmung mit solchen allgemeinen Werten sucht, die das Streben nach spezifischen Zielen und/oder die Anwendung von bestimmten Mitteln rechtfertigen bzw. nicht rechtfertigen. Individuen, die an diesen nichtökonomischen Handlungsweisen orientiert sind, werden nicht dazu neigen, so schnell zu lernen und sich zu spezialisieren, wie Spencer es bei dem ökonomisch planenden Akteur voraussetzt. Einzelne Akteure, die nur das ausschließliche Ziel haben, von ihren eigenen Produkten zu leben, die dazu verpflichtet sind, die Produktionstechniken ihrer Vorfahren zu bewahren, oder die traditionelle Identität ihrer Familien beibehalten wollen, werden nicht am Prozess der Spezialisierung teilnehmen, nur weil ihnen dieser ein besseres Leben im Sinne von materiellen Produkten bietet. Sie planen ihre Handlungen nicht ökonomisch.

Man könnte argumentieren, dass selbst, wenn wirklich nur einige diesen Prozess der Spezialisierung einleiten und der Druck durch das Bevölkerungswachstum zunimmt, nur diejenigen überleben werden, die sich spezialisiert haben und deshalb am Prozess der Arbeitsteilung teilnehmen. Dies ist eine Erklärung der wachsenden Arbeitsteilung, wonach sie nicht auf Lernen und ökonomischer Planung gründet, sondern auf natürlicher Selektion. Zumindest kann ein Teil von Spencers Theorie der progressiven Arbeitsteilung in diesem Sinne gelesen werden. Damit formuliert er ein Argument, das Emile Durkheim, der französische Klassiker, als Erklärung in seine eigene Untersuchung der Arbeitsteilung mit aufnahm. Diese Erklärung ist jedoch nur so weit plausibel, wie Märkte existieren und der Erfolg auf dem Markt das Kriterium ist, wonach menschliche Individuen ihr Leben ausrichten. Was uns immer noch fehlt, ist eine Erklärung dafür, wie sich diese Märkte etablieren. Eine Erklärung hierfür könnte sein, dass Gesellschaften, die Märkte eingeführt haben, in der politischen Auseinandersetzung zwischen Gesellschaften erfolgreicher sind. Dies trifft jedoch nicht unbedingt zu, da sich Gesellschaften sehr wohl auf die Erlangung eines höchstmöglichen Maßes physischer Machtmittel in ihren Händen konzentrieren und die Etablierung von Märkten vernachlässigen können. Das bedeutet, dass sie zentralisierter sind als Marktgesellschaften und sehr viel schneller Entscheidungen treffen und kollektiv handeln können, was sie den Marktgesellschaften infolge von deren dezentralisierten Entscheidungsprozessen im politisch-militärischen Kampf überlegen macht. Aus diesem Grund ist die Schaffung von Märkten nicht unter allen Umständen ein Vorteil in der Auseinandersetzung zwischen den Gesellschaften; das heißt, dass dezentralisierte Marktgesellschaften durch zentralisierte Militärgesellschaften vernichtet werden können. Wir können das Wachstum der Märkte in Gesellschaften überall auf der Welt nicht (allein) mit einer evolutionären Überlegenheit in der Auseinandersetzung zwischen Gesellschaften erklären. Wir benötigen noch weitere Gründe, um das Wachstum der Arbeitsteilung und der entsprechenden Märkte zu erklären. Es muss ein Wachstum der Reichweite einer politischen Autorität geben oder ein Zusammenwirken zwischen verschiedenen politischen Autoritäten, um einen expandierenden Tauschhandel unter einer Rechtsprechung zu ordnen; es muss eine Umwandlung des Solidaritätsverhaltens stattfinden, eine Verlagerung von der partikularen Solidarität der ursprünglichen Gruppen (Familien, Klans) zu einer universalistischen Solidarität aller, die am Marktaustausch beteiligt sind; dies setzt das Zusammenbrechen der Grenzen von Solidarität und die Etablierung einer gemeinsamen Moral voraus; es muss eine Auflösung der Unterscheidung zwischen Moral innerhalb einer Gruppe und Sittenlosigkeit außerhalb der Gruppe stattfinden, rationale sowie instrumentelle Herrschaft über Natur und Welt mit einem aktiven Eingreifen in die Welt müssen als allgemeine Werte gelten, und diese Welt muss umgewandelt werden, anstatt sich ihr passiv in ihrem gegenwärtigen Zustand anzupassen; der Arbeit an sich muss ein Wert beigemessen werden, anstatt sie gegenüber einem zurückgezogenen Leben oder als Buße für Sünden abzuwerten. Dies sind die Voraussetzungen für eine progressive, letztlich globale Marktwirtschaft, die nicht automatisch nur durch die Kombination von Lernen und ökonomischer Vernunft oder durch äußere Selektion entsteht.

Spencers ökonomisch-evolutionäre Erklärung der fortschreitenden Arbeitsteilung und der Errichtung einer kapitalistischen Marktwirtschaft ist in ihrem Charakter zu begrenzt, um uns in die Lage zu versetzen, die verschiedenen nichtökonomischen Vorbedingungen für solch eine Ökonomie zu erfassen. Ein Blick auf Emile Durkheims Untersuchung der Veränderung von Solidarität verbunden mit wachsender Arbeitsteilung zeigt uns, dass wir jene Erklärung um eine Theorie der Entstehung von normativen Strukturen ergänzen müssen. Ein Blick auf Max Webers vergleichende Studien zu den Weltreligionen und des Aufstiegs des rationalen Kapitalismus erläutert uns, wie unerlässlich eine detaillierte Rekonstruktion der kulturellen Grundlagen dieses Prozesses für eine angemessene Erklärung ist. Ein Blick auf Paretos Theorie der Dynamik von Machtsystemen teilt uns mehr über den Beitrag dieses Faktors zu historischen Entwicklungen mit. Und Marx' ökonomistische Sichtweise zeigt, dass die Expansion der kapitalistischen Marktwirtschaft uns schließlich nicht zum gesellschaftlichen Zustand universeller Freiheit führen muss; bleibt sie nämlich sich selbst überlassen, so resultiert sie schließlich in Entfremdung, in der Schaffung einer unkontrollierbaren Macht über den Menschen und in unversöhnlichen Klassenantagonismen. Nicht ein einziger dieser wichtigen Aspekte der fortschreitenden Arbeitsteilung bei der Etablierung einer letztlich global ausgebreiteten kapitalistischen Wirtschaft tritt in Spencers ökonomischer Evolutionstheorie zu Tage, die sich ausschließlich dem Lob wirtschaftlicher Freiheit als dem endgültigen Stadium höchster Moral verschrieben hat.

Es gibt weitere Unzulänglichkeiten, die mit Spencers liberalökonomischem Evolutionismus verbunden sind. Er erklärt das Verschwinden von Übel und das Wachstum von Glück als ein unumgängliches Ergebnis der Evolution, doch dies erscheint eher als naives Wunschdenken. Durkheim betonte im Gegensatz zu Spencer, dass die fortschreitende Arbeitsteilung keineswegs das Glück vergrößert. Sie verstärkt vielmehr den Wettbewerb um knappe Ressourcen, zerbricht traditionelle Bindungen, was bedeutet, dass Menschen oft scheitern – und sie vergrößert die Frustration, weil die Wünsche schneller anwachsen als die Mittel zu ihrer Befriedigung. Diese Folgen der wachsenden Arbeitsteilung bringen eine Menge Elend mit sich. Die wachsende Selbstmordrate, die das Auf und Ab der wirtschaftlichen Entwicklung begleitet, beweist dieses wachsende Elend. Aus Max Webers kulturvergleichenden Studien gewinnen wir die Einsicht, dass durch das andauernde Eingreifen in die Welt durch den modernen Menschen mit dem Resultat einer expandierenden Ökonomie eine neue künstliche Welt geschaffen wird, die voll von neuem Übel ist. Dies ist ein endloser und unausweichlicher Prozeß. Spencers eigenes Gesetz, daß eine Sache immer vielfältige Folgen mit sich bringt, könnte auf diese Schwächen der modernen Gesellschaft angewandt werden, aber Spencer selbst nutzt es nicht für solch eine Erklärung.

Laut Spencer basiert der endgültige gesellschaftliche Zustand einer industriellen Gesellschaft auf der individuellen Freiheit und der gegenseitigen Respektierung von Freiheiten; Vertrag und Dezentralisierung sind ein unvermeidlicher Bestandteil dieser natürlichen Evolution. Dennoch sind militärische Gesellschaften sehr wohl dazu imstande, ihre Feinde im Kampf ums Überleben zu vernichten. Im Gegensatz zu Spencers Annahme ist es sogar unwahrscheinlich, daß die liberaleren Gesellschaften überleben, wenn keine anderen Faktoren als die schlichte physische Selektion im Überlebenskampf eine Rolle spielen. Physische und moralische Selektion stimmen in keiner Hinsicht so überein, wie es Spencer voraussetzt.

Es ist ebenso völlig unwahrscheinlich, daß die Individuen zuerst durch die Zwangsherrschaft von Militärgesellschaften zu einem höheren moralischen Zustand erzogen oder selektiert würden und anschließend einfach durch die Garantie von Freiheiten in industriellen Gesellschaften. Ein Zustand moralischer Selbstverantwortung ist Ergebnis eines sehr langen Prozesses, der seine einzigartigen Wurzeln in der jüdisch-christlichen Religion hat und einen Wandlungsprozeß der Säkularisierung und Universalisierung durch die Aufklärung erlebte. Dieser Prozeß wurde auf der Ebene von Moraldiskursen und durch Sozialisation fortgesetzt und muß auf dieser Stufe erfaßt werden, so wie es durch Durkheim in seiner Soziologie der Moral geschah, die Einsichten auftat, die durch Mead, Piaget, Kohlberg und andere erweitert wurden. Max Weber stellte die einzigartigen Wurzeln einer solchen moralischen Selbstverantwortung in der jüdisch-christlichen Kultur heraus.

Spencers Evolutionstheorie leidet unter ihrer zu eingeschränkt ökonomischen und naturalistischen Konzeption. Evolution wird als ein selbsttätiger, natürlicher Prozeß angesehen, in dem sich eine Gesellschaft durch die Arbeitsteilung zu einer wirtschaftlich höheren Stufe hin entwickelt, was dann all die Annehmlichkeiten größerer Freiheit und einer höheren Moral zustande bringt. Unsere kritische Diskussion seiner Theorie hat bewiesen, daß dieser Anspruch viel zu weitreichend ist. Was Spencer erklären kann, ist nur ein sehr kleiner Ausschnitt der fortschreitenden Arbeitsteilung und nichts darüber hinaus. Selbst dieser Prozeß kann nur in seiner rein ökonomischen Dimension erfaßt werden und nicht in den Dimensionen der politischen Regulierung, der Solidaritätsstrukturen und der kulturellen Legitimation. Was über die fortschreitende Arbeitsteilung hinausgeht – und Spencer stellt solche Behauptungen auf – erfordert noch weitere Erklärungen in Begriffen von politischer Regulierung, solidarischen Strukturen und kultureller Legitimation. Um diese Dimensionen der gesellschaftlichen Entwicklung zu erfassen, müssen wir auf die Arbeiten von Marx, Pareto, Durkheim, Simmel, Weber und Mead eingehen.

## Wirkungsgeschichte

Herbert Spencer schuf keine Denkschule. Dennoch haben seine wichtigsten Ansichten ihren Weg in viele Bereiche der Soziologie gefunden. Eine neue Darstellung von Spencers soziologischer Theorie wurde von Jonathan H. Turner (1985) vorgelegt.

Der Utilitarismus wurde in den letzten Jahren enorm wiederbelebt. Verschiedene Autoren arbeiteten daran, das mikroökonomische utilitaristische Paradigma, das den Menschen als rationales nutzenmaximierendes Wesen konzipiert, auf die Soziologie zu übertragen. Insbesondere George Homans und James Coleman stehen für diese mikrosoziologische Denkschule, die bisweilen auch als „Rational-Choice"-Ansatz bezeichnet wird, da sie die rationale Wahl aus Handlungsalternativen ins Zentrum ihrer Handlungstheorie stellt. Sie werden in Band 2 dieses Lehrbuches ausführlicher vorgestellt. In Deutschland arbeitet Hartmut Esser (1996) an einer Variante der Rational-Choice-Theorie. Er konzipiert vor allem das zugrundeliegende Menschenbild detaillierter und differenzierter, als es die ökonomische Denkrichtung vermag, indem er soziologische und sozialpsychologische Erkenntnisse einbezieht.

Der Evolutionismus wurde in neuen Versionen der Evolutionstheorie, insbesondere von Talcott Parsons' und Niklas Luhmanns Theorien der soziokulturellen Evolution wieder aufgenommen. Beide brachen jedoch mit Spencers utilitaristischen Annahmen und dem simplen, zu naturalistischen Darwinismus. Für Parsons (1967, Kap. 2; 1971/dt. 1972, Kap. 2) ist die Differenzierung nur eine Dimension gesellschaftlicher Evolution. Er untersuchte stattdessen in allgemeinerer Form, welche institutionellen Entwicklungen bestimmte Gesellschaften besser als andere in die Lage versetzen, mit Problemen größeren Umfangs besser umzugehen. Die Theorie funktionaler Differenzierung als ein Hauptschema der gesellschaftlichen Evolution wurde auch durch Luhmann (1997) einer Revision unterzogen. Ihre Theoriegebäude werden in Band 3 genauer beschrieben.

## Orientierungsfragen

1. Welches sind die Kernideen der angelsächsischen liberalen Theoretiker?
2. Welche zentralen Punkte beinhaltet Spencers Moralphilosophie?
3. Wie charakterisiert Spencer soziale Dynamik und soziale Statik?
4. Inwiefern ist es gerechtfertigt, Spencer als „Evolutionisten" zu bezeichnen?
5. Wie würde sich Spencer heute zur Aufrechterhaltung oder zum Abbau des Sozialstaats äußern?
6. Nehmen Sie Stellung zu Spencers Aussage, dass soziale Ordnung sich nur aus der Konvergenz von Interessen erklären lässt!

## Wichtige Begriffe

*Evolutionstheorie*
*Funktionale Differenzierung*
*Individualismus*
*Inkohärente Homogenität*
*Kohärente Heterogenität*
*Liberalismus*
*Organizismus*
*Soziale Dynamik*
*Soziale Statik*
*Unsichtbare Hand*
*Utilitarismus*

## Zur Biografie

Schmid, Michael und Margit Weihrauch. 1996. *Herbert Spencer: Der Klassiker ohne Gemeinde. Eine Bibliographie und Biographie.* Göggingen/Augsburg: Jürgen Cromm Verlag.

## Einstiegstexte

Spencer, Herbert. 1972d. *On Social Evolution. Selected Writings.* Hg. von John D.Y. Peel. Chicago: University of Chicago Press.

Turner, Jonathan H. 1985. *Herbert Spencer: A Renewed Appreciation.* Beverly Hills: Sage.

## Weiterführende Literatur

Andreski, Stanislav. 1971. *Herbert Spencer. Structure Function and Evolution.* London: Nelson.

Gray, Tim S. 1996. *The Political Philosophy of Herbert Spencer. Individualism and Organism.* Aldershot: Avebury.

Peel, John D.Y. 1971. *Herbert Spencer. The Evolution of a Sociologist.* London: Heinemann.

Taylor, Michael W. 1992. *Men versus the State. Herbert Spencer and Late Victorian Individualism.* Oxford: Claredon Press.

Wiltshire, David. 1978. *The Social and Political Thought of Herbert Spencer.* Oxford: Oxford University Press.

## II. Die französische Tradition des Rationalismus und Positivismus

## Emile Durkheim

### Biografische Einleitung

Emile Durkheim wurde am 15. April 1858 in Epinal im französischen Lothringen geboren. Sein Vater war der letzte Repräsentant einer alten Rabbinerfamilie. Emiles Erziehung war von der Strenge des jüdischen Glaubens in seiner Familie bestimmt und es wurde von ihm selbstverständlich erwartet, dass er den Beruf des Vaters übernehmen und somit die alte Familientradition weiterführen würde. Emile entschied sich jedoch schon in seiner Jugendzeit gegen die väterliche Tradition, ohne dies allerdings zu einem Bruch mit der Familie zu steigern. Sein Verhältnis zu den Eltern war weiterhin von Respekt geprägt. Zum jüdischen Glauben hielt er zeitlebens eine achtungsvolle Distanz. Er praktizierte den jüdischen Glauben nicht, nahm aber auch keinen anderen Glauben an. Seine agnostische Haltung hielt ihn von der naiven Teilnahme an der religiösen Praxis fern.

Emile Durkheim ging zuerst in Epinal zur Schule, um danach seine Schulbildung am berühmten Lycée-Louis-le-Grand in Paris zu vollenden. Nach Abschluss der Ausbildung am Lycée wurde er an der Ecole Normale Supérieure zum Studium zugelassen. Die Ecole Normale ist eine der Grandes Ecoles im französischen Bildungssystem, die im Rang über den Universitäten stehen und deren erklärte Funktion die Ausbildung der Führungselite des Landes ist. Die Zulassung zu den Grandes Ecoles erfolgt auf dem Wege eines strengen Prüfungsverfahrens im Wettbewerb. Nur die besten der Teilnehmer werden zugelassen. An den Lycées werden dafür spezielle Vorbereitungskurse angeboten. Durkheim schaffte seine Zulassung in diesem harten Ausleseverfahren erst im dritten Anlauf, was seine ohnehin stark ausgeprägte Arbeitsdisziplin ins Extreme steigerte. Die Ecole Normale war 1794 während der Zeit der Französischen Revolution gegründet und 1811 von Napoleon neu errichtet worden. Ihre spezifische Funktion ist seitdem die Ausbildung der Lehrer für die Lycées, insgesamt der geistigen Elite des Landes. Die Karriere großer Schriftsteller und Gelehrter, aber auch einer nicht geringen Zahl von Staatsmännern begann an der Ecole Normale. Wie für alle „Normaliens" war insofern Emile Durkheims Aufstieg in die geistige Elite Frankreichs in dem Augenblick vorgezeichnet, in dem er das Studium an der Ecole Normale aufnahm. In inhaltlicher Hinsicht konzentrierte sich sein Studium auf Geschichte und Philosophie.

Nach Beendigung seines Studiums war Durkheim zunächst in der Provinz als Lycée-Lehrer für Philosophie tätig. Ein Stipendium ermöglichte ihm 1885 bis 1886 einen Studienaufenthalt in Deutschland, um den dortigen Entwicklungsstand der Sozialwissenschaften kennen zu lernen. In Berlin und Leipzig setzte er sich mit dem Denken von Rudolf von Ihring, Gustav Schmoller, Adolf Wagner, Albert Schäffle und Wilhelm Wundt auseinander. Von diesem Aufenthalt kehrte Durkheim in der festen Absicht heim, die Soziologie in den französischen Universitäten als wissenschaftliche Disziplin zu etablieren. Die erste Chance dafür bot sich ihm schon 1887 durch die Berufung auf eine Dozentenstelle an der Universität Bordeaux. Seine Aufgabe sollte sein, Sozialwissenschaft und Pädagogik zu lehren. Im Jahr der Anstellung in Bordeaux heiratet Durkheim Louise Dreyfus. Aus der Ehe gehen zwei Kinder, Marie und André, hervor. Ehefrau Louise übernimmt nicht nur die Haus- und Erziehungsarbeit, sondern unterstützt ihren Ehemann auch bei der technischen Bearbeitung seiner Manuskripte.

Im Jahre 1893 verteidigt Durkheim seine lateinische Dissertation über Montesquieu und seine französische Dissertation über die soziale Arbeitsteilung (1893/1973a/dt.1992). An Montesquieu interessiert ihn die methodologische Grundlegung der Sozialwissenschaften, das heißt das Aufspüren von sozialen Gesetzmäßigkeiten, die Entwicklung von Typologien und die vergleichende Methode. Seine Studie zur Arbeitsteilung ist als ein bahnbrechendes Werk in die Geschichte der Soziologie eingegangen. Sie ist auch für Durkheims weitere Arbeit eine richtunggebende Untersuchung zum Strukturwandel der gesellschaftlichen Integration im Prozess der zunehmenden Arbeitsteilung. Zwei Jahre später wird ihm in Bordeaux ein Lehrstuhl für Sozialwissenschaft übertragen. In der Folgezeit beschäftigt er sich in *Les Règles de la methode sociologique* (1895/-1973b/dt.1961) mit der methodologischen Grundlegung der Soziologie, die er zwei Jahre später konsequent in seiner mit quantitativen und qualitativen Methoden arbeitenden, für die Soziologie erneut bahnbrechenden Studie über den Selbstmord umsetzt (1897/1973c/dt.1976a). Ihm ist nach den Studien zur Arbeitsteilung und zum Selbstmord klar geworden, dass die Herausbildung der modernen industriellen Gesellschaft eine tiefgreifende Krise der moralischen Ordnung und der sozialen Integration mit sich bringt. Seine weiteren Studien sind deshalb in erster Linie der Frage gewidmet, wie in der arbeitsteilig differenzierten und vollkommen säkularisierten Gesellschaft eine für die neuen strukturellen und kulturellen Bedingungen angemessene moralische Ordnung und soziale Integration der Gesellschaft entstehen kann. Wege zu diesem Ziel sind seine Studien zur Evolution der Pädagogik in Frankreich, zur moralischen Erziehung, zur Rechts- und Staatssoziologie und zur Religionssoziologie.

Über die rein wissenschaftliche Arbeit hinaus unternahm Durkheim erhebliche professionspolitische Anstrengungen zur Etablierung der Soziologie als wissenschaftliche Disziplin. Noch in Bordeaux gründete er *L'Année Sociologique*, ein Peridocum, das sich die Besprechung aller Publikationen der Soziologie und angrenzender Disziplinen zur Aufgabe machte. Insgesamt sind 12 Jahrgänge erschienen. Mit den Mitarbeitern an der Zeitschrift bildete Durkheim eine wissenschaftliche Schule, die einen wachsenden Einfluss auf die Entwicklung der Soziologie und verwandter Disziplinen hatte, auf Anthropologie, Geschichte, Linguistik und Psychologie. Ein Ausdruck von Durkheims gestiegener Anerkennung war seine Berufung auf einen Lehrstuhl für Erziehungswissenschaft an der berühmten Sorbonne in Paris um Jahre 1902. Elf Jahre später, 1913, wurde das Lehrgebiet auf Erziehungswissenschaft und Soziologie erweitert. Im zentralisierten akademischen System Frankreichs war es von großer machtpolitischer Bedeutung, im Zentrum des Systems tätig zu sein.

In praktisch-politischer Hinsicht sollte die Soziologie einen Beitrag zur Entwicklung einer „laizistischen", säkularen Moral leisten. Ihre Umsetzung in Erziehungssoziologie und Pädagogik sollte in einer säkularisierten Welt jene moralischen Grundlagen der Gesellschaft vermitteln, die man von der Religion nicht mehr erwarten konnte. Sein Ziel war ganz in der Tradition Rousseaus eine zivile Religion der Menschen- und Bürgerrechte zur Fundierung der III. Französischen Republik. In den Kämpfen um die moralische Ordnung der III. Republik, die in der Dreyfus-Affäre zwischen den kritischen Intellektuellen und den konservativen Kräften ausgetragen wurden, stand Durkheim unmissverständlich auf der Seite der kritischen Intellektuellen. Bei der Affäre ging es um die Verurteilung des jüdischen Offiziers Dreyfus wegen Spionage für Deutschland zu lebenslanger Haft Ende 1894, bei der es erhebliche Zweifel an der Richtigkeit der Vorwürfe gab. In einem neuen Verfahren wurde Dreyfus 1899 zu zehn Jahren Haft verurteilt, bald darauf aber vom Präsidenten der Republik begnadigt. Die volle Rehabilitation erfuhr Dreyfus erst 1906. In Durkheims Augen war die Affäre ein Ausdruck der moralischen Krise, in der sich die französische Gesellschaft infolge der tiefgreifenden Umwälzungen auf dem Wege von der traditionalen zur modernen industriellen Gesellschaft befand. Dreyfus war der Repräsentant einer gesellschaftlichen Gruppe, in der die Masse der Bevölkerung nach seiner Verurteilung scheinbar zurecht den „Sündenbock" für die krisenhafte Lage der Gesellschaft sehen konnte. Die Verurteilung von Dreyfus erscheint der Masse als ein Schritt aus der Krise heraus (Lukes, 1985: 345).

Durkheims Ziel war die Herausbildung einer moralischen Ordnung, in der sich soziale Integration und individuelle Freiheit gegenseitig stabilisieren. Die III. Republik Frankreichs sollte dieses Programm in exemplarischer Weise nach innen und nach außen in der Herausbildung einer europäischen Gesellschaft in vorbildlicher Weise vorantreiben. Als Durkheim am 15. November 1917, bald nachdem sein Sohn im Ersten Weltkrieg gefallen war, starb, war Europa noch am Anfang einer Entwicklung, die noch einen Zweiten Weltkrieg mit sich brachte, bevor jener europäische Integrationsprozess ein großes Stück vorangebracht wurde, dessen Umrisse er schon in seiner Dissertation zur sozialen Arbeitsteilung gezeichnet hat. Dem Ersten Weltkrieg fielen neben Durkheims eigenem Sohn eine ganze Reihe von jungen hoffnungsvollen Mitgliedern der Durkheim-Schule zum Opfer. Der Einfluss von Durkheims Denken blieb zwar erhalten, allerdings mehr in Gestalt der Weiterführung im verallgemeinerten Sinne eines Denkansatzes als im Sinne der Besetzung von akademischen Positionen aus der Durkheim-Schule heraus. (Lukes, 1985; Poggi, 2000)

## Hauptwerke

*De la division du travail social.* (1893/1973a/dt.1992)
*Les règles de la méthode sociologique.* (1895/1973b/dt.1961)
*Le suicide.* (1897/1973c/1976a)
*Les formes élémentaires de la vie religieuse.* (1912/1968/dt.1981)
*L'éducation morale.* (1925/1974b/dt.1973d)

## Theoriegeschichtlicher Kontext: Rationalismus und Positivismus

Das Werk von Emile Durkheim ist tief im französischen rationalistisch-positivistischen Denken verwurzelt. Es wurde aber in gleicher Weise durch seine Vertrautheit mit dem angelsächsischen ökonomischen Denken, dem Utilitarismus und Evolutionismus, und mit dem deutschen **Idealismus**, insbesondere mit der kritischen Philosophie Immanuel Kants beeinflusst. Indem er diese unterschiedlichen Quellen in seinem Werk verband, ging Durkheim weit über die Begrenzungen des französischen rationalen **Positivismus** hinaus. Dennoch verblieben die methodologischen und substanziellen Ideen des französischen Denkens in Durkheims Werk am sichtbarsten, vergleicht man es mit seinen Zeitgenossen, welche die Herausbildung der soziologischen Theorie zur Jahrhundertwende prägten.

Die französische Tradition des rationalistischen Positivismus und der organizistische **Strukturalismus**, der die Gesellschaft als eine Wirklichkeit *sui generis*, klar unterschieden vom Individuum, betrachtet und die Differenz zwischen Gesellschaftsstruktur und individuellem Handeln betont, sowie die Suche nach einer neuen sozialen Ordnung, welche die Gesellschaft als ein organisches Ganzes zusammenhält: Dies vor allem sind die Ideen, die Durkheim aus der intellektuellen Tradition seines Landes ererbte. Diese Tradition hat ihren bedeutendsten Ursprung im **Rationalismus** von René Descartes (1596–1650), der das französische Denken mit seinem Ansatz beeinflusste, von ersten Prinzipien auszugehen, um dann jede individuelle Behauptung, Beobachtung und Tatsache von solchen Prinzipien abzuleiten. Formuliert im *Discours de la méthode* aus dem Jahr 1637 wurde Descartes' Rationalismus zum führenden Paradigma des französischen Denkens (Descartes 1637/1963). Er beeinflusste die Philosophen der Aufklärung des 18. Jahrhunderts. Von Montesquieu über Condorcet, von Saint-Simon bis zu Comte sehen wir den Triumph einer rationalen Wissenschaft, die darauf abzielt, die universellen Gesetze in der Natur, in der Gesellschaft und im Menschen zu entdecken. Von Condorcet an suchten sie mit einer wachsenden Hingabe an die Idee des Fortschritts nach universellen Gesetzen, welche die Entwicklung der menschlichen Gesellschaft leiten, wobei sie zunehmend davon überzeugt waren, dass das gesamte Universum der physischen Natur, der menschlichen Gesellschaft und der Kultur durchweg durch dieselben universellen Gesetze bestimmt wird. Durkheims Werk ist eine Fortsetzung dieser Suche auf neuer Stufe, auf der er die Leistungen von Spencers ökonomischem Utilitarismus und Evolutionismus und Kants Moralphilosophie mit einbezieht.

Montesquieu (1689–1755) suchte nach universalen Gesetzen der Gesellschaft und forschte nach den unterschiedlichen empirischen Bedingungen, unter denen jene wirksam werden (Montesquieu, 1748). Der Marquis de Condorcet (1743–1794) war damit nicht zufrieden. Er wollte nichts weniger als die Gesetze des Fortschritts in der menschlichen Geschichte entdecken. Er behauptete, dass sich die menschliche Gesellschaft in zehn Entwicklungsstufen fortentwickelt, die auf der Evolution des Wissens basieren, vom primitiven Glauben bis hin zum Entstehen der positiven Wissenschaft (Condorcet, 1795/1982).

Claude-Henri de Saint-Simon (1760–1825) unterstellte einen Fortschritt der menschlichen Gesellschaft in drei Stadien, vom Polytheismus über den Theismus hin zur positiven Epoche der Naturwissenschaften (Saint-Simon, 1865–78). Auguste Comte (1798–1857) systematisierte Saint-Simons Denken und gab der neuen Wissenschaft der Gesellschaft ihren Namen: Soziologie (Comte, 1830–42/1969a, 1851–54/1969b). Für ihn entwickelt sich die menschliche Gesellschaft in drei Entwicklungsstufen, von der theologischen zur metaphysischen hin zur Stufe der positiven Wissenschaft.

Die Positivisten verband ein tiefer Glaube an den Rationalismus der Wissenschaft, die Anerkennung der Methoden der positiven Wissenschaft und die Idee einer einheitlichen positiven Wissenschaft, welche die gesamte Welt und ihre Entwicklung, von der Natur bis hin zur Gesellschaft und zur Kultur abdeckt. Ihr Denken zeigt ein spezifisches Gespür für die **Gesellschaft als eine Realität** *sui generis*, die Etablierung sozialer Ordnung und das Verständnis von Gesellschaft als ein organisches Ganzes. In dieser Perspektive existiert ein klares Primat der Gesellschaft vor dem Individuum. Die Organisation und die Entwicklung der Gesellschaft ist weder ein Ergebnis der spontanen Aktivitäten von Individuen, noch der Selbstverwirklichung der Vernunft, noch ist sie ein Ergebnis der Machtkämpfe zwischen historischen Akteuren. Insoweit dies tatsächlich Merkmale der geschichtlichen Entwicklung sind, spielen sie demnach nur eine zweitrangige Rolle für den Fortschritt der Gesellschaft als einem organischen Ganzen.

Wenn die Physiokraten dafür eintraten, dass die Gesellschaft nach den Gesetzen der Natur regiert werden sollte, so verstanden sie darunter die Steuerung der kollektiven Organisation der Gesellschaft durch eine absolutistische Regierung (Quesnay, 1888/1965; Turgot, 1972).

Für den Philosophen der Aufklärung Jean-Jacques Rousseau (1712–1778) kann die Freiheit der Einzelnen, die einst im Kampf zwischen egoistischen Individuen verloren ging, nur durch deren kollektive Vereinigung und die Steuerung durch eine kollektive Regierung und kollektiv errichtete Gesetze wiedererlangt werden (Rousseau, 1762/1964). Die Einführung einer zivilen Religion der Bürgerrechte und Bürgerpflichten jedes einzelnen Mitglieds der Gesellschaft ist wichtig, um die Ordnung in dieser neuen Gesellschaft zu garantieren, die durch einen Gesellschaftsvertrag zwischen allen Individuen konstituiert wird.

Saint-Simon (1865–78) proklamiert die neue Gesellschaft, die auf der positiven Wissenschaft basiert, als ein organisches Ganzes, das hierarchisch in Klassen differenziert ist, die alle ihren Teil zum Funktionieren des gesamten Systems beitragen und denen die Individuen entsprechend ihrer natürlichen Begabungen zugeordnet werden. Die Industriellen stehen an der Spitze dieser Hierarchie, über den Wissenschaftlern und den Künstlern. Wenn sie sich ihrem endgültigen Stadium annähert, benötigt solch eine organische Gesellschaft für ihre Bestandserhaltung nicht mehr länger das Instrument der Macht, sondern sie wird aus rein objektiven Beweggründen des wissenschaftlichen Wissens regiert, die für jedermann gültig sind.

Auguste Comte (1830–42/1969a) begreift die entstehende Gesellschaft des positiven Zeitalters ebenfalls als ein hierarchisch geordnetes organisches Ganzes, das nicht durch die Ausübung von Macht funktioniert, sondern durch die Anwendung von wissenschaftlichem Wissen, sowie – wie er es in seinem Spätwerk genauer darlegt – auf der Grundlage einer Religion der Humanität. Die Hierarchie beginnt an der Spitze mit den geistigen Klassen, innerhalb derer die Unterklasse der Wissenschaftler über der weiteren Unterklasse der Künstler rangiert. Unterhalb der geistigen Klassen befinden sich die aktiven Klassen, in hierarchischer Ordnung beginnend mit den Bankiers, gefolgt von den Kaufleuten, den Fabrikanten, den Landwirten und Arbeitern.

Comte parallelisierte die Stufen der sozialen Ordnung, der sozialen Instinkte und der sozialen Vereinigung mit den drei Stufen des Wissens in der Entwicklung der menschlichen Gesellschaft. Die theologische Stufe gründet sich auf militärische Unterwerfung und Sklaverei, auf zivilen Instinkt und auf eine Vorherrschaft der Familie im Altertum. Die metaphysische Stufe basiert auf militärischer Verteidigung und Feudalismus, auf kollektivem Instinkt und auf einer Vorherrschaft des Staates im Mittelalter. Die positive Stufe beruht auf dem Industrialismus, auf einem universalistischen Moralinstinkt und auf der Menschheit als sozialer Vereinigung.

Comte stellte fest, dass die Religion der Humanität und des moralischen Universalismus die Grundlage der kommenden Gesellschaft bilden würde. Er entwickelte damit eine besondere Konzeptualisierung der Gesellschaft und ihrer Entwicklung in Begriffen von Transformationen einer organischen Ganzheit, von institutionellen Strukturen und Solidaritätsbeziehungen. In dieser Perspektive verschmilzt die positive Wissenschaft mit einer neuen Religion der Humanität.

Es ist dieser besondere Ansatz des Studiums der Gesellschaft, der das Denken Emile Durkheims am nachdrücklichsten formte. Durkheim überschritt jedoch die Grenzen des Denkens, das in seiner Gesellschaft vorherrschte. Er übernahm die ökonomische und evolutionäre Erklärung der Arbeitsteilung des Engländers Herbert Spencer (1851/1970) (siehe Kap. 2 in diesem Band), korrigierte allerdings die utilitaristischen Züge dieses Ansatzes und verband ihn mit der französischen Auffassung, die Gesellschaft habe einen Charakter, eine Funktion und eine normative Struktur *sui generis*. Vom Deutschen Immanuel Kant griff er den Gedanken des moralischen Universalismus auf, befreite diese Idee jedoch von ihrer idealistischen Einseitigkeit und band sie zurück an ihre Wurzeln in der sozialen Solidarität, die sich von der Familie über den Staat bis hin zur Menschheit als Ganzer erstreckt. Die Stärke von Durkheim liegt in seiner Fähigkeit, diese Bereiche aufeinander zu beziehen. Dennoch legte er seinen Schwerpunkt auf die Vorherrschaft der normativen Struktur der Gesellschaft. Diese hauptsächliche Beschäftigung mit der normativen Struktur der Gesellschaft begrenzte wiederum seine Möglichkeiten, zu einer vollständigen Erfassung der spezifischen Merkmale der ökonomischen Transaktionen, der Politik und des moralischen Diskurses zu gelangen.

## Der soziale Tatbestand

Soziales Leben ist nicht nur eine Ansammlung von zufällig auftretenden Ereignissen. Es vollzieht sich zumindest in einem minimalen Umfang in regelmäßigen Mustern. Obwohl das menschliche Verhalten von Situation zu Situation variiert und das soziale Leben einen Wandel durchmacht, gibt es dennoch wiederkehrende Elemente im sozialen Leben. In diesem Umfang hat die Gesellschaft eine **soziale Ordnung**. Es ist das vorrangige Anliegen von Emile Durkheims klassischem Beitrag zur Soziologie als einer eigenständigen Disziplin, das Wesen, die Voraussetzungen, den wechselnden Charakter, die Folgen und die Mängel dieser sozialen Ordnung zu untersuchen.

Durkheims zentraler Begriff ist derjenige des sozialen Tatbestandes, so wie er ihn in seiner methodologischen Studie über *Die Regeln der soziologischen Methode* entwirft, die 1895 veröffentlicht wurde. Der **soziale Tatbestand** bezeichnet den Gegenstandsbereich der Soziologie und fungiert als ein konzeptuelles Hilfsmittel, um die Soziologie von anderen Disziplinen, insbesondere von der Psychologie zu unterscheiden (Durkheim, dt.1961: 105–114).

Der soziale Tatbestand ist ein eigenständiger Gegenstand und bedarf einer spezifischen Wissenschaft, um ihn angemessen zu untersuchen: Die Soziologie ist diese Wissenschaft. Soziale Tatbestände sind Dinge wie das Gesetz, ein Währungssystem, Sprache, Institutionen und institutionalisierte Handlungsweisen sowie das kollektive Bewusstsein. Wenn wir uns neue Kleider in einem Sportbekleidungsgeschäft kaufen, folgen wir Regeln, die zuvor existiert haben und die weiter bestehen werden, nachdem die Kaufhandlung abgeschlossen ist. Wir nehmen die Kleider nicht einfach weg, sondern wir bezahlen sie in der Währung unseres Landes. Wir gestalten die Regeln des Kaufs und die Währung nicht selbst, und wir können sie nicht nach Belieben ändern; sie existieren auch unabhängig von unserer persönlichen Kaufhandlung. Wenn ein Soziologieprofessor Durkheims Begriff des sozialen Tatbestandes in einem Seminar im Grundstudium lehrt, tut er etwas, das schon viele seiner Kollegen lange vorher gemacht haben und was andere in Zukunft tun werden. Was er lehrt, wurde nicht von ihm selbst geschaffen, nicht einmal die Tatsache, dass es Durkheims Konzept des sozialen Tatbestandes ist, das er lehrt. Denn dies ist ein üblicher Bestandteil von Soziologieeinführungen, der unabhängig vom Unterricht eines spezifischen Professors existiert.

Wenn wir mit einer anderen Person kommunizieren, verwenden wir ein Vokabular und grammatikalische Regeln, die schon lange vorher von anderen gebraucht worden sind und lange nach unserer Kommunikationshandlung benutzt werden. Wir erfanden nicht das Vokabular und diese Regeln und können sie nicht nach Belieben ändern. Wenn Menschen am Sonntagmorgen zum Gottesdienst gehen, tun sie etwas, was lange zuvor getan wurde und lange danach getan werden wird, unabhängig von der besonderen Handlung eines Individuums. Wenn Absolventen eines Gymnasiums ihren Abschluss feiern, machen sie etwas, was davor getan wurde und was danach getan wird und darin von den Wünschen des einzelnen Absolventen unabhängig ist. Dies sind alles Beispiele von sozialen Tatbeständen; unser gesellschaftliches Leben ist voll von ihnen. In Durkheims Begriffen ist ihre hauptsächliche Eigenschaft ihre *Äußerlichkeit* gegenüber dem Individuum. Sie existieren äußerlich und unabhängig von einem besonderen Individuum, nämlich vor und nach seiner individuellen Handlung, und sie können nicht beliebig verändert werden. Was würde passieren, wenn wir die Kleider mitnehmen würden, ohne sie zu bezahlen, wenn der Professor Durkheims Begriff des sozialen Tatbestandes in seinem Theorieeinführungskurs auslassen würde, wenn wir das falsche Vokabular verwenden und die grammatikalischen Regeln verletzen würden, wenn ein Kirchenmitglied nicht zum Sonntagsgottesdienst gehen würde und wenn das Gymnasium nicht den Abschluss feiern würde? Andere würden so reagieren, dass sie Druck auf das Individuum ausüben, den etablierten Mustern zu entsprechen: Bestrafungen, Degradierung, Berichtigung von Fehlern, Mahnungen, Missbilligung. Das Individuum kann diese etablierten Muster nicht ignorieren, ohne in diese negativen Sanktionen zu geraten. Es wird ein Zwang auf das Individuum ausgeübt, diesen etablierten Mustern zu entsprechen. Das ist das zweite Merkmal des sozialen Tatbestandes: sein *Zwangscharakter*.

Soziale Tatbestände erstrecken sich weit über Raum und Zeit. Kaufregeln, soziologische Lehre, Kommunikation, Gottesdienst und Abschlussfeiern gelten nicht nur in besonderen Fällen, sondern in jedem einzelnen entsprechenden Fall. Das ist das dritte Merkmal der sozialen Tatbestände: ihre *Allgemeinheit*. Dies ist keine Eigenschaft, die nur dem sozialen Tatbestand eigen ist. Es gibt auch andere Dinge, die einen allgemeinen Charakter haben, zum Beispiel die Gesetze der Physik. Was soziale Tatbestände von ihrem Charakter her allgemein macht, besteht darin, dass die entsprechenden Regeln überall in einem Kollektiv als bindend gelten. Es ist nicht die Allgemeingültigkeit eines Tatbestandes, die ihn kollektiv bindend macht, sondern eher umgekehrt macht ihn die Vorstellung des Kollektivs, er sei bindend, vom Charakter her allgemeingültig.

Der soziale Tatbestand ist somit eine Realität *sui generis,* die von anderen Phänomenen durch die drei Eigenschaften der Äußerlichkeit, des Zwangs und der Allgemeingültigkeit unterschieden werden kann, die wiederum auf ihrem kollektiv bindenden Charakter beruhen. Er muss als ein Ding untersucht werden, das Durkheims Auffassung nach einen objektiven Charakter hat.

Der Kern des sozialen Tatbestands ist der institutionelle Charakter des sozialen Lebens. Ein Großteil unseres alltäglichen Handelns ist von etablierten Mustern geprägt. **Soziale Normen** und Regeln schreiben Handlungsweisen vor. Institutionen sind Ansammlungen von Normen und Regeln, die das soziale Handeln in bestimmten Bereichen des Lebens anleiten, wie Ehe, Familie, Arbeit, Kauf und Verkauf, Verkehr, Nachbarschaft, Erziehung, Schule, College, Universität, Freundschaft, Sport, Literatur, Künste und so weiter. Die meisten unserer alltäglichen Handlungen reproduzieren diese Regelmäßigkeiten. Somit ist das soziale Leben voll von sozialen Tatbeständen, die dem Individuum gegenüber äußerlich sind, Zwänge auf dieses ausüben und vom Wesen her universal sind. Der Ursprung dieser sozialen Tatbestände ist das Kollektiv. Es ist der Träger der Normen und Regeln. Der Zwang, den das Individuum erfährt, ist der Zwang des Kollektivs und nicht nur ein Zwang, der auf dieses durch gewisse andere Menschen ausgeübt wird.

Es gibt bereits eine lange Debatte über diese kollektivistische Erklärung der sozialen Ordnung. Es wurden ihr individualistische Erklärungen gegenübergestellt. Zweifellos ist es die Erwartung von Sanktionen durch bestimmte andere Menschen auf Seiten des einzelnen Individuums, die es dazu motiviert, der institutionellen Ordnung zu entsprechen. Soweit es für das Individuum nützlicher ist, sich anzupassen als abzuweichen, wird es sich anpassen. Dies ist eine individualistische und utilitaristische Erklärung der Anpassung des Individuums an Normen, und sie wurde oft auch als eine Erklärung für soziale Ordnung überhaupt vorgeschlagen. Was passiert jedoch wenn verschiedene Menschen unterschiedlich auf ein einzelnes Individuum reagieren? Es gäbe dann kein reguläres Verhaltensmuster und das heißt auch keine institutionelle Ordnung. Dies ist Durkheims Kernpunkt, den individualistische Erklärungen der sozialen Ordnung völlig außer Acht gelassen haben, seit die Debatte über individualistische versus kollektivistische Erklärungen der sozialen Ordnung stattfindet. Nach Durkheim ist der Ursprung der sozialen Ordnung der Zwang, der durch das Kollektiv ausgeübt wird. Worum es hier geht, ist die Frage, ob das gesellschaftliche Kollektiv einheitlich oder unterschiedlich auf individuelle Handlungen reagiert. Nur durch eine einheitliche Reaktion wird ein regelmäßiges individuelles Verhaltensmuster erzeugt. Solch eine einheitliche Reaktion gibt es nur, wenn die Mitglieder des Kollektivs gleiche Anschauungen und Normen über richtiges Verhalten teilen und wenn sie eine gegenseitige Solidarität empfinden, sodass sie sich gegenseitig unterstützen, wenn sie auf Abweichungen von den gemeinsam geteilten Normen reagieren.

Somit ist das, was nach einer kollektivistischen Erklärung verlangt, nicht die Motivation des Einzelnen, Normen zu entsprechen, sondern die kollektive Reaktion auf individuelles Verhalten, die einheitlich erfolgen muss, und dies setzt gemeinsam geteilte Anschauungen, Normen und Solidarität voraus. Soweit diese Voraussetzungen erfüllt werden, hat das Kollektiv ein kollektives Bewusstsein, das vom individuellen Bewusstsein seiner Mitglieder unterschieden werden kann. Das **kollektive Bewusstsein** ist das Wissen der Mitglieder, dem Kollektiv anzugehören und Solidarität, Anschauungen und Normen zu teilen. Ihre Übereinstimmung in gemeinsamen moralischen Anschauungen kann kollektives Gewissens genannt werden. Solch ein geteiltes kollektives Gewissen leitet ihre übereinstimmende Bewertung des individuellen Verhaltens, und dies ist die Grundlage einer kollektiven Moralordnung.

Sicherlich wägen die Individuen die Kosten und Nutzen ihres eigenen Verhaltens ab, und die Reaktion des Kollektivs auf unerwünschtes Verhalten durch Sanktionen bedeutet die Anwendung von Macht. Dennoch sind weder das Nützlichkeitskalkül des Individuums noch die Macht des Kollektivs eine ausreichende Erklärung der Existenz der sozialen Ordnung im Sinne von etablierten Mustern regelmäßigen Verhaltens. Was utilitaristische und/oder machtorientierte Erklärungen übersehen, ist die einheitliche Reaktion auf Verhalten, die ein kollektives Gewissen und ein kollektives Bewusstsein voraussetzen, das heißt gemeinsam geteilte Anschauungen und Normen sowie die Solidarität der Mitglieder des Kollektivs. Ohne gemeinsam geteilte Anschauungen und Solidarität wären die Reaktionen auf das Verhalten eines Individuums widersprüchlich und würden ständig Debatten und Konflikt mit sich bringen, das heißt, es würde keine Einheitlichkeit in der Bewertung und Sanktionierung des Verhaltens entstehen. Insoweit die Voraussetzungen sozialer Ordnung erfüllt sind, folgen die durchschnittlichen einzelnen Mitglieder – um mit ihnen zu beginnen – normalerweise einem regulären Muster in ihrem Verhalten und zeigen außerdem, wenn sich Abweichungen ereignen, eine einheitliche Reaktion, um für ihre Korrektur zu sorgen. Abweichungen treten auf, weil das kollektive Bewusstsein und das individuelle Bewusstsein nicht übereinstimmen. Das Individuum mag Anschauungen und Normen mit anderen teilen, aber es hat dennoch ebenso seine individuellen Interessen, die Abweichungen von den gemeinsam geteilten Normen und Anschauungen hervorrufen.

Der Ursprung des Zwangscharakters eines sozialen Tatbestandes ist somit zuerst die Macht der Sanktionen, die auf abweichendes individuelles Verhalten angewandt werden. Es ist jedoch nicht nur physische Gewalt, die den einheitlichen Zwangscharakter eines sozialen Tatbestandes garantiert, vielmehr wird jener auch durch das Kriterium der Universalität innerhalb eines Kollektivs bestimmt. Die Kombination von Zwang und Universalität erfordert gemeinsam geteilte Anschauungen, Normen und Solidarität. Der Zwang ist dann nicht nur in der Macht des Kollektivs verankert, sondern auch in seiner moralischen Autorität, weil das Kollektiv als ein Träger der gemeinsamen moralischen Normen wahrgenommen wird. Von daher ist Zwang in einem Kollektiv vom Wesen her nicht nur physisch bedingt, sondern zugleich moralisch.

Damit ist kollektive Solidarität und kollektives Bewusstsein das Zentrum der sozialen Ordnung. Soweit sie sich über die Gesellschaft ausdehnen, werden die einzelnen Bereiche der Gesellschaft durch institutionelle Ordnungsmuster geregelt, wirtschaftliches Handeln durch die wirtschaftliche Ordnung, politisches Handeln durch die politische Ordnung, Kommunikation durch die kommunikative Ordnung. Soziale Ordnung dieses Typus ist der Ursprung der Ordnung des Handelns, der Ordnung der menschlichen Persönlichkeit, der Verhaltensordnung und der symbolischen Ordnung.

## Die Teilung der sozialen Arbeit

Der sich wandelnde Charakter der sozialen Solidarität als Zentrum und Ursprung der sozialen Ordnung ist das Problem, das Durkheim in seiner ersten Untersuchung, *Über soziale Arbeitsteilung*, beschäftigt, die zuerst 1893 veröffentlicht wurde.

### Von der mechanischen zur organischen Solidarität

Was die historische Entwicklung der menschlichen Gesellschaft von den primitivsten zu den modernsten Formen kennzeichnet, ist die wachsende **Arbeitsteilung** (Durkheim, dt.1992). Nach Durkheim ist die erste Ursache dieses Prozesses das Bevölkerungswachstum, es lässt das Volumen der Gesellschaft und ihre **materielle Dichte** zunehmen; das heißt, immer mehr Menschen leben innerhalb eines bestimmten Territoriums, somit wachsen zahlenmäßig ihre Wechselwirkungen und die Interdependenzen zwischen ihren Handlungen. Mit der zunehmenden materiellen Dichte wächst auch die **dynamische** oder **moralische Dichte**; das heißt, immer mehr Menschen nähern sich einander und üben Einfluss auf einander aus.

So wie Umfang und Dichte anwachsen, nimmt die Konkurrenz zwischen den Menschen um ihren Lebensunterhalt zu. Je mehr Menschen innerhalb desselben Gebiets leben, umso weniger können sie alle von denselben Dingen leben. Der einzige Weg, um unter diesen Umständen zu überleben, besteht darin, sich von anderen Menschen zu differenzieren und sich darauf zu spezialisieren, von bestimmten Dingen zu leben. Wir können diesem Argument Durkheims hinzufügen, dass die Möglichkeiten, Produkte auszutauschen, ebenfalls mit dem Bevölkerungswachstum zunehmen. Somit eröffnet die Spezialisierung der Menschen auf bestimmte Produkte und Dienstleistungen eine Chance, dem Wettbewerb mit vielen anderen Menschen zu entkommen. Das Ergebnis dieser fortschreitenden individuellen Spezialisierung ist die wachsende Arbeitsteilung in einer sich immer weiter über bisherige Grenzen des sozialen Verkehrs ausdehnenden Gesellschaft. So wie die Arbeitsteilung das ökonomische Vehikel der Herausbildung nationaler, über subnationale Regionen hinausgehender Gesellschaften war, wird sie auch als Grundlage der über nationale Grenzen hinausreichenden inter- bzw. supranationalen Vergesellschaftung dienen (Durkheim, dt.1992: 2. Buch).

Mit dieser wachsenden Arbeitsteilung findet eine fundamentale Umwandlung der gesellschaftlichen **Solidarität** als institutioneller Kern der Gesellschaft statt. Solidarität bewegt sich von einer Vorherrschaft des mechanischen Typus hin zu einer Vorherrschaft des organischen Typus. **Mechanische Solidarität** ist der Solidaritätstypus, der vorwiegend die Menschen in einfachen Stammesgesellschaften zusammenhält. **Organische Solidarität** wird mit dem Fortschreiten der Arbeitsteilung zunehmend wichtiger und herrscht in der modernen Gesellschaft vor (Durkheim, 1992: 1. Buch). Einfache Stammesgesellschaften sind in kleine, aus Familien gebildete Segmente untergliedert, die innerhalb eines bestimmten Gebiets zusammenleben. Die Familien sind relativ selbstgenügsame Einheiten, die viele Funktionen für ihre Mitglieder erfüllen: wirtschaftliche Produktion, das Treffen von kollektiv verbindlichen Entscheidungen, religiöse Heilserfüllung, die Unterstützung von schwachen oder kranken Menschen. Die Solidarität zwischen den Familien wird durch gemeinsame Unternehmungen in der Jagd und der Landwirtschaft, durch Heiratsbande, gemeinsame Entscheidungsprozesse und gemeinsame religiöse Riten aufrechterhalten.

Die Menschen solcher Stammesgesellschaften sind sich einander sehr ähnlich, weil sie alle dieselben Dinge tun. Es gibt nur eine geringe individuelle Differenzierung. Ihr Leben ist vorwiegend durch die Gruppe bestimmt, sie sind zuallererst Mitglieder einer Familie, eines Klans, eines Stammes, sie denken und handeln als Mitglieder dieser Gruppen. Somit existiert ein intensives Bewusstsein und Empfinden gegenseitiger Zugehörigkeit; was richtig und falsch ist, was angemessenes Verhalten ist, wird weitgehend durch die Gruppe als Ganzes definiert und nicht der individuellen Wahl überlassen. Durkheim nennt dies ein starkes, festes und eindeutiges Kollektivbewusstsein. Die Menschen erleben eine starke Autorität der Gruppe über ihre Mitglieder, die Normen der Gruppe sind konkret und schreiben angemessenes Verhalten ganz eindeutig vor. Weil nur ein geringer Teil des Verhaltens der individuellen Wahl überlassen bleibt und der

Großteil des Verhaltens definitiv vorgeschrieben wird, treten selten Konflikte zwischen den Individuen auf, eher zwischen den Individuen und der Gruppe oder zwischen einzelnen Gruppen und dem gesamten Klan. Somit können jene Konflikte nur in Form der individuellen Abweichung von Gruppennormen vorkommen. Solche Abweichungen sind nicht nur Abweichungen von individuellen Erwartungen, sondern Verletzungen der bindenden Normen und moralischen Überzeugungen der Gruppe. Die Gruppe reagiert durch Repression und Bestrafung. Die Zeremonie der Bestrafung des Verletzers der kollektiven Ordnung der Gruppe drückt die Moralanschauungen aus und festigt ihre Solidarität und kollektive Ordnung. Ein Anzeichen für das Vorherrschen dieses Solidaritätstyps ist deshalb das Überwiegen des Strafrechts in den weniger entwickelten Gesellschaften und eine geringe Ausformulierung des Zivil-, Verwaltungs- und Verfassungsrechts. Durkheim nennt diesen Solidaritätstyp mechanisch, weil eine unreflektierte uniforme und mechanische Koordination der Handlungen der Menschen durch die gesellschaftlichen Normen praktiziert wird.

Mit fortschreitendem Bevölkerungswachstum, wachsendem Umfang und zunehmender Dichte und daraus resultierender Arbeitsteilung der Gesellschaft verliert die mechanische Solidarität an Boden und die organische Solidarität wird vorherrschend. Zuerst unterscheiden sich die Menschen voneinander durch die Spezialisierung im Prozess der Arbeitsteilung. Soweit es Solidarität gibt, führt sie nicht ähnliche Menschen zusammen, sondern verschiedene Menschen. Die Menschen sehen sich selbst als voneinander verschieden, aber auch als verschieden von der Gesellschaft. Das Bewusstsein, ein Mitglied der Gesellschaft zu sein, schwächt sich ab. Das Kollektivbewusstsein ist schwach ausgeprägt und sein Inhalt wird abstrakt und unbestimmt; es gibt nur eine sehr allgemeine Bedeutung der Mitgliedschaft in der Gesellschaft, und die Mitglieder teilen nur sehr allgemeine Vorstellungen. Demgemäß bildet das Individuum weit mehr ein Bewusstsein von sich selbst aus als in Gesellschaften, die in ihrer Arbeitsteilung weniger fortgeschritten sind. Individuen haben ihre eigenen Interessen und Vorstellungen entsprechend ihrer unterschiedlichen Positionen in der Gesellschaft. Dies nannte Durkheim den Prozess der **Individualisierung**. Das Individuum wird zu einem autonomen Subjekt, sein individuelles Bewusstsein nimmt zunehmend einen größeren Teil seines Lebens ein, als seine/ihre Beteiligung am kollektiven Bewusstsein. Gegenwärtig sehen wir beispielsweise, wie die Herausbildung einer vom europäischen Binnenmarkt vorangetriebenen europäischen Vergesellschaftung die in hohen Sozialstandards verkörperte mechanische Solidarität der Nationalstaaten zurückdrängt und zugleich eine europäische organische Solidarität mit einem schwächeren und abstrakteren europäischen Kollektivbewusstsein und mehr Spielraum für Individualisierung fördert. In gewisser Weise haben die Nationalstaaten die organische Solidarität der Arbeitsteilung mit ihren hohen Sozialstandards in eine mechanische Solidarität eingebettet. Die europa- und weltweite Arbeitsteilung lösen diese Verknüpfung tendenziell auf und geben der organischen Solidarität mehr Platz zu ihrer Entfaltung. Auch die Interaktion zwischen den Menschen verändert ihren Charakter. Während in einfachen Gesellschaften mit geringer Spezialisierung die Menschen kooperieren, indem sie unter der einheitlichen, mechanischen Führung der Gruppennormen gleich handeln, machen die Menschen in fortgeschrittenen Gesellschaften mit größerer Spezialisierung unterschiedliche Dinge und interagieren im Prozess des Austausches von spezialisierten Produkten und Dienstleistungen. Ihre Beziehungen werden nicht mehr länger von ursprünglichen Bindungen bestimmt, sondern komplementären Interessen. Was sie zusammenbringt, ist die gelegentliche Annäherung solcher sich ergänzender Interessen. Eine Partei besitzt zuviel von einer Sache, die eine andere benötigt und umgekehrt. Der Austausch von Produkten und Dienstleistungen auf der Grundlage sich ergänzender Interessen wird zur häufigsten sozialen Beziehung.

Je mehr dieser Austausch nicht als eine unmittelbare Übergabe materieller Dinge stattfindet, sondern als ein Geschäft, das Verpflichtungen mit sich bringt, Waren und Dienstleistungen zu einer bestimmten Zeit zu liefern, was das Individuum an die Bereitstellung solcher Güter und Dienstleistungen bindet, umso mehr führt dieser Austausch dazu, Verträge abzuschließen und zu erfüllen. Je mehr die Arbeitsteilung fortschreitet, umso mehr wird der Vertrag zur vorherrschenden Beziehung zwischen den Menschen. Wie wir in Kapitel 1 sahen, nahm Herbert Spencer (1972d) diese Entwicklung als empirische Grundlage für seine These, dass der Vertrag zum Solidaritätsband in der modernen Gesellschaft wird, deren Arbeitsteilung sich immer mehr entwickelt. Die gesamte Gesellschaft wird nach Spencer von einer unzähligen Masse von kleinen Verträgen zwischen Individuen zusammengehalten. Weder die ursprünglichen Bindungen noch ein einzelner Gesellschaftsvertrag – wie die Aufklärer in ihren Theorien des Gesellschaftsvertrags behaupteten – halten die moderne Gesellschaft zusammen, sondern eine immense Anzahl individueller Verträge.

## Vertragliche Solidarität

Durkheim (dt.1992: 1. Buch, Kap. 7) stimmt mit Spencer in der Beobachtung überein, dass der Vertrag zur häufigsten Beziehung in der modernen Gesellschaft wird, und er meint gleichfalls, dass wir nicht annehmen können – so wie es die Philosophen der Aufklärung taten – dass autonome Individuen zusammenkommen, um einen umfassenden Gesellschaftsvertrag zu schließen, der die soziale Ordnung sichert. Solch eine Annahme setzt voraus, dass die Individuen das aufgeben, was sie zu Individuen macht: ihre Autonomie. Sie müssten als Mitglieder einer Ganzheit denken und ihre Individualität vergessen. Die Konsequenz wäre, dass sie dann unfähig sind, als Individuen zu handeln. Doch die Annahme der Philosophen der Aufklärung war gerade, dass Menschen autonome Individuen sind. Das Problem ist, dass sie als autonome Individuen nicht erkennen können, was das Beste für die Gesellschaft als Ganzes ist, weil sie in Begriffen individueller Nützlichkeit denken. Was jedoch für das eine Individuum nützlich ist, das ist weniger nützlich für ein anderes Individuum. Dasselbe gilt für einen Gesellschaftsvertrag. Er ist nicht für jeden und zu allen Zeiten vorteilhafter als andere Wege zum Profit. Die Annäherung der individuellen Interessen geschieht nur gelegentlich und hält nicht an. Deshalb sind die Theorien des Gesellschaftsvertrags auf unrealistische Annahmen gebaut.

Wenn es nicht wahrscheinlich ist, dass ein Gesellschaftsvertrag zwischen autonomen Individuen abgeschlossen wird, sind dann individuelle Verträge zwischen den einzelnen Akteuren die einzige soziale Bindung in modernen Gesellschaften? Dies verkündete Spencer. Durkheim lehnt jedoch Spencers These ab. Nach Durkheim werden Verträge auf der Grundlage der zufälligen Komplementarität von Interessen abgeschlossen. Diese gelegentliche Komplementarität kann jedoch genauso schnell verschwinden wie sie entstand. Somit erklärt sie nicht die Regelmäßigkeit sozialen Verhaltens, die sich in der Erfüllung der Verträge äußert.

Die individuelle Nutzenkalkulation würde die Handelnden weit eher zu einem Rücktritt von vertraglichen Vereinbarungen bewegen, als es in Wirklichkeit der Fall ist. An einem Vertrag festzuhalten, bürdet häufig Kosten auf, die viel höher sind als der Gewinn, den man nach Erfüllung des Vertrages erwarten kann. Wenn Verträge nicht so häufig gebrochen werden, wie man auf Grund von Kosten-Nutzen-Erwägungen erwarten könnte, dann müssen andere Kräfte als allein der erwartete Gewinn am Werk sein, die zur Bindung der Vertragspartner an die Verträge beitragen. Durkheim bezeichnet diese Kräfte als die **nonkontraktuellen Grundlagen des Vertrags**. Menschen schließen Verträge auf der Grundlage ihrer individuellen Wahl ab; ob sie ihre Verträge erfüllen oder nicht, bleibt jedoch nicht ihrer individuellen Wahl überlassen, sondern ist faktisch eine Angelegenheit der gesamten Gesellschaft, eine Sache des Vertragsrechts und der Vertragsmoral. Die Letztere ist kein individuelles Phänomen, sondern ein kollektives. Ob ein Vertrag hinreichend erfüllt ist, das ist nicht nur allein eine Angelegenheit der Vertragsparteien, sondern eine Angelegenheit der Gesellschaft. Eine Partei wird nur dann imstande sein, ihre Ansprüche durchzusetzen, wenn diese im Sinne des Vertragsrechts in formalen gesetzlichen Verfahren gerechtfertigt werden können. Und der Organisator dieser Verfahren ist das gesellschaftliche Kollektiv, das durch das Gericht repräsentiert wird.

Es stimmt, dass die einzelnen Parteien trotzdem hinsichtlich ihrer Vertragstreue durch die Kalkulation ihrer individuellen Kosten und Gewinne geleitet werden können und die gesetzlichen Sanktionen als Kosten berücksichtigen. Dies ist jedoch nicht Durkheims Kernaussage und keine ausreichende Grundlage für eine individualistische utilitaristische Erklärung der gesellschaftlichen Ordnung, die aus den individuellen Verträgen resultiert. Wenn die Reaktionen hinsichtlich der Erfüllung von Verträgen den Individuen überlassen blieben, würden sehr unterschiedliche Reaktionen auftreten und folglich könnte kein regelmäßiges Vertragsverhalten entstehen. Nur eine gesellschaftsweit einheitliche Reaktion auf die Erfüllung oder Nichterfüllung von Verträgen kann ein regelmäßiges Vertragsverhalten hervorbringen.

Was aus diesem Grund einer Erklärung bedarf, ist die gesellschaftsweit einheitliche Reaktion auf das Vertragsverhalten. Eine zentrale Macht mag diese Funktion erfüllen, aber wenn weder diese Macht noch die Regeln, die sie anwendet, umfassend von den Mitgliedern der Gesellschaft akzeptiert werden, wird es zu einem permanenten Konflikt und Machtkampf kommen, der in einer völligen Unsicherheit über die Gültigkeit von Regeln endet. Somit wird keine einheitliche Reaktion auf vertragliches Verhalten eintreten.

Es muss mehr geben als nur die Zentralisierung von Macht, um die Sanktionierung von vertraglichem Verhalten zu unterstützen. Hier kommen nun Kollektivbewusstsein und Solidarität ins Spiel. Nur insoweit kollektiv geteilte Normen über das richtige Vertragsverhalten existieren und nur wenn Solidarität zwischen den Mitgliedern einer Gemeinschaft besteht und sie einander im Falle der Abweichung von Vertragsnormen unterstützen, wird es zu einer unumstrittenen, einheitlichen Reaktion auf vertragliches Verhalten kommen, die es wiederum regelmäßig voraussagbar macht. Dies gilt sogar, wenn eine zentralisierte Institution existiert, die für die Durchsetzung der Vertragsnormen verantwortlich ist. Daher benötigen wir nach Durkheims Auffassung eine kollektivistische Erklärung der Vertragstreue.

Die Tatsache, dass die Arbeitsteilung und die Ausbreitung der Vertragsbeziehungen von einer Ausweitung des Zivilrechts begleitet werden, nämlich des Vertragsrechts, aber auch des Verwaltungs- und Verfassungsrechts, bestätigt in Durkheims Augen grundsätzlich die kollektive Natur des Zusammenhalts der Gesellschaft. Die Ausweitung dieser Rechtstypen in modernen Gesellschaften und ihr relatives Übergewicht gegenüber dem Strafrecht ist zuallererst ein Ausdruck für den sich verändernden Charakter der Solidarität. Ein neuer Schub in dieser Richtung zeigt sich im europäischen und darüber hinausgehenden internationalen Wirtschaftsrecht. Während das Strafrecht Verletzungen des Kollektivs als solchem definiert und repressive Bestrafung anwendet, definieren Zivilrecht, Vertragsrecht, Verwaltungsrecht und Verfassungsrecht die Rechte der Individuen und ihre Vereinbarkeit miteinander und mit den Entscheidungen des Staates. Verletzungen dieser Rechte verlangen eine Wiedergutmachung und keine repressive Bestrafung. Indem sich diese Rechtstypen in der nationalen und supranationalen Gesellschaft entwickeln, verleihen sie der wachsenden Individualisierung der Menschen Ausdruck; dennoch sind sie vom Charakter her kollektiv, weil sie aus kollektiv geteilten Normen bestehen.

### Vertragliche Solidarität und Individualisierung

Somit kommt es im Gefolge der Individualisierung keineswegs zu einem Rückzug des Kollektivs. Es ist eher das Gegenteil der Fall (Durkheim, dt.1992: 2. Buch, Kap. 5). Die Individualisierung nimmt mit der Ausweitung der kollektiven Regulierung durch das Rechtssystem zu. Ohne ein entsprechendes Wachstum des Rechtssystems gäbe es keine zunehmende Individualisierung. Die Gesellschaft würde in kollektive Repression zurückfallen oder in einen egoistischen Machtkampf hineingeraten. Zunehmende Individualisierung setzt eine Zunahme der Regulierung individueller Rechte voraus. Von individuellen Rechten zu sprechen, heißt zugleich, davon zu sprechen, dass die Autonomie des Individuums ein Ergebnis kollektiven bzw. gemeinschaftlichen Handelns ist. Dies nennt Durkheim den Kult des Individuums; es ist eine kollektive Sakralisierung der individuellen Persönlichkeit, welche die Rechte des Individuums definiert und das Individuum vor Verletzungen seiner Rechte durch andere Individuen, durch Behörden oder durch den Staat schützt. Wir können somit sagen, dass die Ausweitung der Arbeitsteilung die Gesellschaft nicht einfach von einer Dominanz der Gemeinschaft zur Dominanz des Individuums transformiert. Es handelt sich vielmehr um eine Transformation der Form der kollektiven Solidarität, die wiederum eine Voraussetzung für die Etablierung und Sicherung der Autonomie des Individuums darstellt. Im Prozess der Arbeitsteilung findet ein Wachstum dieses Typus der kollektiven Solidarität zusammen mit einem Wachstum der Autonomie des Individuums statt. Durkheim nennt diesen Typus organische Solidarität. Sie hat ein negatives und ein positives Element. Das negative Element beinhaltet, dass die Individuen ihre Rechte gegenseitig respektieren und nicht in Bereiche eingreifen, die als persönliches Besitztum der anderen gelten. Das positive Element meint, dass sie Beziehungen im Austausch von Produkten und Dienstleistungen aufbauen und Verträge abschließen.

## Das Wachstum der organischen Solidarität

Die organische Solidarität ist eine Form der Solidarität, die keine ähnlichen Teile zusammenhält, wie es die mechanische Solidarität tut, sondern sie verbindet verschiedene Teile, nämlich spezialisierte, autonome Individuen (Durkheim, dt.1992: 1. Buch, Kap. 5,6). Die Frage ist dann, wie und ob die organische Solidarität mit der Arbeitsteilung wächst. Durkheim versucht diese Frage auf verschiedene Weise zu beantworten. Die erste Antwort heißt, dass die Ausweitung der Arbeitsteilung organische Solidarität als solche zustande bringt. Warum das? Weil die gesellschaftlichen Teile und die Individuen voneinander abhängig werden. In der einfachen Gesellschaft, die sich aus ähnlichen Segmenten zusammensetzt, entsteht keine solche Abhängigkeit. Deshalb ist es nicht ungewöhnlich, dass einige Familien eine Gemeinschaft verlassen und zu einer anderen gehen. Weil die anderen Teile der Gemeinschaft nicht von dieser Familie abhängig sind, reagieren sie nicht so, dass sie versuchen, diese Familie in der Gemeinschaft zu halten. Dies ist in funktional-differenzierten Gesellschaften anders. Hier erfüllen die Teile eine sehr spezifische Funktion, die nicht einfach durch andere Teile ersetzt werden kann. Deshalb werden sie durch Bande gegenseitiger Abhängigkeit zusammengehalten. Ist diese gegenseitige Abhängigkeit jedoch eine ausreichende Grundlage für Solidarität? Hier hat Durkheim Zweifel an seiner Erklärung, weil sie sich nicht allzu sehr von Spencers Komplementarität der Interessen unterscheiden würde. Diese Komplementarität wäre, wie Durkheim betont, zu kurzlebig, um eine stabile Grundlage für eine stabile Solidarität darzustellen. Ein Bewusstsein der gegenseitigen Abhängigkeit, das im Prozess der Geschichte gegenseitigen Tausches gewachsen ist, mag zur Etablierung der organischen Solidarität beitragen, aber es ist keineswegs ein ausreichender Grund für ihre Stabilisierung.

Deswegen müssen andere Kräfte am Werk sein. Für Durkheim bringt die Ausweitung der Arbeitsteilung Menschen miteinander in Kontakt, die andernfalls getrennte Leben in kleinen Gruppen führen würden. Somit wird mit der Erweiterung der Arbeitsteilung ein Netzwerk der sozialen Beziehungen etabliert, das immer mehr Bereiche und Winkel der Gesellschaft umfasst, um sie alle in ein Gesamtsystem von untereinander abhängigen Teilen einzubinden. Es entstehen soziale Beziehungen, die nicht ausschließlich ökonomische Austauschbeziehungen darstellen, sondern auch Beziehungen der Assoziation und der Kooperation. Indem sich Assoziation und Kooperation ausweiten, teilen die Menschen ein gemeinsames Leben, erwerben gemeinsame Sichtweisen und Normen und etablieren Gefühle der Zugehörigkeit und des Vertrauens. Somit werden mit dem ökonomischen Austausch auch Solidaritätsbande zwischen den Menschen begründet, je mehr die entsprechenden Beziehungen die Menschen auf einer regelmäßigen Grundlage zusammenbringen.

Menschen erfüllen Verträge und teilen Normen über richtiges Vertragsverhalten, nicht weil sich ihre Interessen vom Wesen her ergänzen, sondern weil sie in einer gemeinschaftlich geteilten Welt leben. Das meint Durkheim, wenn er argumentiert, dass die Ausweitung der Arbeitsteilung selbst organische Solidarität hervorbringt. Es ist ein Argument, das von der späteren Kritik weitgehend übergangen wurde, die sich zu sehr auf die gegenseitige Abhängigkeit der funktional differenzierten Teile konzentrierte. Diese kommt tatsächlich Spencers Komplementarität der Interessen sehr nahe und liefert keine ausreichenden Gründe, um Solidaritätsbindungen zu etablieren. Weil die Assoziation von Menschen durch Tauschbeziehungen eine gemeinschaftlich geteilte Welt erzeugt, gibt es Elemente der organischen Solidarität, die denen der mechanischen Solidarität ähnlich sind. Die Tatsache, dass das Zivil-, Verwaltungs- und Verfassungsrecht zusammen mit der Arbeitsteilung expandieren, und die Tatsache, dass das Rechtssystem ein kollektives Phänomen und in gemeinsamen Normen sowie in Solidarität verankert sein muss, wann immer es stabil ist und nicht nur auf einer augenblicklichen überlegenen Macht basiert, weist auf diese kollektive Dimension der organischen Solidarität hin.

### Anormale Formen der Arbeitsteilung

Durkheim behauptet jedoch nicht, dass die Arbeitsteilung notwendigerweise organische Solidarität zustande bringt. Im letzten Teil seines Buches beschäftigt er sich mit den anormalen Formen der Arbeitsteilung (Durkheim, 1992: 3. Buch). Eine von ihnen ist die anomische Arbeitsteilung, die durch das Fehlen von Regeln charakterisiert werden kann, oder durch den Mangel an Autorität, die durch Regeln zur Steuerung des wirtschaftlichen Lebens ausgeübt wird. Das Resultat sind Verwirrung über das, was richtig oder falsch ist, oder eine permanente Abweichung von Normen und allgemeines Misstrauen. Es herrscht **Anomie**, d.h. Regellosigkeit. Eine andere Form ist die erzwungene Arbeitsteilung; sie bürdet den Individuen, Gruppen oder ganzen Klassen, wie der Arbeiterklasse, Austauschbeziehungen auf, die ungleich sind. Hier holt ein Teil der Gesellschaft mehr aus dem Austausch heraus, als er investiert hat, der andere Teil weniger. Aus der erzwungenen Arbeitsteilung resultiert ein permanenter Konflikt und Klassenkampf. Eine dritte Form der abnormen Arbeitsteilung entsteht, wenn die Spezialisierung die Einführung von unnützen Funktionen und einen Mangel an Austausch mit sich bringt. In diesem Fall haben die Individuen keine Freude an ihrer Arbeit und beziehen sich nicht regelmäßig aufeinander; folglich können keine Solidaritätsbeziehungen gestiftet werden.

## Organische Solidarität und Berufsgruppen

Im Vorwort zur zweiten Auflage der *Sozialen Arbeitsteilung* (dt.1992) räumt Durkheim ein, dass er das Buch mit einer zu optimistischen Deutung der Fähigkeit der Arbeitsteilung geschrieben hat, die organische Solidarität aus sich selbst hervorbringen zu können. Nach seiner Argumentation in diesem Vorwort zur zweiten Auflage muss es zusätzliche Kräfte geben, welche die Individuen auf gemeinsame Normen verpflichten. Nur die Integration der Individuen in Gruppen kann diese Funktion erfüllen. Aber wo finden wir solche Gruppen? Die Familie ist zu klein, um eine die ganze Gesellschaft umfassende Solidarität zu garantieren. Dasselbe gilt für jede örtliche Gemeinde. Der Staat ist zu weit entfernt, um das Individuum an gemeinsame Normen binden zu können. Es muss Gruppen mit einer bestimmten Beschaffenheit geben, die dem Individuum nahe genug stehen, aber in ihrer Reichweite die Gesellschaft übergreifen. Die Gruppen, die diese Funktion erfüllen können, sind die Berufsgruppen.

Ein Großteil des Lebens eines Menschen wird von der Arbeit bestimmt. Deswegen können die Berufsgruppen einiges am Verhalten des Individuums regulieren. Auf der anderen Seite erstrecken sich die Berufe über die ganze Gesellschaft, sodass sie die Aufmerksamkeit des Einzelnen auf die Gesellschaft lenken können. Um diese Funktion zu erfüllen, dürfen sich die Berufsgruppen jedoch nicht nur als Interessengruppen betrachten. Sie müssen eine moralische Funktion übernehmen. Dies geschieht durch die Etablierung einer Berufsethik, welche die Berufsarbeit und die Beziehung des Berufstätigen zu anderen und zur Gesellschaft regelt. Berufsgruppen können eine Mittlerposition zwischen den Individuen und partikularen Gruppen auf der einen und dem Staat und der Gesellschaft auf der anderen Seite einnehmen. Um diese Funktion zu erfüllen, sollten die Berufsorganisationen in den Parlamenten vertreten sein. Während die Parlamente der Ort der Entscheidungsfindung wären, müssten Komitees, welche die Repräsentanten aller Berufsgruppen einer industriellen Branche umfassen, diese Entscheidungen ausführen, die sich schließlich in den einzelnen Berufsorganisationen immer mehr spezifizieren. Auf diese Weise wird die Gesellschaft zu einem System von eng miteinander zusammenhängenden Berufsgruppen. Damit würde für eine organische Solidarität gesorgt. Weil jedoch die mittelalterlichen Zünfte mit dem Aufstieg des Industrialismus zerfielen, gibt es kein genügend entfaltetes System von Berufsorganisationen in den modernen Gesellschaften, das diese öffentliche Funktion erfüllen kann. Die modernen Berufsorganisationen sind ganz überwiegend nur Interessengruppen ohne öffentliche Funktionen. Deshalb tritt Durkheim für die Entwicklung solcher Organisationen mit öffentlichen Funktionen ein, um ein Gegengewicht zur Tendenz der modernen Gesellschaft hin zu anomischen Formen der Arbeitsteilung zu bilden.

## Selbstmord

Als Durkheim die Einführung zur zweiten Auflage der *Sozialen Arbeitsteilung* schrieb, sah er die moderne Gesellschaft in einem Zustand der moralischen Krise, das heißt, in einem Mangel an sozialer Ordnung. In seiner Untersuchung über den *Selbstmord*, die 1897 veröffentlicht wurde, wandte er sich ausdrücklich diesem Zustand der moralischen Krise zu (Durkheim, dt.1976a). Es ist nicht das Auftreten des Selbstmords, das auf solch eine moralische Krise hinweist, genauso wie das bloße Auftreten von Kriminalität und anderer Formen abweichenden Verhaltens nicht notwendigerweise fehlende soziale Ordnung ausdrücken. Wenn sie innerhalb gewisser Grenzen bleiben, sind sie normale Begleiterscheinungen der Tatsache, dass das soziale Leben nicht von Instinkten, sondern von Normen reguliert wird, nach denen die Individuen ihr Verhalten ausrichten, wobei sie mehr oder weniger freiwillig entscheiden, ob sie sich ihnen anpassen oder nicht. So lange wie Normen und Verhaltensweisen keine identischen Phänomene sind, ist die Abweichung von Normen eine immer wiederkehrende Erscheinung. Anderenfalls würden die Normen entweder zu wenig vom Verhalten des Einzelnen abverlangen, oder sie würden es vollständig prägen und es würde seine Freiheit verlieren. Zudem trägt die übliche Behandlung von Abweichungen in Sanktionierungsverfahren dazu bei, dass das kollektive Bewusstsein der Gültigkeit von Normen aufrechterhalten wird. Auf der anderen Seite ist Abweichung eine notwendige Voraussetzung für Innovation, eine äußerst bedeutsame Eigenschaft der modernen Gesellschaften.

Somit ist es nicht das bloße Auftreten von Selbstmord, Verbrechen und anderen Formen abweichenden Verhaltens, die auf einen Zustand der moralischen Krise hinweisen, sondern ein unverhältnismäßiges Wachstum dieser Phänomene. Und dies ist zweifellos der Fall, wenn wir uns die Entwicklung der modernen Gesellschaften ansehen. Durkheim beobachtete diese Tatsache, indem er die Selbstmordstatistiken zwischen 1840 und 1880 untersuchte. Wir können hinzufügen, dass dieselben Erscheinungen auch heute noch zu beobachten sind.

Was sind die Gründe für diesen Zustand der moralischen Krise in der modernen Gesellschaft? Indem er sich mit diesem Phänomen beschäftigt, begreift Durkheim Selbstmord als jeden Todesfall, der direkt oder indirekt auf eine Handlung oder Unterlassung zurückzuführen ist, die vom Opfer selbst begangen wurde, wobei es das Ergebnis seines Verhaltens im voraus kannte (Durkheim, dt.1976a: 27).

Er beschäftigt sich nicht mit einzelnen Selbstmordfällen und ihren individuellen Gründen, sondern mit Selbstmord als einem sozialen Phänomen, das er durch soziale Ursachen erklären will. Deshalb untersucht er die Selbstmordraten. Indem er dies tut, unterscheidet er seinen Soziologismus vom Psychologismus eines Gabriel Tarde, gegen den Durkheim in seiner Zeit anzukämpfen hatte. Er benutzte Sozialstatistiken, um den Selbstmord als eine harte soziale Tatsache zu behandeln, die als ein Ding im objektivistischen Sinn untersucht werden kann, entsprechend seiner Definition des sozialen Tatbestands und seiner Vorstellung der Erforschung sozialer Phänomene mit positivistischen Methoden der empirischen und quantitativen Forschung.

Im ersten Teil seines Buches weist Durkheim auf die Schwächen der Versuche hin, Selbstmord unter Bezug auf nicht-soziale Ursachen zu erklären, wie geistige Entfremdung, Rasse, Vererbung, Stimmung, Klima oder Nachahmung, letzteres ein psychologischer Mechanismus, den sein Widersacher Tarde favorisierte. Nach der Kritik der Versuche, Selbstmord durch nicht-soziale Ursachen zu erklären, wendet er seine Aufmerksamkeit drei unterschiedlichen sozialen Ursachen zu, nach denen er drei Typen des Selbstmords unterscheidet: altruistischer, egoistischer und anomischer Selbstmord.

## Altruistischer Selbstmord

Mit dem altruistischen Selbstmord zeigt Durkheim (dt.1976a: 2. Buch, Kap. 4), dass Selbstmord nicht allein ein Phänomen der modernen Gesellschaften ist; er bemerkt, dass er auch in einfachen und traditionalen Gesellschaften vorkommt, dort jedoch Ursachen hat, die sich sehr von denen in modernen Gesellschaften unterscheiden. In einfachen und traditionalen Gesellschaften ist es üblich, dass Männer an der Schwelle zum Greisenalter oder Männer, die von Krankheit heimgesucht werden, Selbstmord begehen; Frauen tun dies ebenfalls nach dem Tod ihres Ehemanns wie auch Gefolgsleute oder Diener nach dem Tod ihres Herrn. Weil dann in der Gesellschaft kein Platz mehr für sie vorhanden ist, wird von ihnen sogar erwartet, diese zu verlassen. Somit ist es die Gesellschaft, die Druck auf die Individuen ausübt, ihrem Leben ein Ende zu setzen, wenn es keinen Platz mehr für sie gibt. In diesen Fällen ist es eine Verpflichtung, Selbstmord zu begehen; deshalb nennt Durkheim diesen Selbstmordtypus obligatorischen altruistischen Selbstmord. Er ist altruistisch, weil er aus der Unterordnung des Individuums unter die Erwartungen der Gesellschaft resultiert. Die Gesellschaft ist alles, das Individuum nichts. Er ist verpflichtend, weil er für bestimmte Situationen vorgeschrieben ist.

Ein zweiter Typus des altruistischen Selbstmords ist in asiatischen Gesellschaften üblich, besonders in Japan. Hier hat das Leben des Individuums keinen Wert. Deshalb erreicht jemand kein Ansehen dadurch, dass er sich ans Leben klammert, sondern ganz im Gegenteil gilt es als besonders achtenswert, sein Leben aus dem geringfügigsten Grunde aufzugeben. Durkheim nennt diesen Selbstmordtyp den fakultativen altruistischen Selbstmord. Er ist altruistisch, weil er einer kollektiven Abwertung des individuellen Lebens folgt und er ist fakultativ, weil es keine Vorschriften gibt, wann ein Individuum Selbstmord begehen muss, sondern dem Individuum die Wahl, Selbstmord zu begehen, in einem weiten Spektrum von Situationen selbst überlassen bleibt.

Ein dritter Typ des altruistischen Selbstmords ist der überspitzte altruistische Selbstmord, der ebenfalls sehr häufig in asiatischen Gesellschaften vorkommt, besonders unter dem Einfluss des Hinduismus und Buddhismus. Hier ist das irdische Leben des Individuums vollständig abgewertet, verglichen mit dem Seelenheil, das jemand erlangen kann, wenn er sich vom Leben zurückzieht und in der buddhistischen Sichtweise schließlich in das Nirwana eintritt. Dieser Selbstmordtyp ist altruistisch, weil er durch die kollektive Abwertung des irdischen Lebens verursacht wird, er ist überspitzt, weil er von einem drängenden religiösen Wunsch nach Seelenheil inspiriert ist. Wir können sehen, dass Durkheim mit Altruismus bei diesem Selbstmordtyp die Unterwerfung des Individuums unter die kollektive Abwertung des individuellen irdischen Lebens meint. Der Mensch begeht Selbstmord, weil er die kollektive Abwertung des individuellen irdischen Lebens teilt.

Indem Durkheim die Sozialstatistiken des Selbstmords in den europäischen Ländern seiner Zeit untersuchte, machte er eine auffallende Beobachtung: die dauerhaft höhere Selbstmordrate in der Armee verglichen mit derjenigen in der Zivilbevölkerung. Wie kann diese Besonderheit erklärt werden? Für Durkheim kann es nicht Unzufriedenheit über den Dienst sein, die dieses Phänomen erklärt, weil die Selbstmordwahrscheinlichkeit größer wird, je länger der Soldat gedient hat, und sie ist am höchsten in der Gruppe der Freiwilligen und im Offizierskorps. Seine Erklärung lautet, dass der Selbstmord in der Armee ein Überbleibsel der traditionalen Gesellschaft ist und dem altruistischen Selbstmordtyp entspricht. Er folgt aus der traditionalen Abwertung des individuellen Lebens:

Unter dem Einfluss dieser Bereitschaft tötet sich der Soldat beim geringsten Mißgeschick, aus den nichtigsten Gründen, wegen einer verweigerten Erlaubnis, wegen eines Tadels, einer ungerechten Bestrafung, einem Übergangenwerden bei der Beförderung, wegen einer Ehrensache, wegen eines leichten Anflugs von Eifersucht oder ganz einfach, weil in seiner Nähe andere Selbstmorde vorgekommen sind (Durkheim, dt.1976a: 269).

Der Soldat begeht Selbstmord, weil er sich einem Kollektiv unterordnet, von dem das individuelle Leben abgewertet wird. Die Tatsache, dass die Differenz zwischen der Selbstmordrate der Armee und der Selbstmordrate der Zivilbevölkerung geringer geworden ist, bestätigt ihren traditionalen Hintergrund. Weil die Armee immer mehr unter den Einfluss einer säkularen, individualistischen Moral geraten ist, wurde der altruistische Selbstmord unüblicher. Die Selbstmordtypen der modernen Gesellschaft sind der egoistische und der anomische Typ, denen wir nun unsere Aufmerksamkeit zuwenden.

## Egoistischer Selbstmord

Durkheim (dt.1976a: 2. Buch, Kap. 2,3) erläutert den egoistischen Selbstmord, indem er die Selbstmordstatistiken hinsichtlich religiöser Konfessionszugehörigkeit und Familienstand untersucht. Die Statistiken verschiedener europäischer Länder weisen eine auffallend höhere Selbstmordrate unter den Protestanten als unter den Katholiken auf und die deutlich niedrigste Rate unter den Juden. Wie ist dieses Phänomen zu erklären? Durkheim betont, dass sowohl der Protestantismus als auch der Katholizismus den Selbstmord verurteilen, während das Judentum ihn nicht ausdrücklich missbilligt, aber auch nicht ausdrücklich erlaubt. Deshalb erklärt eine unterschiedliche Haltung zum Selbstmord nicht den Unterschied in der Statistik zwischen den Glaubensrichtungen. Was ein erklärender Faktor sein könnte, ist der Status einer Minderheit oder einer Mehrheit, wie das Beispiel der Juden zeigt, die immer in einer Minderheitensituation leben und sehr niedrige Selbstmordraten aufweisen. Protestanten in einer Minderheitenposition begehen jedoch trotzdem weitaus eher Selbstmorde, als die sie umgebende katholische Mehrheit. Somit scheidet auch die Position einer Mehrheit oder einer Minderheit als eine ausreichende Erklärung aus. Durkheim betrachtet deshalb den Charakter der religiösen Gemeinschaften als soziale Systeme genauer. Ein erster Hinweis auf eine derartige Erklärung ist die Tatsache, dass die Selbstmordrate mit dem Bildungsniveau zunimmt. Das Bildungsniveau der Protestanten war zu Durkheims Zeiten (wie auch heute noch in geringerem Maße) durchschnittlich höher als dasjenige der Katholiken, sowohl in Bezug auf den Besuch der Volksschule als auch hinsichtlich der Abschlüsse an Oberschulen oder gar Universitäten. Durkheim sieht in dieser Differenz ein Merkmal, das einem anderem Unterschied zwischen den beiden Gruppen entspricht: dem Grad an Integration und sozialer Kontrolle. Die katholische Kirche ist fest integriert, hierarchisch aufgebaut und kontrolliert zentralistisch die Interpretation religiöser Dogmen; sie verwaltet das religiöse Leben ihrer Mitglieder. Die protestantische Kirche ist weniger integriert, übt weniger soziale Kontrolle aus und verwaltet das religiöse Leben in geringerem Umfang; die Beziehung des Protestanten zu Gott ist weit mehr eine individuelle Angelegenheit. Somit ist es die Aufgabe des Individuums, Gottes Wort zu interpretieren. Wie Durkheim es ausdrückt, hat das Individuum viel mehr Interpretationsspielraum. Der Protestant wird in Fragen der Sinnfindung allein gelassen und ist weit eher gewohnt, allein zu entscheiden, als ein Katholik. Damit ist er viel weniger durch die religiöse Gemeinschaft kontrolliert, und er löst sich viel leichter von seinen Mitmenschen, was die endgültige Loslösung durch den Selbstmord beinhaltet. Es ist der weitaus fortgeschrittenere Individualismus, die Isolation des Individuums und die schwächere Integration der religiösen Gruppe, die in der protestantischen Glaubensgemeinschaft höhere Selbstmordraten verursacht als in der katholischen. Es ist nicht die höhere Bildung als solche, die für höhere Selbstmordraten verantwortlich zeichnet, sondern eine zu geringe Integration der Gruppe und ein zu großer Individualismus, welche die höheren Selbstmordraten speziell im Protestantismus erklären. Das Beispiel der Juden beweist gut diese Interpretation, weil sich bei ihnen ein hohes Bildungsniveau und eine niedrige Selbstmordrate verbinden. Die schwache Bindung an die Gruppe ist die Ursache des protestantischen Selbstmords; dies ist der Grund, warum Durkheim ihn den egoistischen Selbstmord nennt.

Ein zweiter Bereich, in dem Durkheim den egoistischen Selbstmord beobachtet, ist das Familienleben. Er entdeckte bei der Untersuchung der Sozialstatistiken, dass – verglichen mit verheirateten Personen – eine höhere Selbstmordrate bei unverheirateten und verwitweten Personen vorliegt. Die Selbstmordrate nimmt ebenso mit der Anzahl der Kinder ab. Die Auswirkung der Geschlechtszugehörigkeit ist in dieser Hinsicht von Land zu Land unterschiedlich. Diese Beobachtungen liefern Durkheim einen weiteren Beweis für seine Erklärung des egoistischen Selbstmords. Der allein stehenden Person mangelt es an Bindung und Kontrolle durch die Gruppe, und sie lebt ihr Leben ganz auf sich gestellt, ein isoliertes individuelles Leben, sodass keine Kräfte vorhanden sind, die sie in persönlichen Krisensituationen an der Gesellschaft festhalten lassen. Ein Familienmitglied hat Bindungen an eine Gruppe, die sein Leben kontrollieren und es davon abhalten, die Gesellschaft zu verlassen.

Ein dritter Bereich des egoistischen Selbstmords ist der Bereich der politischen Gesellschaft. Durkheim beobachtet, dass in Zeiten des politischen Konflikts, bei äußerem oder innerem Kriegszustand, die Selbstmordrate zurückgeht. Seine Erklärung lautet, dass in diesen Zeiten die Gruppen und die Gesellschaft als Ganzes die Aufmerksamkeit des Individuums absorbieren, sodass nur wenig Raum bleibt, um sich selbst von Gruppen und der Gesellschaft abzusondern, und damit wenig Raum für einen egoistischen Selbstmord. Die politische Gesellschaft und die politischen Gesellschaftsgruppen sind in Zeiten des Konflikts integrierter als in Zeiten des Friedens.

In der Zusammenfassung seiner Analyse formuliert Durkheim die folgende These:

Der Selbstmord steht im umgekehrten Verhältnis zum Integrationsgrad der Kirche, der Familie und des Staats (Durkheim, dt.1976a: 231).

## Anomischer Selbstmord

Der dritte Typ, der von Durkheim (dt.1976a: 2. Buch, Kap. 5) untersucht wurde, ist der anomische Selbstmord. Dieser Selbstmordtypus hängt mit dynamischen Veränderungen zusammen, in denen die soziale Ordnung der Gesellschaft Transformationen erlebt und zumindest teilweise zusammenbricht. Dies gilt besonders für den ökonomischen Wandel. Folgende Fakten lassen sich für diesen Bereich ausmachen: Die Selbstmordraten steigen in Zeiten der ökonomischen Krise; das Gleiche gilt jedoch auch für Zeiten plötzlicher Wohlstandssteigerungen und für gleichmäßiges Wohlstandswachstum. Die Schichten, die im Wesentlichen am ökonomischen Erfolgsstreben beteiligt sind, die Schichten des Handels und der Industrie, weisen die höchsten Selbstmordraten auf. Wie können diese Fakten erklärt werden? Durkheim beginnt seine Erklärung dieser Fakten mit der folgenden Annahme:

Niemand kann sich wohlfühlen, ja überhaupt nur leben, wenn seine Bedürfnisse nicht mit den ihm zur Verfügung stehenden Mitteln einigermaßen im Einklang stehen (Durkheim, dt.1976a: 279).

Während der Instinktapparat der Tiere für ein Gleichgewicht zwischen Bedürfnissen und Mitteln sorgt, wird der Mensch viel weniger durch einen solchen Apparat im Gleichgewicht gehalten. Es gibt keine angeborenen Beschränkungen für die Bedürfnisse des Menschen. Deshalb lebt er immerzu in der Gefahr, durch die Kluft zwischen seinen unbegrenzten Bedürfnissen und seinen begrenzten Mitteln frustriert zu werden. Ein Gleichgewicht kann wegen des Mangels an instinktiver Kontrolle nicht vom Individuum selbst erreicht werden. Nur eine Ordnung, die von außen auferlegt wird, kann solch ein Gleichgewicht innerhalb des Individuums schaffen. Das ist der Punkt, an dem das Individuum Führung und Kontrolle durch die Gesellschaft benötigt. Nur die Normen der Gesellschaft können für eine Regulierung zwischen Bedürfnissen und Mitteln sorgen. Das Individuum wird ohne solch ein Gleichgewicht, das durch die Gesellschaft erzeugt wird, permanent von Frustration heimgesucht. Sein Lebenswille schwächt sich ab. Selbstmord wird wahrscheinlicher.

Wie kann jedoch die Gesellschaft die Funktion der Regulierung des Verhältnisses zwischen den Bedürfnissen und den Mitteln des Individuums erfüllen? Das Individuum benötigt Regeln, die ein angemessenes Niveau der Wünsche definieren und ein entsprechendes Niveau der Befriedigung dieser Wünsche. Die Definition des angemessenen Niveaus der Wünsche und ihrer Erfüllung müssen in der Gesellschaft kollektiv durchgesetzt werden, weil das Individuum nicht darauf vorbereitet ist, es selbst zu tun. Aber wie kann die Gesellschaft solche Niveaus angemessener Wünsche und ihrer Erfüllung definieren? Traditionale Gesellschaften haben eine etablierte Ordnung, die jedem Stand in einem hierarchischen System einen bestimmten Lebensstandard zuweist. In solch einem System strebt niemand nach mehr als er auch erreichen kann. Diese traditionale hierarchische Ordnung zerbricht mit dem Auftreten der modernen Gesellschaft, die jedem erlaubt, nach Erfolg zu streben. Weil jedoch nicht jeder Erfolg haben kann, ist Frustration reichlich vorhanden, besonders in Zeiten wirtschaftlicher Zusammenbrüche, wenn etablierte Niveaus von Wünschen nicht mehr länger befriedigt werden können, sowie in Zeiten des wirtschaftlichen Aufschwungs, wenn das Niveau der Wünsche schneller zunimmt, als die Mittel, um sie zu befriedigen. Die Gesellschaft befindet sich in einem Zustand der **Anomie**, d.h., die sozialen Normen verlieren an Geltungskraft, bis hin zur Regellosigkeit. Durkheim weiß jedoch, dass in der modernen Gesellschaft der Weg zurück zur traditionalen Hierarchie versperrt ist. Was benötigt wird, ist eine neue kollektive Ordnung, die angemessene Niveaus der Wünsche definiert und der wirtschaftlichen Aktivität eine institutionelle Ordnung gibt.

Weil das Individuum keine solche Ordnung schaffen kann, bedarf es der Führung durch die Gesellschaft. Die Gesellschaft wird diese Führung nur unter zwei Bedingungen zustande bringen: Sie muss vom Individuum als moralische Autorität anerkannt werden, und die Ordnung, welche die Niveaus der Wünsche definiert, muss durch das Individuum als gerecht anerkannt werden. Somit muss das Individuum in Gruppen integriert sein, die das wirtschaftliche Leben regulieren, und es muss in den Diskursprozess einbezogen werden, der die Zuweisung von Belohnungen für Leistungen rechtfertigt. Hier erwartet Durkheim wiederum von der Entwicklung eines Systems zusammenhängender Berufsorganisationen eine Lösung des Problems.

Ein zweiter Bereich des anomischen Selbstmords ist der Familienstand. Durkheim beobachtet eine wachsende Selbstmordrate bei der Zunahme von Scheidungen, wobei dies mehr für Männer als für Frauen gilt. Durkheims Erklärung dieser Tatsache ist der Mangel an sexueller Regulierung nach der Scheidung, besonders für Männer. Sie leben in einem Zustand sexueller Anomie. Besonders der Bereich des Familienstands nähert den egoistischen und den anomischen Selbstmord einander an. Sie müssen jedoch unterschieden werden: Der egoistische Selbstmord tritt auf, wenn sich die Gesellschaft oder die soziale Gruppe vom Individuum entfernt, es ist ein andauernder Zustand. Der anomische Selbstmord tritt dann auf, wenn eine im Bewusstsein des Individuums gegenwärtige Gesellschaft einen dynamischen Wandel durchmacht, der in Unordnung resultiert und in der Unfähigkeit der Gesellschaft, das Individuum in allgemein anerkannter Weise zu kontrollieren.

## Moral

Mit der Veröffentlichung seiner Untersuchung über den *Selbstmord* war die moralische Ordnung der modernen Gesellschaften für Durkheim nicht länger eine Tatsache, die angemessen erklärt werden musste – so wie er es in der ersten Ausgabe seiner *Teilung der sozialen Arbeit* versucht hatte –, sondern vielmehr ein Problem, das gelöst werden musste. Er widmete seine Forschungsarbeit in der Folge der Untersuchung der sozialen Grundlagen einer moralischen Ordnung, die angemessen auf die moderne Gesellschaft zugeschnitten ist. Weil die Religion nicht mehr länger dazu imstande war, ihre ursprüngliche moralische Funktion in einer modernen, rationalisierten Gesellschaft zu erfüllen, glaubte er, dass es eine säkulare, rationale Moral sein müsste, die wir in unserer modernen Gesellschaft benötigen. Vernunft ist jedoch nicht genug, weil die Vernunft den Menschen nicht vermittelt, warum sie überhaupt vernünftig sein sollen. Es muss eine Autorität geben, die diese rationale Moral stützt. Die Religion muss über Eigenschaften verfügt haben, die ihre Autorität begründet haben; die Aufgabe einer Soziologie der Moral ist es dann, diese autoritätsverleihenden Elemente von der Religion zu abstrahieren und sie mit der Vernunft zu verknüpfen. Indem er dies versucht, behauptet Durkheim (1914/1970, 1924/1974a/dt.1976b, 1925/1974b/dt.1973d), dass **Moral** aus drei zusammenhängenden Elementen besteht: 1. dem Geist der Disziplin, 2. der Zugehörigkeit zu Gruppen und 3. der Autonomie des Willens des Individuums.

### Der Geist der Disziplin

Das erste Element, der Geist der Disziplin, weist auf die Tatsache hin, dass moralisches Handeln immer mit regelmäßigem Handeln verknüpft ist. Es ist voraussagbares, wiederkehrendes Verhalten, auf das wir unsere Erwartungen stützen können. Es ist jedoch nicht nur übliches Handeln, das rein aus Gewohnheit praktiziert wird.

Dahinter steht mehr: die Unterwerfung unter die Autorität einer Gruppe, die absolut bindenden Charakter hat. Die moralische Handlung kann nicht aus situationsbedingt sich verändernden Interessen und dem erwarteten Nutzen resultieren, weil dies keine konstanten Handlungsmuster hervorbringt, die ein zentrales Merkmal des moralischen Handelns sind. Es ist vielmehr eine Pflicht, die einen Handelnden an eine Regel bindet, und zwar unabhängig von ihrem Nutzen. Dies übernimmt Durkheim (dt.1976b) von Kants Moralphilosophie (1788/1964b). Kant macht deutlich, dass eine moralische Regel, die situationsunabhängig gültig sein soll, nicht wegen irgendeines erwarteten Nutzens beachtet werden darf, sondern man muss ihr folgen, weil dies von jedem als Pflicht abverlangt wird. Durkheim kritisiert Kant jedoch sinngemäß dafür, dass er nicht das persönliche Wollen und die entsprechende Motivation als ein wesentliches Element des moralischen Handelns ansah. Ohne dieses persönliche Wollen und die entsprechende Motivation wäre das moralische Handeln ein blutleerer, indifferenter Prozess der Befolgung von Vorschriften, aber nicht leidenschaftliches Wollen, etwas zu tun, das gut ist. Somit gibt es noch eine andere Seite des moralischen Handelns: der Wunsch des Individuums, Gutes zu tun. Pflicht und Wollen des Einzelnen, Gutes zu tun, müssen miteinander in der moralischen Handlung verknüpft werden. Die Erziehung darf nicht nur Pflichten aufbürden, sondern muss gleichfalls positiv die Leidenschaft des Individuums entwickeln, Gutes zu tun. In der moralischen Handlung durchdringen sich die äußere gesellschaftliche Pflicht und die individuelle Leidenschaft gegenseitig. Gemäß diesen zwei Komponenten der moralischen Handlung können wir zwei moralische Charaktere unterscheiden: den selbstbeherrschten, disziplinierten Charakter, der seine Pflichten mit absoluter Zuverlässigkeit erfüllt, und den leidenschaftlichen, gefühlvollen Charakter, der mit voller Hingabe Gutes tun und für ein Ideal leben will.

Durkheim begreift das menschliche Individuum als ein duales Wesen: Geist und Körper, Vernunft und Empfindungen, das Heilige und das Profane, das Soziale und das Individuelle, Pflicht und Wunsch bestimmen das Verhalten des Menschen. Der eine Bestandteil steht für Ordnung, der andere für Dynamik. Je mehr der Mensch zu einer moralischen Persönlichkeit heranwächst, umso mehr durchdringen sich die beiden Bestandteile gegenseitig. Die moralische Entwicklung der menschlichen Persönlichkeit auf die utilitaristische Entfaltung des Eigennutzes zu reduzieren, ist genauso falsch wie ihre Reduzierung durch den kantianischen Rationalismus auf Vernunft und Pflicht. Im Moralverhalten müssen Pflicht und Wunsch einander gegenseitig durchdringen.

Die alltägliche moralische Handlung kann nicht aus der Ableitung abstrakter Moralnormen, wie Kants kategorischem Imperativ, resultieren. Solche abstrakten Normen können keine konkreten Regeln für die alltägliche Handlung hervorbringen. Sie können nur als rationaler Maßstab dafür dienen. Die alltägliche

Moral, die in konkreten Situationen bindend wirkt, besteht vielmehr aus vielen partikularen Regeln, die konkret definieren, was in bestimmten Situationen richtig oder falsch ist. Der Ursprung dieser konkreten Moralnormen ist nicht die Philosophie, sondern das traditionsgebundene Leben einer Gesellschaft.

Die Moral verlangt vom Individuum Disziplin insoweit sie ein äußerer Zwang ist, der durch die Gesellschaft ausgeübt wird. Dies bedeutet jedoch nicht, dass zwischen moralischem Zwang und individueller Freiheit nur ein Widerspruch vorliegt. Ohne Selbstbeherrschung aus moralischer Verpflichtung wäre das Individuum ein Gefangener seiner organischen Triebe und individuellen Wünsche, die er ohne die Führung einer Moralordnung niemals ins Gleichgewicht bringen könnte. Zudem ist in unserer modernen Gesellschaft das Prinzip der individuellen Autonomie selbst ein Moralprinzip, das kollektiv etabliert und verantwortlich für die Befreiung des Individuums von willkürlicher Herrschaft ist. Der Kult des Individuums und die Aufklärung des Individuums sind kollektive Anstrengungen mit einer moralischen Botschaft, die darauf abzielt, das Individuum zu emanzipieren. In diesem Licht ist moralische Disziplin die Schöpferin der individuellen Autonomie.

## Zugehörigkeit zu Gruppen

Doch woher kommt diese moralische Disziplin? Nach Durkheim kann weder das Individuum selbst, noch ein anderes Individuum oder eine Mehrzahl von Individuen Schöpfer oder Objekt einer moralischen Handlung sein. Solch eine Bestimmung der moralischen Handlung würde kein einheitliches Muster des moralischen Handelns überall in der Gesellschaft zustande bringen, sondern eine Vielzahl von einander widerstreitenden Handlungen. Ein entscheidender Aspekt der moralischen Handlungen ist jedoch, dass wir sie als bindend für jeden begreifen. Wie kann solch ein bindender Charakter und eine Übereinstimmung von Handlungen entstehen? Durkheims Antwort besteht darin, dass dies etwas sein muss, das sich oberhalb des Individuums befindet und über es hinausreicht. In einer religiös durchdrungenen Gesellschaft erfüllt Gott diese Funktion. Solch eine Lösung ist jedoch in einer säkularisierten Gesellschaft nicht mehr länger möglich. Was ist es dann, was einen Platz über den einzelnen Individuen einnimmt und über sie hinausreicht? Es ist die Gesellschaft, die dieses Kriterium erfüllt. Nur die Gesellschaft hat die Autorität, Regeln hervorzubringen, die über spezifische Individuen und Situationen hinaus bindend sind.

Diese Antwort Durkheims auf die Frage nach dem Ursprung der bindenden Eigenschaft einer moralischen Regel für jeden und in jeder Situation wurde als ein Ergebnis seiner Vorliebe für autoritäre Lösungen des Problems der sozialen

Ordnung interpretiert. Es steckt sicherlich einige Wahrheit in dieser Interpretation. Allerdings findet sich noch ein abstrakteres Element in Durkheims Argumentation, das zumeist von der Kritik verfehlt wurde. „Gesellschaft" steht für das Argument, dass es kein gleichmäßig strukturiertes Moralverhalten geben kann ohne eine gesellschaftsweite einheitliche Reaktion auf individuelles Verhalten. Somit kann die Allgemeingültigkeit von moralischen Regeln niemals auf der Ebene der unvermeidlich partikularistischen Interessen der Individuen etabliert werden, sondern nur auf der Ebene der Gesellschaft.

Um diese Rolle zu erfüllen, benötigt die Gesellschaft allgemein geteilte moralische Regeln, moralischen Konsens und Solidarität, die diese Regeln durch einheitlich angewandte Sanktionen unterstützen. Was die Beziehung zwischen dem Individuum und der Gesellschaft betrifft, wird das Individuum die moralischen Regeln nicht respektieren, wenn sie nur durch äußere Gewalt auferlegt werden. Nur wenn das Individuum Achtung gegenüber der Gesellschaft empfindet, wird es auch Respekt für ihre moralischen Regeln empfinden. Die Bestrafung von unmoralischem Verhalten muss in einer Weise erfolgen, dass sie niemals als willkürlich erfahren wird, als ein Wutausbruch oder umgekehrt als kaltblütige Anwendung überlegener Macht. Die Bestrafung muss vielmehr den Respekt für die moralische Autorität der Gesellschaft und für ihre Moralregeln wiederherstellen. Die Gesellschaft muss vom Individuum als eine moralische Autorität wahrgenommen werden. Diese moralische Autorität wird jedoch niemals anerkannt, wenn das Individuum keine Bindung an die Gesellschaft fühlt und wenn es nicht die Anstrengungen der Gesellschaft spürt, Regeln aufzustellen und anzuwenden, die allgemein als gerecht akzeptiert werden.

Somit wird die Schaffung eines moralischen Konsenses, der von allen Mitgliedern der Gesellschaft geteilt wird, zur entscheidenden Voraussetzung, um moralische Autorität zu begründen. Organe, die für die Etablierung und Anwendung von Regeln verantwortlich sind, wie gesetzliche Körperschaften, Gerichte und Verwaltungen, werden nicht als moralische Autoritäten akzeptiert, wenn sie es nicht fertig bringen, einen moralischen Konsens überall in der Gesellschaft zu erzeugen und zu erhalten. Dies meint Durkheim, wenn er davon spricht, dass die Moral mit der Zugehörigkeit des Individuums zu sozialen Gruppen anfängt, was das zweite Element der Moral darstellt. Diese Zugehörigkeit zu gesellschaftlichen Gruppen beginnt mit der Zugehörigkeit des Individuums zu seiner Familie; sie stellt die erste moralische Autorität für das Individuum dar. Die moralische Autorität der Familie ist jedoch auf den kleineren Kreis des häuslichen Lebens beschränkt. Sie kann nicht das soziale Leben überall in der Gesellschaft oder über die Grenzen der nationalen Gesellschaften hinaus regulieren. Um diese Begrenzungen zu überschreiten, muss das Individuum im Prozess seiner Sozialisation mit immer umfassenderen gesellschaftlichen Gruppen verbunden werden:

mit der nationalen Gesellschaft durch die Schule und die Berufsgruppen und mit der Menschheit durch die nationale Gesellschaft. In diesem Prozess überwindet das Individuum die moralischen Partikularinteressen einzelner Gruppen und wird auf einen moralischen Universalismus verpflichtet.

Derselbe Prozess muss die Bindung des Individuums von der Gesellschaft, wie sie tatsächlich in ihren Institutionen existiert, abwenden und auf die moralischen Ideale ausrichten, die von der Gesellschaft hoch geschätzt werden. Das Individuum muss lernen, diese moralischen Ideale als heilig zu respektieren und sie von all dem zu unterscheiden, was profan ist. Der geheiligte Gegenstand ist unantastbar und unveränderbar, mit einer externen, absoluten Gültigkeit, überall und für jeden. Profane Dinge sind solche, die verändert werden und instrumentell, gemäß sich wechselnder Interessen benutzt werden können. Das moralische Ideal der modernen Gesellschaft hat die individuelle Persönlichkeit als einen geheiligten Gegenstand etabliert und durch die grundlegenden Menschen- und Bürgerrechte abgestützt. Diese Sakralisierung der menschlichen Persönlichkeit ist weit entfernt davon, Egoismus zu predigen. Es besteht vielmehr ein kollektives Interesse an den Rechten der individuellen Persönlichkeit und an einer gegenseitigen Vereinbarkeit der Rechte verschiedener Individuen.

## Autonomie

Der dritte Bestandteil der Moral ist die individuelle Autonomie. Eine Handlung, die nicht freiwillig ausgeführt wurde, hat nach unserem modernen Verständnis nicht die Eigenschaft einer moralischen Handlung. Eine Handlung, die deshalb ausgeführt wird, weil jemand durch äußere Sanktionen dazu gezwungen wird, verdient im moralischen Sinne keine Achtung. Nur die freiwillige Verpflichtung des Individuums, etwas zu tun, verleiht ihm moralische Wertschätzung. In dieser Hinsicht folgt Durkheim wieder Kants Moralphilosophie. Er argumentiert jedoch, dass die Freiheit, mit der sich die Moralsoziologie beschäftigt, nicht eine metaphysische Freiheit des vernünftigen Menschen als solchem sein kann. Nach Kant ist das menschliche Individuum frei, sobald es jede Verstrickung in organische Triebe, physische Ursächlichkeit und partikulare Wünsche hinter sich gelassen hat und es schafft, die Position eines Wesens zu erreichen, das durch nichts außer der universellen Vernunft geleitet wird. Als solch ein Wesen ist das menschliche Individuum von jeder äußeren Kausalität frei. Gleichzeitig erlaubt ihm diese Freiheit zu erkennen, was richtig und was falsch ist. Es wird dann den kategorischen Imperativ zu seinem leitenden Prinzip machen:

Handle so, dass die Maxime deines Willens jederzeit zugleich als Prinzip einer allgemeinen Gesetzgebung gelten könne (Kant, 1788/1964b: [54]).

Durkheim führte das Moralverhalten des Individuums nicht völlig auf diese Freiheit als vernünftiges Wesen zurück. Während Kant die Freiheit und die Verpflichtung auf das moralische Gesetz als ein und dasselbe sieht, verortet Durkheim die Verpflichtung des Individuums zum moralischen Verhalten immer noch in seiner Bindung an die moralische Autorität der Gesellschaft. Mit der Freiheit des vernünftigen Menschen wird es zwar Wissen über moralische Gründe des Handelns geben, aber keine konkrete Verpflichtung zu diszipliniertem moralischem Verhalten. Das Letztere kann nur Ergebnis der Bindung des Einzelnen an die soziale Gruppe sein. Durkheim stutzt Kants moralische Freiheit auf ihre spezifische Funktion zurück: die Aufklärung des Individuums, die ihm die Augen öffnet, um die Gründe der Gültigkeit von Moralgesetzen zu erkennen und zu verstehen. Das Individuum aufzuklären, ist die Aufgabe der Moralwissenschaft. Durkheim selbst wollte diese Moralwissenschaft mit seiner Soziologie der Erziehung schaffen und in der schulischen Erziehung institutionalisieren. Nach der Auflösung der Religion muss die Schule diese säkulare Moral lehren. Das Ergebnis dieser Lehre der Moralwissenschaft sollte die autonome Persönlichkeit sein, die zum moralischen Verhalten durch ihre Bindung an soziale Gruppen verpflichtet ist, aber dennoch über die Gründe für moralisches Verhalten durch die Moralwissenschaft aufgeklärt wurde.

## Staat, Zivilmoral und Demokratie

Die Suche nach einer Moralordnung für die moderne Gesellschaft ist das Hauptinteresse von Durkheims Staatstheorie, wie auch von seinen Theorien der Zivilmoral und der Demokratie (Durkheim, 1950/1969; siehe Prager, 1981; Müller, 1983). Durkheims Interesse gilt der Frage, wie politische Entscheidungsfindung so geschehen kann, dass sie einerseits für den Pluralismus der Interessen offen ist, zugleich aber von moralischen Ideen geleitet wird. Zuerst lehnt er rein individualistische und rein kollektivistische Staatstheorien ab. Die individualistischen Theorien, wie John Lockes Vertragstheorie, führen die Gründung des Staates und seine Struktur der Entscheidungsfindung auf das zufällige Zusammentreffen oder auf die Komplementarität von individuellen Interessen zurück. Die kollektivistischen Theorien, wie Jean-Jacques Rousseaus (1762/1964) Vertragstheorie, begreifen den Staat als eine kollektive Organisation, deren Macht auf das Individuum wirkt, ohne Raum für eine individuelle Wahl zu lassen. Die individualistischen Theorien sind nicht dazu imstande, den Staat als eine Wirklichkeit *sui generis* zu erklären. Die kollektivistischen Theorien sind nicht dazu fähig, die Beteiligung des Individuums an der politischen Entscheidungsfindung unter wirklicher Berücksichtigung des Individuums zu erklären.

Durkheims Theorie verbindet Kollektivismus und Individualismus. Der Staat ist eine kollektivistische Organisation *sui generis*; er sichert die einheitliche Einführung und Anwendung von Gesetzen ab, aber er benötigt die motivationale Mitwirkung der Individuen, um seine Gesetze wirksam werden zu lassen. Das menschliche Individuum ist ein Wesen, das durch seine Wünsche motiviert wird und das die Ordnung, für die das vom Staat gesatzte Recht sorgt, benötigt, um seine Wünsche im Gleichgewicht zu halten und um seine individuelle Persönlichkeit zu entfalten.

Der Staat wurde im Prozess der Teilung von Arbeit (oder Funktionen) in der Gesellschaft zusehends zu einem spezifischen Zentrum der kollektiven Entscheidungsfindung. In diesem Prozess differenzierte sich der Staat von der politischen Gesellschaft. Diese setzt sich aus einer Vielzahl von partikularen Gruppen mit partikularen Interessen zusammen. Der Staat wird zur zentralen Institution, in der über die Gestaltung der Gesellschaft beraten wird. In dieser zentralen Rolle muss der Staat die politische Entscheidungsfindung so organisieren, dass die politischen Entscheidungen der Gesetzgebung von diffusen Gefühlen, partikularen Interessen und Vorurteilen einzelner Gruppen unabhängig werden und am Gemeinwohl orientiert sind. Die Gesetzgebung muss somit herausfinden, was richtig für die Gesellschaft als Ganzes ist. Um diese Funktion eines Organs der zentralen gesellschaftlichen Deliberation zu erfüllen, muss der Staat frei von der Vorherrschaft einzelner Gruppen sein, aber er darf sich nicht der Gesellschaft entziehen. Ohne ein gewisses Maß an Abstand von der Gesellschaft kann der Staat den Prozess der Entscheidungsfindung nicht so weit über den Interessenkampf stellen, dass herausgefunden werden kann, was für die Gesellschaft in ihrer Gesamtheit richtig ist. Wenn der Staat jedoch völlig von der Gesellschaft getrennt ist, erhält er weder die notwendigen Informationen über die Probleme der Gesellschaft, noch die Motivation der Individuen und Gruppen, die diese kollektiven Entscheidungen akzeptieren und ausführen sollen. Demokratie ist die Form der politischen Autorität, in der Staat und Gesellschaft zwar einerseits voneinander getrennt, aber andererseits auch in enger Kommunikation miteinander verbunden sind. Die Demokratie erlaubt zumindest eine Kombination von Differenzierung und Interpenetration, die in der modernen Gesellschaft noch weiter ausgebaut werden muss. Hier weist Durkheim den intermediären Gruppen, besonders den Berufsorganisationen, die zentrale Funktion zu, zwischen dem Staat und der Masse der Individuen zu vermitteln und ihre Kommunikation zu organisieren.

Der Staat spielt eine zentrale Rolle, indem er das Individuum an die Nation bindet, aber ebenso indem er den Blickwinkel des Individuums auf die gesamte

Menschheit richtet. Indem er dies tut, verbindet der moderne Staat internen Patriotismus mit externem Humanismus. Der Staat befreit zugleich das Individuum aus partikularistischem Zwang insoweit seine Gesetzgebung von einer Zivilmoral geleitet ist, die Rechte und Pflichten des Individuums in Bezug auf den Staat sowie Rechte und Pflichten des Staates bezüglich des Individuums festlegt. Je mehr die kollektive Entscheidungsfindung als sozialer Deliberationsprozess gestaltet wird, umso mehr wird sie daraufhin orientiert sein, solche moralischen Ideen herauszubilden und anzuwenden, die für jeden bindend sind. Die Bürger- und Menschenrechte des Individuums sind das grundlegende Credo der modernen Gesellschaft, und der Staat, insbesondere in Gestalt seiner Gerichte, wird zum bedeutendsten Akteur für den Schutz dieser individuellen Rechte. Auf diese Weise wird der Staat zur organisierenden Instanz des Kultes des Individuums. Staat und Individuum werden eng miteinander verknüpft. Ohne den Schutz der staatlichen Gerichte wäre die individuelle Autonomie nicht heilig, ohne die motivierte Teilnahme des Individuums wäre der Staat eine blutleere, bürokratische Organisation.

## Religion

In seinem letzten bedeutenden Werk, *Die elementaren Formen des religiösen Lebens*, das 1912 veröffentlicht wurde, untersucht Durkheim die elementarsten Formen sozialer Ordnung (Durkheim, 1912/1968/dt.1981). Er erwartete, diese elementaren Formen durch die Untersuchung der Religion der primitiven Stammesgesellschaften der australischen Ureinwohner entdecken zu können. Als Quellen seiner Forschung dienten ihm ethnographische Berichte der Anthropologen seiner Zeit. Seine Untersuchung lieferte eine Theorie des australischen Totemismus, der Religion und des Wissens im Allgemeinen. Sein Hauptinteresse gilt jedoch den Wurzeln der sozialen Ordnung.

Bei seiner Behandlung des Phänomens **Religion** lehnt Durkheim alle Versuche ab, sich ihr mittels rein intellektueller Kategorien zu nähern. Religion ist nicht nur ein Glaubenssystem, ein kulturelles System, sondern ebenso eine geordnete Praxis, die von der Gesellschaft organisiert wird, und damit ein soziales System: Religion ist auf der einen Seite die Praxis einer Gruppe, die durch gegenseitige Solidarität integriert wird, die Praxis einer moralischen Gemeinschaft, z.B. einer Kirche, und auf der anderen Seite ist sie ein Glaubenssystem. Handlungspraxis und Glaubensüberzeugungen sind auf Dinge gerichtet, die als heilig begriffen werden. Was als heilig gilt, ruft Respekt hervor, Bewunderung, aber ebenso die Furcht des Individuums, und es gilt als unantastbar und unveränderlich. Im Unterschied zu den heiligen sind die profanen Dinge des Lebens für jegliche Manipulation und Veränderung nach situationsbedingten Interessen offen. Das Heilige kann ein Totem sein, z.b. ein Baum, ein Tier, ein bestimmter Platz, ein Bauwerk, ein Buch wie die Heilige Schrift, ein Text wie z.b. ein Verfassungsdokument, ein moralisches Ideal. Die profanen Dinge sind die äußerlichen und instrumentell benutzten Dinge des alltäglichen Lebens. Die Funktion einer Religion besteht darin, die unantastbaren, heiligen Dinge von den profanen Lebensbereichen zu trennen, was nichts anderes heißt, als bestimmte moralische Ideen als stabile Wurzeln der sozialen Ordnung dauerhaft zu sichern. Ohne eine solche Absicherung geheiligter Ideale würde eine Gesellschaft ihre Identität verlieren und wäre nicht mehr in der Lage, als ein und dieselbe Gesellschaft fortzubestehen.

Wie gelingt es einer Gesellschaft, eine solche Identität durch die Trennung des Heiligen vom Profanen aufrechtzuerhalten? Die zentrale Voraussetzung für diese Leistung, die durch Durkheims Untersuchung primitiver Religionen enthüllt wurde, ist eine lebendige religiöse Praxis, die in sozialer Solidarität verankert ist und diese soziale Solidarität zugleich festigt. Zuerst muss soziale Solidarität in der Gesellschaft herrschen, verkörpert durch eine Tradition gemeinsamen Handelns, durch eine kontinuierliche Mitgliedschaft gefestigt und spezifiziert durch sich wiederholendes Erreichen eines sozialen Konsenses. Weiterhin muss es Symbole geben, z.B. Embleme oder Flaggen, die der Identität der Gruppe einen sichtbaren und kontinuierlichen Ausdruck verleihen. Religiöse **Rituale** bestärken in Form regelmäßiger Zusammenkünfte die Solidarität der Gruppe. Kulte ermöglichen der Gruppe den Zugang zu ihren jeweils einzigartigen heiligen Objekten (Totems, Ideen). Symbole, Riten und Kulte tragen dazu bei, die Gruppensolidarität aufrechtzuerhalten und sind selbst in dieser Solidarität verankert. Außerdem stellen die religiösen Symbole ein Bindeglied zwischen der Solidarität der Gruppe und ihrem religiösen Glauben dar, insbesondere ihren moralischen Ideen; religiöse Riten verbinden die Gruppensolidarität mit der situativen religiösen Erfahrung des Individuums; der Kult verknüpft die Solidarität der Gruppe mit der religiösen Organisation, die von religiösen Führern, wie Medizinmännern und Priestern, geleitet wird (Durkheim, dt.1981: 28, 315).

Dies ist Durkheims Bild einer Gesellschaft, die er aus seiner Analyse primitiver Religionen gewonnen hat, einer Gesellschaft, die in der Lage ist, ihre soziale Ordnung durch ihre religiöse Praxis und Glaubensüberzeugungen zu erhalten, die wiederum das Heilige vom Profanen abheben. Insoweit eine Gesellschaft eine Ordnung besitzt, ist diese in einem solchen System von religiöser Praxis und Glauben verwurzelt. Daher weist Durkheim darauf hin, dass religiöser Glaube vom Wesen her nicht irrational ist, sondern den eigentlichen Ursprung des sozialen Wissens bildet.

Die Produktion des sozialen Wissens geschieht auf dieselbe Weise, wie der religiöse Glaube gewonnen wird, nämlich in einer immensen kollektiven Kooperation. Wie Durkheim es formuliert, sind auch die kollektiven Repräsentationen der modernen Wissenschaft das Ergebnis einer unermesslichen kollektiven Kooperation. Ohne solch eine Kooperation gäbe es kein kollektiv bindendes Wissen. Und es ist diese Dimension des Wissens, der Durkheims Interesse gilt: ihre Allgemeingültigkeit und ihr kollektiv bindender Charakter. Ohne Verankerung in diesem kollektiven gesellschaftlichen Prozess würde kein wissenschaftliches Wissen als gültig und kollektiv bindend akzeptiert. Es ist diese Dimension der universellen (das heißt gesellschaftsweiten, tendenziell weltweiten) Gültigkeit und des bindenden Charakters von Wissen, die Durkheim im Blick hat, wenn er vom sozialen Ursprung der Wissenschaft und ihrer Entwicklung aus der Religion spricht.

Obwohl Durkheim auf die kollektive Produktion von religiösen Glaubensüberzeugungen, moralischen Ideen und generell von Wissen in primitiven Gesellschaften abhebt, nimmt er dennoch für sich in Anspruch, die wesentlichen kollektiven Prozesse entdeckt zu haben, die als religiöse den eigentlichen Ursprung der menschlichen Gesellschaft und des Denkens ausmachen, woraus sich Gesellschaftsordnungen und das menschliche Denken entwickeln; ferner behauptet er, dass dieselben kollektiven Prozesse nun im säkularen Sinne erforderlich sind, um soziale Ordnung und menschliches Denken in der modernen Gesellschaft zu erzeugen.

## Zusammenfassung

### Der soziale Tatbestand

1. Die Gesellschaft ist ein System sozialer Tatbestände.
2. Soziale Tatbestände liegen außerhalb des Individuums, üben Zwang aus, sind vom Wesen her allgemein und müssen wie ein objektiver Gegenstand untersucht werden.
3. Soziale Tatbestände und die Gesellschaft sind eine Realität *sui generis*.
4. Soziale Tatbestände stellen institutionelle Muster des sozialen Lebens dar, das heißt sich wiederholende Verhaltensmuster.
5. Je mehr Verhaltensmuster das Ergebnis einer gesellschaftsweiten einheitlichen Reaktion auf diese sind, die durch gemeinsam geteilte Normen, Konsens und Solidarität abgestützt wird, umso fester werden diese Strukturen institutionalisiert.

## Die soziale Arbeitsteilung

6. Je mehr die Bevölkerung wächst, umso größer wird das Volumen der Gesellschaft und ihre materielle, dynamische und moralische Dichte.
7. Je größer der Umfang und die Dichte der Gesellschaft sind, umso größer wird der Druck hin auf Spezialisierung und umso mehr nimmt das Wachstum der Arbeitsteilung zu.
8. Je mehr Menschen in engem, intimem Kontakt miteinander leben, in derselben Umgebung leben und sich deshalb ähnlich sind, ein konkretes kollektives Bewusstsein von gemeinsam geteilten Normen besitzen und ihr Verhalten durch repressives Recht kontrollieren, umso größer wird ihre mechanische Solidarität sein.
9. Je mehr sich die Menschen voneinander unterscheiden, dabei jedoch über den Austausch von Produkten spezialisierter Arbeit eng interagieren, ein abstraktes kollektives Bewusstsein mit gemeinsam geteilten abstrakten Ideen besitzen, Vertragsnormen teilen und ihr Verhalten durch restitutives Recht kontrollieren, umso größer wird ihre organische Solidarität sein.
10. Je mehr die Arbeitsteilung fortschreitet, umso geringer wird die Rolle der mechanischen Solidarität und umso größer wird die Rolle der organischen Solidarität in einer Gesellschaft sein.
11. Je mehr die Berufsgruppen das Individuum an die Gesellschaft binden und sich untereinander durch gemeinsame konsultative Körperschaften verknüpfen, umso größer wird die organische Solidarität sein.

## Selbstmord

12. Je enger eine Gesellschaft integriert ist und je mehr sie das individuelle Leben abwertet, desto größer ist die Selbstmordrate.
13. Je schwächer die Integration von sozialen Gruppen und je größer die individuelle Isolation sind, desto größer ist die Selbstmordrate.
14. Je mehr die Bedürfnisse die Mittel übersteigen, diese Bedürfnisse zu befriedigen, desto größer ist die Selbstmordrate in einer Gesellschaft.

## Moral

15. Je mehr das Individuum die moralische Autorität der Gruppe respektiert, je mehr es an die Gruppe gebunden ist, je mehr es in immer größere Gruppen von der Familie über die Gesellschaft bis zur gesamten Menschheit einbezogen wird, je mehr es von der Moralwissenschaft aufgeklärt wird, desto mehr wird sein Verhalten die Qualität disziplinierter Selbstkontrolle erhalten, gestützt durch individuelle Leidenschaft, moralischen Universalismus und persönliche Autonomie.

## Staat, Zivilmoral und Demokratie

16. Je mehr der Staat das Bindeglied zwischen universellen moralischen Ideen und partikularen Interessen bildet, zwischen diffusen Gefühlen und Vorurteilen einzelner Individuen und Gruppen vermittelt, somit zum Zentrum gesellschaftlicher Deliberation wird, desto mehr wird das Treffen politischer Entscheidungen eine moralische Ordnung in einer Gesellschaft etablieren.
17. Je mehr die Demokratie die gesellschaftliche Kommunikation zwischen den einzelnen Gruppen und dem Staat über die organisierten Sekundärgruppen fördert, desto mehr wird die Demokratie eine moralische Ordnung schaffen.
18. Je mehr der Staat den Kult des Individuums organisiert, desto mehr verbindet dieser die Gesellschaft und das Individuum.

## Religion

19. Je mehr eine Gesellschaft auf der Solidarität ihrer Mitglieder beruht, die eine Tradition, eine beständige Mitgliedschaft und einen Konsens teilen und die gemeinsam einen Kult praktizieren, der ihre heiligen moralischen Ideen aus der profanen Welt erhebt und die Gruppensolidarität mit der Organisation der Gruppe verbindet und auf spezifische Ziele hinlenkt, und je mehr sie dies in regelmäßigen Assoziationen erneuern, welche die Gruppensolidarität mit individueller Erfahrung verknüpfen und dies in religiösen Symbolen verallgemeinern, die Gruppensolidarität mit religiösem Glauben in Beziehung setzen, umso mehr wird diese Gesellschaft eine moralische Ordnung etablieren.

# Kritische Würdigung

Durkheims vorrangiger Beitrag zur Soziologie ist seine Begründung des „sozialen Tatbestandes" als einer spezifischen Dimension der Wirklichkeit, die den spezifischen Gegenstandsbereich der Soziologie konstituiert und damit die Soziologie von anderen Disziplinen unterscheidet, insbesondere von der Psychologie. Ferner verdanken wir ihm die überaus zentrale Einsicht in die Bedingungen der Produktion, der Reproduktion und des Zusammenbruchs sozialer Ordnung als Zentrum des sozialen Lebens. Sein Interesse galt der institutionellen und strukturierten Seite des sozialen Lebens und ihrem Gegenstück: dem Zusammenbruch dieser Ordnung. Allerdings verzerrte seine vorrangige Beschäftigung mit dem Problem der sozialen Ordnung seine Perspektive auf das soziale Leben in diese Richtung. Wir erfahren deshalb viel über die Ursprünge aller geordneten Aspekte des sozialen Lebens, über kollektive Solidarität, Konsens, Kooperation, Riten, Kulte, gemeinsame Symbole, gemeinsam geteilte Glaubensüberzeugungen, Erfahrungen und Unternehmungen. Aber wir erfahren weniger über die anderen Dimensionen des sozialen Lebens. Seine Einseitigkeit in Richtung kollektiver Ordnung beginnt mit seiner Definition des sozialen Tatbestands, die sich auf die institutionelle Regelung des gesellschaftlichen Lebens konzentriert. Das gesellschaftliche Leben ist jedoch viel facettenreicher: Max Webers Begriff des sozialen Handelns hat weitaus allgemeineren Charakter. Er hebt die gegenseitige Orientierung der Akteure aufeinander bei ihrem Handeln als die spezifisch soziale Dimension hervor: Diese allgemeinere Definition des Gegenstandsbereichs der Soziologie deckt gegenseitiges Verständnis und Missverständnis, Konflikt, Austausch, Abweichung von Erwartungen als Dimensionen des sozialen Lebens auf, die unabhängig von institutioneller Regulierung und Kooperation analysiert werden müssen. Dasselbe gilt für Macht, Geld und abstrakte Wertbindungen, die neben und im Unterschied zum kooperativen Einfluss als generalisierte Medien der Kommunikation zu betrachten sind. Sie haben in Durkheims System keine unabhängige Stellung.

Was für Durkheims Definition des sozialen Tatbestands gilt, das gilt auch für seine inhaltlich bestimmten Untersuchungen. In seiner Untersuchung *Über soziale Arbeitsteilung* erfahren wir, wie sich der Prozess der Arbeitsteilung als eine Transformation der Solidaritätssysteme entwickelt, von der mechanischen hin zur organischen Solidarität. Wir erfahren jedoch nicht sehr viel über die wirtschaftlichen, politischen und kulturellen Transformationen, die diesen Entwicklungsprozess der modernen Gesellschaft begleiten; diese haben ihre eigenen Ursprünge und Gesetzmäßigkeiten und sind von dieser assoziativen Entwicklung unabhängig. Die ökonomische Transformation verwandelt die traditionelle Ökonomie in den modernen Kapitalismus und ruft den Konflikt zwischen Kapital und Arbeit hervor. Die politische Transformation ersetzt traditionale Herrschaft durch rational-legale Herrschaft und verursacht die bürokratische Überformung des gesellschaftlichen Lebens, einschließlich der bürokratischen Verwaltung der Wirtschaft und der Differenzierung der Gesellschaft. Die kulturelle Transformation ersetzt den traditionellen Glauben an eine etablierte Ordnung durch den Rationalismus der Weltbeherrschung, der bewusst in den Prozess des ökonomischen Lebens und der sozialen Differenzierung eingreift. Das Phänomen der Arbeitsteilung selbst muss in assoziativen, ökonomischen, politischen und kulturellen Kategorien gefasst werden, indem man es in einen Bezug zum Aufstieg des Kapitalismus, der Bürokratie und des instrumentellen Rationalismus setzt. Ohne Berücksichtigung dieser wechselseitigen Abhängigkeiten gelangen wir nicht zu einer ausreichenden Erklärung des Prozesses der Arbeitsteilung in der Gesellschaft. Wir werden ebenfalls nicht dem Problem der Solidarität in der modernen Gesellschaft gerecht, wenn wir nicht die Wechselbeziehung der kollektiven Kooperation der Berufsgruppen mit den dynamischen Funktionen freiwilliger Vereinigung berücksichtigen oder auch den verallgemeinernden Funktionen des Moraldiskurses und den formalisierenden Funktionen von Gesetzgebung und Anwendung von Gesetzen in der politischen und gerichtlichen Entscheidungsfindung keine Beachtung schenken. Wir können moderne Solidaritätsformen nicht ohne den liberalisierenden Beitrag freiwilliger Assoziation verstehen und erklären, der mit dem ökonomischen Kalkül individueller Nützlichkeit verbunden ist, nicht ohne den Beitrag formaler Legalität durch politische und gerichtliche Entscheidungsfindung und auch nicht ohne den Beitrag universeller Rechte über den Weg des rationalen Moraldiskurses.

In seiner Studie über den *Selbstmord* liefert uns Durkheim einsichtsreiche Erklärungen der verschiedenen Selbstmordtypen, aber er verspricht sich zu viel von der Integration des Individuums in Berufsgruppen und von der Erneuerung der kollektiven Ordnung. Wir leben in einer Kultur, die vom Individuum erwartet, dass es weitestmöglich ein persönliches Selbst entwickelt, um aktiv seine Idee von sich selbst zu verwirklichen. Das impliziert immer auch Scheitern und ein Zurückbleiben hinter der eigenen Idee dieses Selbst. Entsprechend ist unsere Kultur sehr resistent gegenüber der Unterordnung des Individuums unter eine Gruppe und gegenüber einer kollektiven Beschränkung auf ein bestimmtes Bedürfnisniveau. Die Individualisierung und die Entwicklung neuer Bedürfnisse werden sogar überall in der Gesellschaft zunehmen und sich ausbreiten, und dies ist der Fall seitdem Durkheims Studie veröffentlicht wurde. Deshalb ist es nicht überraschend, dass die Selbstmordraten seit dieser Zeit auch Gruppen betreffen, die einst weitgehend immun gegen Selbstmord schienen, besonders Frauen und junge Menschen. Dies ist eine Folge unserer Kultur, die individuelle Leistung zu ihrem zentralen Wert erhoben hat. Bei aller Vorsicht, die bei der Auswertung von Selbstmordstatistiken geboten ist (Verlässlichkeit, internationale Vergleichbarkeit, ökologische Fehlschlüsse) zeigen sich jedoch auch heute noch Häufigkeitsverteilungen, die schon für Durkheim eine Rolle spielten. So fällt z.b. die im internationalen Vergleich sehr niedrige Selbstmordrate der katholischen Länder Irland, Italien, Spanien und Portugal auf, aber auch die schon zu Durkheims Zeit ausnahmsweise niedrige Rate im anglikanischen Vereinigten Königreich, insbesondere im Vergleich zur recht hohen Rate im katholischen Frankreich, was schon Durkheim dazu gezwungen hat, der Anglikanischen Kirche einen hohen Integrationsgrad zu bescheinigen, während in Frankreich die recht hohe Selbstmordrate mit einer insgesamt größeren Bereitschaft zur Abweichung von Normen einhergeht. Unter den Bundesländern der Bundesrepublik ist die Suizidrate nach wie vor in den protestantischen (inzwischen hoch konfessionslosen) Flächenländern Sachsen, Thüringen und Sachsen-Anhalt am höchsten. In Bayern begehen Protestanten auch heute knapp 50% der jährlich verzeichneten Selbstmorde, obwohl sie nur knapp ein Viertel der Bevölkerung stellen (Bayrisches Landesamt für Statistik, 1998: 73; Statistisches Bundesamt, 2000: 61). Trotz Trend zur Angleichung ist die Suizidrate bei Männern immer noch deutlich höher als bei Frauen, bei Alleinstehenden bzw. Geschiedenen höher als bei Verheirateten, bei Älteren höher als bei Jüngeren, bei den Hochgebildeten (aber auch den am geringsten Gebildeten) höher als bei den durchschnittlich Gebildeten, bei Selbständigen und Freiberuflern höher als bei abhängig Beschäftigten (Fricke/Schmidtke/Weinacker, 1997; Universitätsklinikum Hamburg-Eppendorf, 2002; Arbeitsgemeinschaft zur Erforschung suizidalen Verhaltens, 2002). In der Bundesrepublik ist die Selbstmordrate von Anfang der 1950er Jahre bis Ende der 1970er Jahre mit dem starken wirtschaftlichen Wachstum gestiegen, mit der Verlangsamung des Wachstums bis Mitte der 1990er Jahre gesunken, um seither etwa stabil zu bleiben (Fiedler, 2001). Wie immer die Ergebnisse im Detail zu bewerten sein mögen, lassen sie doch erkennen, dass Durkheims Selbstmordstudie und die in ihr enthaltenen Erklärungsansätze noch heute Relevanz besitzen.

Durkheims Moral- und Erziehungssoziologie neigt zu einer autoritären Auferlegung von Regeln auf das Individuum. Er sieht nicht den moralischen Fortschritt im Sinne einer Universalisierung moralischer Regeln, die dann stattfindet, wenn sich das Individuum nicht mehr länger einer höheren Autorität wie den Eltern und Lehrern als Repräsentanten der Gesellschaft unterwirft, sondern die Autorität einer Gruppe von Gleichgestellten sucht, der es persönlich als Mitglied angehört. Durkheim unternimmt einige Schritte in diese Richtung, aber erreicht nicht die Position, wie sie von George Herbert Mead und Jean Piaget entwickelt wurde.

Nach Mead (1934) findet moralische Universalisierung statt, insoweit das Kind nicht nur im Einzelspiel verharrt und dabei die Rolle eines signifikanten

Anderen übernimmt, wie die Rolle der Mutter oder des Vaters, sondern sich in die Rolle eines jeden im Rahmen eines Ganzen hineinversetzen kann, so wie dies in Gruppenspielen wie Fußball, Basketball oder Baseball der Fall ist. Die Rolle jedes anderen auf eine Weise zu erfassen, die es dem Kind ermöglicht, das vollständige Netzwerk der miteinander zusammenhängenden Rollen zu verstehen, bedeutet, die Rolle des generalisierten Anderen zu übernehmen. Es wird sogar eine noch umfassendere Generalisierung erreicht, wenn das Kind darüber hinaus die Rolle des gegnerischen Teams erkennt und eine Idee des gesamten Spiels gewinnt, wie sie durch den Schiedsrichter verkörpert wird. Mead und Durkheim kommen einander sehr nahe, wenn sie die moralische Universalisierung von der Zugehörigkeit des Individuums zu immer größeren Gruppen erwarten, die bis zur Menschheit in ihrer Gesamtheit führt. Mead drückt jedoch die Tatsache klarer aus, dass sich die Beziehung des Individuums zu Gruppen in diesem Prozess von Unterordnung hin zu Partizipation verändert. Durkheim und Mead sind sich sehr nahe, wenn sie sich das individuelle Selbst als ein doppeltes Wesen vorstellen: als zugleich soziales und individuelles. Durkheim begreift jedoch diese Wechselbeziehung im Sinne einer Hierarchie, in der das Individuum dazu verpflichtet ist, seine Motivation zum moralisch vorgeschriebenen Verhalten beizutragen, während Mead dieses Verhältnis als einen Austausch und eine gegenseitige Stärkung des „Mich" und des „Ich" auf gleicher Ebene konzeptualisiert. Somit ist die Spontaneität des individuellen Experimentierens für Mead die treibende Kraft des moralischen Fortschritts gegenüber dem Konservatismus der Gesellschaft, während für Durkheim der moralische Fortschritt das Werk der Gesellschaft ist, das sich selbst dem Individuum auferlegt. Für Durkheim ist moralisches Lernen ein kollektiver Prozess der Konsensbildung. Für Mead ist es ein Wechselspiel zwischen individuellem Experimentieren und sozialer Regulierung. Wir sollten den Unterschied zwischen Durkheim und Mead jedoch nicht überbewerten, zumal beide eine duale Vorstellung des menschlichen Individuums haben; die Quellen des kreativen moralischen Fortschritts und die Quellen der moralischen Universalisierung sind von Mead jedoch viel klarer dargestellt worden als von Durkheim. Unzureichend ist an Durkheims Soziologie der Moral ihr mangelhaftes Konzept der moralischen Universalisierung und des moralischen Lernens, und sein Hang zu einer autoritären Aufbürdung von Moral auf die Individuen.

Diese Mängel werden auch sichtbar, wenn wir Durkheim mit Piaget (1932/1973) vergleichen. Nach Piaget findet eine entscheidende Transformation der Moral statt, wenn sich das Kind nicht mehr länger ausschließlich an der übergeordneten Autorität seiner Eltern orientiert, sondern an der Gruppe der Gleichaltrigen, in der es ein Mitglied mit gleichem Status und gleichen Rechten ist. In der ersten Phase passt sich das Kind den Normen an, weil es die Sanktionen fürchtet, die aus einem Abweichen resultieren. Dies ist moralischer Realismus und eine Moral, die auf äußeren Zwang begründet ist. In der zweiten Phase, die Piaget an Kindern untersuchte, die mit Murmeln spielten, passt sich das Kind mehr und mehr den Normen an, weil alle, einschließlich des Kindes selbst, diese für gültig annehmen. In dieser Phase erwirbt das Kind moralische Autonomie, und die Moral ist universalistisch. Weil Piaget unsere Aufmerksamkeit auf die Transformation von Unterordnung hin zur Gleichberechtigung in der Gruppe lenkt, spezifiziert er weitaus präziser als Durkheim die sozialen Bedingungen moralischer Universalisierung.

Eine Erweiterung von Piagets Soziologie der Moralentwicklung stammt von Lawrence Kohlberg (1969). Er unterscheidet drei Stufen der moralischen Entwicklung: die präkonventionelle, die konventionelle und die postkonventionelle. Auf der präkonventionellen Stufe ordnet sich das Individuum einer bestimmten äußeren Macht unter oder erwartet einen Gewinn aus der Anpassung an Normen; auf der konventionellen Stufe verhält sich das Individuum konform gegenüber Normen, weil es sich einer formalen Legalität verpflichtet fühlt; auf der postkonventionellen Stufe folgt das Individuum Normen nur insoweit, als sie durch abstrakte moralische Prinzipien gerechtfertigt werden können. Indem Kohlberg diese Unterscheidung trifft, entledigt er die moralische Entwicklung jeglicher sozialer Bedingungen. Er begreift diesen Prozess stattdessen in rein kognitiven Begriffen, als einen selbstbestimmten Prozess, der sich auf ein logisches Ziel hinbewegt. Dies würde moralisches Verhalten allein auf Durkheims drittes Prinzip reduzieren. Piagets kognitive Psychologie lässt solch eine Ausweitung seiner Theorie sicherlich zu. Und Piaget selbst erklärte die Transformation vom moralischen Realismus zur moralischen Autonomie als ein Ergebnis der sich verbessernden kognitiven Kompetenz des Individuums. Dennoch zeigt seine Untersuchung der spielenden Kinder, dass dieser Prozess eine bedeutsame Transformation der sozialen Organisation beinhaltet, nämlich von der Dominanz von Autoritäten hin zu einer Gleichberechtigung von Gleichaltrigen. Wir können diese Transformation als das soziale Fundament moralischer Universalisierung begreifen. Beide Prozesse, kognitive Generalisierung und soziale Universalisierung, können nicht aufeinander reduziert werden und tragen ihre unterschiedlichen Wirkungen zur moralischen Entwicklung des Individuums bei. Wir können Durkheims Soziologie der moralischen Entwicklung durch beide Aspekte von Piagets Forschung verbessern.

Um ein vollständiges Verständnis moralischer Entwicklung zu erhalten, sollten wir deshalb Durkheim mit Mead und Piaget verbinden. Moralische Entwicklung geschieht durch folgende Ereignisse: der individuelle Erwerb moralischer Disziplin durch die Respektierung der moralischen Autorität der Gruppe; moralisches Lernen, das aus individuellem Experimentieren entspringt; moralische Universalisierung durch die Verankerung von Moral im Konsens von Gleichaltrigen; und kognitive Generalisierung, die aufgrund wachsender Kompetenz des Individuums möglich wird und aufgrund der Entwicklung, die es als ein Ergebnis der Aufklärung durch den weiteren Fortschritt der Moralwissenschaften erlebt.

Durkheims Theorie des Staats, der bürgerlichen Zivilmoral und der Demokratie tendiert dazu, unterschiedliche Funktionen zu eng in einer moralischen Funktion des Staates zusammenzuziehen. Insoweit der Staat das Zentrum des Treffens kollektiver Entscheidungen ist, kann er nicht selbst eine vorrangige moralische Aufgabe in der Gesellschaft erfüllen. Wir müssen, was Durkheim als eine moralische Funktion des Staates begreift, in verschiedene Funktionen differenzieren, die unterschiedlichen Institutionen zugeordnet sind, die sich gegenseitig durchdringen. Wir können uns die Gesetzgebung als ein Zentrum dieser Interpenetration vorstellen. In der Gesetzgebung durchdringen sich die folgenden Institutionen: 1. die Interessengruppen und Parteien, die Informationen und Interessen in der Gesellschaft bündeln und diese als dynamische Kräfte in den Prozess der legislativen Entscheidungsfindung einspeisen; 2. die Administration, welche die Gesetzgebung unter dem Gesichtspunkt der rationalen Organisation der Gesellschaft plant und in Kraft setzt; 3. die Rechtsinstitutionen, die über die Gesetzgebung Kontrolle im Sinne der gegebenen rechtlichen Tradition ausüben; 4. die Verfassungsgerichte, die den Moraldiskurs auf den Prozess der Gesetzgebung übertragen, somit allgemeine Maßstäbe setzen, mit denen dieser übereinstimmen muss. Dies sind sehr unterschiedliche Beiträge von sehr unterschiedlichen Institutionen zum Prozess politischer Entscheidungsfindung, die sich gegenseitig in der Gesetzgebung durchdringen. Wir müssen sie voneinander trennen, um ihre Funktionen besser zu verstehen als es Durkheim tat, indem er sie in einer einzigen moralischen Funktion des Staates zusammenfasste. Wir können gleichfalls annehmen, dass sich eine Gesellschaft, die sich in diesen Funktionen gegenseitig durchdringt und unterscheidet, sie zugleich auf einer höheren Ebene erfüllt als eine Gesellschaft, die sie in einer einzigen moralischen Funktion des Staates zusammenbindet.

Durkheims Religionssoziologie stellt einen bedeutenden Beitrag zu unserem Verständnis der Bildung und Reproduktion sozialer Ordnung dar, insoweit wir auf die Kontinuität dieser Ordnung in Formen sozialer Kooperation blicken. Die kulturelle Dimension der Religion wird bei Durkheim jedoch weit geringer beleuchtet. Wir erfahren viel über die Gesetze der sozialen Reproduktion, aber viel weniger über die Gesetze der kulturellen Reproduktion, ganz zu schweigen von politischer und ökonomischer Reproduktion. In der modernen Gesellschaft müssen wir uns die soziale Reproduktion noch weit eher als Interpenetration mit der kulturellen, politischen und ökonomischen Reproduktion vorstellen. Somit müssen wir Durkheims Prozesse der sozialen Reproduktion erweitern und um ihre Interpenetration mit dem rationalen kulturellen Diskurs ergänzen, die sie in Richtung einer Generalisierung von Ideen bewegt, mit der ökonomischen Produktion in Richtung einer Akkumulation ökonomischen Reichtums und mit dem politischen Machtkampf, der zur Etablierung von Hierarchien führt. Wir können uns diese Interpenetration als einen Prozess vorstellen, in dem die soziale Ordnung eine Entwicklung hin zu einer Säkularisierung durchmacht, im Sinne kultureller Rationalisierung, ökonomischer Pluralisierung und politischer Legalisierung, und sich die soziale Ordnung in diese Bereiche hinein in einem Prozess der Sakralisierung von Vernunft, Arbeit und Legalität ausdehnt. Indem man Durkheims Soziologie auf diese Weise durch Beiträge von Kulturtheorien, politischen und ökonomischen Theorien erweitert, bewegen wir uns hin zu einer umfassenderen soziologischen Theorie. Durkheim leistete selbst einen bedeutenden Beitrag zu diesem Unterfangen, indem er mit einer Theorie der institutionellen Ordnung der Gesellschaft begann, die schließlich die Gesamtheit des sozialen und individuellen Lebens einschloss. Wir müssen seinen Ansatz jedoch noch weit mehr in diese Richtung entwickeln, als er selber es tun konnte, indem er sein Hauptaugenmerk auf die institutionelle Ordnung der Gesellschaft richtete.

## Wirkungsgeschichte

Zu seinen Lebzeiten war Durkheim sehr erfolgreich darin, seine Denkschule im akademischen Kontext Frankreichs zu etablieren. *L'Année sociologique* wurde das zentrale Publikationsorgan seiner Gruppe. Nach seinem Tod ist Durkheim für lange Zeit in Vergessenheit geraten. Bis vor wenigen Jahrzehnten hat sein Werk nicht annähernd die Anerkennung gefunden, die es verdient gehabt hätte. Heute ist es jedoch Konsens, dass Durkheim die Zentralfigur auf dem Weg zur Soziologie als akademischer Disziplin gewesen ist. Vor Durkheim war die Soziologie eine provokante Idee, seit Durkheim ist sie eine etablierte soziale Tatsache. Kaum ein Sozialforscher, der etwas auf sich hält, kommt darum herum, Durkheims Schriften zu lesen und der eigenen Forschungsarbeit zugrunde zu legen.

Tatsächlich ist bis heute eine Fülle bedeutender Forschungsarbeiten aus unterschiedlichen Denkschulen entstanden, die aus Durkheims Lebenswerk hervor gegangen sind und die sich – mehr oder weniger explizit – auf ihn berufen. Die Linguistik Ferdinand de Saussures (1916) mit ihrer zentralen Unterscheidung der auf Dauer angelegten sprachlichen Strukturen der *langue* und der kurzfristigen Aktualisierung der Sprache in der *parole* steht in der Tradition des Durkheimschen Denkens. Fernand Braudel (1989) und die Annales-Schule haben in der französischen Geschichtswissenschaft Durkheimsches Denken fortgeführt.

Durkheim ist der geistige Vater der in Frankreich von Claude Lévi-Strauss begründeten Schule des Strukturalismus. In seiner anthropologischen Studie *Die elementaren Strukturen der Verwandtschaft* (1947) arbeitet der Autor heraus, dass die Grundstrukturen sozialer Solidarität von Stammesgesellschaften denen der Verwandtschaft entsprechen. In Folgearbeiten hat Lévi-Strauss die Mythologie unterschiedlicher Stammesgesellschaften vergleichend betrachtet und verschiedene soziale Tatbestände damit zu erklären versucht (ausführlich in Band 3 dieses Werkes).

In Deutschland hat René König (1958, 1962, 1978) in dreierlei Hinsicht zur Rezeption von Durkheims Denken beigetragen: zum einen, indem er das Werk von Emile Durkheim und seine Bedeutung in der soziologischen Theorie aufarbeitete, zum zweiten durch empirische Forschungsarbeit anhand der Gemeinde als Grundform der Gesellschaft, in der auf lokaler Ebene institutionelle Strukturen und affektive Bindungen etabliert werden. Schließlich beschrieb er die Navajo-Indianer in Nordamerika, die vom Stammesleben unmittelbar ins moderne Leben der Vereinigten Staaten katapultiert wurden und diese Transformation rasch bewältigen mussten. Allerdings hatte König seinerzeit keinen Erfolg damit, eine Durkheim-Denkschule der Soziologie in Deutschland zu etablieren.

Weitaus wirksamer war Durkheims Einfluss in der britischen Anthropologie. Das gilt vor allem für Bronislaw Malinowski (1961, 1948) und Alfred R. Radcliffe-Brown (1952) (dazu das Kapitel über Robert K. Merton in Band 3). Unter den gegenwärtigen Ethnologen finden wir bei Mary Douglas (1996) eine Fortsetzung von Durkheims Ansatz.

Einen erheblichen Einfluss hat Durkheim auf den Funktionalismus in der amerikanischen Soziologie ausgeübt, und zwar in seiner analytischen Ausprägung bei Talcott Parsons (1937/1968, 1951, 1967) und in seiner empirischen Ausprägung bei Robert K. Merton (1949/1968) (siehe dazu Band 3). Mit der Zielsetzung einer Erneuerung des von Talcott Parsons begründeten Theorieansatzes ist in den 1980er Jahren der Neofunktionalismus entstanden, der ausdrücklich auch an das Werk von Emile Durkheim anknüpft (Alexander, 1988, 1998; Münch 1982/1988).

Mit dem hier behandelten Problemkreis von Bürgerschaft, Solidarität, sozialer Ordnung sowie gutem und gerechtem Leben in hoch entwickelten Gegenwartsgesellschaften beschäftigt sich außerdem der Kommunitarismus. Sein bekanntester Vertreter ist Amitai Etzioni (1998). Deutschsprachige Beiträge zu diesem Forschungsfeld finden sich bei Bernhard Peters (1993) und Hans Joas (1997). Hans-Peter Müller (1983, 1992) hat Publikationen zu diesem Problemkreis vorgelegt, die ebenfalls an Durkheims Forschungsarbeit anknüpfen. Wilhelm Heitmeyer (1977a, 1977b) schließt an Durkheims Konzept der Anomie an.

Diesen Ansatz verfolgt auch die Forschungsgruppe von Peter Atteslander, Bettina Gransow und John Western (1999).

Der phänomenologische Teil der Soziologie Durkheims wurde von Edward A. Tiryakian (1962, 1977) neu belebt. Sein Buch *Sociologism and Existentialism* ist eine Aufarbeitung und Weiterführung von Durkheims Werk im Hinblick auf das Verhältnis von Kollektiv und Individuum. Tiryakian interessiert sich darin für die Strukturbedingungen und Interdependenzen von Gesellschaft und dem Einzelnen, von sozialen Normen und individueller Persönlichkeit, von dem Sozialen und dem Selbst. Für weitere Interpretationen von Durkheims Lebenswerk siehe Nisbet (1974), Pope (1976), Strasser (1976) Besnard (1983), Lukes (1985) und Gephart (1990).

## Orientierungsfragen

1. Fassen Sie die zentralen Punkte der französischen Tradition des Rationalismus und des Positivismus zusammen. An welchen Stellen geht Durkheim über sie hinaus?
2. Stellen Sie die Merkmale des Sozialen Tatbestands nach Durkheim heraus.
3. Kontrastieren Sie mechanische und organische Solidarität. Zeigen Sie die integrativen Wirkungen der zwei Solidaritätstypen.
4. Grenzen Sie die verschiedenen Typen des Selbstmordes voneinander ab. Zeigen Sie anhand von Durkheims Argumentation, warum es sich bei der Selbstmordstudie um eine *soziologische* Studie handelt.
5. Zeichnen Sie Durkheims Theorie der Moral nach. Welche Aspekte der Moral sind individuell, welche kollektiv bestimmt?
6. Vergleichen Sie den Stellenwert der Religion bei Weber und Durkheim.
7. Diskutieren Sie Pro und Contra der These: „Durch die Globalisierung sind alle Staaten arbeitsteilig miteinander verbunden".

## Wichtige Begriffe

*Anomie*
*Arbeitsteilung*
*Dichte, dynamische oder moralische*
*Dichte, materielle*
*Gesellschaft als Realität sui generis*

*Idealismus*
*Individualisierung*
*Kollektivbewusstsein*
*Moral*
*Nonkontraktuelle Grundlagen des Vertrags*
*Positivismus*
*Rationalismus*
*Religion*
*Ritual*
*Solidarität*
*Solidarität, mechanische*
*Solidarität, organische*
*Soziale Norm*
*Soziale Ordnung*
*Sozialer Tatbestand*
*Strukturalismus*
*Volumen, soziales*

## Zur Biografie

Lukes, Steven. 1985. *Emile Durkheim. His Life and Work: A Historical and Critical Study.* Stanford CA.: Stanford University Press.

## Einstiegstexte

Durkheim, Emile. 1976a. *Der Selbstmord.* Neuwied/Berlin: Luchterhand. 2. Buch, Kap. 2,3,4 und 5.

## Weiterführende Literatur

Alexander, Jeffrey. 1982–83. *Theoretical Logic in Sociology.* Berkeley: University of California Press.
Alexander, Jeffrey (Hg.). 1988. *Durkheimian Sociology. Cultural Studies.* Cambridge: Cambridge University Press.

Besnard, Philippe (Hg.). 1983. *The Sociological Domain. The Durkheimians and the Founding of French Sociology.* Cambridge: Cambridge University Press.

Clark, Terry N. 1973. *Prophets and Patrons. The French University and the Emergence of the Social Science.* Cambridge: Harvard University Press.

Fenton, Steve. 1984. *Durkheim and Modern Sociology.* Cambridge: Cambridge University Press.

Gephart, Werner. 1990. *Strafe und Verbrechen. Die Theorie Emile Durkheims.* Opladen: Leske + Budrich.

Giddens, Anthony. 1977. „Durkheim's Political Sociology". In: A. Giddens, *Studies in Social and Political Theory.* London: Hutchinson, S. 235–272.

Hamilton, Peter (Hg.). 1990. *Emile Durkheim. Critical Assessments.* 4 Bde. London: Sage.

König, René. 1978. *Emile Durkheim zur Diskussion.* München/Wien.

Lukes, Steven. 1985. *Emile Durkheim. His Life and Work: A Historical and Critical Study.* Stanford, CA.: Stanford University Press.

Müller, Hans-Peter. 1983. *Wertkrise und Gesellschaftsreform. Emile Durkheims Schriften zur Politik.* Stuttgart.

Nisbet, Robert A.. 1975. *Emile Durkheim.* Englewood Cliffs: Prentice + Hall.

Münch, Richard. 1982/1988. *Theorie des Handelns. Zur Rekonstruktion der Beiträge von Talcott Parsons, Emile Durkheim und Max Weber.* Frankfurt a. M.: Suhrkamp.

Parsons, Talcott. 1937/1968. *The Structure of Social Action.* New York: Free Press.

Tiryakian, Edward A. 1962. *Sociologism and Existentialism.* Englewood Cliffs, N.J.: Prentice-Hall.

Turner, Stephen (Hg.). 1993. *Emile Durkheim. Sociologist and Moralist.* London/NewYork: Routledge.

Wallwork, Ernest. 1972. *Durkheim, Morality and Milieu.* Cambridge: Harvard University Press.

Wallwork, Ernest. 1985. „Durkheim's Early Sociology of Religion". In: Sociological Analysis 46, S. 201–218.

# III. Die deutsche Tradition des Idealismus und Historismus

## 1. Historischer Materialismus: Karl Marx

### Biografische Einleitung

Karl Marx wurde am 5. Mai 1818 in Trier geboren. Er hatte acht Geschwister, drei Brüder und fünf Schwestern, von denen allerdings der älteste Bruder schon kurz nach der Geburt, ein weiterer Bruder mit 11 Jahren, ein Bruder und eine Schwester mit 23 Jahren und eine weitere Schwester mit 36 Jahren starben. Vater Heinrich und Mutter Henriette entstammten beide hochangesehenen jüdischen Rabbiner- und Gelehrtenfamilien mit Verzweigungen in ganz Europa. Heinrich Marx ist mit etwa 35 Jahren im katholischen Trier zum Protestantismus übergetreten, die Kinder wurden zusammen am 26. August 1824 protestantisch getauft, etwas mehr als ein Jahr später nahm auch die Mutter den protestantischen Glauben an. Ein wesentlicher Grund für den Übertritt zum Protestantismus waren sicherlich die Hindernisse, die sich den Juden im beruflichen und weiteren gesellschaftlichen Leben entgegenstellten. Heinrich Marx war Rechtsanwalt und brachte es in seinem Beruf zu ansehnlichem Wohlstand. Die Familie Marx gehörte zur besseren Trierer Gesellschaft.

Karl Marx besucht das Friedrich-Wilhelm-Gymnasium in Trier. Am 24. September 1835 wurde ihm das Reifezeugnis ausgehändigt. Zum Wintersemester immatrikuliert er sich an der Universität Bonn, um Jurisprudenz zu studieren. Während der Sommerferien 1836 verlobt er sich in Trier heimlich mit Jenny von Westphalen, Tochter des Regierungsrats Ludwig von Westphalen. Im Wintersemester 1836/37 setzt er sein Studium in Berlin fort, wobei sich seine Interessen zunehmend von der Rechtswissenschaft zur Philosophie verlagern. In Berlin schließt sich Marx dem „Doktorklub" an, einem Kreis von sogenannten Junghegelianern, die unter dem nachhaltigen Einfluss von Hegel standen, der zuerst in Jena, dann in Berlin bis zu seinem Tod im Jahre 1831 Philosophie gelehrt hatte. Zu dem Kreis gehörten u.a. Bruno und Edgar Bauer, Adolf Rutenberg, Friedrich

Koeppen, Ludwig Buhl, Karl Nauwerk, Karl Althaus, Heinrich Gustav Hotho und Karl Friedrich Werder. Er beschäftigt sich besonders intensiv mit der Geschichte der epikureischen, stoischen und skeptischen Philosophie und promoviert schließlich 1841 mit einer Dissertation über *Die Differenz der demokritischen und epikureischen Naturphilosophie*, nicht an der Berliner Universität, sondern an der Philosophischen Fakultät der Universität Jena.

Am 1. Januar 1842 gründeten liberale Bürger in Köln die *Rheinische Zeitung*. Die Redaktion wird von zwei Junghegelianern aufgebaut: Georg Jung und Dagobert Oppenheim. Moses Hess stellt einen Kontakt zu Marx in Berlin her. Auf Empfehlung von Marx wird zunächst Rutenberg in die Redaktion geholt. Marx selbst publiziert eine erste Artikelserie in der Zeitung. Im Oktober wird Marx der Posten des Chefredakteurs übertragen. Sein Stellvertreter wird Karl Heinzen. Die liberal-kritische Zeitung gerät von Anfang an in Konflikt mit der preußischen Zensurbehörde. Als sich der Konflikt im Januar 1843 zuspitzt und die preußische Regierung beschließt, das weitere Erscheinen des Blattes zum 1. April zu verbieten, versucht Marx das Blatt zu retten, indem er aus der Redaktion austritt. Sein Stellvertreter Heinzen soll in einem anderen Blatt einen Artikel veröffentlichen, in dem Marx allein für den staatsgefährdenden Kurs der Zeitung verantwortlich gemacht wird. Der von Marx selbst verfasste Artikel wird schließlich auf Veranlassung von Heinzen von Karl Grün im *Mannheimer Abendblatt* veröffentlicht. Marx gibt am 18. März in der *Rheinischen Zeitung* seinen Rücktritt bekannt. Trotzdem konnte die Aufhebung des Publikationsverbotes nicht erreicht werden. Marx hatte sich während seiner Redaktionszeit jedoch nicht nur mit der preußischen Zensur auseinander zu setzen; er hatte auch eine kritische Auseinandersetzung mit der Berliner Gruppe der „Freien", Junghegelianer um Edgar Bauer und Kaspar Schmidt, der sich später das Pseudonym Max Stirner zulegte. Marx wandte sich gegen die undifferenzierte abstrakte Kritik dieser Gruppe, die zu wenig auf die konkreten Verhältnisse und Fragestellungen einging.

Nachdem das Kapitel *Rheinische Zeitung* beendet war, heiratete Marx nach sieben Jahren Verlobungszeit endlich seine Jenny am 19. Juni 1843 in Kreuznach. Ende Oktober übersiedelt er mit Jenny nach Paris. Mit Arnold Ruge gründet er ein neues Publikationsorgan: die *Deutsch-Französischen Jahrbücher*. Das erste Heft erscheint im Februar 1844 in Paris in 1000 Exemplaren; darin enthalten sind von Marx drei Briefe an Ruge sowie seine „Einleitung" zur Kritik der Hegelschen Rechtsphilosophie und der Aufsatz „Zur Judenfrage". Ein weiteres Heft erscheint nicht mehr, weil die Verbreitung der illegalen Zeitschrift in Deutschland schwierig war, aber auch weil es zum Bruch zwischen Marx und Ruge kam, äußerlich dadurch veranlasst, dass sich Marx enger mit dem Lyriker Georg Herwegh zusammentat, von dem Ruge nichts hielt, innerlich dadurch, dass Marx schon zu dieser Zeit sehr viel mehr Hoffnung auf die Bildungsfähigkeit und die Mobilisierbarkeit der Arbeiterklasse setzte als Ruge. Im Pariser Exil versammelte sich zu dieser Zeit ein erheblicher Teil der deutschen kritischen Literaten, die sich in Diskussionszirkeln zusammentaten und auch Beziehungen zu ihren französischen Kollegen sowie zu Exilanten aus anderen Ländern Europas knüpften. Marx unterhält insbesondere mit Heinrich Heine, Georg Herwegh, Karl Grün und Heinrich Bürgers regen Verkehr. Er lernt auch die französischen Sozialisten Louis Blanc, Etienne Cabet und Pierre-Joseph Proudhon sowie einige russische Emigranten, darunter auch den Anarchisten Michael Alexandrowitsch Bakunin kennen. Er pflegt auch Kontakte zu französischen und deutschen Arbeiterorganisationen. In diese Zeit fällt der Anfang von Marxens lebenslanger Freundschaft mit Friedrich Engels, der auch zwei Aufsätze zu den *Deutsch-Französischen Jahrbüchern* beigetragen hatte. Engels besuchte Marx in Paris, woraus sich eine immer enger werdende Freundschaft entwickelte. Engels, ein Wuppertaler Fabrikantensohn, spielte stets den Part des intellektuell nachrangigen und finanziell unterstützenden Partners. In die Pariser Zeit fällt Marxens Studium der französischen Sozialisten, aber auch schon der britischen Politischen Ökonomen. Er verfasst seine ersten Manuskripte, in denen die von Hegel geprägte Philosophie eine eigenartige Verbindung mit der britischen Politischen Ökonomie eingeht, die später in der Gesamtausgabe unter dem Titel „Ökonomisch-philosophische Manuskripte" zusammengefasst werden. Er beginnt darin eine kritische Auseinandersetzung mit den Junghegelianern um Bruno Bauer, die in dem 1845 gemeinsam mit Engels publizierten Essay „Die heilige Familie, oder Kritik der kritischen Kritik. Gegen Bruno Bauer und Consorten" fortgesetzt wird. Dieselbe Stoßrichtung hat das nicht zur Publikation gelangende, ebenso gemeinsam verfasste Manuskript „Die deutsche Ideologie". Eine wichtige Rolle spielt dabei auch der Versuch, die materialistische Religionskritik Ludwig Feuerbachs aufzugreifen und mit Hilfe der Politischen Ökonomie auf festere Beine zu stellen. Zusammengefasst findet sich diese Auseinandersetzung in den 11 kritischen Thesen über Feuerbach. Es geht um die Entfremdung des Menschen in der Warenproduktion, die nur durch eine Umwälzung der ökonomischen Verhältnisse aufgehoben werden kann. In diesem Kontext gehört auch eine kritische Auseinandersetzung mit Proudhon, die 1847 unter dem Titel „Misère de la philosophie. Réponse à la Philosophie de la misère de M. Proudhon" erscheint.

In der Zwischenzeit war Marx aus Frankreich ausgewiesen worden; im Februar 1845 übersiedelte er von Paris nach Brüssel. Anlass war seine Mitarbeit, ab August 1845 in der Redaktion, bei der kritischen Emigrantenzeitung *Vorwärts*, die ab Anfang 1844 von dem Geschäftsmann Heinrich Börnstein in Paris herausgegeben wurde. In Brüssel werden die Anfänge kommunistischer Propaganda und Organisation gemacht. Es werden in mehreren europäischen Städten Kommunistische Korrespondenzkomitees gegründet und Beziehungen mit dem Londoner *Bund der Gerechten* aufgenommen. In Brüssel hält Marx Kontakt zum Deutschen Arbeiterverein. Anfang Juni 1847 findet in London ein Kongress statt, an dessen Vorbereitung Marx mitwirkte, an dem er aber schließlich nicht selbst teilnehmen konnte. Auf diesem Kongress wird der *Bund der Gerechten* in den *Bund der Kommunisten* überführt. Für diesen Bund erarbeiteten Marx und Engels das im Februar 1848 erscheinende *Manifest der Kommunistischen Partei*.

Im Februar und März finden in Brüssel Aufstände statt, an denen Marx beteiligt ist. Am 3. März wird er deshalb aus Belgien nach Frankreich ausgewiesen. Nach kurzem Aufenthalt in Paris trifft Marx in Köln ein, wo er einen neuen publizistischen Anlauf macht. Zusammen mit Heinrich Bürgers, Ernst Dronke, Friedrich Engels, Georg Weerth, Ferdinand Wolff und Wilhelm Wolff bildet er die Redaktion der *Neuen Rheinischen Zeitung*, deren erste Ausgabe inmitten der am Ende fehlgeschlagenen Revolution am 1. Juni 1848 erscheint. Marx wird außerdem im Kölner Arbeiterverein aktiv und übernimmt im Oktober 1848 dessen Leitung. Am 11. Mai 1849 wird von der Regierung in Köln ein Ausweisungsbefehl gegen Marx erlassen. Am 18. Mai erscheint die letzte rotgedruckte Ausgabe der Neuen Rheinischen Zeitung.

Nach erneut kurzem Aufenthalt in Paris und Verbannung nach dem Departement Morbihan emigriert Marx schließlich im August 1849 nach London, wohin ihm seine Familie – Frau Jenny, Hausmädchen Helene Demuth, die Töchter Jenny und Laura und Sohn Edgar – folgte. Später kam noch die jüngste Tochter Eleanor hinzu. Zwei Kinder sind innerhalb des ersten Lebensjahres gestorben. Bis zu seinem Tod am 14. März 1883 lebte Marx mit seiner Familie in London. Die Familie litt häufig unter Geldnot. Sie ernährte sich von den bescheidenen Einkünften, die Marx aus seiner publizistischen Tätigkeit, vor allem für die *New York Daily Tribune*, erzielte, vor allem aber von den regelmäßigen Zuwendungen durch Friedrich Engels, der zunächst ebenfalls nach London kommt und dann im November 1850 in Manchester eine Firma seines Vaters übernimmt. Von London aus pflegt Marx Kontakte zu verschiedenen Vereinigungen der europäischen Arbeiterbewegung, deren Repräsentanten ihn regelmäßig in London aufsuchen. Besonders intensive Beziehungen unterhält er zu Ferdinand Freiligrath, Ferdinand Lassalle, Karl Liebknecht und Michael Bakunin, die aber jeweils in Gegnerschaft enden. Die Annäherungen und Verfeindungen hingen jeweils mit der politischen Organisation der Arbeiterbewegung zusammen. Marx gründetet 1864 die *Internationale Arbeiterassoziation*, die als *I. Internationale* in die Geschichte einging, sich 1876 jedoch wieder auflöste. Die Arbeit der *I. Internationale* war von Kämpfen um die ideologische und politische Linie und von Konkurrenzverhältnissen zu den nationalen Organisationen der Arbeiterbewegung vor allem in Deutschland geprägt. Lassalles *Allgemeiner Deutscher Arbeiterverein* und Liebknechts *Sozialdemokratische Arbeiterpartei* waren auf nationaler Ebene auch

Konkurrenten zu Marxens *Internationaler Arbeiterassoziation*. Als sich beide Parteien 1875 auf dem Gothaer Parteitag vereinigten, unterwarf Marx das Programm einer heftigen, intern gebliebenen Kritik. Erst 1891 wurde die Kritik auch veröffentlicht.

Die andere Seite von Marxens Leben im Londoner Exil war von seiner wissenschaftlichen Arbeit geprägt. Er verbrachte einen großen Teil seines Studiums der britischen Politische Ökonomie im Lesesaal der Bibliothek des Britischen Museums. Vor seiner systematischen Arbeit der Kritik der Politischen Ökonomie verfasste er jedoch gleich zu Beginn seines Londoner Exils als Nachbetrachtung zur Revolution von 1848/49 eine politische Analyse der Situation, die in Frankreich zum Staatsstreich von Louis Bonaparte am 2. Dezember 1851 und zur Errichtung einer bonapartistischen Diktatur führte: *Der achtzehnte Brumaire des Louis Bonaparte* (1852/1960). Viele halten diesen Essay für das beste Stück Analyse aus Marxens Feder. Marx ging es aber vor allem um eine wissenschaftliche Fundierung der Arbeiterbewegung, mit der er nachweisen wollte, dass sich die Geschichte zwangsläufig in die Richtung der Ablösung des Kapitalismus durch den Kommunismus bewegt. Als erste Publikation geht aus dieser wissenschaftlichen Arbeit 1859 das Werk *Zur Kritik der Politischen Ökonomie* hervor, 1867 erscheint der erste Band von *Das Kapital*, erst nach seinem Tod gibt Engels 1885 den zweiten, 1894 den dritten Band heraus. (Marx-Engels-Lenin-Institut 1971; Raddatz, 1975)

## Hauptwerke

*Ökonomisch-philosophische Manuskripte aus dem Jahre 1844.* (1844/1968)
*Die deutsche Ideologie.* Mit Friedrich Engels. (1846/1969)
*Manifest der kommunistischen Partei.* Mit Friedrich Engels. (1848/1959)
*Zur Kritik der Politischen Ökonomie.* (1859/1961)
*Der achtzehnte Brumaire des Louis Bonaparte.* (1852/1960)
*Das Kapital.* 3 Bände. (1867/1962, 1885/1963, 1894/1964)

## Theoriegeschichtlicher Kontext: deutscher Idealismus

Der Aufstieg des Kapitalismus ist ein notwendiger Bestandteil des Aufstiegs der modernen Gesellschaft. Er brachte eine Dynamik des Wandels für die moderne Gesellschaft mit sich, die beispiellos in der Geschichte ist. Es sind die Folgen des

Kapitalismus und seiner Entwicklungsgesetze für die moderne Gesellschaft, denen das Hauptinteresse von Marx' Theorie der modernen Gesellschaft gilt.

Marx griff bei den bedeutendsten Elementen seine Theorie auf drei unterschiedliche Quellen zurück: auf die britische politische Ökonomie, auf den französischen Sozialismus und auf den deutschen Idealismus. Aus der britischen politischen Ökonomie entnahm er die Beschäftigung mit den Gesetzen der kapitalistischen Produktion, der Distribution und des Konsums, aus dem französischen Sozialismus erwuchs sein Interesse an einer Gesellschaft, die dazu fähig wäre, die Widersprüche, Konflikte, Ungleichheiten und Irrationalitäten des Kapitalismus zu überwinden; und vom deutschen Idealismus, insbesondere von Hegel, übernahm er das Verständnis der historischen Entwicklung als eines dialektischen und letzten Endes sinnvollen Prozesses.

Drei Prinzipien der Philosophie Hegels bilden den Ausgangspunkt der Marxschen Gesellschaftstheorie: die Geschichtsphilosophie, die Dialektik und der Idealismus. (Hegel, 1820/1995)

Die Geschichtsphilosophie will zeigen, dass die Geschichte einen Sinn hat, also nicht nur eine Ansammlung von zufällig eintretenden Ereignissen ohne irgendeinen feststellbaren Sinn ist. Die Aufgabe der Geschichtsphilosophie ist es, diesen Sinn der Geschichte aufzudecken. Ein erstes Merkmal dieses Sinns ist seine Richtung. Die Geschichte geht nicht in einer vollständig zufälligen Art und Weise vonstatten, sondern in einer bestimmten Richtung. Der Ursprung dieser Behauptung, dass in der Geschichte der Sinn die Richtung einschließt, ist die bloße Tatsache, dass sich die Menschen über die einfachen Reaktionen auf Anreize hinaus weiterentwickeln können, aufgrund ihrer Fähigkeit, Anreize und Ereignisse zu interpretieren und die Welt durch den Gebrauch von Sprache zu deuten.

Interpretation ist ein Prozess des Verstehens der Bedeutung eines bestimmten Objekts. Der Mensch, der die Geschichte betrachtet, versucht ihren Sinn zu verstehen. Er will wissen, was und warum etwas passierte. Daher konstruiert der Mensch Erklärungssysteme für die Welt und ihre Geschichte. Er entwickelt Theorien über die Welt und ihre Geschichte.

Damit diese Theorien verstanden werden können, müssen sie in sich konsistent sein, anderenfalls würde niemand wissen was eigentlich behauptet wird. Insoweit ein Theorienpluralismus besteht, können sich diese Theorien gegenseitig widersprechen. Die Welt richtig zu verstehen und zu erklären, erfordert dann, solche Widersprüche in einem permanenten Prozess aufzulösen.

Auf der anderen Seite gibt es die tatsächlichen Ereignisse der Welt und ihrer Geschichte. Theorien und tatsächliche Ereignisse können sich immer wieder in Disharmonie befinden. Diese Widersprüche zwischen den Theorien und Tatsachen zu beseitigen, wird dann die bedeutendste Aufgabe, um die Welt zu verstehen und zu erklären. Die Auflösung der Widersprüche zwischen den Theorien und zwischen den Theorien und den Tatsachen wird zur Hauptaufgabe bei der Suche nach dem Sinn der Welt und ihrer Geschichte.

Auf diese Weise schreitet die Konstruktion des menschlichen Wissens, mit dem Ziel des Verständnisses und der Erklärung der Welt und ihrer Geschichte voran und konstruiert sie dabei zugleich. „Sinn der Geschichte" heißt hier: Das menschliche Wissen schreitet nicht auf zufälligen Wegen voran, sondern in evolutionären Schritten, in denen die internen Widersprüche zwischen den Theorien und die externen Widersprüche zwischen Theorien und Tatsachen aufgelöst werden. Soweit das Wissen wirklich solche Fortschritte macht, entdeckt der Mensch den Sinn in der Welt und ihrer Geschichte und schafft zugleich diesen Sinn in seinem Wissen von dieser Welt.

Der Mensch ist jedoch nicht nur dazu imstande, Fragen darüber aufzuwerfen, was und warum etwas geschehen ist, sondern auch dazu, zu fragen, was und warum etwas passieren soll. In der Beantwortung dieser Fragen etabliert er Normen und Wertesysteme, die festlegen, was richtig und falsch ist und was ideale und vollkommene Zustände dieser Welt sind. Sobald eine Anzahl solcher Normen und Werte formuliert wird, treten Widersprüche zwischen ihnen auf. Um zu verstehen und zu wissen, was richtig und falsch und was ein vollkommener Zustand der Welt ist, sieht sich der Mensch dann damit beschäftigt, diese Widersprüche aufzuheben und allgemein gültigere Normen- und Wertesysteme zu entwickeln.

Wenn sie mit der tatsächlichen Welt konfrontiert werden, wimmelt es von Widersprüchen zwischen Normen und Werten auf der einen Seite und den Tatsachenereignissen auf der anderen Seite. Um einen Sinn zu erhalten, ist der Mensch dazu gezwungen, an der Auflösung dieser Widersprüche zu arbeiten, sonst würde er nicht mehr länger wissen und verstehen, was richtig und was falsch ist. Im Unterschied zu seinem Tatsachenwissen gelingt diese Auflösung der Widersprüche nicht in der Richtung, das Wissen allmählich der Welt anzunähern, sondern nur umgekehrt, indem sich die Welt allmählich den Normen und Wertesystemen annähert. Folglich *enthüllt* der Mensch als Handelnder nicht nur einen verborgenen Sinn der Welt, sondern greift vielmehr in die Welt ein und *konstruiert* einen Sinn in dieser Welt. Dies bedeutet, dass die zwei Arten der Widersprüche in einem endlosen Prozess ihrer Auflösung zusammenwirken. Das Auflösen der Widersprüche zwischen Normen und Werten erfordert die Entwicklung allgemein gültigerer Normen und Werte. Damit entsteht eine Richtung in ihrer Evolution, mit der sie immer höhere Ebenen von Umfang und Gültigkeit erreichen. Auf der anderen Seite erfordert die Auflösung der Widersprüche zwischen dem sich herausbildenden Normen- und Wertesystem und der tatsächlichen Welt, die Welt dahin zu bewegen, dass sie sich diesem System in einem unaufhörlichen Prozess annähert. Weil es in der Natur des menschlichen Denkens liegt, Fehler zu machen, Fragen aufzuwerfen und Alternativen zu entwickeln, und in der Natur der Normen und Werte, getrennt von den tatsächlichen Prozessen der Welt zu existieren, ist dieser Prozess in der Tat endlos.

Die Geschichtsphilosophie beschäftigt sich mit der Beantwortung der Sinnfragen in der Geschichte. Das ist eine säkularisierte Form der religiösen Theodizee, die dieselben Fragen in einer religiösen Ausdrucksweise aufwirft und beantwortet (Weber, 1920–21/1972a: 244–254). Nach der **religiösen Theodizee** wird die offensichtliche Unerreichbarkeit der Welt für das menschliche Verstehen, ihre augenscheinliche Irrationalität und Ungerechtigkeit beseitigt, wenn sie vor dem Hintergrund einer religiösen Heilsvorstellung betrachtet wird. Der hinduistische Glaube an Vergeltung und Reinkarnation ist ein Glaube, der jeden Einzelfall an Ungerechtigkeit und Unvernunft dadurch wegerklärt, dass Rationalität und Gerechtigkeit dem gesamten System zugeschrieben werden, als einer unaufhörlichen Vergeltung für gegenwärtiges Verhalten in späteren Reinkarnationen. Der Buddhist lässt durch das Erreichen des Nirwana alle Unvernunft und Ungerechtigkeit in der gegenwärtigen Welt hinter sich zurück. Der christliche Glaube an die Erlösung durch Jesus bei seiner Rückkehr in die Welt löst ihre gegenwärtigen Irrationalitäten und Ungerechtigkeiten in der apokalyptischen Zerstörung dieser Welt und der Konstruktion einer neuen Welt auf.

Die Geschichtsphilosophie im Sinne Hegels ist eine säkularisierte Version der religiösen Theodizee, weil sie eine faktische Entwicklung der Welt hin zu einem höheren Vernunftzustand behauptet. Das Wissen wird sich der Welt und die Welt wird sich einem allgemein gültigeren Normen- und Wertesystem annähern, sodass das Vernünftige zur Wirklichkeit und die Wirklichkeit vernünftig wird, wie Hegel es in einem berühmten Satz formulierte. Nach Hegel ist dies ein tatsächlicher Prozess, der schließlich einen Zustand der Welt hervorbringen wird, in dem Vernunft und Wirklichkeit miteinander versöhnt sind. Seine Geschichtsphilosophie ist deshalb eine **säkularisierte Theodizee**, weil sie annimmt, dass diese Versöhnung ein zwangsläufiger Endzustand der Geschichte ist, der zu einer weltlichen Erlösung führen wird. Indem er diesen Anspruch erhebt, geht Hegel zweifellos viel zu weit. Dennoch ist ein Kern von Wahrheit in seinem Denken. Es ist der Kern, der durch den weitaus vorsichtigeren Immanuel Kant (1724–1804) sehr viel klarer dargelegt wurde, dem anderen großen deutschen Philosophen, der Hegel vorausging. Nach Kant (1788/1964b, 1793/1964c) gibt es einen Unterschied zwischen den moralischen Imperativen auf der einen und der tatsächlichen Geschichte auf der anderen Seite, der nie endgültig aufgelöst werden kann. Moralische Imperative können nur als ein Maßstab für die Beurteilung und Verbesserung des Verhaltens und somit für den Lauf der Geschichte dienen. Sie sind ein notwendiges kritisches Instrument, das genutzt werden kann, um in die

Welt einzugreifen und daran zu arbeiten, die Welt an die Anforderungen der Moral anzunähern. Dies ist jedoch ein niemals endender Prozess, der immer gegen alle möglichen Beweggründe für ein Abirren von Moralstandards anzukämpfen hat. Nur insoweit die moralische Reflexion fest in der Gesellschaft institutionalisiert ist, zum Beispiel in Institutionen wie dem US-amerikanischen Obersten Gerichtshof, können wir annehmen, dass sich die Wirklichkeit einen Schritt weiter in die Richtung von Vernunft und Moral hin bewegt. Dieser Kern der kritischen Geschichtsphilosophie Kants ist noch immer gültig, nicht aber Hegels säkularisierte Theodizee. Was ebenfalls noch im Bereich des Möglichen liegt, ist eine Metaphilosophie der Geschichte, welche die Möglichkeit einer Geschichtsphilosophie so erklärt, wie es in der vorangegangenen Argumentation entfaltet wurde.

Die Argumentation, die ich zuvor dargelegt habe, beinhaltet alle drei Prinzipien der Philosophie Hegels: Geschichte hat einen Sinn, sie vollzieht sich in dialektischen Schritten und sie ist das Werk des objektiven Geistes. Die Geschichte hat eine Sinn, weil sie von der menschlichen Konstruktion von Sinn beeinflusst wird, durch den Prozess der Konstruktion von Theorien über die Welt, wie der Konstruktion von Normen- und Wertesystemen; der eine Prozess bringt die Vernunft der Wirklichkeit näher, der andere die Wirklichkeit näher an die Vernunft heran. Das ist ein dialektisches Verfahren. Die treibende Kraft in der Geschichte ist die **Dialektik** der sich auflösenden Widersprüche. Die essentiell menschliche Fähigkeit, sich sehr unterschiedliche Vorstellungen über die Welt machen und sehr unterschiedliche Wert- und Normensysteme formulieren zu können, bringt zwangsläufig Widersprüche hervor; die Trennung von Denken und Wirklichkeit erzeugt ebenso unumgänglich Widersprüche zwischen beiden. Widersprüche führen jedoch zu einem Sinnverlust, weil das menschliche Bewusstsein desorientiert wird. Daher erfolgt ein Druck dahin, nach einer Auflösung der Widersprüche durch höhere Stufen von Erklärungen und von Normen- und Wertesystemen zu suchen, die dazu in der Lage sind, die Wahrheit in den widersprüchlichen Behauptungen, Normen und Werten zu erfassen und ihre falschen Aspekte auszuschließen. Das ist der Prozess, durch den eine allgemein gültigere Synthese auf einer höheren Ebene des Wissens gebildet wird, die über den Widerspruch zwischen These und Antithese hinausreicht. Somit sind die menschliche Urfähigkeit, Fragen aufwerfen zu können, und das menschliche Urbedürfnis, die Welt verstehen zu wollen und somit Sinn zu konstruieren, die treibenden Kräfte dieses dialektischen Prozesses. Dies ist das richtige Element in Hegels Dialektik. Seine Dialektik ist jedoch falsch, soweit er behauptet, dass der historische Prozess zum Stillstand kommen wird, wenn die höchste Synthese erreicht worden ist: im absoluten Wissen und in der Vereinigung der Widersprüche der Einzelinteressen in der bürgerlichen Gesellschaft durch die Synthese eines Staates, der dem allgemeinen Interesse verpflichtet ist. Für Hegel entwickelt sich das Wissen in einer dialektischen Bewegung von der ursprünglichen Einheit der Erfahrung mit der Wirklichkeit im primitiven Denken hin zur Trennung zwischen Denken und Wirklichkeit in der positiven Wissenschaft, dem Zustand der Entfremdung zwischen dem Bewusstsein und der Wirklichkeit. Die Wirklichkeit zeigt sich als etwas, das dem menschlichen Bewusstsein fremd ist. Das Denken der positiven Wissenschaft ist die Antithese zur primitiven Erfahrung. Die positive Wissenschaft selbst ist ebenfalls durch einen Widerspruch zwischen Denken und Realität charakterisiert. Dieser doppelte Widerspruch findet seine Auflösung in der Synthese des absoluten Wissens der Philosophie Hegels, in der Denken und Wirklichkeit auf einer höheren Ebene versöhnt werden. Der entsprechende dialektische Prozess der menschlichen Gesellschaft beginnt mit der These der ursprünglichen Einheit und bewegt sich hin zur Antithese, der widersprüchlichen bürgerlichen Gesellschaft, die auf den Konflikt zwischen unterschiedlichen Interessen gegründet ist, der schließlich durch deren Subsumtion unter das allgemeine Interesse des Staates aufgehoben wird.

Hegels Dialektik geht jedoch fehl in der Idee einer Konvergenz durch die Vollendung des Sinns der Geschichte. Diese Konvergenzannahme ist aufgrund folgender menschlichen Eigenschaften unhaltbar: der immer gegebenen Chance, in Behauptungen und Ansprüchen falsch zu liegen, der immer bestehenden Möglichkeit, Fragen aufzuwerfen und Ansprüche auf Wissen zu kritisieren, sowie der unüberwindbaren Kluft zwischen Denken und Wirklichkeit. Diese sehr menschlichen Eigenschaften machen die Dialektik zu einem niemals endenden Prozess, weit davon entfernt, ihr Ende in einem absoluten Wissen zu erreichen.

Gemäß Hegels drittem Prinzip, dem Prinzip des Idealismus, ist die Entwicklung der menschlichen Gesellschaft in der Geschichte ein Prozess, der einer Logik der Vernunft und der Konstruktion von Sinn folgt. In seinen Begriffen ist die Entwicklung des Wissens und der Gesellschaft das Werk des objektiven Geistes. Auch hier finden wir eine säkularisierte Theodizee in Hegels Philosophie. Während in der Theologie Gott das Schicksal der menschlichen Gattung lenkt, ist es der objektive Geist, der dieses Werk in Hegels Philosophie vollbringt. Dies ist zweifellos unhaltbar, weil wir nicht annehmen können, dass der objektive Geist eine Allmacht darstellt, die schließlich die menschliche Geschichte hin zu einer Versöhnung zwischen Vernunft und Wirklichkeit führt.

Dennoch ist ein Kern Wahrheit in Hegels Prinzip des Idealismus enthalten. Er legt mit diesem Prinzip dar, dass die Kultur eine Wirklichkeit *sui generis* ist, die sich entsprechend ihrer eigenen Gesetze entwickelt und die Folgen für die Entwicklung des menschlichen Wissens und der Gesellschaft hat. Das entscheidende Gesetz des kulturellen Prozesses ist die Dialektik zwischen inneren und äußeren Widersprüchen, deren Auflösung nach der Formulierung allgemein gültigerer Aussagen, Normen und Werte verlangt. Diese Bemühungen machen es erforderlich, das Wissen der Wirklichkeit und die Wirklichkeit den Normen und Werten anzunähern. Folglich gibt es eine Entwicklungslogik der kulturellen Systeme und einen Zwang, die kulturellen Systeme und die Realität einander näher zu bringen. Für das Wissen bedeutet dies einen Druck, Fehler zu beseitigen, für die Realität ist dies ein Prozess der Eliminierung der Abweichungen vom gültigen Moralwissen, das ein Resultat des Prozesses der Beseitigung von Fehlern in diesem Wissen ist.

Wann immer die Geschichte nicht nur ein Ergebnis von Zufällen ist, sondern hin zu einer Verbesserung der Moralideen bewegt werden kann, so geschieht dies aufgrund dieser Entwicklungslogik des moralischen Denkens und aufgrund des Drucks, den diese auf die Transformation der Gesellschaft ausübt. Allerdings benötigt die Verwirklichung dieser Moralideen Institutionen, die für die Vermittlung des Moralwissens in die Gesellschaft sorgen. Der US-amerikanische Oberste Gerichtshof ist eine solche Institution. Jedes Mal wenn wir also die Möglichkeit der menschlichen Gattung annehmen, die Geschichte nach den Prinzipien der Vernunft zu gestalten, setzen wir das Funktionieren einer Entwicklungslogik der Vernunft an sich voraus, die entsprechend ihrer eigenen Kriterien vonstatten geht, unabhängig von individuellen Entscheidungen. Dies ist der Kern der Wahrheit, den wir aus Hegels Idealismus entnehmen können. Es ist eine Wahrheit, die Kant innerhalb der Grenzen seiner kritischen Philosophie formuliert hat. Weil Marx jedoch viel mehr von Hegel als von Kant lernte und den Irrtümern von Hegels unhaltbaren Behauptungen verfiel, war es notwendig, Hegels Philosophie darzulegen, um Marx zu verstehen (1843/1956, 1844/1968, 1845/1969; Marx und Engels 1846/1969).

## Historischer und dialektischer Materialismus

Marx stellt mit seinen eigenen Worten Hegels Geschichtsphilosophie und seine Dialektik vom Kopf auf die Füße (Marx 1844/1968: 511–512, 571–574, 584–585); er verwandelt Hegels historischen und dialektischen **Idealismus** in einen historischen und dialektischen **Materialismus**. Während in Hegels Begriffen die historische und dialektische Entwicklung der Menschheit das Werk des objektiven Geistes ist, oder mit anderen Worten, das Werk einer Entwicklungslogik der Vernunft, ist sie in Marx' Begriffen das Ergebnis der Arbeit der Menschheit, um ihren Lebensunterhalt in der Beziehung zur Natur zu verdienen, oder mit anderen Worten, das Werk einer Entwicklungslogik der Bewältigung von Knappheit, um die materiellen Voraussetzungen des Lebens zu sichern. Mit dieser Auffassung behält Marx Hegels Dialektik und seine Idee einer Geschichtsphilosophie bei, aber er ersetzt den Idealismus durch den Materialismus. Die Geschichte ist noch immer kein zufälliger Prozess, sondern eine Entwicklung, die Sinn hat und die letztendlich zu einem Zustand der Versöhnung von Vernunft und Wirklichkeit führt. Dabei durchläuft sie einen dialektischen Prozess, der bei der ursprünglichen Einheit der Menschheit beginnt, sich zu einem Zustand der **Entfremdung** hin entwickelt, in dem die Menschheit sich in einem Gegensatz zur Natur befindet, der dann nach einer neuen Synthese auf einer neuen Ebene verlangt (Marx und Engels, 1848/1959).

Für Marx enthielt die ursprüngliche Einheit des primitiven Menschen den ursprünglichen **Kommunismus**, der ihm zufolge durch die Expansion der wirtschaftlichen Produktion und des Handels aufgelöst wurde, was zur Errichtung der antiken Sklavenhaltergesellschaft führte. Der Widerspruch zwischen Sklave und Sklavenhalter wurde später durch eine Gesellschaftsform aufgehoben, die geringfügig integrierter war: den Feudalismus. In dieser Gesellschaft sind Herr und Diener einander zu Unterstützung und Dienstleistung verpflichtet, dennoch ist die Gesellschaft in diese zwei Klassen gespalten. Die Expansion der wirtschaftlichen Produktion und des Handels brachte mit dem Aufstieg des industriellen Kapitalismus eine Gesellschaft hervor, die von Gesetzen geleitet wird, welch die industrielle kapitalistische Produktion, die Distribution und den Konsum lenken, eine Gesellschaft, die sich in einem Stadium der Entfremdung befindet und in die antagonistischen Klassen der Kapitalisten und der Lohnarbeiter zerfällt. Die Entfremdung und die Widersprüche dieser kapitalistischen Gesellschaft werden durch die neue Synthese der kommunistischen Gesellschaft überwunden, in der die Menschheit den wirtschaftlichen Prozess in den eigenen Händen hält und die Klassen sich auflösen.

Es ist nicht das Werk des objektiven Geistes, wie es Hegel behauptet, es ist das Werk der Menschheit in der materiellen Absicherung ihrer bloßen Existenz, das als Triebkraft hinter ihrer eigenen dialektischen und historischen Entwicklung steht. Nach Marx (1859/1961, 1844/1968; Marx und Engels, 1846/1969) produziert und reproduziert die Menschheit sich selbst in der materiellen Arbeit. Die Menschen beziehen sich notwendigerweise auf die Natur, und zwar durch die Entwicklung von Technologien – das sind die **Produktivkräfte** –, um der Natur Ressourcen zu entziehen und um sie in Produkte zur Sicherung des menschlichen Lebens zu verarbeiten. Gleichzeitig nehmen die Menschen in Produktion, Distribution und Konsum dieser Produkte Beziehungen zueinander auf, sie treten in **Produktionsverhältnisse** ein. Die Letzteren sind der Boden, auf dem sich die Produktivkräfte entwickeln. Die Produktionsverhältnisse sind der institutionelle Rahmen der menschlichen Arbeit. Sie umfassen die Eigentumsrechte, Klassenverhältnisse, die Arbeitsorganisation, Vertragsinstitutionen, Handelsbeziehungen, Patentrechte und dergleichen. Beide, die Produktivkräfte und die Produktionsverhältnisse, bilden den Unterbau der Gesellschaft. Er stellt die materielle Basis dar, auf welcher der rechtliche, politische und intellektuelle Überbau errichtet wird. Wie Marx behauptet, ist es der ökonomische Unterbau, der auf lange Sicht die Beschaffenheit des Überbaus bestimmt, obwohl er auch dialektische Rückwirkungen vom Überbau auf den Unterbau zugesteht. Der Überbau versorgt den ökonomischen Unterbau mit der institutionellen Ordnung und mit Legitimation.

Die Entwicklung der Produktivkräfte ist die bedeutendste innovative Kraft in diesem historischen Prozess. Sie entwickeln sich immer schneller als die Produktionsverhältnisse. Deshalb werden die Letzteren irgendwann die Entwicklung der Produktivkräfte nicht mehr fördern, sondern beschränken. Das ist der Zeitpunkt, an dem die Produktivkräfte im Widerspruch zu den Produktionsverhältnissen stehen. Dieser Widerspruch leitet eine Krisenperiode ein, die in einer Revolution endet, welche die Produktionsverhältnisse transformiert und damit den gesetzlichen, politischen und intellektuellen Überbau.

Die Technologie des industriellen Kapitalismus entwickelte sich teilweise innerhalb der traditionellen Produktionsverhältnisse und wurde zu einer Kraft, die dazu fähig war, deren Beschränkungen aufzubrechen und die freie Arbeit, den freien Vertrag und die freie Verfügung über das Eigentum des Einzelnen als den neuen Rahmen der kapitalistischen Gesellschaft durchzusetzen. Je mehr sich jedoch der Kapitalismus im großen Umfang entwickelt, desto mehr wird der Privatbesitz an den Produktionsmitteln zu einer Fessel für die Technologie, die sich in solch einem großen Umfang entfaltet, dass ihre weitere Entwicklung der kollektiven Organisation bedarf. Dies ist der Widerspruch, der im entwickelten Kapitalismus zu Krisen und zur Revolution führt, die schließlich die kollektive Organisation der Produktion, der Verteilung und des Konsums bewirken wird. Das ist der Widerspruch zwischen den Produktivkräften und den Produktionsverhältnissen im entwickelten Kapitalismus.

## Entfremdung in der einfachen Warenproduktion

Wesentlicher Bestandteil dieses historischen Prozesses ist der Prozess der Entfremdung in der Arbeit (Marx, 1844/1968; Marx und Engels, 1846/1969; siehe Mészáros, 1970; Israel, 1971). Marx unterscheidet zwei Stufen der Entfremdung: die Entfremdung in der einfachen Warenproduktion und die Entfremdung in der erweiterten Warenproduktion. Im Allgemeinen bedeutet Entfremdung, dass der Mensch in der Arbeit durch das Verarbeiten natürlicher Ressourcen eine künstliche Welt der Produktivkräfte und der Produktionsverhältnisse schafft, die seine echte ursprüngliche Einheit mit der Natur zerstört, in der er es gewohnt war, einfach von den Erzeugnissen der Natur zu leben, aber ohne in die Natur einzugreifen. In diesem ursprünglichen Zustand der primitiven Gesellschaft lebten die Menschen nicht nur im Einklang mit der Natur, sondern auch in einer ursprünglichen Einheit miteinander. Sie teilten sich gewöhnlich die Produktion, die Verteilung und den Konsum. Je mehr die Menschheit die Technologie entwickelte, desto mehr wurde der ökonomische Prozess zu einer künstlichen Welt. Die Arbeitsteilung entstand und mit ihr der Handel und der Austausch von Produkten. In diesem Prozess werden die Menschen von beidem getrennt, von der Natur und voneinander, und sie verlieren die Kontrolle über die Produktion, die Verteilung und den Konsum der Erzeugnisse, die sich nun entsprechend ihrer eigenen Gesetze weiterentwickeln. Dies ist ein dreifacher Prozess der Entfremdung von der Natur, den Mitmenschen und der Arbeit. Die Produktivkräfte, die Produktionsverhältnisse und die Mitmenschen erscheinen als eine fremdartige, unabhängige Macht. Dieser Prozess der Entfremdung setzt sich mit der Entwicklung der Warenproduktion weiter fort.

Auf der Stufe der einfachen Warenproduktion (Marx, 1867/1962: 99–108), müssen die voneinander unabhängigen Warenbesitzer in einen Austausch miteinander eintreten, weil die Arbeitsteilung ihr Leben vom Austausch abhängig macht. Während in der primitiven Produktion und Konsumtion der Wert eines Produkts durch seinen Nutzen hinsichtlich der Befriedigung von Bedürfnissen bestimmt wird, entwickelt sich in den Austauschprozessen eine Trennung zwischen **Gebrauchswert** und **Tauschwert** einer Ware. Die Waren werden nach den Gesetzen des Marktes ausgetauscht, nicht entsprechend ihres Gebrauchswerts für den individuellen Käufer und dessen Bedürfnisse. Der Markt ist hinsichtlich der Bedürfnisse des einzelnen Käufers blind. Ob jemand ein Produkt sehr dringend oder überhaupt nicht benötigt, verändert nicht dessen Preis, weil dieser auf dem Tauschwert des Produkts basiert.

Was ist dann die Grundlage dieses Tauschwerts? Nach Marx (1867/1962: 62–85) erklärt der Nutzen einer Ware für den einzelnen Käufer nicht die relative Preisstabilität, ungeachtet der Bedürfnisse der unterschiedlichen Käufer: Jeder muss den gleichen Preis bezahlen. Was er deshalb als Erklärung heranzieht, ist die Arbeitswerttheorie, die er von dem britischen Politikökonomen David Ricardo übernahm. Nach Marx' Arbeitswerttheorie ist es die Summe der Zeit, die im Durchschnitt zur Produktion einer Ware auf einer bestimmten Stufe der technologischen Entwicklung in einer Gesellschaft benötigt wird, die ihren Tauschwert bestimmt. Dies gilt überall in der Gesellschaft, ungeachtet der unterschiedlichen Bedürfnisse der einzelnen Käufer und erklärt somit die relative Stabilität dieses Werts, selbst wenn die Bedürfnisse beträchtlich schwanken.

Bezieht man den Tauschwert der Waren auf die Arbeitskraft, die in allen Produkten verkörpert ist, können alle Waren über eine einzige standardisierte Maßeinheit miteinander verglichen werden. Wir können dann zum Beispiel sagen, dass eine Jacke den Wert von 20 Metern Leinen hat; in diesem Fall erscheint die Jacke als das, was als Wertform bezeichnet wird, während sich das Leinen in der Äquivalentform befindet, die den Wert der Jacke ausdrückt.

In der Geldwirtschaft wird eine bestimmte Ware, nämlich das Geld, zur allgemein gebräuchlichen Äquivalentform, um den Wert von jeder anderen Ware auszudrücken. Das Geld erlaubt eine enorme Expansion der wirtschaftlichen Produktion, der Verteilung und der Konsumtion durch die Erfüllung von drei Funktionen: Es dient (1) als Wertmaßstab, (2) als Zahlungsmittel und (3) als Wertaufbewahrungsmittel (Marx, 1867/1962: 109–160).

Die Waren werden dem Gesetz der Warenproduktion entsprechend ausgetauscht. Der Austausch der Produkte kann deshalb nicht länger durch die Bedürfnisse einzelner Menschen bestimmt werden, er ist schlicht unzugänglich für die individuelle Verschiedenheit der Bedürfnisse und erst recht für Bedürfnisse nach gegenseitiger Hilfe. Der Warenaustausch geschieht nach seinen eigenen Gesetzen und kümmert sich weder um die individuellen Bedürfnisse noch um Fragen der Moral. In der erweiterten Warenproduktion hat die Menschheit somit ein System der wirtschaftlichen Produktion, der Distribution und der Konsumtion errichtet, das sich aufgrund seiner eigenen Gesetze weiterentwickelt und das eine Macht über die Menschen etabliert, statt dass es durch die Menschen selbst beherrscht wird. Die Menschen haben die Kontrolle über ihre ökonomische Produktion verloren und werden eher von diesem Prozess selbst kontrolliert. Dies hat Marx (in seinen früheren Schriften zum Teil mit Friedrich Engels) als Entfremdung bezeichnet, die aus der Arbeitsteilung resultiert, ohne diesen Prozess bereits durch den so genannten Widerspruch zwischen dem Gebrauchswert und dem Tauschwert der Waren zu erklären. Die letztere Erklärung entstand nach seinem umfassenden Studium der britischen Politischen Ökonomie. Er machte dann keinen systematischen Gebrauch mehr von Hegels Begriff der Entfremdung, meinte aber trotzdem dasselbe, wenn er vom **Warenfetischismus** sprach (Marx, 1867/1962: 85–98). Er versteht darunter, dass die Menschen im Prozess der ökonomischen Produktion und Reproduktion ein System errichtet haben, das Macht über sie selbst ausübt, ähnlich einem Fetisch, der selbst ein Produkt des religiösen Denkens ist. Die Menschen haben vergessen, dass diese Mächte das Werk ihres eigenen Handelns sind.

## Entfremdung in der erweiterten Warenproduktion

In der einfachen Warenproduktion bleibt das Produktionsniveau verbunden mit dem traditionellen Lebensstandard der Menschen in ihrer Zugehörigkeit zu einem bestimmten Teil der Gesellschaft. Der Handwerker produzierte so viel, wie er musste, um das Geld zu erhalten, das er benötigte, um all die Waren zu kaufen, die seinem traditionellen Lebensstandard entsprachen. Die Handwerker regelten über das System der Zünfte selbst den Umfang, in dem sie zum Verkauf ihrer Waren berechtigt waren. Herr und Knecht waren gegenseitig verpflichtet, Dienst und Unterhalt bereitzustellen. Produktion, Distribution und Konsumtion geschahen in der Reihenfolge Ware – Geld – Ware. Dies bedeutet, dass der Produzent einige seiner Produkte auf dem Markt verkauft und Geld dafür erhält, das er dafür benutzt, jene Produkte zu kaufen, die er entsprechend seinem Lebensstandard benötigt.

Diese traditionelle Regelung der Warenproduktion veränderte sich drastisch mit der Einführung der erweiterten Warenproduktion, beginnend mit den bedeutenden Veränderungen, die von Marx als „ursprüngliche **Akkumulation**" bezeichnet werden (1867/1962: 161–191,741–788). Hier wird das Geld in Kapital umgewandelt; die Produktion und der Verkauf sind von jeglichen traditionellen Zwängen befreit. Es gibt keine Zunft, die den Wettbewerb beschränkt, keine traditionellen Beschränkungen des Lebensstandards und keine gegenseitigen Verpflichtungen mehr zwischen Herr und Knecht. Der Eigentümer der Produktionsmittel ist frei, über all das, was er mit seinem Eigentum tun will, zu verfügen. Die Masse der Bauern wird enteignet, aller Produktionsmittel beraubt und stellt die Arbeitskraft für den industriellen Kapitalismus zur Verfügung. Der Arbeiter ist nun nicht mehr länger dem Herrn verpflichtet, sondern muss seine Arbeitskraft auf dem Arbeitsmarkt verkaufen. Die Arbeitskraft selbst wird zur Ware. Befreit von jeglichen Beschränkungen wird der Produktionsprozess zu einem Selbstzweck, nämlich in der ständigen Expansion der Produktion und der Umsetzung ihrer Ergebnisse in eine weiter zunehmende Produktion.

Der Handelnde in diesem Prozess ist nun nicht mehr länger der traditionelle Handwerker oder Fabrikant, der arbeitet um einen traditionellen Lebensstandard aufrechtzuerhalten, sondern der Kapitalist, der für nichts außer für seinen Profit arbeitet. Er beginnt mit einer bestimmten Geldmenge, kauft Ressourcen, Maschinen und Arbeitskraft als Waren und verarbeitet diese zu einer Ware, die er auf dem Markt als Gegenleistung für Geld verkauft. Der Prozess beginnt mit Geld, verwandelt dieses in Waren und wandelt diese wieder um zu Geld. Dieser Prozess wäre sinnlos, wäre das Ergebnis nicht ein Zuwachs an Geld. Mehr Geld zu erzielen als ursprünglich in den Produktionsprozess investiert wurde, wird zum einzigen Zweck der kapitalistischen Produktion. Das bedeutet Profitstreben als zentrales Element der kapitalistischen Produktion, was die endlose Kapital-akkumulation als ein Prozess um seiner selbst willen mit sich bringt.

Was sind die spezifischen Bedingungen, die laut Marx die Kapitalakkumula-tion erlauben (1867/1962: 192–355, 531–556, 591–740)? Hier macht er von sei-ner Arbeitswerttheorie in einem sehr spezifischen Sinne Gebrauch. Der Unter-schied zwischen dem Tauschwert und dem Gebrauchswert der Arbeitskraft als einer Ware wird zum Ursprung der Ausbeutung des Arbeiters und der Kapitalak-kumulation. Der Wert der Arbeitskraft ist die Zeit, die benötigt wird, um alle Waren zu produzieren, einschließlich Essen, Bekleidung, Wohnen und Erzie-hung der Kinder, die benötigt werden um die Arbeitskraft des Arbeiters und seiner Nachkommen auf einer bestimmten Stufe der Produktion in der Gesell-schaft zu reproduzieren. Dies mag beispielsweise acht Stunden Arbeit pro Tag erfordern. Der Kapitalist kauft die Arbeitskraft des Arbeiters zu diesem Preis ein. Jedoch nutzt er die Arbeitskraft des Arbeiters vielleicht zwölf Stunden am Tag. Diese vier zusätzlichen Stunden stellen die Mehrarbeit des Arbeiters dar. Sie ist die Quelle des **Mehrwerts** des Kapitalisten. Er kann diesen Mehrwert durch ein Anheben der Anzahl der Stunden, die am Tag gearbeitet werden, vergrößern, das ist der absolute Mehrwert; oder er kann ihn mit der Beschleunigung der Produk-tion durch technologische Rationalisierung vergrößern, weil damit die Zeit, die zur Reproduktion der Arbeitskraft notwendig ist, verringert wird; das ist dann der relative Mehrwert. Er investiert Geld für Ressourcen, Maschinen und Arbeits-kraft und erhält für diese Investitionen auf dem Markt Geld, zuzüglich des Gel-des für die Waren, die während der vier Stunden zusätzlicher Arbeit produziert wurden. Diese Differenz zwischen investiertem Kapital und realisiertem Kapital auf dem Markt ist sein Profit. Somit resultiert die Kapitalakkumulation aus der Ausbeutung der Arbeiter in den vier Stunden der zusätzlichen Arbeit. Dies scheint trotzdem im System der Warenproduktion gerecht zu sein, weil der Ar-beiter für den Tauschwert seiner Arbeit bezahlt wird.

## Die Widersprüche und Krisen der kapitalistischen Entwicklung

Dieser Prozess der Kapitalakkumulation ist durch einen doppelten Widerspruch gekennzeichnet. Es ist der Widerspruch zwischen der gesellschaftlichen, der kooperativen und kollektiven Produktion und der privaten Aneignung des Pro-fits, der von dem Konflikt zwischen Lohnarbeitern und Kapitalisten begleitet wird. Dieser doppelte Widerspruch umfasst die Entfremdung von Lohnarbeit und Kapital. Auf der einen Seite wird immer mehr privates Kapital in immer weniger Händen konzentriert, vorwiegend in den Großkonzernen, womit eine Zentralisierung des Produktionsprozesses einhergeht. Auf der anderen Seite verarmen die Lohnarbeiter zumindest relativ, weil sie niemals über die Grenzen ihrer Reproduktionskosten innerhalb des Systems der Warenproduktion hinaus verdienen können. Der Arbeiter produziert enorme Kapitalmengen, die ihm jedoch als eine fremde Macht erscheinen, die ihn ausbeutet und beherrscht. Die Gesellschaft ist in zwei antagonistische Klassen gespalten: in die der Kapitalisten und in die der Lohnarbeiter. Die Entfremdung erreicht ihre höchste Stufe.

Die Tendenz zu einer Verschärfung des Antagonismus zwischen Lohnarbeit und Kapital wird von temporären Krisen der Überproduktion begleitet. Die daraus resultierende Zerstörung von Kapital und die Tendenz hin zu fallenden Profitraten führen zu einer Verlangsamung der Investitionstätigkeit. Das kapitalistische Unternehmen ist dazu verdammt, einen immer besseren Verwertungsgrad seines investierten Kapitals durch steigende Produktivität mittels technologischer Rationalisierung zu erreichen. Dies lässt jedoch den Anteil des in Maschinen investierten „konstanten" Kapitals ansteigen und vermindert den Anteil des in Arbeitskraft investierten variablen Kapitals. Weil jedoch das Letztere die einzige Quelle des Mehrwerts ist, sinkt die Profitrate. Dies führt zu einer Verlangsamung der Investitionen und zu einer Verlangsamung des technologischen Fortschritts. Andererseits führt die Ersetzung von Arbeitskraft durch Maschinen zu einer industriellen Reservearmee, die zwar dazu beiträgt, den Preis der Arbeitskraft niedrig zu halten, aber ebenso die Kaufkraft der arbeitenden Bevölkerung in engen Grenzen hält. Die Produktion steigt daher an, ohne auf eine ebenso steigende Kaufkraft zu stoßen, und diese periodische Überproduktion führt zum Zusammenbruch von kapitalistischen Unternehmen und zur Vernichtung von Kapital. Zusammen mit der Verlangsamung des technologischen Fortschritts trägt dies zum Zusammenbruch des Kapitalismus bei.

Dieser wahrhaft verhängnisvolle Prozess wird von einer Verstärkung des Klassenkampfes begleitet, der seine Ursache im strukturellen Widerspruch zwischen der kollektiven Produktion und der privaten Profitaneignung hat. Der strukturelle Widerspruch ist der Ursprung des weiteren Widerspruchs zwischen der rationalen Organisation des einzelnen Unternehmens im Kapitalismus und der irrationalen Organisation der gesamten Wirtschaft, die diese im chaotischen Kampf auf dem Markt belässt.

Dies ist der Ursprung der schicksalhaften Entwicklung des Kapitalismus hin zu immer verschärfteren Krisen. Der strukturelle Widerspruch findet seinen spezifischen Ausdruck im Klassenantagonismus zwischen Arbeit und Kapital, wobei die Arbeit zu einer revolutionären Kraft wird; sie übernimmt die Führung in der Überwindung des Kapitalismus, der von immer ernsthafteren Krisen heimgesucht wird. In diesem Prozess verbindet die Zentralisierung der Produktion die immer breiter werdende Masse der Arbeiter miteinander und verstärkt ihre innere Kommunikation, ihre Organisation und ihr Klassenbewusstsein, die eine bloße Kategorie einer Klasse an sich in die wirkliche Gemeinschaft einer Klasse an und für sich verwandeln, die sich ihrer Position und Rolle in der Gesellschaft bewusst ist (Marx, 1867/1962: 640–740).

In diesem Prozess wird das Proletariat zum Träger der Vernunft in der Geschichte, der das marode kapitalistische System umstürzt, um eine neue Gesellschaft des Kommunismus zu errichten, in der wirtschaftliche Produktion, Distribution und Konsumtion von der Gesellschaft als Kollektiv organisiert werden, mit angemessener Planung und auf einem neuen Technologieniveau, womit der Widerspruch zwischen der kollektiven Produktion und der privaten Aneignung der Produkte und Profite und der Antagonismus zwischen den Klassen aufgehoben werden. Die Entwicklung des Kapitalismus hin zu einer Zentralisierung der Produktion und zur Konzentration des Kapitals erleichtert die völlige Umwandlung des ökonomischen Prozesses hin zu einer rationalen kollektiven Organisation.

## Zusammenfassung

### Historischer und dialektischer Materialismus

1. Je mehr sich die Menschheit durch ihre Arbeit in der ökonomischen Produktion, Distribution und Konsumtion engagiert, desto mehr reproduziert sie sich selbst und desto mehr wird sie Produktivkräfte und Produktionsverhältnisse als eine künstliche Welt zwischen sich und die Natur setzen, welche die ursprüngliche Einheit mit der Natur aufbrechen und die Menschen von der Natur, vom ökonomischen Prozess und von sich selbst entfremden.
2. Je weiter sich der ökonomische Unterbau der Produktivkräfte und Produktionsverhältnisse entfaltet, desto eher wird sich ein rechtlicher, politischer und intellektueller Überbau aus diesem Unterbau herausbilden, der für eine institutionelle Ordnung und eine kulturelle Legitimation des ökonomischen Unterbaus sorgt.
3. Je mehr die Produktivkräfte die Tendenz haben, sich schneller als die Produktionsverhältnisse zu entwickeln und je umfassender sie dies tun, umso mehr werden die Produktionsverhältnisse ihre Entwicklung behindern anstatt sie zu fördern, was einen Widerspruch zwischen den Produktivkräften und den Produktionsverhältnissen erzeugt.
4. Je mehr sich der Widerspruch zwischen den Produktivkräften und den Produktionsverhältnissen verschärft und je mehr er vom Antagonismus der Klas-

sen begleitet wird, desto eher wird eine revolutionäre Epoche beginnen, die zu einer Transformation des ökonomischen Unterbaus und, in welchem Ausmaß auch immer, zur Transformation des entsprechenden Überbaus führen wird.

## Die kapitalistische Entwicklung

5. Je mehr die ursprüngliche kollektive Organisation des ökonomischen Prozesses durch die einfache Warenproduktion ersetzt wird, desto mehr funktioniert der ökonomische Prozess gemäß seinen eigenen Gesetzen und unabhängig von subjektiven Bedürfnissen und Moralansprüchen und übt eine Macht über die Menschen aus, bleibt aber dennoch von traditionellen Zwängen reguliert.

6. Je mehr sich eine erweiterte Warenproduktion etabliert, desto eher wird die Kapitalakkumulation den ökonomischen Prozess als Selbstzweck bestimmen.

7. Je mehr die Kapitalakkumulation zu einem Selbstzweck wird, der ökonomische Prozess von traditionellen Zwängen befreit wird und den freien Gebrauch des Privateigentums, die freie Arbeit und den freien Handel zu den grundlegenden Institutionen macht, desto mehr wird die Kapitalakkumulation aus der Differenz zwischen dem Tauschwert und dem Gebrauchswert der Arbeitskraft und aus der Differenz zwischen der notwendigen und der überschüssigen Arbeit resultieren, welche die Quelle des absoluten und relativen Mehrwerts und damit des Profits bilden.

8. Je mehr sich die Kapitalakkumulation entwickelt, desto mehr wird sich der Widerspruch zwischen der kollektiven Produktion und der privaten Profitaneignung verschärfen.

9. Je mehr sich der Widerspruch zwischen der kollektiven Produktion und der privaten Profitaneignung verschärft, umso eher wird der Zwang zur Selbstverwertung des Kapitals technologische Rationalisierungen durchsetzen.

10. Je mehr die technologische Rationalisierung voranschreitet, umso mehr wird das konstante und unproduktive Kapital der Maschinen anwachsen und das variable und produktive Kapital der Arbeitskraft schrumpfen.

11. Je mehr das variable Kapital relativ zum konstanten Kapital zurückgeht, umso mehr wird die Profitrate sinken.

12. Je mehr die Profitrate fällt, desto eher werden Investitionen und technologischer Fortschritt von Krisen erfasst.

13. Je mehr das variable Kapital zurückgeht, desto größer wird die industrielle Reservearmee.

14. Je mehr die Kapitalakkumulation vorangetrieben wird und somit zu Produktionswachstum und zu einer zunehmenden industriellen Reservearmee führt,

umso mehr wird die Kluft zwischen Produktion und Konsumtion anwachsen, was periodische Überproduktionen zur Folge hat.

15. Je mehr Überproduktionen eintreten, desto eher werden kapitalistische Unternehmen zusammenbrechen und umso mehr Kapital wird zerstört.

16. Je weiter sich die Kapitalakkumulation entwickelt, umso mehr werden privat angeeignete Kapitalmassen im Überfluss angesammelt sein und umso mehr wird der Arbeiter relativ verarmen.

17. Je mehr private Kapitalmengen im Überfluss vorhanden sind und je mehr der Arbeiter relativ verarmt, desto mehr wird sich der Klassenantagonismus zwischen den Arbeitern und den Kapitalisten verschärfen.

18. Je mehr Kapital akkumuliert wird, desto mehr wird das Kapital in immer weniger Händen konzentriert, wird die Produktion zentralisiert und im großen Umfang kollektiv organisiert.

19. Je mehr die Produktion zentralisiert und in großem Umfang kollektiv organisiert wird, desto mehr werden Kommunikation, Organisation und Klassenbewusstsein der Arbeiter zunehmen und desto mehr wird die kollektive Organisation der Produktion und der Aneignung der Produkte möglich werden.

20. Je mehr die Investitionskrisen und der technologische Fortschritt zunehmen, je mehr kapitalistische Unternehmen mit der daraus resultierenden Zerstörung des Kapitals zusammenbrechen, je mehr sich der Klassenantagonismus verschärft, je mehr sich Kommunikation, Organisation und Klassenbewusstsein der Arbeiter ausbreiten und je mehr die kollektive Organisation der Produktion und der Aneignung der Produktion ermöglicht wird, umso wahrscheinlicher wird es sein, dass der Kapitalismus zusammenbricht und in einer Revolution durch eine kollektive Organisation der Produktion und der Aneignung der Produkte in einer klassenlosen kommunistischen Gesellschaft ersetzt wird, in der die Menschheit wieder die Kontrolle über den ökonomischen Prozess und ihr Schicksal gewinnt.

## Kritische Würdigung

Marx hat sicherlich Recht, wenn er Hegels idealistische Philosophie der Entwicklung der Menschheit kritisiert und wenn er unsere Aufmerksamkeit auf die Prozesse der materiellen Produktion und Reproduktion des menschlichen Lebens lenkt. Besonders die Technologie der Produktivkräfte ist in der Tat eine überragende dynamische Kraft, die permanent eine Veränderung der Produktionsverhältnisse und des entsprechenden institutionellen und kulturellen Systems herbeiführt. Es ist wahr, dass technologische Innovation schneller ist als der Wandel von Institutionen und dass die technologische Entwicklung in einen Widerspruch mit dem institutionellen System gerät je schneller sie voranschreitet und somit eine neue Korrespondenz zwischen Technologie und institutioneller Ordnung erfordert, sei es als ein Wiedererlangen institutioneller Kontrolle über die Technologie oder als eine Veränderung der Institutionen, um die technologische Entwicklung zu unterstützen.

Die – verglichen mit der Innovation des institutionellen Rahmens – höhere Geschwindigkeit technologischer Innovationen ist somit ein Grund für die periodischen Widersprüche, die eine Wiederannäherung von Technologie und institutioneller Ordnung einfordern. Dieser strukturelle Widerspruch wird immer virulenter, je mehr er von dem Konflikt zwischen den Klassen begleitet wird. Indem er die Aufmerksamkeit auf diesen Prozess richtet, betont Marx zweifellos eine bedeutende Kraft in der historischen Entwicklung. Dies ist das richtige Element in seinem historischen und dialektischen Materialismus.

Sein Argument schlägt jedoch fehl, je mehr er versucht, Hegels idealistische durch eine materialistische Geschichtsphilosophie zu ersetzen. Hier gerät er in die Fallen seines Anspruchs, Sinn in einem naturalistischen Prozess zu erkennen, der nur durch materielle Wirkkräfte determiniert wird. Warum sollte diese technologische Dynamik zu einem letztendlichen Stadium der Versöhnung zwischen Vernunft und Wirklichkeit führen? Warum sollte sie überhaupt auf eine vernünftige Art und Weise vonstatten gehen? Während Hegel zumindest dazu imstande ist, durchgängig anzunehmen, dass die Entwicklungslogik der Vernunft sich hin zu immer höheren Stufen der Versöhnung zwischen Vernunft und Wirklichkeit bewegt, je mehr sie die treibende Kraft in der Geschichte darstellt, muss Marx solch eine vernünftige Logik für die materiellen Kräfte im ökonomischen Prozess annehmen, was schlichtweg ein Widerspruch in sich selbst ist.

Nach Marx entwickeln die ökonomischen Kräfte nämlich eine chaotische Dynamik, sodass sie die Gesellschaft nicht durchgängig hin zu einem spezifischen Ziel führen. Trotzdem beansprucht er solch eine Richtung für den Prozess der Geschichte. Dieser Widerspruch in seiner Theorie ist das Opfer, das er bringen musste, um Hegels idealistische Geschichtsphilosophie in eine materialistische zu verwandeln, wobei er sinnlosen Phänomenen einen Sinn zuschreibt. In anderen Worten: Marx behielt unbewusst Elemente des Hegelschen Idealismus bei, ohne dass er dazu imstande war, die entsprechenden Probleme zu lösen. Sonst hätte er Verfahren der rationalen Argumentation und des Diskurses eine viel entscheidendere Rolle in der geschichtlichen Entwicklung zuerkennen müssen als nur den Status eines Überbaus, der vom ökonomischen Unterbau der Gesellschaft abhängig ist. Das ist auch der Grund, warum er nicht die Frage beantworten kann, unter welchen Bedingungen sich die menschliche Gesellschaft in die Richtung einer weiter gehenden Annäherung von Vernunft und

Wirklichkeit entwickeln würde. Anstatt diese Frage zu beantworten, stellt er eine solche Überbrückung der Kluft zwischen Vernunft und Wirklichkeit als einen naturalistischen Prozess der historischen Entwicklung dar. Marx, der in der Philosophie des deutschen Idealismus ausgebildet war, sich jedoch während seiner Studien im britischen Museum der britischen Politischen Ökonomie zuwandte, war nicht in der Lage, diese beiden entgegengesetzten Denksysteme in einer folgerichtigen und haltbaren Art und Weise miteinander zu verbinden.

Was richtig und was falsch ist an Marx' allgemeiner Theorie des historischen und dialektischen Materialismus, ist ebenso richtig oder falsch an seiner besonderen Theorie der kapitalistischen Entwicklung. Er stellt die Dynamik der Warenproduktion und der Kapitalakkumulation heraus, indem er nachweist, wie sie einen ökonomischen Prozess begründen, der sich aufgrund seiner eigenen Gesetze fortentwickelt und der eine Zwangsgewalt über die Menschen ausübt, unabhängig von und im Gegensatz zu Bedürfnissen und Moralstandards. Er zeigt, wie die Produktion zu einem Prozess um ihrer selbst willen gerät und Überproduktionskrisen, Kapitalvernichtung, technologische Stagnation, Klassenantagonismus, Kapitalkonzentration und die Zentralisierung der Produktion zur Folge hat, je mehr sich die kapitalistische Akkumulation ausweitet und die ganze Gesellschaft und schließlich die gesamte Welt in einem Prozess erfasst, in dem alles „kommodifiziert", das heißt zur Ware wird. Dies sind zweifellos bedeutende Einsichten in die Grunddynamik des Kapitalismus.

Einige seiner spezifischen Erklärungen sind jedoch fehlerhaft und müssen durch haltbarere Erklärungen ersetzt werden. So können wir das Funktionieren des Marktaustausches und seine Indifferenz gegenüber subjektiven Schwankungen der Bedürfnisse und gegenüber Moralansprüchen viel besser durch die Gesetze von Angebot und Nachfrage erklären als durch seine fehlerhafte Arbeitswerttheorie. Wir müssen ebenso sein Gesetz der tendenziell fallenden Profitrate in Frage stellen, weil die zunehmende Produktivität, die aus der technologischen Rationalisierung resultiert, den *relativen* Mehrwert anwachsen lässt, der daher gegen fallende Profitraten arbeitet. In beiden Fällen gerät Marx in die Fallen seiner Vorliebe für die Arbeitswerttheorie, die er benötigt, um behaupten zu können, dass der Arbeiter allein die Quelle der Kapitalakkumulation darstellt. Seine Arbeitswerttheorie dient ihm als eine moralische Legitimation für die historische Mission des Proletariats, die private Profitaneignung in eine kollektive Aneignung der Produkte umzuwandeln. Dies sind jedoch nur geringfügige Mängel in der Marxschen Theorie der kapitalistischen Entwicklung; wir wenden uns nun ihren bedeutenderen Fehlern zu.

Die wesentlicheren Fehler der Marxschen Theorie der kapitalistischen Entwicklung beginnen mit seiner Vorhersage eines Zusammenbruches des Kapitalismus und seiner Transformation zum Kommunismus. Dies bedeutet, eine spe-

zielle Theorie der inneren Dynamik der kapitalistischen Produktion und Profitaneignung in die Schuhe einer Geschichtsphilosophie zu stecken, die viel zu groß
für sie sind. Nichts erlaubt uns, solch eine Entwicklungslogik dynamischen Kräften zuzuschreiben, die keinen Sinn in sich selbst besitzen. Der erklärende und
prognostische Wert der Marxschen Theorie wird von der Entwicklung der modernen Gesellschaft erheblich in Frage gestellt, sei es im Zusammenhang der
kapitalistischen oder der sozialistischen Wirtschaft. Der Grund liegt im fehlen-
den Interesse an der unabhängigen Funktionsweise der nichtökonomischen Kräfte. Marx beging den Fehler, eine analytische Konstruktion der Funktionsweise
der ökonomischen Kräfte in eine tatsächliche empirische Vorhersage zu wenden,
die sich auf diesen ökonomischen Prozess gründet und alle anderen Phänomene
als von ihm abhängig betrachtet. Dies verursachte das Scheitern des Marxschen
Projekts in der Theorie und in der Praxis.

Der Fehler, die Funktionsweise der nichtökonomischen Kräfte zu ignorieren,
beginnt mit Marx' Darstellung der ursprünglichen Akkumulation als Ausgangspunkt der kapitalistischen Entwicklung. Die ursprüngliche Akkumulation von
Kapital im Prozess der Enteignung der Bauern und der Kommerzialisierung der
Landwirtschaft in England trug zweifellos zu den wirtschaftlichen Anfängen des
Kapitalismus bei. Dies ist jedoch nur ein Faktor in einem weitaus komplexeren
Prozess. Ohne die Bildung der starken Nationalstaaten in Europa, ohne die Unterstützung des Handels und der Industrie durch ein System des Wirtschafts-
rechts, ohne die Einführung der Arbeitsethik durch den Puritanismus hätte sich
kein Kapitalismus in Europa entwickeln können. Weil es zu solch einem einzigartigen Zusammentreffen von unterschiedlichen Bedingungen kam, wurde Europa das Zentrum der kapitalistischen Entwicklung. Außerhalb von Europa exis-
tierten ebenfalls alle materiellen Voraussetzungen, aber nicht die rechtlichen,
politischen, assoziativen und kulturellen Voraussetzungen. Deshalb konnte außerhalb Europas kein rationaler Kapitalismus entstehen.

Was für die Entstehung des Kapitalismus gilt, das lässt sich ebenso für seine
Entwicklung sagen. Sie hängt auf eine sehr komplexe Art und Weise untrennbar
mit verschiedenen nichtwirtschaftlichen Institutionen zusammen; sie formt diese
Institutionen nicht nur durch ihre Dynamik, sondern sie wird gleichfalls auch
durch diese Institutionen geformt. Politische Interventionen, die Gewerkschafts-
bewegung, die Entstehung des Wohlfahrtsstaats, die Verallgemeinerung der
Bildung, der Zuwachs des kulturellen Lebensstandards, die Kontrolle des Kapitalismus durch Gesetze, die Ausweitung der Bürgerrechte, all dies übte seinen
eigenen Einfluss auf die kapitalistische Entwicklung aus, sodass sie nicht mehr
vollständig Marx' Herleitung aus ihrer internen Dynamik entsprach. Der Klas-
senkompromiss, der ansteigende Lebensstandard, die Erweiterung der Bildung,
die Verschiebung von den Fertigungs- zu den Dienstleistungsindustrien, die

politische Kontrolle der Wirtschaft und das Wohlfahrtssystem brachten ein komplexes Gebilde hervor, das nicht mehr länger dem Bild entsprach, das Marx vom Kapitalismus zeichnete.

Auf der anderen Seite weist das Scheitern des Marxismus in den sozialistischen Gesellschaften des sowjetischen und des chinesischen Typs auf die Fehler in seinen Annahmen einer Auflösung der Widersprüche des Kapitalismus durch den Sozialismus und später durch den Kommunismus hin. Die Irrationalitäten, die durch den Markt in kapitalistischen Gesellschaften erzeugt werden, dass nämlich die private Aneignung der Profite zu privaten und nicht aufeinander abgestimmten Investitionsentscheidungen führt, sind nahezu unbedeutend im Vergleich zu den Irrationalitäten der sozialistischen Produktion, die technologische Stagnation, Mangel an Koordination und Flexibilität, andauernde Versorgungskrisen, ein chronisch niedriges Niveau der Verfügbarkeit vieler wichtiger Güter und die schlimmste Zerstörung der Umwelt zur Folge hat. Die Bevölkerung dieser Gesellschaften hatte lange vor den Revolutionen von 1989 ihr Vertrauen in die „Rationalität" dieses Systems verloren.

Der Fehler der Marxschen Theorie, den wir für diese praktischen Mängel verantwortlich machen müssen, ist ihr mangelndes Interesse für spezifische Beiträge spezifischer Institutionen zum Funktionieren der Gesellschaft in einem komplexen System miteinander zusammenhängender Institutionen. Eine kapitalistische Wirtschaft durch eine staatlich gelenkte, sozialistische zu ersetzen, führt zu einer Gesellschaft, die durch einen autoritären Staat geleitet wird, ohne Zugang zu den Vorteilen einer kapitalistischen Wirtschaft zu erhalten. Solch eine Umwälzung ersetzt nicht nur die kapitalistische Wirtschaft, sondern auch ihre Wechselbeziehungen zu einem demokratischen Staat, einem Wohlfahrtssystem, einem Bildungssystem und einem gesetzlichen System, die ein sehr komplexes Netzwerk von miteinander wechselseitig verbundenen Institutionen mit sehr spezifischen Funktionen bilden, die nicht alle gleichzeitig von einer institutionellen Synthese erfüllt werden können. Der autoritäre sozialistische Staat war die letzte Verkörperung des Hegelschen Traums von der Synthese. Für die Bevölkerung dieser Länder verwandelte sich dieser Traum letztlich in einen Alptraum. Die Umwandlung der Marxschen Gesellschaftstheorie in eine politische Ideologie ist nicht zuletzt Marx' Behauptung zuzuschreiben, nach der es eine Einheit von Theorie und Praxis gibt (vgl. Mannheim, 1929). Nur ihre Differenzierung wird es der Marxschen Gesellschaftstheorie erlauben, die geachtete Stellung im Spektrum der Theorien wiederzugewinnen, die sie gewiss verdient.

# Wirkungsgeschichte

Marx' Theorie hat zu einer großen Anzahl von Interpretationen und Marxismen vielfältiger Art angeregt, analog der divergenten Denktraditionen, die Marx beeinflusst haben.

Die erste Interpretationslinie ist die marxistische politische Ökonomie, die sich in orthodoxer Form in der Sowjetunion etablierte. In einer intellektuell differenzierteren Form entwickelte sie sich besonders im angelsächsischen Marxismus (Anderson, 1974; Baran und Sweezy, 1966; Sweezy, 1970; Burawoy, 1979; Wallerstein, 1974; Cohen 1978; Roemer, 1982). Lenin (1902/1970) legte die Grundlage für den orthodoxen Marxismus. Im Gegensatz zu Lenin stellt der marxistische Revisionismus von Kautsky (1927) und Bernstein (1907, 1969) den ökonomischen Determinismus der Orthodoxie in Frage und misst dem demokratischen Staat eine bedeutendere Rolle bei der Reformierung des Kapitalismus und für den Weg hin zum Ziel des Sozialismus zu (Bryan S. Turner, 1986). Der ungarische Marxist Georg Lukács (1923/1968) kehrte zur Hegelschen Dialektik zurück, in dem er sich mit Phänomenen wie dem Warenfetischismus und dem Klassenbewusstsein beschäftigte. Er kam zu einer komplexeren Auffassung der dialektischen Beziehung zwischen Ökonomie, Politik, gesellschaftlicher Struktur und kulturellen Ideen. Der italienische Marxist Antonio Gramsci (1932/1972, 1991–2001) tat dasselbe, als er seine Idee der Hegemonie als einer kulturellen Führung entwickelte, die durch die herrschende Klasse ausgeübt wird.

Die zweite Tradition ist die marxistische Klassenkonflikttheorie, die am einflussreichsten im angelsächsischen und skandinavischen Marxismus ist. Sie konzentriert sich auf den Klassenkampf und weist dem Staat eine besondere Rolle auf diesem Kampfplatz zu (Miliband, 1982; Rex, 1981, 1986; Elster, 1985). Die strukturalistische Version der marxistischen Klassenkonflikttheorie ist die Domäne des französischen Marxismus (Althusser, 1965, Poulantzas, 1968; Bourdieu, 1979). Eine einflussreiche Strömung, die von diesen postmarxistischen Gedanken beeinflusst wurde, ist die Regulationsschule bzw. die Theorie des Postfordismus (Lipietz, 1987, 1993; Piore/Sabel, 1984; Jessop, 1990). Sie untersucht die klassisch marxistische Frage „Wie sichert der Kapitalismus sein eigenes Bestehen?" in einer Zeit, in der sich die Organisation der Produktion (das „Akkumulationsregime") wie auch die Kultur und die sozialen Beziehungen (der „Regulationsmodus") tiefgreifend verändern. Ihre Vertreter werden somit auch zu Theoretikern der Globalisierung, die sie jedoch überwiegend aus ökonomischer Perspektive analysieren. Manuel Castells (1977, 2000) untersucht dagegen, welche Auswirkungen technologische Innovationen im Zusammenspiel mit ökonomischen und politischen Umstrukturierungen haben. Die Netzwerkgesellschaft, in der Informationsflüsse größere Bedeutung haben als konkrete Orte, verändert seiner Betrachtung nach den städtischen Raum und die sozialen Beziehungen seiner Bewohner. Die dritte Interpretationsform ist die marxistische Praxisphilosophie, zunächst in den regimekritischen Marxismen des ehemaligen Jugoslawien und Ungarns (Djilas, 1957; Markovic, 1968; Stojanovic, 1973; Heller, 1976), dann aber auch in Varianten der Erneuerung des amerikanischen Pragmatismus (Bernstein, 1971, 1985; Joas, 1980, 1985; Honneth und Joas, 1980; Kilminster, 1979) und im französischen Strukturalismus (Castoriadis, 1987).

Die vierte Tradition ist schließlich die marxistische Kritische Theorie, die von der Frankfurter Schule hervorgebracht wurde. Sie belebte die hermeneutischen und hegelianischen Elemente in der marxistischen Theorie wieder (Adorno, 1966/1973; Horkheimer und Adorno, 1947; Offe, 1972, 1984. Für einen Überblick vgl. Türcke/Bolte 1994). Insbesondere Jürgen Habermas (1976, 1981), dessen Theorieansatz in Band 3 vorgestellt wird, erlangte eine sehr prominente Stellung. Mit der *Theorie des kommunikativen Handelns* (1981) wurde deutlich, dass Habermas über die Kritische Theorie der 50er und 60er Jahre hinausgegangen war und eine „kommunikationstheoretische Wende" vollzogen hatte.

## Orientierungsfragen

1. Charakterisieren Sie die drei Prinzipien der Hegelschen Philosophie. Inwiefern kann sie als historischer und dialektischer Idealismus bezeichnet werden?
2. In welchen Punkten geht Marx über Hegels Idealismus hinaus?
3. Wie erklärt Marx den Übergang von einer bisher bestehenden zu einer neuen Produktionsweise und darauf aufbauenden Gesellschaftsformationen?
4. Wodurch ist die Entfremdung des Menschen in der einfachen und in der erweiterten Warenproduktion gekennzeichnet?
5. Inwiefern sind die Krisen und Widersprüche des Kapitalismus verantwortlich für den Übergang zum Kommunismus?
6. Ist nach dem Zusammenbruch fast aller sozialistischer Regimes Marx' Prognose widerlegt, dass sich der Kapitalismus durch seine eigenen Widersprüche zerstört?

## Wichtige Begriffe

*Akkumulation*
*Dialektik*
*Entfremdung*
*Gebrauchswert*
*Idealismus*
*Kommunismus*
*Materialismus*
*Mehrwert*
*Produktionsverhältnisse*
*Produktivkräfte*
*Religiöse Theodizee*
*Säkularisierte Theodizee*
*Tauschwert*
*Warenfetischismus*

## Zur Biografie

Marx-Engels-Lenin-Institut. 1971. *Karl Marx. Chronik seines Lebens in Einzeldaten*. Glashütten im Taunus: Detlev Auermann.
Raddatz, Fritz J. 1975. *Karl Marx. Eine politische Biographie*. Hamburg: Hoffmann und Campe.

## Einstiegstexte

Marx, Karl. 1867/1962. *Das Kapital*. Bd. 1. In: Marx-Engels-Werke, Bd. 23. Berlin: Dietz, Kap. 1,4,5,6,7,14,23.
Sweezy, Paul M. 1970. *Theorie der kapitalistischen Entwicklung*. Frankfurt a. M.: Suhrkamp.

# Weiterführende Literatur

Althusser, Louis. 1996. *Das Kapital lesen*. Reinbek bei Hamburg: Rowohlt.

Altvater, Elmar / Mahnkopf Birgit. 1996. *Grenzen der Globalisierung. Ökonomie, Ökologie und Politik in der Weltgesellschaft*. Münster: Westfälisches Dampfboot.

Bader, Michael / Berger, Johannes / Gaußmann, Heiner / Knesebeck, Jost. 1976. *Einführung in die Gesellschaftstheorie. Gesellschaft, Wirtschaft und Staat bei Marx und Weber*. Frankfurt a. M.: Campus.

Fetscher, Iring (Hg.). 1962. *Der Marxismus. Seine Geschichte in Dokumenten*. 2 Bde. München: Piper.

Fromm, Erich. 1975. *Das Menschenbild bei Marx. Mit den wichtigsten Teilen der Frühschriften von Karl Marx*. Frankfurt a. M.: Europäische Verlags-Anstalt.

Gottlieb, Roger S. (Hg.). 1989. *An Anthology of Western Marxism. From Lukacs and Gramsci to Socialist-Feminism*. New York: Oxford University Press.

Habermas, Jürgen. 1976. *Zur Rekonstruktion des historischen Materialismus*. Frankfurt a. M.: Suhrkamp.

Kolakowski, Leszek. 1979. *Die Hauptströmungen des Marxismus: Entstehung, Entwicklung, Zerfall*. 3 Bde.. München: Piper.

Wallerstein, Immanuel. 1983. *The Capitalist World-Economy*. Cambridge: Cambridge University Press.

# 2. Verstehende Soziologie: Max Weber

## Biografische Einleitung

Max Weber wurde am 21. April 1864 in Erfurt geboren. Er ist das älteste von acht Kindern des Magistratsbeamten Max Weber und seiner Frau Helene, geb. Fallenstein. Vater und Mutter entstammen großbürgerlichen Familien. Der Großvater väterlicherseits führte ein Textilunternehmen, das internationale Handelsbeziehungen unterhielt. Die deutsch-englische Familie des Großvaters mütterlicherseits war ebenfalls mit großem Erfolg im internationalen Handel tätig. Die Familie Max Webers war insofern wohlhabend und hochangesehen. Als Max fünf Jahre alt war, übersiedelte die Familie nach Berlin-Charlottenburg. Der Vater wurde Berliner Stadtrat und Abgeordneter der nationalliberalen Partei im Preußischen Abgeordnetenhaus sowie im Deutschen Reichstag. Der Vater lebte ein selbstgefälliges, hedonistisches Leben. Die Mutter war das genaue Gegenteil des Vaters, eine sehr religiös geprägte, dem calvinistischen Protestantismus verpflichtete Frau. Die Spannung zwischen den beiden Elternteilen übte einen starken Einfluss auf die Entwicklung des Sohnes aus. Während er zum Vater mit zunehmendem Alter auf Distanz ging, nahm er gegenüber der Mutter eher eine beschützende Rolle ein, ohne dass aber das Verhältnis zwischen beiden als besonders innig bezeichnet werden könnte. Das verhinderte schon Max Webers agnostische Haltung zur Religion.

Im Hause der Familie verkehrte die politische, administrative und geistige Elite der Reichshauptstadt. Zu den regelmäßigen Gästen gehörten Staatsmänner wie Finanzminister Artur Hobrecht und Bismarcks Sekretär im Auswärtigen Amt, Legationsrat Karl Aegidy, Gelehrte wie Heinrich Julian Schmidt, Wilhelm Dilthey, Heinrich von Treitschke und Theodor Mommsen. Max und sein jüngerer Bruder Alfred, der später an der Heidelberger Universität Nationalökonomie und Soziologie lehrte, durften die illustren Gäste nach Tisch mit Zigarren versorgen und den politischen Gesprächen lauschen. Max Weber wuchs insofern im Zentrum staatspolitischen Handelns und gelehrter Reflexion auf. So wurde sein Interesse an Politik und sein Wissensdurst sehr früh geweckt. Er verschlang

schon in ganz jungen Jahren die großen Werke der Literatur und Geschichtsschreibung und verfasste schon als Dreizehnjähriger einen Essay „Über den
Hergang der deutschen Geschichte, namentlich in Rücksicht auf die Stellung von
Kaiser und Papst", als Sechzehnjähriger einen Text mit dem Titel „Betrachtungen über Völkercharakter, Völkerentwicklung und Völkergeschichte bei den
indogermanischen Nationen". Die Schule unterforderte ihn, sodass er genug Zeit
für weit darüber hinausgehende Lektüre und erste Gehversuche schriftstelleri-
scher Tätigkeit hatte und seinen Mitschülern bei der Bewältigung der Schulauf-
gaben beispringen konnte. Als er im Frühjahr 1882 das Gymnasium mit dem
Abitur in der Tasche verließ, bescheinigten ihm seine Lehrer ein ganz außerge-
wöhnliches Wissen. Da Weber jedoch sehr respektlos mit ihnen umging und
Fragen stellte, auf die sie keine Antwort wussten, erschien er ihnen als noch
nicht sittlich ausgereift.

Nach dem Abitur nimmt Max Weber, in die Fußstapfen seines Vaters tretend,
1882 an der Universität Heidelberg das Studium der Jurisprudenz auf, belegt
aber nicht nur rechtswissenschaftliche Vorlesungen, etwa zum Römischen Recht
bei Ernst Immanuel Bekker, sondern auch Vorlesungen zur Nationalökonomie
bei Karl Knies, zur Geschichte bei Bernhard Erdmannsdörffer und zur Philosophie bei Kuno Fischer. Er wohnt in unmittelbarer Nachbarschaft seines Onkels
Adolf Hausrath, Theologieprofessor in Heidelberg, mit dem er gelegentlich Diskurse über die ihn bewegenden Fragen führt, und schließt Freundschaft mit seinem Vetter Otto Baumgarten, Sohn seiner Straßburger Tante Ida, der in Heidelberg Theologie studiert. Über das Studium hinaus taucht er in das intensive Heidelberger Burschenschaftsleben ein. Dazu gehörten die Fechtübungen mit dem
obligatorischen Schmiss und reichlichem Alkoholkonsum. Das aufwendige Burschenschaftsleben lässt erhebliche Schulden entstehen. Aus dem schmächtigen
Jüngling von achtzehn Jahren wird ein recht korpulent ausschauender, selbstbe-
wusst auftretender junger Mann.

Schon 1883 ist das Kapitel Heidelberg jedoch beendet, da Weber für ein Jahr
zum einjährigen Militärdienst nach Straßburg geht. Dort ist er häufig im Hause
seiner Tante Ida und seines Onkels Hermann Baumgarten. Sein Onkel ist Historiker, im Gespräche mit ihm vertieft er sein Interesse an historischen Fragen.
Seine Tante ist die Schwester seiner Mutter und genauso religiös. Sie bringt ihm
den Gehalt des calvinistischen Protestantismus so nahe, dass er zumindest ein
Verständnis dafür gewinnt.

Nach Beendigung des Militärdienstes setzt Weber sein Studium fort, dieses
Mal nicht in Heidelberg, sondern in Berlin (1884/85). Er besucht Vorlesungen
bei den Juristen Georg Beseler, Ludwig Karl Aegidy, Rudolf von Gneist, Heinrich Brunner und Otto von Gierke sowie bei den Historikern Theodor Mommsen
und Heinrich von Treitschke. In Göttingen (1885/86) bereitet er sich auf das

juristische Referendarsexamen vor. Nach dem Examen im Mai 1886 tritt er in Berlin den Referendardienst an. Ohne eigenes Einkommen lebt er die nächsten sieben Jahre im Hause der Eltern. Nach dem Referendariat nimmt er nochmals sein Studium mit dem Ziel der Promotion auf. Bei Levin Goldschmidt studiert er Handelsrecht, bei August Meitzen Agrargeschichte. Zwischendurch kehrt er zum Militärdienst nach Straßburg zurück, um zum Offizier ernannt zu werden, und nimmt an einer Offiziersübung in Posen teil. Dort wird er auf die aktuellen Probleme der Agrarpolitik in den preußischen Grenzgebieten aufmerksam. Mit dem Beitritt zum *Verein für Sozialpolitik* wird er Mitglied in einem Kreis von Ökonomen, in dem er bald eine führende Rolle spielen wird. Jetzt beginnt sich Webers eigenständiges, herkömmliche Disziplingrenzen überschreitendes Denken zu formen. Das erste Ergebnis dieses geistigen Kristallisationsprozesses ist die Dissertation *Zur Geschichte der Handelsgesellschaften im Mittelalter*, mit der er 1889 promoviert. In dieser historischen Arbeit werden juristische und ökonomische Betrachtungen miteinander verknüpft. Zum Studium der Rechtsquellen musste sich Weber in kürzester Zeit die erforderlichen Kenntnisse der italienischen und spanischen Sprache aneignen. Von dieser Arbeit zehrte Weber noch lange, insbesondere bei seinen späteren Studien zur Rechtssoziologie und zur Entwicklung der okzidentalen Stadt im Mittelalter. Nach erfolgreicher Promotion nimmt Weber nicht – wie ursprünglich beabsichtigt – eine praktische Tätigkeit als Jurist auf. Vielmehr setzt er sich sogleich an die Ausarbeitung einer Habilitationsschrift. Das Thema der Schrift ist *Die römische Agrargeschichte in ihrer Bedeutung für das Staats- und Privatrecht*. Im Frühjahr 1892 erfolgt die Habilitation mit dieser Schrift an der Juristischen Fakultät der Universität Berlin und die Erteilung der venia legendi für römisches, deutsches und Handelsrecht. Auch diese historische Arbeit verknüpft juristische und ökonomische Fragestellungen.

Noch während der Arbeit an seiner Habilitationsschrift erhält Weber vom Verein für Sozialpolitik den Auftrag, im Rahmen eines größeren Forschungsprojektes eine Studie über *Die Verhältnisse der Landarbeiter im ostelbischen Deutschland* anzufertigen. Die Ergebnisse seiner rund 900 Seiten umfassenden Studie stellt er auf der Tagung des Vereins im Frühjahr 1893 vor, um fortan als Experte in Fragen der Agrarökonomie zu gelten. In Berlin vertritt er seinen erkrankten Lehrer Goldschmidt und wird außerordentlicher Professor für Handels- und deutsches Recht.

Im Herbst 1893 heiratet Max Weber. Seine Ehepartnerin, Marianne Schnitger, gehört zu den Pionierinnen der Frauenemanzipation. Sie nimmt regen Anteil am intellektuellen und öffentlichen Leben ihrer Zeit. Mit ihrem Werk *Max Weber. Ein Lebensbild* (1926) hat sie der Nachwelt ein eindrucksvolles Bild der Persönlichkeit Max Webers hinterlassen.

Unmittelbar nach der Landarbeiter-Enquête legt Weber 1894 eine weitere Studie vor, dieses Mal über die Börse. Schon 1894 folgt er einem Ruf auf einen Lehrstuhl für Nationalökonomie an die Universität Freiburg. Im Mai 1895 hält er seine Antrittsvorlesung zum Thema *Der Nationalstaat und die Volkswirtschaftspolitik*. In dieser aufsehenerregenden Rede, die schon damals und noch heute höchst umstritten ist, beschäftigt sich Weber mit der Verdrängung deutscher Landarbeiter durch polnische Kleinbauern und fordert die Wirtschaftspolitik auf, diesen Prozess im nationalen Machtinteresse zu stoppen. Er stellt fest, dass Deutschland für die Bewältigung solcher Herausforderungen insbesondere deshalb nicht gerüstet sei, weil sich die politische Leitung noch in den Händen einer sinkenden Klasse, der preußischen Junker, befindet, während die aufsteigende Klasse des Bürgertums darauf noch nicht vorbereitet sei. Von der Landarbeiter-Studie bis zur Freiburger Antrittsvorlesung zieht sich ein roter Faden von insbesondere sozialpolitischen Fragen, die Weber in dieser Zeit beschäftigen. Weber nimmt an Konferenzen des Evangelisch-sozialen Kongresses teil und entwickelt eine lebenslange Freundschaft zu Friedrich Naumann, dem christlich-sozial inspirierten Begründer der liberalen Bewegung in Deutschland.

Weber bleibt allerdings nur kurze Zeit in Freiburg. Er nimmt 1897 einen Ruf auf einen Lehrstuhl für Nationalökonomie an der Universität Heidelberg an und übersiedelt nach Heidelberg. Dort kommt es bald nach dem Umzug zu einer entscheidenden Wende in seinen persönlichen Lebensverhältnissen. Es fängt mit einer Auseinandersetzung mit dem Vater an, dem er sein autoritäres Verhalten gegenüber der Familie, insbesondere gegenüber der Mutter, vorhält. Obwohl Sohn Max nur die Mutter zu einem Besuch einlädt, besteht der Vater darauf, sie nach Heidelberg zu begleiten. Dort spitzt sich der Konflikt zu. Der Vater reist verärgert ab und stirbt bald darauf unversöhnt. Sohn Max macht sich Vorwürfe. Man weiß nichts über den kausalen Zusammenhang, immerhin befindet sich Max Weber in einer depressiven Stimmungslage, als er bald nach dem Tod des Vaters einen nervlichen Zusammenbruch erleidet, von dem er sich auf Jahre nur langsam wieder erholt. Er muss sich von seiner Lehrtätigkeit befreien lassen und scheidet 1903 ganz aus dem Lehramt aus, bleibt der Heidelberger Universität aber als Honorarprofessor verbunden. Trotzdem wird die Villa von Max und Marianne Weber in der Ziegelhäuser Landstraße Nr. 17 gegenüber der Heidelberger Altstadt zu einem geistigen Zentrum des geselligen Lebens der Heidelberger Gelehrten, von dem die Beteiligten noch weit über Max Webers Tod hinaus schwärmen werden.

Am Anfang der Heidelberger Zeit stehen jedoch lange Phasen der Erschöpfung und Depression, Aufenthalte in psychiatrischen Sanatorien und ausgedehnte Reisen, die Weber immer wieder vor allem nach Italien führen. Erst gegen 1904 stellt sich eine nachhaltige Besserung ein. Weber fängt vor allem wieder an zu schreiben und zu publizieren. In den Jahren 1903 und 1904 erscheinen zwei maßgebliche methodologische Aufsätze: „Roscher und Knies und die logischen Probleme der Nationalökonomie" (1903) sowie „Die ‚Objektivität' sozialwissenschaftlicher und sozialpolitischer Erkenntnis" (1904). Dazu kommt eine Abhandlung über „Agrarstatistische und sozialpolitische Betrachtungen zur Fideikommißfrage in Preußen" (1904) schließlich die bahnbrechende Studie „Die protestantische Ethik und der Geist des Kapitalismus" (1904). Auf einen Schlag legt Weber die methodologischen Grundlagen für seine verstehende Soziologie und formuliert das Programm seiner weit ausgreifenden universalgeschichtlichen, vergleichenden Studien zur Religionssoziologie. Von August bis Dezember 1904 bereist das Ehepaar Weber die Vereinigten Staaten. Von der Reise offensichtlich beflügelt, nimmt Weber wieder rege an Tagungen teil, gründet die Deutsche Gesellschaft für Soziologie mit, streitet mit den Kathedersozialisten über die Werturteilsfreiheit der Sozialwissenschaften und arbeitet immer intensiver an seinem Forschungsprogramm. Die Lehrtätigkeit in Heidelberg nimmt er aber nicht wieder auf. Eine von seinem Onkel Adolf Hausrath hinterlassene Erbschaft macht ihn von Erwerbseinkünften unabhängig. Die russische Revolution von 1905 weckt sein Interesse an dem sich dort vollziehenden gesellschaftlichen Wandel. In kürzester Zeit erlernt er die russische Sprache, um sich anhand von Zeitungsberichten ein Bild von der Lage in Russland machen zu können. Daraus gehen zwei Publikationen hervor: „Zur Lage der bürgerlichen Demokratie in Rußland" (1905) und „Rußlands Übergang zum Scheinkonstitutionalismus" (1906). Im Jahre 1914 übernimmt Weber die Schriftleitung für das große Publikationsprojekt „Grundriß der Sozialökonomie". Aus diesem Projekt geht schließlich als Beitragsteil Webers großes Werk *Wirtschaft und Gesellschaft* hervor, das kurz nach seinem Tod erscheinen wird. Daneben treibt Weber seine vergleichenden religionssoziologischen Studien voran, die zunächst 1915 bis 1919 im *Archiv für Sozialwissenschaft und Sozialpolitik* erscheinen, um dann in die 1920 bis 1921 erscheinenden drei Bände der *Gesammelten Aufsätze zur Religionssoziologie* einzugehen.

Der Erste Weltkrieg beansprucht Weber zunächst 1914/15 in der Rolle eines Offiziers im Reservelazarett in Heidelberg. Das Kriegsende zieht ihn in die Debatte über die politische Neuordnung Deutschlands hinein. Mit mehreren Beiträgen, die in seinen politischen Schriften gesammelt sind, meldet er sich zu Wort. Er gehört zur deutschen Delegation bei den Versailler Friedensverhandlungen. Die Direktwahl des Reichspräsidenten als Gegenkraft zum Parlament in der Weimarer Verfassung ist auch von Webers Konzept einer Konkurrenzdemokratie mit starker politischer Führung beeinflusst worden. Weber kandidiert sogar für die von seinem Freund Friedrich Naumann und seinem Bruder Alfred gegründete Deutsche Demokratische Partei für den Reichstag, allerdings ohne Erfolg.

Im Revolutionswinter 1918/19 hält er im Rahmen einer Vortragsreihe über „Geistige Arbeit als Beruf" vor dem Freistudentischen Bund in München zwei Vorträge, die als Webers wissenschaftstheoretisches und politisches Manifest gelesen werden können: „Wissenschaft als Beruf" und „Politik als Beruf". Weber kehrt wieder zurück ans Katheder. Im Sommersemester 1918 übernimmt er probeweise ein Ordinariat an der Universität Wien, bleibt aber doch nicht dort. Statt dessen nimmt er 1919 einen Ruf auf einen Lehrstuhl für Soziologie an der Universität München an. Kaum hat er in München wieder eine Lehrtätigkeit aufgenommen, stirbt er am 14. Juni 1920 im Alter von nur 56 Jahren an einer Lungenentzündung. (Marianne Weber, 1926/1984; Baumgarten, 1964; Eisermann, 1989, S. 1–36; Fügen, 1985; Kaesler, 1997; Roth, 2001)

Max Weber ist einer der großen Begründer der Soziologie als einer eigenständigen wissenschaftlichen Disziplin. Sein Werk ist heute immer noch von besonderer Wichtigkeit, nicht nur als klassische Quelle des zeitgenössischen soziologischen Denkens, sondern auch als ein Beitrag zur Soziologie, der immer noch von allgemeiner Relevanz ist, um die bedeutendsten Probleme der sozialen Organisation im Allgemeinen und der zeitgenössischen Gesellschaft im Besonderen zu untersuchen (siehe Weber, 1984; Kaesler, 1998).

## Hauptwerke

*Gesammelte Aufsätze zur Religionssoziologie.* 3 Bde. (1920/1972a, 1920/1972b, 1920/1971a)
*Gesammelte Politische Schriften.* (1921/1971b)
*Wirtschaft und Gesellschaft.* (1922/1976)
*Gesammelte Aufsätze zur Wissenschaftslehre.* (1922/1973)
*Gesammelte Aufsätze zur Sozial- und Wirtschaftsgeschichte.* (1924/1988a)
*Gesammelte Aufsätze zur Soziologie und Sozialpolitik.* (1924/1988b)
*Gesamtausgabe.* Hrsg. von H. Baier, M.R. Lepsius, W.J. Mommsen und W. Schluchter. (1984–2001)

## Theoriegeschichtlicher Kontext: Idealismus und Historismus

Jeder Versuch, den besonderen Beitrag Max Webers zur Soziologie zu verstehen, muss das Denken des deutschen Idealismus und **Historismus** berücksichtigen, die maßgeblich die intellektuelle Lebenswelt Deutschlands zur Zeit Webers prägten. Deren Wurzeln lassen sich auf das erste bedeutende Paradigma dieses Denkens in Kants kritischer Philosophie zurückverfolgen, die noch immer von großer Bedeutung für das gegenwärtige deutsche Denken ist.

Immanuel Kant (1781/1964a, 1788/1964b, 1793/1964c) unterschied als erster radikal zwischen Natur und Kultur. Diese Zweiteilung schloss die Teilung des Menschen in Körper und Geist, als Bereiche der kausalen Notwendigkeit auf der einen und der Freiheit auf der anderen Seite, ein. Seit Kant blieb das deutsche Denken dabei, für die kulturelle Dimension des menschlichen Daseins einen besonderen Charakter zu beanspruchen, was die Anwendung von speziellen methodischen Instrumenten für die Kulturwissenschaften im Unterschied zu den Naturwissenschaften verlangte. Die Gelehrten, die Kant folgten und die Philosophie des deutschen Idealismus begründeten, mit Georg Wilhelm Friedrich Hegel (1820/1995) als dessen führendem Vertreter, versuchten sogar die Kulturwissenschaften über die Naturwissenschaften zu stellen. Hegel sah das Wissen der Naturwissenschaften letzten Endes unter der übergreifenden Synthese geordnet, die durch das absolute Wissen der dialektischen Philosophie erreicht wurde. Er behauptete ferner in seiner Geschichtsphilosophie eine teleologische, also zielgerichtete Bewegung der menschlichen Gesellschaft hin zu einer Versöhnung von Vernunft und Wirklichkeit, die schließlich die Kantianische Lücke zwischen den Reichen von Kultur und Natur, Geist und Körper, Freiheit und Notwendigkeit schließen würde. Karl Marx (1843/1956, 1844/1968; mit F. Engels 1846/1969) stellte Hegels Geschichtsphilosophie vom Kopf auf die Füße, behauptete aber ebenso eine Versöhnung dieser Bereiche als endgültiges Stadium der menschlichen Geschichte (siehe Kap. 3 in diesem Buch).

Das akademische Denken wandte sich zwar von solchen Thesen ab, behielt aber die Unterscheidung zwischen einer naturwissenschaftlichen Auffassung der Natur und einer geisteswissenschaftlichen Auffassung der Kultur bei. Der Idealismus erlebte eine historische Wendung. Die Hauptidee war nun, dass das menschliche Handeln Sinn hat und dass dieser Sinn eher *verstanden* als kausal *erklärt* werden muss, indem man ihn als Teil eines besonderen historischen Kulturmusters interpretiert. Ältere historische Ökonomen wie Wilhelm Roscher (1854–1892) und Karl Knies (1853) und jüngere historische Ökonomen wie Gustav Schmoller (1900–1904) und Lujo Brentano (1901), lehnten den naturwissenschaftlichen Ansatz der klassischen Nationalökonomie ab, der darauf abzielte, allgemeine Gesetze des wirtschaftlichen Verhaltens aufzustellen. Sie betonten, dass das wirtschaftliche Leben in seinem Sinn verstanden werden muss, indem man es als Teil eines besonderen historischen Kulturmusters einer Gesellschaft interpretiert.

Wilhelm Dilthey (1883/1968, 1924/1964) war der Philosoph, der am deutlichsten zwischen den Naturwissenschaften und den Kulturwissenschaften unterschied. Er versuchte, die Kulturwissenschaften als eigenständige Wissenschaft zu etablieren, nämlich als *Geisteswissenschaften*. Ihre Methode ist die **Hermeneutik**, die Methode, die den objektiven Sinn von kulturellen Phänomenen wie Texten und Kunstwerken durch Interpretation entdeckt. Dilthey setzte die Hermeneutik von Friedrich Schleiermacher (1911) fort, über den er eine Biografie veröffentlichte. Der Text hat nach hermeneutischer Auffassung einen objektiven Sinn in sich selbst, der von den subjektiven Motiven und Intentionen seines Autors getrennt werden muss. Um den Sinn eines Textes zu verstehen, muss sich die Hermeneutik dennoch mit der Rekonstruktion des kulturellen Kontexts befassen, aus dem heraus er entstanden ist. In diesem kontextuellen Sinn ist die Produktion eines Textes durch einen Autor, der in einer bestimmten historischen Situation lebt und bestimmte Intentionen hat, von Interesse für ein Verständnis seines Sinnes. Der Interpret mag, wie Schleiermacher betonte, sogar ein besseres Verständnis des objektiven Sinnes eines Textes erreichen als der Autor selbst.

Nirgendwo sonst wurde dieser Anspruch, eine Wissenschaft im striktesten Sinne zu sein, von den Kulturwissenschaften so nachdrücklich wie zu dieser Zeit in Deutschland erhoben. Den angelsächsischen „Arts" und den französischen „lettres" ist ein solcher Anspruch fremd; sie blieben deshalb immer Teil ihres Gegenstands selbst: vom Wesen her eine Kunst. Sie unternahmen keine vergleichbar umfassenden Versuche, eine eigenständige wissenschaftliche Methodologie zu schaffen. Die deutschen Geisteswissenschaften machten jedoch genau dies.

Nach Dilthey versuchen die Naturwissenschaften, universell gültige Kausalgesetze zu entdecken und besondere Phänomene kausal durch universelle Gesetze *zu erklären*. Weil es jedoch immer eine Lücke zwischen der Natur und dem menschlichen Geist gibt, verbleibt das Wissen der Naturwissenschaften, das ein Produkt des menschlichen Geistes ist, seinem Gegenstand immer äußerlich. Dies gilt nicht für das Wissen der *Geisteswissenschaften*. Hier sind beide, das Subjekt und das Objekt des Wissens, von derselben Art und Teile desselben Bereichs: der Kultur. Kulturelle Phänomene, wie menschliches Handeln, literarische Texte und Kunstwerke, haben einen Sinn. Das *Verstehen* dieses Sinns ist das Ziel jeglicher kulturwissenschaftlichen Untersuchung, und es ist nicht deren Aufgabe, das Auftreten kultureller Phänomene in kausalen Begriffen zu *erklären*. Um dieser Aufgabe des Verstehens gerecht zu werden, muss sich der Kulturwissenschaftler emphatisch in den besonderen historischen und kulturellen Kontext eines Phänomens hineinversetzen und es so als einen Teil dieser historisch besonderen Struktur interpretieren. Um beispielsweise die deutsche Reformation zu verstehen, muss man das Handeln von Luther und die Handlungen seiner Anhänger auf ihre Interpretation des christlichen Glaubens zurückführen. Um eine Frage zu verstehen, die von einem Mitglied des Publikums an einen Vortragenden gestellt wurde, muss man diese auf den Sinn dieses Vortrags beziehen, wie dieser durch dieses besondere Mitglied des Publikums interpretiert wurde. Man muss den Sinn, dem dieser Vortrag durch diese besondere Person in dieser besonderen Situation beigemessen wird, *nacherleben*. Auf diese Weise stellt Dilthey die partikularisierenden Kulturuntersuchungen den verallgemeinernden Naturwissenschaften gegenüber.

Die Unterscheidung zwischen verallgemeinernden und partikularisierenden Wissenschaften wurde von späteren Generationen weitergeführt, doch sie wurde von der Unterscheidung zwischen den Naturwissenschaften und den Geisteswissenschaften gelöst. Wilhelm Windelband (1909) und Heinrich Rickert (1896–1902), die um die Jahrhundertwende die Schule des südwestdeutschen Neukantianismus begründeten, unterschieden zwischen **nomothetischen** und **idiographischen Wissenschaften**, unabhängig von der Unterscheidung zwischen Naturwissenschaften und Geisteswissenschaften. Dies lief letzten Endes darauf hinaus, der Suche nach allgemeinen Gesetzen des menschlichen Verhaltens einen legitimen Status beizumessen.

Zu dieser Zeit beschritten die Nationalökonomie und die Psychologie offensichtlich erfolgreich solch einen generalisierenden Weg außerhalb der Naturwissenschaften. Dies musste als eine Tatsache hingenommen werden. Dennoch beanspruchten Windelband und Rickert weiterhin für die von ihnen als *Kulturwissenschaften* bezeichneten Disziplinen einen eigenen Gegenstandsbereich, der für die Methoden der nomothetischen Wissenschaften nicht erreichbar ist. Soweit ihr Gegenstandsbereich ein besonderes Phänomen darstellt, muss er eher durch idiographische Methoden verstanden, als durch nomothetische Methoden erklärt werden.

Es gibt jedoch einen verallgemeinernden Aspekt in den Kulturwissenschaften, der von Rickert eingeführt wurde, nämlich das methodische Prinzip der Wertrelevanz. Was ein Historiker untersucht, hat er immer aus sehr vielen einzelnen Ereignissen und Individuen ausgewählt. Soweit er jedoch solche Ereignisse und Individuen auswählt, die von besonderer Relevanz für die Verwirklichung von universell geltenden Werten im negativen oder positiven Sinne sind, ist seine Untersuchung vom Wesen her nicht willkürlich. Sie hat stattdessen eine allgemeine Wertrelevanz, genau wie die untersuchten Ereignisse und Individuen, die dann zu historischen Ereignissen werden und zu Individuen mit einer besonderen historischen Bedeutung für die Verwirklichung von allgemein gültigen Werten. Rickert war davon überzeugt, dass es eine begrenzte Menge solch universell gültiger Werte gibt, vor deren Hintergrund die historischen Ereignisse und Individuen untersucht und eingeschätzt werden können. In diesem Sinn versuchte er Kants kritische Geschichtsphilosophie zu erneuern. Rickerts Versuch, eine Reihe von universell gültigen Werten zu formulieren, war sehr umstritten, doch sein

Begriff der Wertrelevanz blieb auch für diejenigen von Bedeutung, die ihm nicht vollständig in seinem Vorhaben folgten. Emil Lask (1923) interpretierte diesen Begriff zum Beispiel in einem historisch relativistischen Sinne. Dies bedeutet, dass der Historiker Phänomene in Bezug auf Werte hin untersucht, die in einer bestimmten historischen Epoche vorherrschen.

Max Webers Denken war sehr stark durch die skizzierte Tradition des Idealismus und Historismus geprägt, aber zugleich auch durch seine Bemühungen, deren Einseitigkeiten und Begrenzungen zu überwinden. Ein erstes Gegenstück zu dieser Tradition, das für ein Verständnis von Webers Ansatz wichtig ist, bildete der ökonomische Materialismus von Karl Marx und dessen Konzentration auf den Einfluss des Kapitalismus auf die Entwicklung der modernen Welt. Ein zweites Gegenstück zum Idealismus, das Webers Denken prägte, war Friedrich Nietzsches Lebensphilosophie. Für Nietzsche brach der idealistische Himmel allgemein gültiger Werte, die sich im historischen Prozess verwirklichen sollten, für immer zusammen. Was die Geschichte vorwärts treibt, sind nicht die allgemein gültigen Werte, sondern die vorbildlichen und machtvollen Taten von vorbildlichen und machtvollen Individuen. Aus diesen drei Wurzeln, den untereinander zusammenhängenden Bereichen von Werten, Interessen und Macht, von Religion, Wirtschaft und Politik setzte sich das Grundmuster des Weberschen Denkens zusammen.

## Soziales Handeln

Wenn wir Max Webers Hauptbeitrag zur Soziologie nachzeichnen wollen, so ist es vor allem seine Erkenntnis, dass sich die Kultur von der Organisation und der Entwicklung einer Gesellschaft unterscheidet, und es sind seine Einsichten in diese Verknüpfung von Kultur, Sozialstruktur und sozialem Handeln. Obwohl sich Webers bedeutsamster Beitrag auf die Kultur und deren Einwirkung auf die Gesellschaft bezieht, übersieht er nicht die Interdependenz zwischen Kultur, Sozialstruktur und sozialem Handeln. Er stellt sie so dar, dass sich kulturelle Ideen und soziale Interessen so aufeinander beziehen, wie die Gleise und die Lokomotive in einem Eisenbahnsystem: Die kulturellen Ideen markieren den möglichen Pfad der gesellschaftlichen Entwicklung, während die Interessen von Gruppen die dynamische Motivation hinzufügen. Die Wechselbeziehung zwischen Ideen und Interessen ist von großer Bedeutung für das Verständnis von Webers Beitrag zur Soziologie.

Webers Soziologie ist genauso sehr mit der Dynamik des sozialen Handelns beschäftigt wie mit dem Sinn der kulturellen Ideen. Sie verbindet beides als die beiden wichtigsten Aspekte des sozialen Handelns. Das soziale Handeln selbst hat dieses Doppelgesicht der Sinnorientierung auf der einen Seite und der Motivation durch Interessen auf der anderen. Und es ist genau der Begriff des **sozialen Handelns**, den Weber als grundlegende soziologische Kategorie der elementarsten sozialen Phänomene einführte (Weber, 1922/1976: 1–30, 1922/1973: 427–474; vgl. Stephen Turner, 1983). Was für Durkheim (dt.1961: 105–114) der Begriff des sozialen Tatbestands war, ist für Weber der Begriff des sozialen Handelns: Der elementarste Begriff der Soziologie dient als Ausgangspunkt für die Konstruktion eines jeden soziologischen Bezugsrahmens. Durkheims Begriff des sozialen Tatbestands verortet den elementarsten Gegenstand der Soziologie in der kollektiv organisierten und institutionalisierten Dimension des sozialen Lebens. Max Webers Begriff des sozialen Handelns leistet dasselbe, indem er sich auf die Wechselbeziehung zwischen den einzelnen Akteuren bezieht. Durkheim sieht das Soziale in der Unterordnung der Mitglieder eines Kollektivs unter einen kollektiven Zwang und in deren Kontrolle durch das kollektive Bewusstsein. Weber erkennt das Soziale in der gegenseitigen Abhängigkeit der Handlungen der Individuen, die sich in einem Prozess der Verwirklichung von Interessen und der Interpretation des Sinns ihrer Handlungen und Intentionen aufeinander beziehen. Was für Durkheim die Unterordnung unter einen kollektiven Zwang bedeutet, ist für Weber die Orientierung des Handelns eines Individuums an den Handlungen von anderen Individuen; was für Durkheim die Kontrolle des Individuums durch das kollektive Bewusstsein darstellt, das ist für Weber die Sinndeutung von Handlungen durch das Individuum. Was für Durkheim als Kollektivbewusstsein erscheint, das ist für Weber die Kultur. Somit umfasst Webers soziologischer Grundbegriff, der Begriff des sozialen Handelns, ein viel weitreichenderes Gebiet von Phänomenen, das von der dynamischen Interessenartikulation über das soziale Handeln bis hin zur Sinndeutung reicht:

„Soziales Handeln" aber soll ein solches Handeln heißen, welches seinem von dem oder den Handelnden gemeinten Sinn nach auf das Verhalten *anderer* bezogen wird und daran in seinem Ablauf orientiert ist (Weber, 1922/1976: 1).

Dies ist Webers Definition des *sozialen Handelns*. Es ist ein weitaus umfassenderer Begriff der sozialen Phänomene als Durkheims Begriff des sozialen Tatbestands. Er umfasst nicht nur den kollektiv organisierten, beschränkenden und institutionell kontrollierten Teil des sozialen Handelns, sondern auch die nichtinstitutionalisierte Übereinstimmung oder den Widerstreit von Interessen und die wechselseitige Interpretation von Sinn im sozialen Handeln. Durkheims sozialer Tatbestand stellt eine Dimension unter den verschiedenen Dimensionen des sozialen Handelns dar. In dieser Sicht ist der soziale Tatbestand institutionalisiertes soziales Handeln und somit eine Unterform des allgemeinen Begriffs des sozialen Handelns.

Es ist jedoch ebenfalls möglich, Durkheims und Webers Auffassungen als voneinander abweichend zu verstehen, wenn wir uns auf das Element des Sinns in Webers Begriff des sozialen Handelns konzentrieren. In dieser Hinsicht spezialisiert sich Durkheim auf die Untersuchung der kollektiven Ursprünge des institutionell regulierten sozialen Handelns, während sich Weber auf die kulturellen Ursprünge der sozialen Institutionen und des sozialen Handelns konzentriert. Nach Durkheim besteht soziale Ordnung aus kollektiver Solidarität, Riten, Kulten und kollektiven Symbolen, und es gibt nichts was über die Grenzen der Gesellschaft hinausreicht. Gott ist nichts anderes als der Ausdruck der Autorität der Gesellschaft. Für Weber hängen Bestand wie Wandel einer sozialen Ordnung weitgehend vom Sinn ab, den die Handelnden dieser Ordnung verleihen, und diese Sinnzuweisung an eine soziale Ordnung findet in Legitimationsprozessen statt, in denen eine soziale Ordnung auf kulturelle Ideen einer sinnvollen Ordnung bezogen wird, welche die Grenzen der Gesellschaft überschreiten. In Webers Sicht steht Gott nicht nur für die Gesellschaft, sondern für die viel grundlegendere menschliche Suche nach Sinn, die nicht allein innerhalb der Grenzen einer real existierenden Gesellschaft erfolgen kann. In Durkheims Begriffen ist Kultur auf das Kollektivbewusstsein reduziert, in Webers Begriffen transzendiert die Kultur die Gesellschaft; und deren Wechselwirkung ist eine wesentliche Kraft in der menschlichen Geschichte, die erst die Dynamik kultureller und gesellschaftlicher Entwicklung konstituiert. Durkheim untersucht soziales Handeln aus der Perspektive seiner kollektiven Organisation, Weber aus der Perspektive seiner kulturellen Bestimmung, wobei er insbesondere die Wechselwirkung zwischen Kultur, Sozialstruktur und sozialem Handeln, zwischen Ideen und Interessen im Auge hat.

Die Bedeutung der kulturellen Bestimmung des Handelns für Weber wird in seinem Begriff des sozialen Handelns selbst sichtbar. Nach Weber ist Handeln sinnvolles Verhalten, soziales Handeln ist somit sinnvolles soziales Verhalten, das heißt aufeinander bezogenes Handeln, das grundsätzlich die wechselseitige Interpretation des Sinns einer Handlung mit einschließt. Handelnde messen ihrer eigenen Handlung und dem Handeln anderer einen Sinn bei – darin liegt eine wesentliche determinierende Kraft des sozialen Handelns. Was jemand tut und wie jemand auf das Handeln von anderen reagiert, hängt weitgehend vom Sinn ab, den jemand einer Handlung zuschreibt. Der Puritaner, der hart und zuverlässig in seinem Beruf arbeitet, tut dies, weil er seinem Beruf einen religiösen Sinn beimisst. Seine Arbeit ist Teil einer umfassenden Sinnkonstruktion in seinem Leben. Er reagiert auf unzuverlässiges Verhalten von anderen mit moralischer Missbilligung, weil er dieses Verhalten nicht nur in ökonomischen Kategorien von Vor- und Nachteilen interpretiert, sondern ebenso in moralischen Begriffen von richtig und falsch. Somit bestimmt der Sinn das soziale Handeln in entscheidender Weise. Es hat unterschiedliche Form und Substanz, je nach dem Sinn, der ihm zugeschrieben wird. Dies ist die Grundbotschaft, die uns Webers Sichtweise des sozialen Handelns als sinnvolles soziales Verhalten übermittelt. Sie ist der Ausgangspunkt für einen Ansatz zur Untersuchung des sozialen Handelns, der dessen Bestimmung durch die Kultur und deren Entwicklung ernst nimmt. Webers Untersuchungen über die religiösen Grundlagen nicht nur des modernen Kapitalismus, sondern der modernen Welt überhaupt, über die unterschiedlichen Konsequenzen der Weltreligionen für die gesellschaftliche Ordnung und deren Wandel sowie seine Untersuchungen über die legitimen Grundlagen von Herrschaft und Autorität haben ihren Hintergrund in diesem Grundverständnis des sozialen Handelns als sinnvolles Verhalten. Um soziales Handeln und soziale Entwicklung zu verstehen und zu erklären, müssen wir deren Bestimmung durch die Suche nach Sinn und durch Sinnsysteme und deren weitere Entwicklung untersuchen.

Ausgehend vom Begriff des sozialen Handelns konstruiert Weber einen begrifflichen Bezugsrahmen, der Typen des sozialen Handelns unterscheidet, Typen der Regelmäßigkeit sozialen Handelns, Typen sozialer Ordnung und Typen der geglaubten Legitimität sozialer Ordnung, Typen sozialer Beziehungen und sozialer Vereinigungen. Wie bei jedem Handeln, können auch beim sozialen Handeln vier Typen unterschieden werden: zweckrationales (instrumentelles), wertrationales, affektuelles und traditionales Handeln (Weber, 1922/1976: 12–13).

*Zweckrationales* Handeln ist auf spezifische Ziele hin orientiert und berechnet die Effektivität von Mitteln, um diese Ziele zu erreichen. Es erfasst die Konsequenzen des Gebrauchs bestimmter Mittel sowie der Erreichung bestimmter Ziele in Bezug auf die Erreichung anderer Ziele. Der Kaufmann, der den Erfolg einer Investition im Hinblick auf sein Ziel der Steigerung seines Profits kalkuliert und der dabei die Kosten berechnet, die das Budget begrenzen, das er zum Konsum verfügbar hat, handelt in einer zweckrationalen Weise. Aber das ist nicht weniger der Fall, wenn ein Käufer ein neues Sweatshirt ersteht, um sein Image als gut aussehende Person zu verbessern und dabei den Erfolg dieser Maßnahme abschätzt, aber ebenso deren Kosten in Erwägung zieht, die beinhalten können, dass er kein Geld mehr hat, um die neueste CD von Robbie Williams oder eines anderen Popstars zu kaufen. Das Gleiche gilt für ein Paar, das Gäste zu einer Party einlädt und überlegt, welche Kombination von Gästen am unterhaltsamsten wäre und ob wichtige Leute enttäuscht wären, wenn sie nicht eingeladen würden.

*Wertrationales* Handeln ist von der bewussten Überzeugung des Eigenwerts eines bestimmten Handelns geleitet, ohne jede Berücksichtigung seines Erfolgs und seiner Konsequenzen. Der religiöse Gläubige, der sein ganzes Leben dem

Gebet, harter Arbeit, der Hilfe gegenüber Schwachen und der Suche nach Sinn und Wahrheit widmet, tut dies, weil er an den Eigenwert dieser Handlung glaubt und nicht weil er daraus irgendeinen instrumentellen Wert für das Erreichen anderer Ziele erwartet. Der Demokrat, der den Regeln der Demokratie verpflichtet ist, hält an dieser Verpflichtung fest, weil er an den Eigenwert der Demokratie glaubt und nicht, weil die Regeln instrumentell erfolgreich sind, um andere Ziele zu erlangen. Der Ökologe, der für ein ökologisches Gleichgewicht kämpft, tut dies, weil er von dessen absolutem Eigenwert überzeugt ist, und nicht weil er damit rechnet, dass sein Verhalten effektiv ist, um andere Ziele zu erreichen.

*Affektuelles* Handeln wird durch spontane Affekte und emotionale Gefühlslagen bestimmt. Jedes Handeln, das spontan aufgrund von Gefühlsausbrüchen des Glücks, der Traurigkeit oder der Wut erfolgt, ist in seinem Charakter affektuell.

*Traditionales* Handeln resultiert aus fest etablierten Gewohnheiten; es wird vollzogen, weil es immer schon auf dieselbe Weise ausgeführt wurde. Viele unserer Handlungen sind traditional bestimmt, weil wir bestimmte Routinen im alltäglichen Leben Tag für Tag wiederholen. Vieles von unserem Plan für den Tag, die Woche, den Monat, das Jahr, ist jeden Tag, jede Woche, jeden Monat und jedes Jahr dasselbe: Arbeitsstunden, Pausen, Mahlzeiten, Die Arbeitsteilung, Einladungen, Feste, Besuche, Kommunikationsformen, der Gebrauch von Worten.

*Konkretes* Handeln ist zumeist eine Mischung dieser analytisch reinen Handlungstypen, die wir in Webers Ausdrucksweise Idealtypen nennen können. Das Mitglied eines Parlaments, das seinem Ärger über die Rede eines Gegners in der parlamentarischen Debatte Ausdruck verleiht, handelt als ein Sozialist, der an den Sozialismus glaubt. Der Abgeordnete folgt parlamentarischen Regeln, indem er nur spricht, wenn er an der Reihe ist, und achtet instrumentell auf die öffentliche Meinung, indem er seine Rede an diese anpasst, um öffentliche Unterstützung zu erhalten.

Soziales Handeln zeigt **Strukturregelmäßigkeiten** von sich wiederholendem Verhalten. Solche Strukturen können aus dem *Wechselspiel von stabilen Interessen und externen Bedingungen* resultieren. Die Regelmäßigkeit, mit der die Innenstädte in Deutschland jeden Samstag überfüllt sind, entsteht infolge der stabilen Interessen vieler Menschen, die einkaufen gehen, wenn sie genügend Zeit dazu haben, und durch die äußere Bedingung, dass die Geschäfte nur am Samstag weit über die Arbeitszeiten hinaus geöffnet sind. Die Autobahnen sind jedes Jahr zu Beginn der Ferienzeit überfüllt. Diese Strukturen im sozialen Handeln gründen sich auf die Konvergenz von zweckrationalen Kalkulationen. Die Stabilität dieser Strukturen hängt von der Stabilität von Interessen und äußeren Bedingungen ab.

Andere Typen von Regelmäßigkeit sind unabhängiger von Interessen und zweckrationaler Kalkulation, wie beispielsweise Gebräuche, Sitten, Konventionen und Recht. *Bräuche* sind Praktiken sozialen Handelns, die wir von jedem Mitglied einer Gesellschaft erwarten können, das in einer bestimmten Situation handelt. Sie werden nur aus Gewohnheit befolgt, ohne verpflichtend zu sein. Abweichungen von Bräuchen erfordern keine harten Sanktionen, dennoch werden sie als unüblich angesehen. Beispiele dafür sind akzeptierte Wege, Dinge zu tun, wie eine Pause zwischen zwei Diskussionsstunden in einem Seminar zu machen, nach dem Mittagessen einen Kaffee zu trinken, zum Abendessen Wein zu trinken, Popkorn zu essen, während man sich einen Film ansieht. *Sitten* sind fester etabliert als Bräuche, sie haben tiefere Wurzeln in der Geschichte. Das Abweichen von Sitten ruft ernsthaftere Irritationen und Fragen nach dem Warum hervor, das heißt etwas strengere Sanktionen. Sitten sind Praktiken des Essens, des Verabredens, der Annäherung an einen anderen, des Gesprächs mit einer anderen Person, der Kontrolle über Benehmen und organische Prozesse, des sexuellen Verhaltens und so weiter. Vom Wesen her noch bindender sind *Konventionen*. Das Verletzen von Konventionen erregt die Missbilligung anderer innerhalb eines bestimmten Kreises von Menschen, die diese Konventionen teilen. Rechtzeitig zu einem Treffen zu kommen, bedeutet, sich einer Konvention anzupassen. Die Gesprächsfolge in Unterhaltungen und Verhandlungen ist durch Konventionen reguliert. Die am stärksten etablierte Verhaltensregelmäßigkeit wird durch *Recht* begründet; sie wird durch Sanktionen seitens einer autorisierten Instanz unterstützt, die über ein Monopol physischer Zwangsmittel verfügt: die Justiz (Weber, 1920/1972a: 13–15).

Soziales Handeln kann auf die Annahme der Existenz einer *legitimen Ordnung* ausgerichtet sein. Insoweit dies der Fall ist, sprechen wir von der sozial bindenden Geltung dieser Ordnung. Eine Ordnung gewinnt insoweit Stabilität, als sie sich nicht nur aus Regelmäßigkeiten zusammensetzt, die auf der Konvergenz von Interessen oder von Bräuchen und Sitten basieren, sondern auf dem Glauben an ihre Legitimität, ihres bindenden und exemplarischen Charakters von so vielen Menschen wie möglich beruht. Dann hat sie kollektiv bindende Gültigkeit. In diesem Fall muss jeder Handelnde, selbst der Abweichende, die kollektive Unterstellung der kollektiv bindenden Geltung einer Ordnung berücksichtigen, und muss dann kollektive Sanktionen als Reaktion auf Abweichung erwarten. Deshalb wird er sein abweichendes Verhalten verbergen, oder er wird versuchen, den Sanktionen zu entgehen. Der kollektiv bindende Charakter einer Ordnung setzt nicht die Konformität von allen voraus, sondern viel allgemeiner die Orientierung des Handelns aller an der Unterstellung dieser kollektiv bindenden Geltung, einschließlich des abweichend Handelnden. Abweichendes Verhalten löst eine Ordnung so lange nicht auf, wie es kollektiv als abweichendes Verhalten behandelt wird. Wenn dies nicht der Fall ist, kann es passieren, dass innerhalb einer Gesellschaft verschiedene Ordnungen existieren. Menschen können einer Ordnung Legitimität im Hinblick auf den Handlungstypus, der sie bestimmt, beimessen, nämlich auf der Grundlage von *Tradition, affektueller Bindung, wertrationalem Glauben* an diese Ordnung oder *Legalität*; die Letztere – Legalität – bezieht sich auf Ordnungen, die entweder durch Vereinbarung oder durch Oktroyierung und deren Befolgung entstehen (Weber, 1920/1972a: 16–20).

Wiederholtes soziales Handeln zwischen Handelnden erzeugt eine **soziale Beziehung** zwischen ihnen. Soziale Beziehungen können folgende unterschiedliche Formen annehmen (Weber, 1920/1972a: 20–30):

*Kampf* ist eine soziale Beziehung, innerhalb derer die Akteure ihren Willen gegen den Widerstand ihrer Gegner durchsetzen wollen. Eine friedliche Art des Kampfes, die durch allgemeine Regeln reguliert wird, ist die Konkurrenz. Der unbewusste Überlebenskampf wird als Auslese bezeichnet.

*Vergemeinschaftung* stellt ein soziales Verhältnis dar, innerhalb dessen die Handelnden durch ein gemeinsames Gefühl gegenseitiger Zugehörigkeit miteinander verbunden sind. *Vergesellschaftung* ist ein soziales Verhältnis, das auf dem Ausgleich von Interessen oder auf der Verknüpfung von Interessen basiert.

Eine soziale Beziehung kann in unterschiedlichem Maß *offen* oder *geschlossen* sein. Auf der einen extremen Seite kann jeder in die Beziehung eintreten, während auf der anderen Seite niemand von außen in eine Beziehung eintreten kann. Innerhalb geschlossener sozialer Beziehungen erhalten Individuen oder Gruppen monopolisierte Rechte. Das Recht, etwas zu besitzen, ist das Eigentum; insoweit man Zugang zum Eigentum hat oder nach seinen eigenen Wünschen damit umgehen kann, ist es freies Eigentum. Das Schließen einer sozialen Beziehung mag aus traditionalen, affektuellen, wertrationalen oder zweckrationalen Gründen erfolgen.

Die Handlungen von Teilnehmern an sozialen Beziehungen können anderen Teilnehmern zugerechnet werden, entweder indem ein Handeln irgendeines Beteiligten zugleich jedem anderen Teilnehmer zugeschrieben wird (eine solidarisch verantwortliche Gemeinschaft), oder indem das Handeln von Repräsentanten (Treuhändern) jedem anderen Teilnehmer in der Beziehung angerechnet wird.

Eine soziale Beziehung, die von ihren Teilnehmern her begrenzt oder geschlossen ist, wird *Verband* genannt, insoweit ihre Ordnung und ihr Handeln durch eine Führung und möglicherweise durch einen Verwaltungskörper sichergestellt wird. Ein Verband ist *autonom*, insoweit er seine Ordnung selbst bestimmt, er ist *heteronom*, insoweit seine Ordnung von außen auferlegt wird; er ist *autokephal*, insoweit er seinen Führer selbst auswählt, und er ist *heterokephal*, insoweit seine Führung von außen bestimmt wird.

Die Statuten eines Verbands können aus *freiwilliger Vereinbarung* seiner Mitglieder resultieren, oder aus einem *Zwang* durch seine Führung. Die Regeln, die der Führerschaft selbst gelten, bilden die *Verfassung* eines Verbandes.

Eine kontinuierlich organisierte Handlung, die auf spezifische Ziele ausgerichtet ist, wird als Betrieb bezeichnet. Ein gesellschaftlicher Verband, der auf diese Weise tätig wird, ist ein Betriebsverband. Ein Verband, der auf Vereinbarung und freiwilliger Mitgliedschaft basiert, mit einer Ordnung, die für ihre Mitglieder verbindlich gilt, ist ein *Verein*. Ein Verband, der seine Ordnung innerhalb eines spezifischen Wirkungsbereiches jedermann auferlegt, ist eine *Anstalt*.

Die Durchsetzung einer Handlung innerhalb einer sozialen Beziehung erfordert *Macht*, das heißt die Chance, innerhalb einer sozialen Beziehung den eigenen Willen auch gegen Widerstand durchzusetzen. Die Chance, für einen Befehl Gehorsam zu finden, wird **Herrschaft** genannt. Schematischer Gehorsam heißt *Disziplin*. Macht besteht in der Chance, sich in die Bedürfnisbefriedigung von Personen einzumischen. Insoweit ich die Befriedigung der Bedürfnisse einer anderen Person zu verhindern vermag, kann ich diese Person dazu zwingen, so zu handeln, wie sie es sonst nicht tun würde; somit kann ich ihren Widerstand brechen. Das allgemein verbreitetste Mittel, um derartigen Widerstand zu überwinden, ist die physische Gewalt. Herrschaft hängt vom Glauben an ihre Legitimität ab. Macht und Herrschaft sind insoweit miteinander verkettet, als Inhaber von Herrschaftspositionen das legitime Recht besitzen, Macht anzuwenden, wenn Widerstand gegen ihre Befehle geleistet wird.

Ein Verband, der seine Mitglieder unter Herrschaftsbeziehungen unterordnet, ist ein Herrschaftsverband. Insoweit ein Herrschaftsverband seine Ordnung innerhalb eines bestimmten geographischen Gebiets erfolgreich Menschen auferlegt, indem er physische Gewalt durch einen spezifischen Erzwingungsstab androht oder anwendet, handelt es sich um einen *politischen Verband*. Ein politischer Anstaltsbetrieb, der den legitimen Gebrauch von physischer Gewalt monopolisiert hat, um seine Ordnungen durchzusetzen, ist ein *Staat*. Ein Verband, der seine Ordnungen durch die Anwendung von psychischem Zwang sicherstellt, indem er Heilsgüter gewährt oder verweigert, ist ein *hierokratischer Verband*. Insoweit ein Anstaltsbetrieb das Monopol auf die legitime Ausübung dieses hierokratischen Zwangs hat, handelt es sich um eine *Kirche*.

# Methodologie

Max Webers Methodologie basiert auf drei Prinzipien: 1. der Unterscheidung von Sinnadäquanz und Kausaladäquanz, 2. dem Idealtypus und 3. der Werturteilsfreiheit (Weber, 1922/1973; siehe Runciman, 1972; Burger, 1976; Weiß, 1975).

## Kausaladäquanz und Sinnadäquanz

Die Prinzipien der **Sinnadäquanz** und der **Kausaladäquanz** sind ein Ausdruck des Weberschen Versuchs, seinen idealistischen Hintergrund mit positivistischen Konzeptionen kausaler Erklärung zu vereinbaren (Weber, 1922/1976: 1–11). Für Weber ist die Soziologie eine Wissenschaft, die darauf abzielt, den Sinn einer Handlung zu verstehen, und die zugleich versucht, sie sowohl in ihrem Verlauf als auch in ihren Folgen kausal zu erklären. Somit verbindet er hermeneutisches Verstehen und kausales Erklären, die führende Rolle dabei kommt jedoch dem hermeneutischen Verstehen zu, weil dieses die Information für die kausale Erklärung zur Verfügung stellt. Dennoch führt Weber zwei unterschiedliche Beweiskriterien für die beiden Methoden ein: Sinnadäquanz und kausale Adäquanz. Wann immer wir ein bestimmtes Phänomen ursächlich durch ein anderes Phänomen erklären wollen, müssen wir die kausale Adäquanz dieser Behauptung prüfen. Das bedeutet, eine statistisch signifikante Beziehung zwischen beiden Phänomenen zu belegen. Wir müssen zudem systematisch die Abfolge beider untersuchen und den Einfluss anderer möglicher Ursachen kontrollieren. Die Sinnadäquanz ist gegeben, wenn wir nachweisen können, dass ein bestimmtes Phänomen als eine unter bestimmten Umständen sinnvolle Ableitung von einem anderen Phänomen interpretiert werden kann, oder dass ein bestimmtes Phänomen Teil eines umfassenderen Phänomens ist. Weber argumentiert, dass der Beweis einer solchen Sinnadäquanz etwas über die kausale Beziehung zwischen beiden Phänomenen mitteilt.

Schauen wir uns ein Beispiel an. In seiner Untersuchung über die Beziehung zwischen asketischem Protestantismus und dem Geist des Kapitalismus beginnt Weber (1920/1972a: 17–30) mit dem Beleg einer signifikanten statistischen Beziehung. Er verweist auf die Tatsache, dass sich in Regionen mit einem weitreichenderen Einfluss des asketischen Protestantismus als in anderen Regionen der industrielle Kapitalismus früher und umfassender entwickelte. Ein spezifischer Beleg für diese These besteht darin, dass protestantische Regionen wie Pennsylvania, die sehr unterentwickelt waren, sehr früh wirtschaftlich zu florieren begannen. Ein weiterer Beweis ist die erheblich höhere Zahl von Protestanten in der Klasse der Industriellen und ausgebildeten Fachleute, als man entsprechend ihrem Anteil an der Gesamtbevölkerung erwarten würde. Ein noch weiter gehender Beweis besagt, dass die hoch entwickelten Ökonomien und Technologien des alten China und Indien keine Variante des Kapitalismus einführten, die mit dem modernen westlichen Kapitalismus vergleichbar ist (Weber, 1920/1972a: 512–536, 1920/1972b: 372–378). Dies ist sein Beweis der kausalen Adäquanz seiner Erklärung. Ein weitaus größerer Teil seiner Untersuchung widmet sich der Überprüfung der Sinnadäquanz seiner These. Hierzu zeigt Weber, dass die kapitalistische Arbeitsethik sinnhaft als eine Form der innerweltlichen Askese verstanden werden kann (Weber, 1920/1972a: 30–62, 105–111, 190–202). Die anderen Weltreligionen entwickelten keine derartige innerweltliche Askese. Indem er die Sinnadäquanz seiner Behauptungen überprüft, erwähnt er ausdrücklich, dass er sich mit der Sinnbeziehung zwischen zwei Kulturphänomenen beschäftigt: dem Geist der protestantischen Ethik und dem Geist des Kapitalismus, wenngleich Letzterer tatsächlich einen bedeutenden Teil des Gesamtphänomens des modernen rationalen Kapitalismus ausmacht. Wie Weber nachweist, hat die Kultur enorme Effekte auf die langfristige gesellschaftliche Entwicklung. Dies lässt kulturellen Untersuchungen und der Überprüfung der Sinnadäquanz ihrer Erklärungen große Wichtigkeit zukommen (Weber, 1982).

## Der Idealtypus

Der **Idealtypus** ist eine Konstruktion eines Phänomens, um es von anderen Phänomenen unterscheiden zu können (Weber, 1922/1973: 190–204, 559–562). Indem wir einen Idealtypus konstruieren, unterscheiden wir analytisch bestimmte Aspekte eines konkreten Phänomens, um ihre besonderen Eigenschaften zu verstehen und um dadurch in der Lage zu sein, ihre Herausbildung aufgrund spezifischer Ursachen zu bestimmen. Wenn Weber somit die Beziehung zwischen dem asketischen Protestantismus und dem Geist des Kapitalismus untersucht, unterscheidet er eine spezifische Form des kapitalistischen Geistes (die Hingabe zu harter Arbeit, ohne die angenehme Seite des Konsums zu genießen sowie Zuverlässigkeit und Rechtschaffenheit bei wirtschaftlichen Geschäften) von anderen Ausdrucksformen des Kapitalismus, insbesondere von seinen waghalsigen und spekulativen Aspekten. Damit beschreibt er nicht das historische Phänomen des Kapitalismus in seiner vielschichtigen Wirklichkeit, sondern er wählt ausdrücklich einen spezifischen Aspekt aus der historischen Wirklichkeit aus, um die Verursachung und sinnhafte Konstruktion dieses spezifischen Aspekts und keines anderen zu untersuchen. Er unternimmt dasselbe, wenn er Formen der protestantischen Ethik auswählt, die ihm die extremsten Beispiele innerweltlicher

Askese liefern, und dabei andere Formen des Protestantismus beiseite lässt. Sein „Geist des Kapitalismus" und seine „Protestantische Ethik" sind begriffliche Idealtypen, die Behauptung einer sinnhaften und kausalen Beziehung zwischen ihnen stellt selbst wiederum einen Idealtypus dar, der eine Beziehung zwischen Aspekten der Wirklichkeit formuliert, die analytisch ausgegrenzt wurden.

Webers Untersuchungen arbeiten mit der Konstruktion solcher Idealtypen. Diese Methode ist unproblematisch, solange wir uns ihrer Orientierung auf Verstehen und Erklären von spezifischen Aspekten der Realität und nicht der vielschichtigen Wirklichkeit der historischen Realität in ihrer Ganzheit bewusst sind; dies ist schlicht nicht die Aufgabe einer Soziologie, die auf generalisierbares Wissen über diese Realität abzielt. Webers Auswahl der typischen Aspekte war jedoch nicht willkürlich motiviert. Er versuchte diejenigen Aspekte auszuwählen, die aufgrund ihres nachhaltigen Einflusses auf die gesamte historische Wirklichkeit von herausragender Bedeutung waren. Indem er den kapitalistischen Geist beschreibt, behauptet er, dass es gerade dessen besondere Arbeitsethik ist, die ihn von jedem früheren Typus ökonomischer Aktivität unterscheidet und die nachhaltige Folgen für die Entwicklung des Kapitalismus und der modernen Gesellschaft insgesamt hat. Dasselbe gilt für seine Auswahl des asketischen Protestantismus als einer bedeutenden kulturellen Wurzel des modernen westlichen Rationalismus.

## Die Werturteilsfreiheit der Sozialwissenschaften

Weber plädiert für eine Zurückhaltung der Sozialwissenschaften in der Abgabe von Werturteilen (Weber, 1922/1973: 148–161, 489–540, 598–605). Diese Haltung gründet sich auf seine Einsicht, dass die moderne Wissenschaft Fragen darüber beantworten kann, was ist, warum es so ist, was möglich und was nicht möglich ist. Sie kann aber keine Fragen darüber beantworten, was sein sollte. Antworten auf solche normativen Fragen setzen immer voraus, dass Fragen und Kritik an einem Punkt beendet werden müssen, um eine verbindliche Einigung darüber erlangen zu können, was sein sollte. Eine Wissenschaft kann jedoch zu keinem Zeitpunkt bei ihrer radikalen Infragestellung von Wahrheitsansprüchen aufgehalten werden. Wann immer wir solche unveränderlichen Wahrheiten auf einen Sockel heben, tun wir das, was die Religion seit Anbeginn der Zeit getan hat, und wir erbringen das „Opfer des Intellekts". In der modernen Gesellschaft gibt es jedoch keine allgemein verbindliche Religion mehr, weil die eigentliche Folge des Triumphs der Wissenschaft war, dass jede Inthronisierung einer unangreifbaren Wahrheit in Frage gestellt werden konnte. Somit resultiert solch ein unantastbarer Wahrheitsanspruch in nichts anderem als darin, universelle Wahrheit für einen in Wirklichkeit sehr partikularen Standpunkt zu beanspruchen. Deshalb erzeugt jedes wissenschaftliche Unternehmen, das sich an Versuchen beteiligt, normative Fragen zu beantworten, nichts anderes als eine höchst partikulare Ideologie. Weil es viele partikulare Standpunkte gibt, ist der Streit zwischen partikularen Werten in der modernen Gesellschaft üblich. Es ist ein Kampf wie derjenige zwischen Gott und Teufel. Die Verpflichtung auf Werte ist eine Sache sehr persönlicher Entscheidungen, die unter diesen Bedingungen nicht als universell gültig verallgemeinert werden können. Was die Wissenschaft hier tun kann, ist uns zu einem Wissen zu verhelfen, was ist, warum es so ist, was möglich und was nicht möglich ist. Sie kann uns über die logische Struktur und die Beschaffenheit unserer Ziele informieren, über effektive Mittel, und über die primären und sekundären Folgen der Verwendung bestimmter Mittel, um bestimmte Ziele zu erreichen. Die Wissenschaft vergrößert unser Wissen und klärt uns auf, aber sie kann uns nicht von der Verantwortung für unsere Entscheidungen befreien.

Webers Plädoyer für die Werturteilsfreiheit der Sozialwissenschaften wird von seinem Plädoyer dafür begleitet, die Wissenschaft an Werten zu orientieren (Wertbeziehung), und dafür, die Kulturbedeutung wissenschaftlicher Forschung aufzuzeigen. Wissenschaft stellt ein Unternehmen dar, das innerhalb unserer Kultur stattfindet; folglich ist es unvermeidlich und ebenso wünschenswert, dass sie dringende Fragen unserer Kultur aufgreift und sich selbst an Werten dieser Kultur orientiert. Indem sie dies tut, hat sie Kulturbedeutung. Es gibt kein besseres Beispiel als Webers umfangreiche Untersuchungen zum Widerspruch zwischen formaler und materialer Rationalität, um die Kulturbedeutung einer Sozialwissenschaft aufzuzeigen, die sich darauf verpflichtet, keine Werturteile zu fällen. Webers Soziologie teilt uns sehr viel über Ursprung, Struktur und Konsequenzen unserer modernen Gesellschaften mit, und wir erhalten Auskunft über ihre Grundprobleme und über mögliche Lösungen. Wir müssen dennoch unsere eigene Wahl treffen. Wir können von dieser Verantwortung nicht durch eine Wissenschaft befreit werden, die uns mit absoluter Verbindlichkeit erzählt, was zu tun ist. Dies ist in Webers Augen keine Frage der Wissenschaft, sondern eine Frage der individuellen moralischen Verantwortung.

## Formale und materiale Rationalität

Webers materiale Soziologie widmet sich der Frage, welche eigentümliche Form des Rationalismus in der westlichen Kultur entstand und welche Konsequenzen sie für die Entwicklung der modernen Gesellschaft hat (Münch, 1986/1993). Er untersucht diese Fragen, indem er den westlichen Typus des Rationalismus mit den östlichen Typen vergleicht. Im Gegensatz zu Marx (1867/1962) verortet er die Hauptkräfte, die das Schicksal der Gesellschaft determinieren, weder in ihrer ökonomischen Struktur, noch in irgendeiner anderen materiellen Struktur, sondern in ihrer einzigartigen Kultur, genauer: in ihrem spezifischen Typus der Rationalität. Der moderne rationale Kapitalismus, Bürokratie, Recht, Wissenschaft und Technologie sind spezifische institutionelle Varianten einer Kultur: des westlichen Rationalismus. Während Marx' Zuschreibung der determinierenden Kräfte der rationalen und irrationalen Merkmale der modernen Gesellschaft auf ihre ökonomische Struktur die Hoffnung enthält, dass die Transformation dieser Struktur vom Kapitalismus zum Sozialismus und Kommunismus zugleich eine Auflösung dieses Widerspruchs zur Folge hat, ist Webers Position weitaus radikaler. In Webers Begriffen ist solch eine Hoffnung nichts anderes als Wunschdenken, das die viel tieferen kulturellen Wurzeln der Rationalitäten und Irrationalitäten der modernen Gesellschaft nicht berücksichtigt.

In Marx' Begriffen leidet die kapitalistische Gesellschaft am Widerspruch zwischen kollektiver Produktion und privater Aneignung der Produkte. Dies beinhaltet zwar eine gut geplante, rationale und kollektive Produktionsorganisation in Großbetrieben, zugleich aber geschieht auf der Stufe der gesellschaftlichen Ökonomie – im nationalen und Weltmaßstab – eine archaische Investitionslenkung durch unkontrollierte Marktkräfte. Für Weber liegt der fundamentale Widerspruch der modernen Gesellschaft in ihrer Kultur und ist somit viel tiefer verwurzelt und viel weitreichender. Es ist der Widerspruch zwischen formaler und materialer Rationalität. Während Marx an die Überwindung der Widersprüche des Kapitalismus durch die Einführung des Sozialismus und schließlich des Kommunismus glaubt, sieht Weber in Marx' Sozialismus und Kommunismus nur eine andere Variante des modernen westlichen Rationalismus, die niemals dem viel grundsätzlicheren Widerspruch zwischen formaler und materialer Rationalität entrinnen kann.

Worin liegt nun das Wesen dieses Widerspruchs zwischen formaler und materialer Rationalität? Es ist ein Widerspruch, der in spezifischer Form in jeder modernen Institution erscheint: im Kapitalismus, in der rational-legalen Herrschaft, im Rechtssystem, in der Bürokratie, der Wissenschaft und der Technologie. Im allgemeinsten Sinne handelt es sich um einen Widerspruch des modernen Rationalismus selbst (Weber, 1920/1972a: 1–16, 237–275). Dieser besondere Rationalitätstypus betrachtet die tatsächliche Welt als angefüllt mit Irrationalitäten, Übeln, Leiden, Ungerechtigkeiten, die ein Eingreifen erfordern, um zu einer weniger irrationalen Welt zu gelangen. Es ist ein Rationalismus, der darauf abzielt, eine irrationale Welt mit den Prinzipien der Rationalität zu beherrschen, und darauf, eine schlechte und ungerechte Welt nach den Prinzipien von Ethik und Gerechtigkeit zu meistern. Es ist ein Rationalismus, der aktiv in die Welt eingreift. Je mehr jedoch solch ein Eingreifen stattfindet, desto mehr schafft sich der Mensch eine künstliche Welt von Technologie, Recht und Regulierungen, die in sich selbst voll von neuen Irrationalitäten, Übeln und Ungerechtigkeiten ist. Jedes Eingreifen in die Welt, auch wenn es mit den besten Absichten geschieht, hat Konsequenzen, die neue Probleme schaffen. Je mehr der Mensch folglich aktiv in die Welt eingreift, umso mehr schafft er neue Probleme, die in einem endlosen Prozess wiederum nach neuem Eingreifen verlangen.

Betrachten wir ein Beispiel. Es gehört zum Standard moderner Politik, die ökonomische Chancengleichheit zu vergrößern. Das erhöht tatsächlich die Aufstiegschancen vieler benachteiligter Menschen. Allerdings steigert die gleiche politische Maßnahme ebenso das Niveau der Bedürfnisse und der Konkurrenz in ungeheurem Umfang, sodass das Niveau an Frustrationen ebenfalls ansteigt. Das angestiegene Frustrationsniveau führt zu höheren Kriminalitätsraten, körperlicher und seelischer Krankheit und Selbstmord. Weil dies Konsequenzen sind, die grundlegenden Wertvorstellungen widersprechen, nämlich Menschen vor Kriminalität (als Opfer wie als Täter), Krankheit und Selbstmord zu bewahren, betrachten wir sie als Übel.

Unser Verständnis von Rationalität als ein Prozess der aktiven Lösung von Problemen durch Eingreifen in die Welt schafft neue Übel, dass heißt Probleme, die wiederum ein Eingreifen erforderlich machen. Maßnahmen zur Erhöhung der Chancengleichheit sind formal rational, insoweit sie tatsächlich zu einem Anstieg der Chancengleichheit beitragen. Formal rational ist unsere Anwendung adäquaten Wissens über die Beziehung zwischen einer politischen Maßnahme und der Zunahme von Chancengleichheit. Ob diese formal rationale Maßnahme freilich nur wertvolle Konsequenzen hat, ist eine ganz andere Sache. Es gibt eine Vielzahl von Konsequenzen, die sehr unterschiedliche Grundwerte betreffen, sodass die Verwirklichung eines Grundwertes (Chancengleichheit) Phänomene hervorbringt, die unter dem Gesichtspunkt anderer Grundwerte (Vermeidung von Frustration, Verbrechen, Krankheit, Selbstmord) von Übel sind. Weil es Teil unseres Rationalitätsverständnisses ist, dass wir eine Welt schaffen wollen, die das Übel verringert und die Verwirklichung von Grundwerten vermehrt, beurteilen wir die üblen Konsequenzen der vergrößerten Chancengleichheit als material irrational. Eine Maßnahme, die auf eine Zunahme von Chancengleichheit abzielt, ist insoweit formal rational, wie sie dem besten verfügbaren Wissen über die effektivsten Mittel zur Erreichung dieses Ziels entspricht. Sie ist in dem Sinne formal rational, als sie auf instrumentelle Weise in eine üble Welt eingreift, um eine bessere Welt zu schaffen. Aber sie ist gleichzeitig material irrational, weil sie nicht nur ein Übel beseitigt, sondern zugleich eine Menge neuer Übel schafft. Sie tut etwas, was im Widerspruch zu einer rationalen Vorstellung von einer Welt ohne Frustrationen und Ungerechtigkeiten steht.

**Formale Rationalität** ist auf ein spezifisches kausales Wissen über spezifische zweckgerichtete Beziehungen und auf die Verwirklichung eines bestimmten Ziels und eines Grundwertes beschränkt. **Materiale Rationalität** muss viele Grundwerte mit einschließen, sie muss die Welt als etwas betrachten, das verbessert werden sollte. Die vielen negativen Konsequenzen von Handlungen (z.B. politische Maßnahmen), die für eine Sache gut sind, machen es unvermeidlich, dass die formale Rationalität immer von materialen Irrationalitäten begleitet wird. Dieser Grundwiderspruch zwischen formaler und materialer Rationalität ist ein wesentlicher Bestandteil unseres westlichen Rationalitätsverständnisses, das das instrumentelle Eingreifen in eine schlechte Welt vorsieht, um eine bessere zu erschaffen (Weber, 1920/1972a: 44–45, 57–60, 65, 78–79,166, 396, 493, 503–505).

Die östlichen Kulturen haben ein vollkommen anderes Rationalitätsverständnis entwickelt (Weber, 1920/1972a, 1920/1972b). Nach deren Verständnis ist die Welt gut, solange sie im Gleichgewicht gehalten wird. Das Eingreifen des Menschen in die Welt gefährdet immer den Erhalt dieses Gleichgewichts, alles was er tut, muss sich in dieses Gleichgewicht einfügen. Menschliches Handeln muss als ein Teil eines Ganzen betrachtet werden, das immer Auswirkungen auf dieses Ganze hat. Um dessen Gleichgewicht zu erhalten, muss der Mensch sein Handeln mit dem Ganzen in Einklang bringen. Wenn dieses Gleichgewicht zerstört wurde, muss der Mensch von weltlichen Tätigkeiten Abstand wahren oder muss sich von der Welt zurückziehen, um das Gleichgewicht wieder herzustellen, oder muss zu dem verborgenen ewigen Gleichgewicht des Kosmos außerhalb weltlicher Tätigkeiten Zugang finden.

Es handelt sich um einen ganz anderen Rationalitätstypus, der mit einer Vorstellung von der Welt als einem Ganzen beginnt, das im Gleichgewicht gehalten werden muss. Hier wird kein Eingriff in die Welt verlangt, sondern Anpassung an ihr Gleichgewicht, gegebenenfalls Abstand oder Rückzug. Es ist ein holistisches Rationalitätskonzept, das in diesen Kulturen vorherrscht. Und es ist vom Wesen her viel konservativer: Die bestehende Welt muss im Gleichgewicht gehalten werden, denn jede Veränderung würde dieses Gleichgewicht zerstören. Insoweit die Welt aus dem Gleichgewicht geraten ist, muss dieses Gleichgewicht durch eine bessere Anpassung des menschlichen Handelns an die Welt wiederhergestellt werden. Das bedeutet zumeist, eine alte Ordnung wiederherzustellen und Veränderungen abzulehnen, die stattgefunden haben.

Es ist ein Rationalitätstypus, der nicht in die Fallen des Widerspruchs zwischen formaler Rationalität und materialer Irrationalität gerät. Wenn man nichts verändert, schafft man keine neuen Übel. Eine solche Kultur ist freilich dem

Traditionalismus ergeben: Veränderung an sich ist schlecht, weil sie eine Ordnung zerstört, die schon besteht, oder die zu einem früheren Zeitpunkt bestand, bevor die Menschen die Welt veränderten. Es kann keine Bewegung hin zu einer künftigen Verwirklichung einer besseren Welt geben, wenn jede Bewegung nur eine Bewegung zurück zu einem ursprünglichen Gleichgewichtszustand ist, weil es keine Spannung zwischen guten utopischen Ideen und einer schlechten Welt gibt. Dieser Rationalitätstypus vermeidet den westlichen Widerspruch zwischen formaler und materialer Rationalität, indem er auf jede Formulierung von Ideen und Werten verzichtet, die über eine augenblickliche oder früher existierende Gesellschaft hinausreichen.

Es ist jedoch nicht nur die Verkettung von Rationalität mit aktiver Weltbeherrschung, die ein einzigartiges Merkmal der modernen westlichen Kultur darstellt. Diese Kultur hat außerdem die Würde des Kollektivs durch die Würde des Individuums und den Partikularismus der Gruppen (Familie, Klan, Kaste, Stand) durch den Universalismus der Bürger ersetzt. Dies sind Merkmale der westlichen Kultur, die keinen vergleichbaren Platz in der östlichen Kultur haben.

## Religion und Gesellschaft

Max Weber weist auf den Unterschied zwischen den westlichen Vorstellungen von instrumenteller Rationalität, Weltbeherrschung, Individualismus und Universalismus einerseits und dem östlichen holistischen Rationalismus, Erhalt des Gleichgewichts der Welt, Kollektivismus und Partikularismus andererseits hin. Er verortet die Ursprünge dieses Unterschieds in der Religion und ihrer Wechselbeziehung mit ihren Gründern und Trägerschichten. Jede Religion ist mit der Frage des Menschen nach Sinn beschäftigt (Weber, 1922/1976: 245–381; 1920/1972a: 237–275). Doch die fundamentale Erfahrung des menschlichen Individuums ist ein Mangel an Sinn. Dinge geschehen, die keinen Sinn ergeben: Übel, Katastrophen, Leiden, Ungerechtigkeiten, die sich im Gegensatz zu den Hoffnungen, Wünschen und Werten des menschlichen Individuums ereignen. Außerdem gibt es die grundlegende menschliche Erfahrung von Krankheit und Tod. Das menschliche Individuum fragt nach dem Warum und will eine Antwort. Solche Erklärungen zu bieten, bedeutet Sinn zu konstruieren. Das ist die Aufgabe der Religion.

## Magie

Die einfachste Form des Umgangs mit diesen Fragen ist die Magie. Sie unterscheidet die Welt in zwei Bestandteile: das Wahrnehmbare und das Verborgene. Das Letztere ist voll von Dämonen, die Einfluss auf den Verlauf der wahrnehmbaren Welt haben. Um sich gegen Katastrophen, Übel und Leiden zu schützen, versuchen die Menschen mit magischen Prozeduren die Dämonen zu beeinflussen. Sinnkonstruktion durch magische Mittel ist unmittelbar mit praktischen Interessen an einer guten Ernte, Gesundheit, Frieden usw. verflochten. Der Medizinmann, der die magischen Prozeduren ausführt, ist ein Praktiker, indem er den Menschen bei ihren alltäglichen Problemen hilft. Deshalb bleibt die Magie an praktischen Interessen orientiert.

## Archaische Religionen

Das Auftreten von archaischen Religionsformen führt eine hierarchische Ordnung in die Beziehung zwischen wahrnehmbarer und verborgener Welt ein.

## Konfuzianismus

Eine solche archaische Religion ist der Konfuzianismus (Weber, 1920/1972a: 276–536). Er begreift die Welt als hierarchisch differenziert in eine weltliche Ordnung und eine darüber stehende himmlische Ordnung. Die weltliche Ordnung ist das Ebenbild der vollkommenen himmlischen Ordnung und ist somit die beste aller möglichen Welten. Das menschliche Individuum muss sich dieser Ordnung anpassen, damit ihr Gleichgewicht nicht zerstört wird. Man muss das tun, was in einer gegebenen Situation nach Sitten und Gebräuchen angemessen ist, und man muss sein Gesicht wahren, um seinen guten Ruf in der Gesellschaft nicht zu verlieren. Es besteht keine Spannung zwischen einer idealen Ordnung und der weltlichen Ordnung. Folglich bedeutet Rationalität, das Gleichgewicht der Welt zu erhalten und zu erkennen. Anstatt irgendeiner aktiven Beherrschung der Welt muss sich der Mensch der bestehenden Ordnung anpassen.

Religion bleibt eng verknüpft mit dem Kult der Hochachtung gegenüber den Vorfahren innerhalb der Familie und mit der Verwaltung der Gesellschaft durch die in der Schrift gelehrten Staatsbeamten (*literati*). Der Kult der Hochachtung gegenüber den Ahnen trug dazu bei, den Gruppenpartikularismus und die Herrschaft der Gruppe über ihre Mitglieder aufrechtzuerhalten, die niemals zu freien Individuen wurden. Insoweit der wirtschaftliche Handel expandierte, wurde er nicht zugleich durch Regeln strukturiert, welche die Grenzen der Klans und der Familien überschritten. Der Klanpartikularismus ließ es nicht zu, dass sich eine Moral der Geschäftsbeziehungen entwickelte. Es herrschte eine scharfe Unterscheidung zwischen der Binnenmoral innerhalb der Gruppe und der Außenmoral eines schlichtem Utilitarismus außerhalb der Gruppe. Die Prinzipien des angemessenen Verhaltens und der Bewahrung des eigenen Rufs machten unter diesen Bedingungen allgemeines Misstrauen zu einem verbreiteten Merkmal des wirtschaftlichen Handelns. Die hervorstechenden Merkmale der konfuzianischen Kultur sind demnach: eine Rationalität des Gleichgewichterhalts und der Anpassung an die bestehende Ordnung, Klanpartikularismus und Klanvorherrschaft sowie schlichter Utilitarismus. Diese Struktur kann mit der engen Verbindung der Vorstellung einer Welt im Gleichgewicht mit der Herrschaft des Klans über das Individuum und der Herrschaft der schriftgelehrten Beamten über die Gesellschaft erklärt werden.

### Ethische Religion I: Hinduismus und Buddhismus

Die ethischen Religionen entwickelten eine fundamentale Spannung zwischen göttlicher und weltlicher Ordnung, zwischen Gott und Welt. Die Artikulation dieser Spannung ist das Werk von Intellektuellen, die sich auf ihrer Suche nach Sinn mit einer scheinbar sinnlosen Welt konfrontiert sehen. Die Religion sucht nach Sinn, obwohl die Welt sinnlos erscheint. Der erste Schritt hin zu einer Lösung dieses Problems ist die Vorstellung einer vollkommenen göttlichen Ordnung oder eines göttlichen Wesens, das nicht wahrnehmbar ist und doch existiert. Zwei Fragen resultieren aus einem solchen Konzept von Sinn: Die erste Frage handelt davon, warum die Welt unvollkommen, schlecht und irrational ist, wiewohl sie einer vollkommenen göttlichen Ordnung untersteht und von einem vollkommenen göttlichen Wesen geschaffen wurde. Das ist die Frage der **Theodizee**. Die zweite Frage zielt darauf ab, wie der Mensch für immer der Verdammung des Lebens in einer bösen Welt entkommen kann, die Leiden, Krankheit und Tod mit sich bringt. Das ist die Frage nach dem richtigen Weg zur Erlösung. Es gibt zwei Lösungen für das Problem der Theodizee: eine weltimmanente und eine welttranszendente.

Die weltimmanente Theodizee nimmt eine ewige Ordnung ohne Ungerechtigkeit und Leiden an. Es ist nur der Mensch, der mit seinen weltlichen Sehnsüchten in diese Ordnung eingreift und deshalb Krankheit, Leiden, Ungerechtigkeit und Tod ausgesetzt ist. Soweit das Individuum auf seine weltlichen Sehnsüchte verzichtet, bleibt die ewige Ordnung im Gleichgewicht. Der Weg zur Erlösung besteht für durchschnittliche Menschen im Verzicht auf weltliche

Sehnsüchte und in der Erfüllung ritueller Pflichten; für auserwählte Menschen kommt es darauf an, einen Weg zum ewigen Frieden zu finden. Dies kann entweder durch die Bewahrung einer mystischen Gleichgültigkeit gegenüber Handlungen geschehen, die nur konventionellen Regeln folgen. Eine zweite Möglichkeit ist, seinen Geist von diesseitigen Bestrebungen mittels Konzentration auf die Erlösung zu befreien. Schließlich können asketische Techniken dem Körper zu einer völligen Freiheit von Empfindungen und Sehnsüchten verhelfen. Die drei Wege zum ewigen Frieden sind somit: innerweltliche Mystik, außerweltliche Mystik und Askese.

In einer die Welt transzendierenden Theodizee wird die Spannung zwischen einem vollkommenen göttlichen Wesen und der schlechten Welt des menschlichen Lebens auf Erden nur dadurch aufgelöst, dass die schlechte Welt endgültig zerstört und eine neue Welt geschaffen wird. Die gesamte Welt wird eines Tages umgewandelt, sodass nur noch die eine, vollkommene Ordnung existiert. Der Pfad zur Erlösung besteht somit darin, zu den auserwählten Menschen zu zählen, die in diesem neu geschaffenen Paradies leben werden. Um zu den Auserwählten zu gehören, muss das Individuum seinen Charakter in den alltäglichen Handlungen auf die Probe stellen. Darin besteht die innerweltliche Askese.

## Hinduismus

Eine Ausformung innerweltlicher Theodizee geschah durch den Hinduismus (Weber, 1920/1972b: 1–217). Nach seiner Lehre gibt es einen ewigen Kreislauf von Vergeltung und Wiedergeburt in der Welt. Das Verhalten des Individuums wird in seinem nächsten Leben mit der Zugehörigkeit zu einer niedrigeren oder höheren Kaste oder gar mit dem Leben eines Tieres oder göttlichem Leben vergolten. Seine Aufgabe ist es, die rituellen Pflichten seiner Kaste zu befolgen und die Grenzen zwischen den Kasten einzuhalten. Diese Lehre stellt eine perfekte religiöse Legitimierung des indischen Kastensystems dar. Sie nimmt eine ewige und vollkommene Ordnung der Welt an. Alle Leiden und Ungerechtigkeiten, die hier und jetzt auftreten, können durch die Lehre, dass alles in einem späteren Leben vergolten wird, in ihrer Bedeutung verändert werden. Es gibt drei unterschiedliche Wege zum Seelenheil, die mit dieser Lehre verknüpft sind. Der Weg zum Seelenheil für die durchschnittlichen Menschen liegt darin, den Regeln ihrer Kaste zu gehorchen; der Weg für die Virtuosen besteht darin, ihrem Handeln gegenüber Gleichgültigkeit zu bewahren, sodass sie nicht darin verwickelt werden, Übel zu bewirken, die in einem späteren Leben vergolten werden. Das Verhalten des Individuums gehorcht von außen gegebenen Regeln und ist nicht von seinem Willen abhängig. Das Individuum ist damit beschäftigt, seinen inneren

Frieden zu wahren, während es am innerweltlichen Leben teilnimmt. Dies nennt Weber innerweltliche Mystik. Eine radikalere Form dieses Erlösungswegs besteht darin, den inneren Frieden durch den Rückzug vom weltlichen Leben zu erreichen, sodass man gar nicht in der Lage ist, Übel zu verursachen. Dies ist außerweltliche Mystik. Eine asketische Form dieses Rückzugs von der Welt besteht darin, jede körperliche Verwicklung in das gegenwärtige Leben durch spezielle Körpertechniken wie Yoga auszuschließen. Das ist außerweltliche Askese.

Der Hinduismus lehrt einen Rationalismus der Sinnfindung in der Einheit mit der göttlichen Ordnung, die in zurückgezogener Meditation erreicht wird. Er verwirft jedes aktive Eingreifen in die Welt, belässt den Partikularismus der Ethik der unterschiedlichen Kasten so wie er ist und lehrt den Rückzug von individueller Verantwortung für das eigene Leben, indem er gegenüber seinem von außen bestimmten, diesseitigen Verhalten Gleichgültigkeit wahrt. Der Hinduismus ist die Religion, die durch die Kaste der Brahmanen geschaffen wurde. Dabei handelt es sich um eine edle und besonders gebildete Elite, die jedoch zumeist die Ausübung der politischen Macht der Kriegerkaste, den Kshatryas, überlassen musste. Ihre soziale Stellung, zwar gut ausgebildet und privilegiert, doch von der Ausübung der Macht abgeschottet zu sein, erklärt die Lehre des Hinduismus: Die Theodizee sieht die Welt als vollkommen im zeitlosen Sinn, der Weg zur Erlösung liegt für die durchschnittlichen Menschen in der Befolgung der Regeln ihrer Kaste und für die Gebildeten in Gleichgültigkeit und Rückzug.

## Buddhismus

Ein radikalerer Weg zum Seelenheil tritt im buddhistischen Denken auf (Weber, 1920/1972b:217–250). Nach Buddhas Lehren sind die Ursachen des Leidens in dieser Welt die innerweltlichen Begierden des Individuums, sein Verlangen nach Leben, nach Freude und Vergnügen, der Überlebenskampf. Dies wird Individuation genannt. Buddha lehrt vier Wahrheiten:

1. Diesseitiges Leben ist vergänglich und bringt Leid mit sich, 2. die Ursache für das Leid sind Lebensgier und Überlebenskampf des Individuums, 3. das Ende des Leides kommt mit dem Ende der Gier des Individuums nach Leben, 4. der Pfad hin zum Ende des Leides ist der edle achtfache Pfad zur Erlösung: a) vollkommene Einsicht in den Ursprung des Leidens in der Gier nach Leben, b) vollkommene Bereitschaft, auf individuelle Sehnsüchte zu verzichten, c) vollkommene Rede durch die Kontrolle der Leidenschaften, d) vollkommene Lebensführung durch die Vermeidung jeglichen Strebens nach diesseitigem Erfolg, e) die

Sakralisierung des Lebens, f) vollständige Konzentration auf den Weg zur Erlösung, g) Erlangung heiligen Denkens und Fühlens sowie h) Eintreten in den ewigen Frieden des Nirwana durch vollkommene Konzentration. Dies ist der Pfad zur Erlösung, den Weber außerweltliche Mystik nennt. Sie lenkt die Aufmerksamkeit des Individuums weg von dieser Welt, aber verändert diese Welt nicht. Deshalb ist sie immer noch Bestandteil einer weltimmanenten Theodizee. Es gibt eine vollkommene ewige Ordnung und das Individuum muss nur seinen Weg zu dieser Ordnung finden. Die Welt ist nur voll von Übeln, weil sich das Individuum in Lebensgier und Überlebenskampf verwickelt und damit irregeleitet wird. Die buddhistische Lehre gibt keinen Anlass für eine innerweltliche Motivation, um sich selbst an dieser Welt zu prüfen und sie durch aktives Eingreifen zu verändern, weil das Eingreifen selbst seine Ursache in Lebensgier und Überlebenskampf hat und somit der Ursprung von Leid und Übeln ist. Nicht Eingreifen, sondern Rückzug ist der Pfad zur Erlösung.

Der Buddhismus lehrt einen Rationalismus der Sinnfindung (Wahrheitsfindung) in der Einheit mit dem ewigen Frieden des Nirwana durch den Rückzug von der Welt. Er verwirft das aktive Eingreifen in die Welt, lehnt die individuelle aktive Verwicklung in die Welt ab, lässt die bestehende Welt wie sie ist und differenziert in partikularistische Gruppen. Er lehrt keine universalistische Ethik für diese Welt. Die Träger des Buddhismus, die buddhistischen Mönche, gestalteten die Religion in Übereinstimmung mit ihrer gesellschaftlichen Position, eine Position abseits von Macht, zurückgezogen von der Welt. Erlösung war nur für diejenigen zugänglich, die ihrem Beispiel folgten.

### Ethische Religion II: die jüdisch-christlichen Religionen

Eine die Welt transzendierende Theodizee in Verbindung mit innerweltlicher Askese als Weg zur Erlösung brachten die jüdisch-christlichen Religionen hervor (Weber, 1920/1971a, 1920/1972a: 17–236, 1922/1976: 245–381, 1923/1991; Troeltsch, 1912/1922). Dies konstituierte die nachhaltigste Differenz zwischen westlicher und östlicher Kultur.

### Das antike Judentum

Jahwe, der Gott der Juden und der Gott des alten Testaments der christlichen Religion, ist ein mächtiger Gott, der die Welt mit seinen Geboten beherrscht. Er ist der einzige und alleinige Gott, dessen Herrschaft überall in der Welt gilt, ein Gott des Krieges, der das jüdische Volk gegenüber seinen Feinden schützt. Moses ist der Begründer dieser Religion. Er führt sein Volk aus der Knechtschaft in Ägypten nach Palästina. Er erhält von Gott am Berg Sinai die Tafeln mit den zehn Geboten.

Die Theodizee ist hier der Mythos des Sündenfalls. Es ist die Schwäche und Sündhaftigkeit des Menschen, die Gottes Zorn und seine Bestrafung hervorruft. Darum ist die Welt voll von Leid und Übel. Der einzige Weg, um Gottes Zorn und seiner Bestrafung zu entgehen, besteht darin, seine Gebote zu befolgen. Alle Mitglieder des jüdischen Volkes sind in der Befolgung von Gottes Geboten füreinander verantwortlich. Gott hat einen Bund mit seinem auserwählten Volk geschlossen, um es durch das irdische Jammertal in das gelobte Land zu führen. Somit ist das gesamte Volk dafür verantwortlich, dass der Bund nicht gebrochen wird; keinem ist es erlaubt abzuweichen, anderenfalls wird Gottes Wut das gesamte Volk bestrafen.

In der Zeit vor dem Exil in Ägypten waren vor allem die Propheten, die sich mit ihren Verkündungen in ungewöhnlichen Situationen an das ganze Volk wandten, die machtvollen Interpreten des göttlichen Willens und der Gebote Gottes. Die Leviten spielten eine besondere Rolle dabei, Gottes Gebote in einen Kanon von spezifischen Regeln für das alltägliche Leben zu transformieren, indem sie die Thora lehrten. Die Theodizee dieser Religion betrachtet diese Welt infolge der sündhaften Abweichung der Menschen von Gottes Geboten als böse. Das Leid ist Gottes Bestrafung. Nur der Gehorsam des Menschen gegenüber Gottes Geboten kann ihn zum gelobten Land führen. Irgendwann in der Zukunft wird diese Welt zerstört, Sünde, Leid und Übel werden beseitigt und eine neue Welt wird erschaffen. Die Voraussetzung dafür ist die Arbeit des Menschen an seinem Charakter und an der Welt, damit sie Gottes Geboten entsprechen. Der Weg zur Erlösung ist hier der Gehorsam des Menschen, indem er sein Verhalten auf Gottes Gebote ausrichtet. Dies ist die innerweltliche Askese. Gefordert ist weder der Rückzug von der Welt noch die mystische Kontemplation, die den Menschen dem ewigen Frieden entgegenbringen, sondern ethisch richtiges innerweltliches Verhalten, das die Voraussetzung bildet, um Gottes Zorn und Bestrafung zu entkommen und um mit seinem auserwählten Volk in das gelobte Land geführt zu werden. Somit muss der Mensch in diese Welt eingreifen, um sie nach Gottes Regeln zu formen.

Wir finden hier eine Religion, deren Rationalität Sinn als aktives Eingreifen in diese Welt entlang ethischer Gebote konstruiert. Das bedeutet, dass Sinn das Ergebnis aktiven Eingreifens in diese Welt ist. Der Sinn wurde durch den Sündenfall des Menschen zerstört. Ein Mangel an Sinn ist der Widerspruch zwischen Gottes ethischen Geboten und dem sündhaften Verhalten des Menschen. Sinn kann nur erlangt werden, indem man gegen die Sünde in dieser Welt arbeitet und dadurch, dass man die Welt nach Gottes ethischen Geboten gestaltet. Somit ist das Eingreifen in diese Welt und ihre Transformation nach ethischen Geboten ein wesentlicher Bestandteil dieser Religion. Es ist gleichfalls eine Religion, die aufgrund Gottes universaler Herrschaft ein Potenzial besitzt, ethischen Partikularismus zu überwinden. Er duldet keinen anderen Gott neben sich. Der Monotheismus beinhaltet das Potenzial eines ethischen Universalismus. Der ausschließliche Bund des jüdischen Volkes mit Gott und seine religiöse Trennung von jeder anderen ethnischen Gruppe erhielt jedoch einen ethischen Partikularismus aufrecht, der deutlich zwischen moralischem Handeln innerhalb und außerhalb der Gruppe unterschied. Der Bund des jüdischen Volkes mit Gott verknüpfte das Individuum mit der eigenen Gruppe und förderte die Kontrolle der Gruppe über das Individuum. Er ließ freilich wenig Raum für die Etablierung einer individuellen Verantwortlichkeit. Es waren genau diese Vorstellung eines kriegerischen und herrschenden Gottes und die politische Situation des permanenten Konflikts mit Feinden sowie die Botschaft der ethischen Propheten, die Gottes ethische Gebote verkündeten, die zur Schaffung einer Theodizee beitrugen, die machtvoll in die Welt eingriff. Das ist der eigentliche Ursprung des ethischen Rationalismus und des instrumentellen Aktivismus der westlichen Kultur. Spätere Entwicklungen bauten auf dieses Potenzial einen ethischen Rationalismus und instrumentellen Aktivismus auf und entwickelten es je nach den Kräften, die auf die Religion einwirkten (Weber 1920/1971a).

### Von Jesus Christus über das frühe Christentum zur antiken Kirche

Jesus Christus ergänzte Gottes strenge Herrschaft durch seine Liebe für jeden. Das Alte Testament spricht von Zorn und Bestrafung, Christus von Vergebung. Das Alte Testament lehrt „Auge um Auge, Zahn um Zahn", Christus verkündet „Liebet Eure Feinde". Dies ist universelle Liebe, der Schlüssel zur universellen Vereinigung der Menschen. Für Jesus ist die Welt aufgrund der Sündhaftigkeit des Menschen voll von Übeln. Weil der Mensch jedoch ein sündhaftes Wesen ist und bleibt, kann Sinn nicht durch Eingreifen in diese Welt konstruiert werden, sondern nur durch die endgültige Zerstörung dieser Welt durch Gott, wenn Christus wiederkommt, um die Menschen zu retten. Der einzige Weg zur Erlösung ist hier das Erkennen der eigenen Sündhaftigkeit und das Bewusstsein von Gottes Gnade, die durch Christus' Liebe zu den Menschen vermittelt wird. Die Demut des schwachen Sünders ist der Weg zur Erlösung. Diejenigen Menschen, die diese Demut besitzen, werden am Ende dieser Welt auserwählt und in das neue Paradies aufgenommen. Somit entstand eine Lehre, die sich vom jüdischen ethischen Partikularismus löste und Gottes Zorn durch Gnade ersetzte. Sie eröffnete Wege der Sinnkonstruktion durch kontemplative Vereinigung mit Gott, wodurch man an seiner universellen Liebe teilhat. Während der Jahwe des Judentums ein unnahbarer Herrscher ist, zeigt sich der Gott des Neuen Testaments als ein allumfassend liebender Gott, mit dem man sich in dankbarer Demut vereinigen kann. Somit kommt es in der Nachfolge Jesu zu einem viel geringeren Eingreifen in die Welt, zu einer viel größeren Erwartung des Paradieses in einer anderen Welt und zur Betrachtung dieser Welt als sündhaft. Der Individualismus wird jedoch verstärkt, weil das menschliche Individuum individuell Gottes Liebe erfährt, nicht nur als Mitglied eines Volkes oder einer anderen partikularen Gruppe. Um an Gottes Liebe teilzuhaben, muss man unter Umständen gar die Bindungen zur eigenen Familie abbrechen.

Die christliche Religion, wie Jesus sie schuf, wurde durch seine Anhänger verbreitet. Die missionarische Arbeit des Apostels Paulus war hier am bedeutendsten, weil er lehrte, dass jedermann ein Mitglied der christlichen Gemeinschaft sein könne, unabhängig von seiner ethnischen oder politischen Zugehörigkeit. Das war eine Voraussetzung für die Ausbreitung des Christentums über alle partikulare Gruppenzugehörigkeiten hinweg und für die Etablierung einer universellen Gemeinschaft der Christen. Das Christentum spielte eine bedeutende Rolle dabei, zwischen der Moral innerhalb und außerhalb einer Gruppe eine Brücke schlagen zu können, weil nun jeder Mensch Mitglied einer Gemeinschaft sein konnte, die sich ein und denselben ethischen Prinzipien verpflichtete. In seinen Anfängen war das Christentum eine Religion der einfachen Leute und bewahrte eine Distanz zum römischen Staat, in dem es verbreitet war, aber ebenso verfolgt wurde. Seine erfolgreiche Verbreitung erreichte jedoch auch gut situierte Menschen und hatte ihren Höhepunkt in der Duldung durch das Edikt von Milan im Jahre 313, der Taufe des Kaisers Konstantin im Jahre 337 und schließlich in der Einführung als Staatsreligion durch Theodosius I. im Jahre 391. Das Christentum veränderte sich von einer ursprünglich randständigen Position hin zur Staatsreligion. Die Lehre des Christentums wurde in dieser Zeit durch die Kirchenlehrer systematisiert, besonders von Origenes (184–254) und Augustinus (354–430). Diese Lehrer passten die christliche Lehre an die hellenistische Philosophie des Naturrechts und an den römischen Staat an. Auf diese Weise wurde das Naturrecht zum Vermittler zwischen der göttlichen Ordnung und der innerweltlichen Ordnung; die ursprüngliche Spannung zwischen Gottes ethischen Geboten und der Sündhaftigkeit des Menschen wurde auf diese Weise versöhnt. Es gab nun eine umfassende rechtmäßige Ordnung, die von der göttlichen Ordnung über das Naturrecht bis zur Staatsordnung reichte. Die christliche Lehre wurde den asiatischen Vorstellungen einer ausgeglichenen ewigen Ordnung ähnlich. Die Vorstellung eines allmächtigen Gottes, der sein auserwähltes sündhaftes Volk durch seine Gebote befehligt, wurde durch die Idee einer göttlichen Ordnung ersetzt, die über das Naturrecht mit der Staatsordnung in Einklang gebracht wurde. Dies entsprach der hellenistischen Vorstellung einer ausgeglichenen Naturordnung und ebenso dem Bündnis der Kirche mit dem Staat. Es gab nicht mehr länger einen mächtigen Gott, der von seinem Volk forderte, dass es in diese Welt eingreifen solle. Der Weg zum Seelenheil bestand in der Anpassung an die bestehende Ordnung, begleitet von der Einheit mit Gott in mystischer Kontemplation (Troeltsch, 1912/1922).

## Die mittelalterliche Kirche

Nach dem Zusammenbruch des Römischen Reiches wurde die christliche Kirche zur Bewahrerin der antiken Kultur, bis das zivilisierte Leben im Mittelalter wieder aufzublühen begann. Die Scholastik des Mittelalters lehrte jedoch weiterhin die Versöhnung zwischen der göttlichen Ordnung und den niedrigeren Ordnungen des irdischen Lebens in einer übergreifenden hierarchischen Ordnung. Diese reichte von den göttlichen Ebene hinunter zu den niedrigsten Ebenen des irdischen Lebens im wirtschaftlichen Handel und in der utilitaristischen Bedürfnisbefriedigung. Diese Versöhnung der göttlichen Ordnung mit der irdischen Ordnung näherte die christliche Lehre ebenfalls mehr den asiatischen Modellen des Gleichgewichts und der organischen Ordnung an, als der ethische Rigorismus und instrumentelle Aktivismus des Alten Testaments dies tat. Der Weg zur Erlösung bestand wiederum in der Anpassung an die bestehende Ordnung und in der Vereinigung mit Gott in mystischer Kontemplation (Troeltsch 1912/1922).

## Ethische Religion III: Reformation und Protestantismus

Es war die Reformation, die die ethische Strenge und den instrumentellen Aktivismus des Alten Testaments wieder einführte (Weber, 1920/1972a: 17–236, 1982).

## Das Luthertum

Luther übertrug die Maßstäbe des religiösen Lebens der Mönche auf das tägliche Leben des Durchschnittschristen. Er verwarf die Versöhnung zwischen religiöser Ethik und Welt durch die Scholastik. Nun wurde das innerweltliche Verhalten jedes Christen zum Feld, in dem jeder Christ seine religiöse Qualifikation zu beweisen hatte. Die Berufung des Menschen zu Gott war nicht mehr länger ein Privileg von Priestern und Mönchen, sondern stand jedem Christen offen. Luthers Auslegung des Ausdrucks für Arbeitstätigkeiten als „Beruf" gab all diesen Tätigkeiten den Sinn einer Berufung durch Gott. Die Welt war wieder dafür offen, nach Gottes ethischen Geboten geformt und umgestaltet zu werden. Luther interpretierte seine Lehre jedoch in einem traditionalistischen Sinne. Seine Lehre von den zwei Reichen rechtfertigte die weltliche politische Herrschaft als von Gott eingesetzt. Man musste sich den Erfordernissen der bestehenden Ordnung innerhalb seines Berufs und als ein Untertan der politischen Obrigkeit anpassen und sollte den Bund mit Gott in mystischer Kontemplation bewahren: in der *unio mystica*. Das war der Weg zur Erlösung. Der Hauptgrund für diese Versöhnung von Gott und Welt war Luthers Anpassung an die weltliche Macht seines Landesherrn (Weber, 1920/1972a: 63–83; Eiben, 1989).

## Der Calvinismus

Eine weitaus revolutionärere Lehre des Christentums wurde von Johannes Calvin in Genf begründet. Seine Lehre setzte den mächtigen Herrscher-Gott des Alten Testaments wieder ein. Calvins Lehre führte zu einer methodisch-rational durchorganisierten Lebensführung des Individuums, zu einer systematisch organisierten, selbstbeherrschten Persönlichkeit, die aktiv in diese Welt eingreift, um sie zu Gottes Ehre zu gestalten. Rastlose Berufsarbeit wurde zur einzig richtigen Lebensform, weil die Arbeit an sich selbst und an der Welt notwendig ist, um die Welt nach Gottes Geboten und zu seinem Ruhme zu gestalten. Der lutherische Protestant beweist seine religiöse Qualifikation nicht in seiner Arbeit, sondern in seiner mystischen Einheit mit Gott, das heißt in einem Gefühlszustand, der alles begleitet, was er tut. Ausschlaggebend ist, was die Person fühlt, nicht was sie tut. Für den calvinistischen Protestanten verhält es sich genau umgekehrt. Er beweist sich durch seine Arbeit als dem Ruhme seines Herrscher-Gottes verpflichtet.

Im Zentrum der calvinistischen Lehre steht Calvins Idee der **Prädestination** (Weber 1920/1972a: 92–106). Nach Weber stellt sie die logisch konsequenteste welttranszendierende Lösung des Problems der Theodizee dar. Die Frage der Theodizee lautet: Warum gibt es Leiden, Übel und Ungerechtigkeit in der Welt, wenn sie von einem vollkommenen und absolut herrschenden Gott geschaffen wurde? Calvin beantwortet diese Frage, indem er feststellt, dass Gottes Herrschaft absolut gültig ist und dass es nichts gibt, was nicht durch ihn bestimmt wurde. Der Mensch ist jedoch schlicht unfähig, Gottes Gründe zu kennen, warum diese Welt so ist wie sie ist, warum Dinge geschehen, wie sie geschehen. Das zu wissen, würde den Menschen auf die Stufe Gottes selbst emporheben, was schlicht unmöglich ist. Die Welt ist wie sie ist aufgrund von Gottes absolut verborgenem Willen. Und dies beeinflusst gleichfalls das individuelle Schicksal des Menschen. Gottes Fügung bestimmt entweder, ob jemand zu denjenigen gehört, die für das ewige Leben auserwählt sind, oder zu jenen, die zum ewigen Tod verdammt sind. Das Erschließen von Gottes Gründen liegt jenseits der menschlichen Fähigkeiten. Wir könnten ebenso fragen, warum andere Lebewesen als Tiere geboren wurden, während wir als Menschen zur Welt kommen. Für das menschliche Denken ist es nicht möglich, darauf eine Antwort zu finden. Gott ist vollkommen, das menschliche Individuum ist eine unvollkommene Kreatur. Gott weiß, warum er diese Welt so, wie sie ist, geschaffen hat. Das menschliche Individuum kann es nicht wissen.

Die Lehre der Prädestination hatte für den calvinistischen Protestanten enorme Auswirkungen. Zur wichtigsten Frage wurde, wie man erfahren kann, ob man zum ewigen Leben auserwählt oder zum Tode verdammt ist. Nach Calvin kann es niemand erfahren. Er lehrte jedoch Vertrauen in Gott, weil alles, was er tut, richtig ist. Die Kirche teilt sich unsichtbar in die Gruppe der Auserwählten und in die Gruppe derjenigen, die nicht auserwählt sind. Freilich war dieses Problem für den einzelnen Gläubigen zu bedrückend, sodass Calvins Nachfolger schließlich die Interpretation seiner Lehre veränderten. Nach dieser Interpretation kann man zwar immer noch nicht Gott in seiner Fügung beeinflussen, aber man kann erfahren, ob man zu den Auserwählten gehört. Menschen können ihren auserwählten Status an ihrer Lebensführung erkennen. Auserwählt sind diejenigen Menschen, die voll Vertrauen zu Gott sind, die seine ethischen Gebote in ihrem Verhalten veranschaulichen und die mit ihren irdischen Tätigkeiten zu seinem Ruhme beitragen. Harte Arbeit, Ehrlichkeit, Verlässlichkeit und Bescheidenheit sind die Eigenschaften, die einen Auserwählten charakterisieren (Weber, 1920/1972a: 104–106).

Die Folge dieser Lehre war ein enormer innerer ethischer Zwang, weil jeder seinen auserwählten Status in seiner Lebensführung sehen wollte. Dieser Druck auf die ethische Selbstbeherrschung wurde noch durch die Abschaffung jedweder kirchlicher Verwaltung der Gnade Gottes vermehrt, wie es die katholische Kirche auszeichnet. Weil Gottes Fügung unveränderlich ist, gab es keinen Platz für irgendeine Verwaltung von Gottes Gnade durch die Kirche. Das Individuum stand völlig sich selbst überlassen vor Gott. Und weil Gott nicht um Gnade verhandelte, bestand keine Möglichkeit, schlechte Taten durch gute auszugleichen. Nur die Menschen, deren Verhalten nicht die geringste Abweichung von den ethischen Maßstäben zeigte, waren durch Gottes Fügung für das ewige Leben auserwählt. Das Ergebnis dieser Lehre war eine durchgehende methodisch-rationale Organisation des Lebens entlang der ethischen Maßstäbe Gottes, wobei nichts unversucht bleiben durfte. Diese Lehre brachte systematisch organisierte Persönlichkeiten hervor. Das menschliche Verhalten war keine Ansammlung von guten und bösen Taten, die sich schließlich ausgleichen. Es war vielmehr das

Ergebnis einer systematisch organisierten, völlig selbstbeherrschten Persönlichkeit. Die Verinnerlichung ethischer Kontrolle erreichte ihre höchstmögliche Stufe (Weber, 1920/1972a: 106–118).

Diese höchste Stufe der Selbstbeherrschung wurde durch jenen Typus externer sozialer Kontrolle vervollständigt, der durch den Calvinismus auf seine Gefolgsleute ausgeübt wurde. Der Calvinismus organisierte sich als eine freiwillige Vereinigung von religiösen Menschen in Sekten, reformierten Kirchen und Denominationen, nicht wie die katholische und lutherische Kirche als eine Gemeinschaft, in die ein Mensch hineingeboren wurde. Freiwillige Mitgliedschaft stärkte die Bindung an die Normen der religiösen Gemeinschaft. Die gegenüber der katholischen und lutherischen Kirche lebendigere Teilnahme der Laien in der Gestaltung der Gottesdienste machte die religiöse Gemeinschaft selbst zur religiösen Autorität, anstelle eines Klerus, der von den Menschen getrennt war. Damit wurde die soziale Kontrolle viel strenger durch die religiöse Gemeinschaft selbst ausgeübt, als es der katholischen Kontrolle durch einen Verwaltungsapparat möglich war. So wurde die Mitgliedschaft in der religiösen Gemeinschaft eine Hauptvoraussetzung, um in wirtschaftlichen Aktivitäten als vertrauenswürdige Person zu gelten. Der Calvinismus verstärkte sowohl die innerliche Selbstkontrolle als auch die äußerliche soziale Kontrolle (Weber 1920/1972a: 207 – 236).

Calvins Prädestinationslehre löste das Problem der Theodizee, indem sie behauptete, was auch immer in dieser Welt existiere oder geschehe, sei von Gott vorherbestimmt. Dies ist jedoch keine Theodizee, die die Welt lässt, wie sie ist; denn sie behauptet, dass diese Welt eines Tages, wenn der Sohn Gottes wiederkehrt, zu Ende sein wird und die Auserwählten ins Paradies eintreten werden. Verglichen mit Gott ist alles auf der Erde unvollkommen und kann nicht auf vergleichbare Weise geliebt werden, weil man dann die Sünde begeht, irdische Geschöpfe auf einen gottähnlichen Status emporzuheben. Weil diese Welt voll von unvollkommenen Menschen ist, sind die Auserwählten von Gott dazu berufen, an dieser Welt und ihren unvollkommenen Menschen zu seinem Ruhme zu arbeiten. Darüber hinaus war jedermann dazu berufen, zum Ruhme Gottes zu arbeiten. Die kühle und unparteiliche Organisation von Armut, Arbeitslosigkeit, Verwaisung und Kriminalität in Anstalten, die speziell für diesen Zweck bestimmt waren, gehörten zu dieser rationalen Organisation der Welt. Somit beinhaltet Calvins Theodizee ein außerordentliches Eingreifen in diese Welt, um sie nach Gottes ethischen Geboten zu gestalten. Es findet sich kein Weg zur Erlösung, auf dem die Menschen Gottes Fügung beeinflussen können; es gibt jedoch Hinweise darauf, ob man sich auf diesem Weg der Erlösung befindet, insoweit das Verhalten eines Menschen methodisch ohne Fehl und Tadel nach Gottes ethischen Geboten gestaltet ist. Unermüdliche Arbeit im Beruf wird zum hervorstechendsten Zeichen eines auserwählten Status. Im Gegensatz zum traditionellen katholischen Verständnis der Arbeit als Buße für die Sünde des Menschen und als etwas, das keinen Wert an sich hatte, wurde Arbeit zur bedeutsamsten Sphäre positiven religiösen Handelns. Die Früchte dieser Arbeit sind Zeichen der Gnade Gottes. Aufgrund von Gottes deutlichem ethischen Auftrag gab es jedoch keinen Raum, um diese Früchte der harten Arbeit vergnügt zu genießen. Der einzig mögliche Weg war, die Früchte der harten Arbeit wieder in neue harte Arbeit zu investieren. Damit entstand eine komplementäre Sakralisierung der Arbeit um ihrer selbst Willen und zum Zweck der Neuinvestition ihrer Früchte auf einer höheren Stufe der Arbeit. Dieser Gedanke folgte dem kapitalistischen Prinzip, wonach die Profite, die aus einem Unternehmen fließen, wieder im Unternehmen zu investieren sind, anstatt diesen Profit nur zu verbrauchen. Hier lag die Konvergenz zwischen dem Geist des asketischen Protestantismus und dem Geist des Kapitalismus.

Der Calvinismus war wegen seiner radikalen Lehre der Prädestination der extremste Typus des asketischen Protestantismus. Er wurde am einflussreichsten durch seine Verbreitung in der holländisch reformierten Kirche sowie in den puritanischen Sekten und Gruppen in England und Amerika. Andere Formen des asketischen Protestantismus, die zur Sakralisierung der innerweltlichen Arbeit beitrugen, waren der Pietismus, der Methodismus, der Baptismus, die Mennoniten und die Quäker.

Der asketische Protestantismus etablierte einen bislang nicht da gewesenen ethischen Rationalismus, der beinhaltet, dass Sinn nicht durch die Anpassung an eine vollkommene Ordnung oder durch einen Rückzug aus dieser Welt und die Erlangung von Frieden in einer ewigen Ordnung erreicht wird, sondern indem man ethische Maßstäbe anwendet, die von Gott dem diesseitigen Verhalten abverlangt werden. Die Rationalität der ethischen Standards beruht auf ihrer Allgemeingültigkeit. Handeln selbst ist rational, wenn es diese ethischen Maßstäbe verkörpert. Dieser ethische Rationalismus wurde um einen beispiellosen instrumentellen Aktivismus ergänzt. Das auserwählte menschliche Individuum ist von Gott dazu berufen, in diese Welt einzugreifen und sie nach seinen ethischen Geboten zu formen. Darin liegt auch ein extremer Individualismus in dem Sinne, dass die individuelle Persönlichkeit völlig auf sich selbst gestellt vor Gott steht. Die selbstdisziplinierte, individuell verantwortliche Person wird zum erstrebenswerten Menschentyp. Schließlich finden wir hier einen Universalismus in dem Sinne, dass Gottes ethische Gebote universell gültig sind und überall in der Welt verwirklicht werden müssen.

Diese Merkmale des asketischen Protestantismus resultierten besonders in seiner calvinistischen Fassung aus der Interpenetration einiger grundlegender Merkmale seiner Lehre mit der tatsächlichen Lebenswelt der Träger dieser Doktrin. Die Lehre deutete unmissverständlich die Arbeit in dieser Welt zum Ruhme Gottes als Zeichen eines auserwählten Status. Für Luther war der Mensch ein Gefäß der Liebe Gottes; für Calvin war er ein Werkzeug, das seiner Herrschaft über die Welt diente. Zudem wurden die aufkommenden bürgerlichen Schichten die Hauptträger des Calvinismus und anderer Formen des asketischen Protestantismus. Die Tatsache, dass sie arbeiteten, um ihren Lebensunterhalt zu verdienen, grenzte sie von der Aristokratie ab. Die Sakralisierung der Arbeit, Ehrlichkeit in wirtschaftlichen Beziehungen, systematische Organisation der Lebensführung und individuelle Verantwortlichkeit waren die Bausteine der bürgerlichen Lebenswelt. Das Bürgertum setzte seine ethischen Maßstäbe als allgemeingültig für die gesamte Gesellschaft und arbeitete darauf hin, die etablierte hierarchische Gliederung der Gesellschaft in Stände zu überwinden. Sozialer Status war nur durch Leistung zu erlangen und sollte nicht länger von der Geburt abhängen. Die Lehre des asketischen Protestantismus und die Lebenswelt des Bürgertums waren für Weber miteinander über eine „Wahlverwandtschaft" verbunden (Weber 1920/1972a: 30–62, 163–202).

## Die moderne säkulare Kultur

Die Kultur, die mit der Entwicklung der jüdisch-christlichen Religionen vom antiken Judentum bis zum asketischen Protestantismus entstand, verschwand nicht mit dem Prozess der Säkularisierung, der im 18. Jahrhundert durch die Aufklärung in Gang gesetzt wurde. Die Aufklärung ersetzte Gott durch die Vernunft, folgte jedoch weiterhin einem ethischen Rationalismus, der eine unvollkommene Welt voll von Übeln, Leid und Ungerechtigkeiten nach ethischen Maßstäben beherrschbar machen will. Die Aufklärung glaubt an die Würde des menschlichen Individuums und an seine Selbstverantwortung in Selbstdisziplin, an die universalistische Idee gleicher Menschen- und Bürgerrechte und an die instrumentelle Beherrschung von Natur und Gesellschaft. Das sind noch immer die besonderen Charakteristika unserer modernen westlichen Kultur. Tatsächlich wird der Widerspruch zwischen formaler und materialer Rationalität als besonderes Merkmal unserer modernen westlichen Kultur immer offensichtlicher. Im Prozess der Beherrschung von Natur und Gesellschaft haben wir Technologien, Rechtssysteme, Institutionen und Ordnungen entwickelt, die selbst eine Reihe von Folgen im Widerspruch zu Grundwerten bewirken, sodass wir immer mehr damit beschäftigt sind, die negativen Auswirkungen unserer Eingriffe in Natur und Gesellschaft zu reparieren, je mehr wir in diese eingreifen. Die Welt so zu belassen, wie sie ist, hätte freilich ebenfalls allzu viele negative Folgen. Aus der Beherrschung der Welt mittels Technologien, Rechtssystemen und Ordnungen folgt zugleich ein Freiheitsverlust; wie es Max Weber formuliert, werden wir mehr und mehr zu Gefangenen in einem „stahlharten Gehäuse", das wir in diesem Prozess selbst geschaffen haben. Während der Puritaner Berufsmensch sein wollte, haben wir gar keine andere Wahl. Moderner Kapitalismus, Bürokratie, das Rechtssystem und die Technologie bilden Systeme, die sich nach ihren eigenen Gesetzen entwickeln; sie sind zu unabhängigen Mächten geworden, die von außen Zwang auf das menschliche Individuum ausüben. Geschaffen vom Menschen, erscheinen sie als eine unabhängige Macht, entfremdet vom menschlichen Individuum (Weber 1920/1972a: 203–206).

Die menschliche Suche nach Wissen über die Gesellschaft, den Menschen und die Natur, die tief im Rationalismus der modernen westlichen Kultur eingeprägt ist, treibt den Fortschritt der Wissenschaft in einem beispiellosen Maß voran (Weber, 1922/1973: 582–613). Die Ausweitung des Wissens lässt keinen Raum für magischen Glauben und führt schließlich zur Zerstörung der Religion selbst. Der Calvinismus beseitigte jedes magische Glied zwischen Gott und Mensch. Keine magische Praxis kann Gott beeinflussen. Allein Gottes Wort zählt. Die moderne Naturwissenschaft ersetzte allen Glauben durch Wissen, sogar den Glauben an Gott. Und es ist das puritanische Bestreben, Gottes Vorsehung zu ergründen, das wesentlich zum Aufstieg der modernen Wissenschaft beitrug. Wissen kann uns mitteilen, was ist und warum dies so ist, es kann uns jedoch nicht mitteilen, was wir tun sollen. Die Wissenschaft kann weder Sinnfragen noch Fragen des moralischen Verhaltens beantworten. Folglich kennzeichnet die moderne Kultur zugleich ein Sinnverlust und ein Verlust moralischer Führung, der aus dem Triumph ihres Rationalitätstypus resultiert, der die Suche nach Sinn und moralischer Führung in die Suche nach wissenschaftlichem Wissen transformierte. Nun ist es das Individuum selbst, das Sinn finden muss und das entscheiden muss, was richtig und was falsch ist. Jedes Individuum muss seinen eigenen „Dämon finde(n) und ihm gehorche(n), der *seines* Lebens Fäden hält" (Weber, 1922/1973: 613).

Die fortschreitende Entwicklung des Individualismus in der westlichen Kultur hat ihren Ursprung in der individuellen Verantwortung vor Gott. Die Aufklärung verallgemeinerte diesen Individualismus zur völligen Selbstverantwortung des Individuums und verknüpfte ihn mit der Sakralisierung der individuellen Persönlichkeit. Dies gibt dem menschlichen Individuum viel Verantwortung und hat widersprüchliche Konsequenzen. Die höchsten Formen einer selbstverantwortlichen und selbstdisziplinierten Gestaltung des individuellen Verhaltens stehen neben den krudesten Formen von Egoismus und Narzissmus. Sie sind alle Kinder ein und derselben kulturellen Hochschätzung des Individualismus.

Schließlich zeitigt auch der moralische Universalismus der modernen Kultur widersprüchliche Konsequenzen. Er bildet die Grundlage, um aufrichtig an der

Abschaffung von Unterdrückung und Ungerechtigkeit zu arbeiten. Zugleich ist er die Quelle einer kulturellen Hegemonie des Westens in der ganzen Welt. Missionare, Kriegsherren und Kaufleute haben sehr häufig Hand in Hand gearbeitet. Amnesty International und die US-Army sind beide überall in der Welt Botschafter ein und desselben kulturellen Universalismus.

## Die institutionellen Ordnungen der modernen rationalen Gesellschaft

Zum Vermächtnis des modernen westlichen Rationalismus gehören instrumenteller Aktivismus, selbstverantwortlicher Individualismus und moralischer Universalismus. Dank Webers Herangehen an die Gesellschaft über ihre Wechselbeziehung mit der Kultur kann die Soziologie heute die Ursprünge, Eigenheiten und Konsequenzen dieser modernen Kultur für die Gesellschaft und das Individuum verstehen. Aus Webers Perspektive sind die wesentlichen Institutionen der modernen Gesellschaft – Kapitalismus, Bürokratie, rational-legale Herrschaft, Rechtssystem, Wissenschaft und Technologie – als Spezifikationen ein und desselben kulturellen Codes zu verstehen.

### Kapitalismus

Der moderne Kapitalismus ist als eine rational kontrollierte Form wirtschaftlicher Tätigkeit von jeder Form eines traditionellen Lebens von der Hand in den Mund und von jeder anderen Form eines spekulativen, auf Abenteuerlust basierenden oder politisch determinierten Kapitalismus zu unterscheiden. Den modernen westlichen Kapitalismus charakterisieren die rationale Organisation, die Kontrolle durch das Recht und die Gestaltung durch selbstdisziplinierte Personen. Dieser rationale kapitalistische Geist entspricht dem westlichen kulturellen Rationalismus, wie er seinen Höhepunkt im asketischen Protestantismus fand.

Nach Weber (1922/1976: 31–121; 1923/1991: 238–240, 269–270) steht der rationale Kapitalismus exemplarisch für rationale ökonomische Handlungen, die sich auf die Mobilisierung von knappen Ressourcen und deren Verteilung konzentrieren, um gegebenen Bedürfnissen zu entsprechen. Dies kann in Haushalten und im Betrieb geschehen.

Im Haushalt sind die wirtschaftlichen Aktivitäten am Grenznutzen orientiert; er verteilt die Ressourcen so, dass auf die am wenigsten befriedigten Bedürfnisse die meisten Ressourcen gelenkt werden und umgekehrt. Das Gesetz des Grenznutzens besagt, das mit jedem Gegenstand, der dazu bestimmt ist, ein bestimmtes Bedürfnis zu befriedigen, jeder weitere Gegenstand an Nutzen verliert, da auch das Niveau dieser Bedürfnisbefriedigung zunimmt. Wenn wir zehn Äpfel essen, wird der Zehnte von zehnmal geringerer Nützlichkeit sein als der Erste, weil wir, wenn wir endlich am zehnten Apfel angelangt sind, zehnmal mehr Befriedigung aus dem Essen von Äpfeln gezogen haben.

Im Betrieb zielt die ökonomische Tätigkeit auf die Rentabilität von Investitionen, d.h. auf den Gewinn. Jedes Geschäft ist nur so lange ökonomisch rational, als es profitabel ist, das heißt, solange es mehr Geld abwirft, als in das Geschäft investiert wurde. Es gibt verschiedene Voraussetzungen für rationales ökonomisches Handeln:

1. Die Mobilisierung der Ressourcen zu den niedrigsten Kosten.
2. Ein System, das die Menschen darüber informiert, wo und zu welchen Kosten sie die Ressourcen erhalten. Der Markt oder ein zentral verwalteter Plan sind alternative Systeme, um solche Informationen zu ermitteln.
3. Eine leistungsfähige Arbeitsorganisation, die mit niedrigsten Kosten höchste Produktivität erreicht, was durch folgende Merkmale am wirkungsvollsten gewährleistet wird:
   a) freie Lohnarbeit,
   b) privates Eigentum an Produktionsmitteln,
   c) freie unternehmerische Entscheidung, was die
   − freie Auswahl der Arbeiter,
   − die Arbeitsdisziplin und die
   − Spezialisierung der Arbeit betrifft.
4. Kalkulierbarkeit des Grenznutzens und des Profits, was folgende Aspekte beinhaltet:
   a) Marktfreiheit
   b) Marktkonkurrenz
   c) Markttausch
   d) Geldrechnung, die erlaubt:
   − Berechnung von geschuldeten Diensten,
   − Berechnung von Krediten,
   − Wertaufbewahrung,
   − Berechnung ökonomischer Chancen,
   − Kapitalrechnung,
   − ex ante- und ex post- Kalkulation,
   − Individualisierung der Bedürfnisbefriedigung.

Wenn es keinen Markt gibt, muss ein zentral verwalteter Plan die Funktionen des Marktes erfüllen, aber er kann dies nur begrenzt und mit ernsthaften Schwierigkeiten zustande bringen. Anstatt flexibler Anpassungsstrategien einer Vielzahl von Unternehmen finden wir dann zentral verwaltete Entscheidungsprozesse. Naturalrechnung ersetzt hier die Geldrechnung. Ein Vergleich und eine Berechnung von Produkten und Dienstleistungen ist in einer Planwirtschaft nur in begrenztem Umfang möglich. Ein zentral verwaltetes Wirtschaftssystem kann zwar sehr gut auf bestimmte Ziele hin ausgerichtet werden, ist aber sehr unflexibel und voller Probleme bei der Zuweisung von Ressourcen an Bedürfnisse.

Der moderne Kapitalismus stellt die bessere Lösung für das Problem der Allokation knapper Mittel an gegebene Bedürfnisse dar; gleichwohl zeigt er Tendenzen, periodische Krisen zu durchlaufen, nämlich:

1. Preisinstabilität (Inflation, Deflation),
2. ökonomische Wachstumskrisen (Rezession),
3. Arbeitslosigkeit sowie
4. außenwirtschaftliche Ungleichgewichte.

Es gibt periodisch wechselnde Ursachen solcher Krisen: Eine übersteigerte Nachfrage verursacht Inflation, nachlassende Nachfrage erzeugt Deflation und Rezession, harter Wettbewerb erzwingt technologische Rationalisierung, was zur Entlassung von Arbeitskräften führt; diese sind nicht unmittelbar auf neue Arbeitsplätze zu vermitteln, die durch technologischen Fortschritt wieder geschaffen werden. Daraus resultiert periodische Arbeitslosigkeit. Externe Regulierungen können die Profitchancen reduzieren, wie

- staatliche Unterstützung für verfallende Industriezweige,
- wachsende Kosten für Arbeitsplatzerhalt, Arbeitssicherheit, Gesundheitsvorsorge, Arbeitslosen- oder Rentenversicherung oder die Beteiligung der Gewerkschaften am wirtschaftlichen Entscheidungsprozess.

Der Kapitalismus ist insoweit ein formal rationales Wirtschaftssystem, als er das Problem der Allokation von knappen Ressourcen an gegebene Bedürfnisse in der wirtschaftlichsten Art und Weise löst, sodass immer höhere Stufen einer Mobilisierung und Verteilung von Gütern erreicht werden können. Dasselbe System ist allerdings insoweit material irrational als

- es nur diejenigen Bedürfnisse befriedigt, die durch die materielle Kaufkraft auf dem Markt ausgedrückt werden können,
- es am Profit um seiner selbst Willen orientiert ist,
- es Bedürfnisse erst schafft, die durch seine Industrie wiederum über expandierende Werbung befriedigt werden können,
- es nach dem Prinzip der Belohnung von wirtschaftlicher Leistung funktioniert und nicht nach Normen einer sozialen Wohlfahrtsethik verfährt.

Will man diese irrationalen Konsequenzen der formalen Rationalität des Kapitalismus ändern, dann muss er durch konträr wirkende Institutionen ergänzt werden: kultureller Diskurs, Politik und Rechtssystem.

Der moderne Kapitalismus dieses Typus kann nicht auf sich selbst gestellt existieren. Er ist von der Unterstützung durch andere Institutionen und durch kulturelle Grundlagen abhängig:

1. Der innere Kern ist der Markt: Er erfordert die Orientierung an Grenznutzen und Gewinn.
2. Rationale Kalkulation, rationale Technologie, eine methodisch rationale Arbeitseinstellung und die rationale Qualifizierung der Arbeitskräfte beruhen auf kulturellen Grundlagen: der rationalen Wissenschaft, protestantischer Askese, wissenschaftlicher und technischer Ausbildung.
3. Zuverlässigkeit, Legalität und normative Ordnung beruhen auf gemeinschaftlichen und rechtlichen Grundlagen: auf dem Universalismus der modernen westlichen Kultur und auf dem rationalen Rechtssystem.
4. Unternehmerische Zielsetzung und Gewinnrechnung bedürfen politischer Grundlagen: rationale Wirtschaftspolitik und eine rationale Bürokratie.

### Rational-legale Herrschaft

Moderne politische Herrschaft lässt sich durch ihre rationale Organisation charakterisieren, womit sie zu einer spezifischen Institutionalisierung des westlichen Rationalismus wird (Weber, 1922/1976: 122–176, 541–868; 1921/1971b).

Politische Herrschaft beinhaltet immer eine je spezifische Beziehung zwischen Herrschendem, Verwaltungsstab und den Beherrschten. Was der politischen Herrschaft ihre kollektiv verbindliche Geltung verleiht, ist der Glaube der beherrschten Menschen an ihre Legitimität. Weber unterscheidet drei Typen der legitimen Herrschaft nach den unterschiedlichen Ursprüngen ihrer Legitimität. Sie lassen sich den Typen **legitimer Ordnung** in Webers Abhandlung über die Grundbegriffe zuordnen. Traditionale Herrschaft entspricht der traditionalen Legitimität einer sozialen Ordnung aufgrund der Heiligkeit einer Tradition, charismatische Herrschaft der Legitimität einer sozialen Ordnung aufgrund von gefühlsmäßiger Bindung, rational-legale Herrschaft der Legitimität einer sozialen Ordnung aufgrund von Legalität. Er führt keinen vierten Typus legitimer Herrschaft ein, der dem Typus der wertrationalen Legitimität einer sozialen Ordnung korrespondieren würde.

**Traditionale Herrschaft** gründet auf dem Alltagsglauben an die Heiligkeit von Traditionen, die von jeher gelten und auf der Legitimität von Herrschern, die aufgrund dieser Tradition zur Herrschaft berufen wurden. Die traditionale Herrschaft umfasst eine persönliche Beziehung zwischen Herr und Verwaltungsstab, dessen Mitglieder persönliche Diener des Herrn sind. Sie variiert zwischen Patriarchalismus, Patrimonialismus und Feudalismus. Patriarchalismus meint die unbegrenzte Macht des Oberhauptes einer Familie oder eines Klans. Patrimonialismus erweitert diese Herrschaftsform auf ein umfassenderes geographisches Gebiet und beinhaltet eine wichtigere Rolle der Verwaltung dieses Gebietes durch einen Verwaltungsstab. Feudalismus stellt eine Form der traditionalen Herrschaft dar, die dem Verwaltungsstab selbst Rechte verleiht, innerhalb eines Teils des gesamten Herrschaftsgebietes Macht auszuüben. Traditionale Herrschaft ist unbeständig und von ihrem Charakter her nicht sehr kalkulierbar, weil sie keine genaue Begrenzung der Befugnisse und Machtmittel des politischen Herrschers kennt. Obwohl sie die Muster der Vergangenheit wiederholt, belässt sie viel an willkürlicher Macht beim Herrscher. Deshalb ist sie für die Entstehung einer rational organisierten Ökonomie ungeeignet.

**Charismatische Herrschaft** gründet sich auf eine außergewöhnliche Hingabe an die Heiligkeit, an die heroische Macht oder an vorbildliche Eigenschaften einer Person und auf die Anweisungen, die von dieser Person offenbart oder gegeben werden. Sie ist durch eine affektive Bindung der persönlichen Diener und Gefolgsleute an ihren Führer gekennzeichnet. Das größte Problem für die charismatische Herrschaft stellt die Nachfolge in der Führerschaft dar, weil die Führerschaft mit dem Tod des charismatischen Führers zu Ende geht. Charismatische Herrschaft ist unbeständig und nicht kalkulierbar, weil die Entscheidungsfindung des Führers auf Willkür beruht und weil sein Charisma verloren gehen kann, wenn es ihm an Erfolg mangelt. Zur Natur der affektiven Bindung gehört, dass sie sehr spontan kommt und geht. Dieser instabile und nicht kalkulierbare Charakter der charismatischen Herrschaft ist unvereinbar mit einer rational organisierten Ökonomie. Wenn eine charismatische Herrschaft versucht, ihre Position zu stabilisieren, so muss sie Traditionen oder legale Verfahrensweisen der Entscheidungsfindung entwickeln; die Institutionalisierung von charismatischer Herrschaft führt folglich zu traditionaler oder rational-legaler Herrschaft.

Der Typus legitimer Herrschaft, der dem Rationalismus der modernen westlichen Kultur entspricht, ist die **rational-legale Herrschaft**. Sie gründet sich auf den Glauben an die Legalität von Rechtsordnungen und auf der Entscheidungsgewalt derjenigen Personen, die berufen wurden, diese Herrschaft auszuüben. Die Beziehungen zwischen Herrscher, Verwaltungsstab und Beherrschten werden durch verbindliche Normen reguliert: durch Verfassung und Recht.

Die rational-legale Herrschaft ersetzt jede Herrschaft von Personen durch die unparteiliche Herrschaft des Rechts. Sie ist eine geordnete Form politischer Herrschaft. Gesetzgebung und richterliche Entscheidungsfindungen werden voneinander getrennt und durch formale Verfahren geordnet. Die Legitimität einer Entscheidung entspringt nicht irgendeiner inhaltlichen Qualität, sondern der Tatsache, dass sie in Übereinstimmung mit formalen Verfahren erreicht wird, die durch Gesetz festgelegt sind und die in der Verfassung ihre Grundlage haben. Weil sie nach fest etablierten Regeln verfährt, ist die rational-legale Herrschaft hinsichtlich ihrer formalen Eigenschaften beständig und in ihrem Prozess vollständig voraussagbar. Deshalb ist sie für eine rationale Organisation der Ökonomie geeignet.

Rational-legale Herrschaft beinhaltet die folgenden Eigenschaften: 1. Jedes inhaltliche Gesetz kann durch die Gesetzgebung mit dem Anspruch auf seine Befolgung durch alle Mitglieder der Gesellschaft gesatzt werden, insoweit es den formalen Regeln der Gesetzgebung entspricht. 2. Politische Entscheidungen legen das Rechtssystem als ein System von abstrakten und zweckorientiert formulierten Regeln fest, die im Prozess der Gesetzgebung geschaffen, in der gerichtlichen Entscheidungsfindung angewandt und durch die Verwaltung ausgeführt werden. 3. Ein Herrscher hat sich genauso wie die Beherrschten an dieselben Regeln zu halten. 4. Das Recht ist keine willkürliche persönliche Sache des Herrschers, sondern die gemeinsame Grundlage für das Leben der Mitglieder einer Gesellschaft. 5. Gehorsam richtet sich nicht auf eine Person, sondern auf ein Amt.

Rational-legale Herrschaft ist wie folgt organisiert: 1. Sie ist ein kontinuierlicher Vorgang, der durch Regeln geordnet wird. 2. Sie verfügt über eine Ordnung der Entscheidungskompetenzen. 3. Sie besitzt eine Ämterhierarchie. 4. Sie basiert auf technischen und juristischen Regeln, deren Anwendung eine technische Ausbildung erfordert. 5. Der Verwaltungsstab ist nicht Eigentümer der Verwaltungsmittel. 6. Der Beamte hat kein Eigentumsrecht auf sein Amt. 7. Jeder Prozess wird in einem Aktensystem erfasst, sodass er zu jeder Zeit im Hinblick auf die geltenden Regeln geprüft werden kann, selbst lange Zeit nachdem eine Entscheidung getroffen wurde. 8. Die Verwaltung der rational-legalen Herrschaft ist in einer Bürokratie organisiert.

## Rationales Recht

Rational-legale Herrschaft bezieht rationales Recht in ihre Verfahren der Entscheidungsfindung ein. Rationales Recht ist eine andere Spezifikation des modernen westlichen Rationalismus (Weber, 1922/1976: 387–513). Es ist das Ergebnis eines evolutionären Prozesses, der mit der Vorherrschaft des Gemeinrechts („common law") geschlossener Gesellschaften begann, das sich traditional legitimierte. Traditionen sind die Grundlage des bindenden Charakters des Rechts und der Gleichheit der Mitglieder einer Gemeinschaft vor dem Gesetz.

Die Evolution des modernen rationalen Rechts folgte aus dem Einfluss historischer Akteure, die es von der Tradition des Gemeinrechts entfremdeten: 1. Rechtstheoretiker, wie beispielsweise Rechtsprofessoren an Universitäten, unterwarfen das Recht einem Rationalisierungsprozess in Form von Systematisierung, Generalisierung und Kodifizierung (Abstraktion, analytische Differenzierung, Auflösung von Widersprüchen, Formalismus). Das Recht wurde zu einem System allgemeiner Rechtssätze mit allgemeiner Geltung gestaltet. 2. Ökonomisch interessierte Parteien, voran kapitalistische Unternehmer, versuchten das Recht der Veränderung der ökonomischen Anforderungen anzupassen. Sie wurden dabei durch die Rechtspraktiker unterstützt, z.B. durch die Anwälte. Dies hatte zur Folge, dass das Recht zu einer Sammlung von praktischen Regulierungen wirtschaftlicher Transaktionen wurde. Das Recht wurde veränderlich, Eigentumsrechte wurden institutionalisiert. 3. Politisch interessierte Parteien, wie beispielsweise politische Herrscher, versuchten ihr Herrschaftsgebiet einer einheitlichen Kontrolle unterzuordnen und sie forcierten eine Steuerung des Rechts mit dem Ziel der Verwirklichung bestimmter politischer Ziele. Damit wurde das Recht zu einem Instrument der einheitlichen Ausübung politischer Herrschaft.

Rationales Recht unterliegt demselben Widerspruch zwischen formaler und materialer Rationalität, wie jede andere institutionalisierte Spezifizierung des modernen westlichen Rationalismus. Es ist formal rational im Sinne von formaler Geordnetheit seiner Entscheidungsprozesse nach allgemeinen Regeln, die seine Entscheidungsprozesse absolut voraussagbar machen. Es ist eine bedeutende Einrichtung, um die Rechte der Individuen einschließlich ihrer Freiheitsrechte zu sichern. Seine formale Rationalität impliziert jedoch eine materiale Irrationalität, weil die wachsende Garantie der Rechte der Individuen mehr und mehr Bereiche des täglichen Lebens mit Rechtsvorschriften erfasst, sodass die individuellen Handlungsspielräume durch ihre rechtliche Gestaltung wieder eingeschränkt werden. Dies nennen wir die Verrechtlichung des alltäglichen Lebens. Eine andere Folge ist die Unfähigkeit des allgemeinen Rechts, die konkreten Umstände eine Falles zu berücksichtigen, die sehr oft abstraktes Recht in konkretes Unrecht umkehrt.

## Bürokratie

Rational-legale Herrschaft wird durch eine Bürokratie verwaltet, die sich durch die folgenden Eigenschaften charakterisieren lässt (Weber, 1922/1976: 551–579): 1. Eine Ordnung der Entscheidungskompetenzen, 2. eine Ämterhierarchie, 3. die Erfassung jeder Entscheidungsfindung in einem Aktensystem, 4. eine technische Ausbildung des Verwaltungsstabs, 5. die hauptberufliche Tätigkeit des Verwaltungsstabs, sowie 6. Entscheidungsfindung auf der Grundlage allgemein gültiger Regeln.

Der Verwaltungsstab besitzt die folgenden Eigenschaften: 1. Eine Person wird in ein Amt berufen. 2. Der Beamte erfährt besondere soziale Anerkennung. 3. Der Beamte wird durch eine übergeordnete Autorität berufen. 4. Er wird auf Lebenszeit eingestellt. 5. Er wird mit einem festen Gehalt in Geldform entschädigt. 6. Er orientiert sich auf eine vorherbestimmte Laufbahn nach fest etablierten Regeln der Beförderung, die hauptsächlich von der Anzahl der Jahre im Verwaltungsdienst abhängt.

Die Ausweitung der Bürokratie in der modernen Gesellschaft hat ihre Ursache in den folgenden Rahmenbedingungen: 1. Die Expansion der Geldwirtschaft erlaubt die Vergütung in Geld, sodass sich der Verwaltungsstab nicht selbst die Instrumente der Verwaltung aneignen kann,. Dies unterscheidet sie von der traditionellen Herrschaft, als der Verwaltungsstab dazu gezwungen war, seinen Lebensunterhalt mit Gebühren zu verdienen, die den Klienten abverlangt wurden. 2. Die quantitative und qualitative Ausweitung der Aufgaben der Verwaltung macht ihre Vergrößerung und ihre rationale Organisation erforderlich. 3. Die Konzentration der Verwaltungsmittel in den Händen des Herrschers erlaubt die Etablierung einer unparteiischen Verwaltung, die darauf ausgerichtet ist, Regeln anzuwenden und nicht darauf, Gewinn zu machen. 4. Die Nivellierung der sozialen und wirtschaftlichen Unterschiede erlaubt die Verwaltung eines Gebietes nach allgemeinen Regeln, ohne Rücksicht auf Statusunterschiede. 5. Die technische Überlegenheit der bürokratischen Verwaltung unterstützt ihre Etablierung. Ihre technische Überlegenheit beruht auf den folgenden Eigenschaften: a) ihrer unverzüglichen Reaktion auf externe Anreize, b) der Kalkulierbarkeit der administrativen Entscheidungsfindung, c) der technischen Ausbildung ihrer Mitarbeiter, d) der Unparteilichkeit, e) der formalen Geordnetheit.

Die Etablierung und Expansion der Bürokratie in der modernen Gesellschaft hat Konsequenzen, die im Widerspruch zwischen formaler und materialer Rationalität gipfeln. Sie ist formal rational im Sinne eines genau voraussagbaren und unparteiischen Prozesses der Entscheidungsfindung. Die formale Rationalität wird jedoch unvermeidlich von einer Reihe von Aspekten begleitet, die im Widerspruch zu anderen, fest in der modernen Gesellschaft verankerten Werten stehen. Damit ist die moderne Bürokratie trotz formaler Rationalität vom Wesen her ebenfalls material irrational:

1. Die Vorherrschaft der Bürokratie kann, wo immer sie etabliert wurde, nicht mehr gebrochen werden.

2. Sie hat nivellierende Auswirkungen, weil sie sich mit allem nach denselben Regeln beschäftigt. Ihre Unparteilichkeit beruht auf der Anwendung von abstrakten Regeln auf Fälle, die nicht in ihrer Konkretheit gewürdigt werden

können; somit resultiert abstrakte Unparteilichkeit häufig in konkreter materialer Ungerechtigkeit, weil die konkreten Umstände nicht berücksichtigt werden können.

3. Der bürokratische Stab erlangt eine besondere Machtposition aufgrund seines technischen Wissens, seines Wissens über die internen Prozesse des Verwaltungsdienstes und seines Wissens über die Geheimnisse des Verwaltungsdienstes, die den Laien einschließlich den Politikern nicht zugänglich sind.

4. Eine Herrschaft der Bürokratie wird umso wahrscheinlicher in einer modernen Gesellschaft etabliert, je weniger die ausgleichende Macht des Parlaments institutionalisiert ist, was seine Rechte auf Untersuchung von Verwaltungsprozessen anbelangt, und je geringer die öffentliche Kontrolle entwickelt ist, die das Recht der Öffentlichkeit beinhaltet, über Verwaltungsprozesse informiert zu werden.

5. Die Herrschaft der Bürokratie impliziert gleichfalls eine Vorherrschaft des Verwaltungsdenkens in der Politik, sofern es keine ausgleichende Macht gibt, die durch Politiker ausgeübt wird, soweit politische Verantwortung mehr in der Bürokratie als im Parlament angesiedelt ist oder soweit politische Positionen durch Staatsbeamte besetzt werden oder durch Personen, die ihre Karriere im Staatsdienst gemacht haben.

6. Eine Bürokratie entwickelt sich nach ihren eigenen Gesetzen und errichtet ein stahlhartes Gehäuse, dem wir wie die Fellachen im alten Ägypten unterworfen sind.

7. Weil sie nach eigenen Regeln verfährt, unterdrückt die Bürokratie tendenziell die autonomen Impulse des Individuums, nach eigenem selbstverantwortlichen Willen zu handeln.

## Politik

Weil die moderne Gesellschaft Gefahr läuft, durch die Bürokratie zu erstarren, benötigt sie ein dynamisches Gegengewicht, das diese Folgen der Bürokratie aufbricht. Dies ist die Funktion, die Weber (1921/1971b) neben der dynamischen ökonomischen Funktion der kapitalistischen Ökonomie der Politik zuweist. Beide sollen die Gesellschaft in Bewegung halten.

Politik ist die Sphäre des Machtkampfs zwischen den Gruppen einer Gesellschaft. Diskussionen um Werte werden unvermeidlich politisiert, weil Werte in einer entzauberten Welt ohne eine verbindliche Religion wie Gott und Teufel aufeinander prallen. Somit wird die Politik zum Zentrum kollektiver Beratung und Entscheidungsfindung. Die Demokratisierung der Politik ist eine Voraussetzung, um die Gesellschaft in Bewegung zu halten, da sie die spontane Artikulation von Interessen, Forderungen und Problemen erlaubt, die kollektive Entscheidungen verlangen. Bewegung ist in der Politik jedoch nicht alles. Ohne Führung wird Bewegung nur in konträren Richtungen verlaufen. Politik muss auf Ziele, Bedürfnisse, Mobilisierung von Ressourcen, auf Unterstützung und Organisation von Bewegungen und auf die Transformation von auseinander laufenden Interessen in vereinheitlichte kollektive Entscheidungen hin ausgerichtet werden. Das ist die Funktion von Führung. Deshalb bedarf die Demokratie einer solchen Führung im Besonderen. Eine Demokratie ohne politische Führung in Bewegungen, Parteien und Regierung bringt zwar Probleme ans Tageslicht, aber löst sie nicht.

Die Unterscheidung zwischen Führern und Geführten ist Bestandteil der Demokratie in großen Territorialstaaten. Parteien und Parteiführer erfüllen die Funktion der Mobilisierung politischer Unterstützung für politische Programme, der Bündelung divergierender Interessen und ihrer Umwandlung in kollektive Entscheidungen. Der Erfolg politischer Führer ist ihren charismatischen Eigenschaften zu verdanken, was ein charismatisches Element in die moderne Politik einführt. Politik wird in diesem Prozess zu einem Beruf.

Die angemessene Kontrolle über die politischen Führer hängt von folgenden Voraussetzungen ab: 1. Ein offener Wettbewerb um Wahlstimmen zwischen den politischen Führern, 2. ein starkes Parlament mit weit reichenden Rechten, um Regierung und Verwaltung umfassend kontrollieren zu können, 3. die Sozialisation politischer Führer in der alltäglichen politischen Arbeit in Parteien und Komitees, 4. die Institutionalisierung einer spezifischen Verantwortungsethik für den Politiker, die sich aus den oben erwähnten Bedingungen ergibt. Dieser **Verantwortungsethik** zufolge setzt sich ein Politiker leidenschaftlich für Werte ein, hat ein Gefühl für das richtige Maß, ist bereit Kompromisse zu schließen und offen Verantwortung zu übernehmen. Er fühlt sich Werten verpflichtet, aber achtet ebenso darauf, welche Folgen die Methoden, die angewandt werden, um diese Werte zu verwirklichen, auf andere Werte haben. Er hat ein Gespür für den Konflikt zwischen Werten und für die Notwendigkeit, Kompromisse zu schließen, zugleich aber weiß er, dass häufig weit reichende Entscheidungen notwendig sind, bei denen nicht mit allen ein Kompromiss gefunden werden kann. Die Verantwortungsethik unterscheidet sich von einer bloßen Machtpolitik oder „Realpolitik", die an nichts anderem als am Erhalt von Machtpositionen orientiert ist, und von einer **Gesinnungsethik**, die sich der Verwirklichung von bestimmten Werten widmet, ohne die Konsequenzen für andere Werte zu berücksichtigen, und ohne ein Gespür für den Widerspruch zwischen Werten und für die Unvermeidbarkeit von Kompromissen (Weber, 1921/1971b: 551–559).

Der Prozess der politischen Entscheidungsfindung hat seinen Ort in einem Kräftefeld zwischen dem Egoismus und Partikularismus von Interessengruppen und Parteien und dem Erfordernis, kollektiv bindende Entscheidungen zu treffen. Weber wollte diese Spannung durch die gegenseitige Kontrolle einer Anzahl von Institutionen aufrechterhalten und regulieren. Mit seinen politischen Schriften während des Zusammenbruchs des deutschen Kaiserreichs und der Gründung der Weimarer Republik am Ende des 1.Weltkriegs trat er für eine Verfassung ein, die das Spannungsverhältnis zwischen widersprüchlichen Anforderungen institutionalisieren sollte: 1. Ein vom Volk gewählter Präsident sollte für die gesamte Gesellschaft verantwortlich sein. 2. Das Parlament sollte Interessenkonflikte artikulieren und Regierung und Verwaltung kontrollieren. 3. Die Bürokratie sollte den administrativen Prozess berechenbar machen. 4. Die Gerichte sollten die Befolgung von Entscheidungsregeln überwachen. Webers Vorschlag zum Umgang mit dem Grundwiderspruch zwischen formaler und materialer Rationalität bestand darin, ausgleichende Kräfte zu institutionalisieren, die auf der einen Seite ein hohes Niveau formaler Rationalität garantieren, auf der anderen Seite jedoch dazu beitragen, deren zugleich erstarrende Folgen zu bekämpfen, die schädlichen Konsequenzen zu beheben und die Gesellschaft insgesamt in Bewegung zu halten.

## Zusammenfassung

### Grundkategorien der Soziologie

1. Definition: Soziales Handeln heißt jedes Handeln eines oder mehrerer Handelnder, das aufgrund seines subjektiv gemeinten Sinns auf das Handeln von anderen ausgerichtet ist und das sich in seinem Verlauf an diesem Handeln orientiert.
2. Je mehr kulturelle Ideen soziales Handeln determinieren, umso mehr gewinnt es einen in verschiedenen Situationen gültigen allgemeinen Sinn; je mehr es von Interessen geleitet ist, umso mehr ist es dynamisch auf bestimmte Ziele orientiert und verändert sich je nach Situation.
3. Je mehr eine soziale Ordnung auf kulturelle Ideen bezogen werden kann, umso mehr Sinn beinhaltet sie für die Handelnden und desto mehr wird sie respektiert.
4. Definition: Handeln kann dem Typus nach traditional, affektuell, wertrational und zweckrational sein.
5. Je mehr Handeln traditional bestimmt ist, umso eher reproduziert es die Vergangenheit; je mehr es affektuell bestimmt ist, umso eher ist es spontan auf spezifische Ziele gerichtet; je mehr es wertrational bestimmt ist, umso eher

beinhaltet es einen allgemeinen Sinn; je mehr es zweckrational bestimmt ist, umso eher variiert es je nach Situation.

6. Je mehr Interessen regelmäßig konvergieren, umso eher zeigt soziales Handeln eine regelhafte Struktur.

7. Je mehr soziales Handeln durch Bräuche, Sitten, Konventionen und Recht bestimmt wird, desto mehr zeigt es ein zunehmend regelmäßiges Muster als Folge dieser Phänomene.

8. Je mehr eine soziale Ordnung als legitim betrachtet wird, umso beständiger ist sie.

9. Legitimität kann traditional, affektuell, wertrational oder zweckrational begründet sein.

10. Definition: Wiederholtes soziales Handeln zwischen denselben Handelnden etabliert eine soziale Beziehung, welche die Formen einer Vergemeinschaftung, einer Vergesellschaftung oder des Kampfes annehmen kann.

11. Eine soziale Beziehung kann mehr oder weniger offen sein.

12. Definition: Eine soziale Beziehung mit beschränkter Teilnehmerzahl ist ein Verband, wenn seine Ordnung durch eine Leitung und eventuell durch einen Verwaltungsstab garantiert wird.

13. Ein Verband kann autonom, heteronom, autokephal oder heterokephal sein.

14. Definition: Kontinuierlich organisiertes Zweckhandeln ist ein Betrieb. Ein Verband, der auf diese Weise funktioniert, ist ein Betriebsverband.

15. Die Mitgliedschaft in einem Verband kann freiwillig oder obligatorisch sein. Freiwillige Mitgliedschaft und frei vereinbarte Ordnungen kennzeichnen einen Verein, Zwangsmitgliedschaft und mittels Zwang auferlegte Ordnungen eine Anstalt.

16. Definition: Macht bedeutet die Chance, innerhalb einer sozialen Beziehung den eigenen Willen auch gegen Widerstreben durchzusetzen.

17. Definition: Herrschaft ist die Chance, in einer sozialen Beziehung für einen Befehl Gehorsam zu finden.

18. Definition: Ein Verband, der seine Mitglieder Herrschaftsbeziehungen unterwirft, ist ein Herrschaftsverband.

19. Definition: Ein Herrschaftsverband, der innerhalb eines angebbaren geographischen Gebiets erfolgreich seine Ordnungen auferlegt, indem er durch einen Verwaltungsstab physischen Zwang androht oder anwendet, ist ein politischer Verband.

20. Definition: Ein politischer Anstaltsbetrieb, der den legitimen Gebrauch von physischem Zwang für die Durchführung seiner Ordnungen monopolisiert hat, ist ein Staat.

21. Ein Verband, der seine Ordnungen durch die Verwendung von psychischem Zwang mittels Gewährung oder Versagung von Heilsgütern sicherstellt, ist ein hierokratischer Verband.
22. Ein hierokratischer Verband, der die legitime Ausübung von psychischem Zwang monopolisiert hat, ist eine Kirche.

**Methodologie**

23. Erklärungen sozialer Phänomene müssen nach den beiden Kriterien sinnhafter und kausaler Adäquanz überprüfbar sein.
24. Beschreibungen und Erklärungen sozialer Phänomene müssen Idealtypen konstruieren, um aus der konkreten Realität diejenigen Aspekte auszuwählen, auf die sich eine Untersuchung konzentrieren soll.
25. Die Sozialwissenschaften haben sich Werturteilen zu enthalten, weil sie keine Fragen danach beantworten können, was sein soll. Sie können nur Fragen danach beantworten, was ist, warum dies so ist, was möglich und was unmöglich ist, und sie müssen die Entscheidung darüber, was getan werden soll, der Verantwortung des einzelnen Individuums überlassen.

**Religionssoziologie**

26. Je weiter sich der westliche Rationalismus entwickelte, desto mehr verschärfte sich der Widerspruch zwischen formaler und materialer Rationalität in der Kultur und in den gesellschaftlichen Institutionen in Wissenschaft, Technik, Kapitalismus, Bürokratie und Rechtssystem.
27. Je weiter sich der westliche Rationalismus entwickelt, umso mehr greift er aktiv in die Welt ein, um ihre Übel zu beseitigen; umso mehr errichtet er jedoch eine künstliche Welt, die wiederum voll von Übeln ist.
28. Je mehr sich der östliche Rationalismus entwickelt, umso mehr muss sich menschliches Handeln der bestehenden Ordnung der Welt anpassen, um das Gleichgewicht des Ganzen nicht zu stören, oder es muss sich von dieser Welt zurückziehen, um Zugang zur ewigen Ordnung zu erlangen.
29. Je mehr sich der westliche Rationalismus entwickelt, umso mehr verbindet er sich mit einem instrumentellen Aktivismus der Weltbeherrschung, mit moralischem Universalismus und Individualismus.
30. Je mehr der Mensch die Erfahrung von Leiden, Bösem, Ungerechtigkeit, Krankheit und Tod macht und nach dem Warum fragt, umso mehr entwickelt sich Religion und gibt Antworten auf diese Fragen.

31. Magie ist die einfachste Form der Beantwortung dieser Fragen, wobei zwischen der wahrnehmbaren Welt, die durch die Macht von Dämonen beeinflusst wird, und einer nicht wahrnehmbaren Welt unterschieden wird, worin die Dämonen verborgen sind.

32. Die archaische Religion ist die nächste Stufe der Religion; ein Beispiel dafür ist der Konfuzianismus. Er begreift das Universum als hierarchisch in eine himmlische und eine weltliche Ordnung gegliedert, die gemeinsam einen im Gleichgewicht befindlichen Kosmos ergeben, woran sich der Mensch anpassen muss, um sein Gesicht zu wahren. Diese Religion belässt die Welt, wie sie ist; sie unterstützt den Gruppenpartikularismus und die Unterordnung des Individuums unter die Gruppe.

33. Die konfuzianische Weltanpassung ist geprägt durch den Geist der Verwaltung und durch die privilegierte Stellung schriftgelehrter Staatsbeamter (Literati).

34. Für die ethischen Religionen besteht ein grundlegendes Spannungsverhältnis zwischen einer vollkommenen göttlichen Ordnung und einer unvollkommenen Welt oder zwischen einem vollkommenen Gott und einer unvollkommenen Welt.

35. Es gibt zwei Lösungen für dieses Problem der Theodizee und zwei Wege zur Erlösung: die weltimmanenten und die welttranszendenten Lösungen des Problems der Theodizee sowie die mystischen und die asketischen Wege zur Erlösung, beide in einer innerweltlichen und in einer außerweltlichen Variante.

36. Die hinduistische Lehre von Vergeltung und Wiedergeburt ist ein Beispiel für eine weltimmanente Theodizee. Sie ist verknüpft mit außerweltlicher und innerweltlicher Mystik und mit außerweltlicher Askese. Sie legitimiert die bestehende Kastenordnung, belässt die Welt wie sie ist, unterstützt den Partikularismus der Kasten und die Unterordnung des Individuums unter die rituellen Pflichten seiner Kaste.

37. Der Buddhismus erklärt das Böse durch die Lebensgier des Individuums und empfiehlt den Rückzug von der Welt, um den Zugang zum ewigen Frieden des Nirwana zu finden: außerweltliche Mystik. Auch er belässt die Welt, wie sie ist.

38. Die jüdisch-christlichen Religionen schufen eine die Welt transzendierende Theodizee und lehrten innerweltliche Askese als Weg zur Erlösung. Die bestehende Welt ist voll von Übeln und wird eines Tages zu Ende gehen, wenn Gott entscheidet, dass der Tag des jüngsten Gerichts gekommen ist.

39. Nach der jüdischen Lehre beherrscht Gott diese Welt durch seine ethischen Gebote und hat sein Volk auserwählt, um es in eine bessere Welt zu führen. Sein Volk muss seine ethischen Gebote befolgen, die durch die ethischen

Propheten übermittelt wurden. Ergebnis ist ein aktives Eingreifen in diese Welt und die Befolgung von Gottes Geboten als Weg zur Erlösung. Die Beschränkung der Religion auf das jüdische Volk und die beherrschende Stellung der Gruppe begrenzen jedoch das Potenzial dieser Religion in Richtung Universalismus und Individualismus.

40. Die Lehre von Jesus Christus erschloss einen Universalismus der Liebe und eine individualistische Beziehung zu Gott.

41. Die Mission des Apostels Paulus begründete den Universalismus des Christentums und verbreitete es überall in der Welt, indem die religiöse von der ethnischen und politischen Gemeinschaft unabhängig wurde.

42. Die Kirche des Altertums suchte eine Übereinstimmung zwischen religiöser und weltlicher Ordnung.

43. Die scholastische Lehre des Mittelalters entwickelte diese Position in Gestalt einer organischen Konzeption des Universums als eines hierarchisch geordneten Kosmos weiter. Göttliche und irdische Ordnung galten als in einem Kosmos versöhnt.

44. Die Reformation löste diese mittelalterliche Harmonie auf, stellte die Spannung zwischen Gott und Welt wieder her und sprach wieder von Gottes Herrschaft.

45. Im lutherischen Protestantismus wurde das weltliche Verhalten des durchschnittlichen Menschen in seinem Beruf zum vorrangigen Ort, um Gottes Erwartungen zu entsprechen, wobei Konventionen und Traditionen als Kriterien dienten.

46. Calvins Lehre der Prädestination und seine Vorstellung des menschlichen Verhaltens als Instrument zum Ruhme Gottes, erzeugte eine Sakralisierung der Berufsarbeit, weckte das Interesse des Protestanten, seinen Auserwähltheitsstatus zu erkennen und war insoweit mit der Lebenswelt der bürgerlichen Schichten kompatibel.

47. Andere Zweige des Protestantismus entwickelten ähnliche Formen der innerweltlichen Askese.

48. Die innerweltliche protestantische Askese bildet die Sinngrundlage für den kapitalistischen Geist der Hingabe an harte Arbeit und für Verlässlichkeit und Rechtlichkeit in ökonomischen Austauschbeziehungen.

49. Der asketische Protestantismus brachte einen ethischen Rationalismus hervor, der die Welt mit absoluten ethischen Maßstäben beurteilt, einen instrumentellen Aktivismus des Eingreifens in diese Welt sowie moralischen Universalismus und Individualismus.

50. Die Säkularisierung der religiösen Ethik in der Aufklärung erweiterte die Verbindlichkeit ihres ethischen Rationalismus, instrumentellen Aktivismus, moralischen Universalismus und Individualismus auf alle Menschen.

51. Die Säkularisierung der Suche nach Sinn im Gefolge der modernen Wissenschaft führte im Kampf zwischen Wertorientierungen zum Zerfall einer verbindlichen Sinnordnung und somit zum Sinnverlust.

52. Die Institutionalisierung der modernen säkularisierten Kultur in den Systemen von Kapitalismus, Bürokratie und Rechtsordnung führen zu einem Verlust von Freiheit.

## Die Soziologie der ökonomischen, rechtlichen und politischen Institutionen

53. Je mehr die Entwicklung der modernen ökonomischen, rechtlichen und politischen Institutionen durch den westlichen, aus den jüdisch-christlichen Religionen hervorgegangenen Rationalismus geprägt wird, desto eher führt sie zu Widersprüchen zwischen formaler und materialer Rationalität.

54. Der moderne Kapitalismus entwickelte sich als ein formal rationales System, das stetig das Niveau der Bedürfnisbefriedigung mit knappen Ressourcen erhöhte; gleichwohl hat er material irrationale Konsequenzen, indem Profit nur um seinetwillen gemacht wird, indem nur Bedürfnisse befriedigt werden, hinter denen Kaufkraft steht und indem er sowohl individuellem Willen als auch ethischen Maßstäben zuwiderläuft.

55. Die moderne rational-legale Herrschaft ersetzt traditionale und charismatische Formen der Herrschaft und entfaltet ein immer höheres Niveau der formalen Rationalität im Sinne formaler Kontrolle durch Recht; in ihrem Gefolge befindet sich freilich materiale Irrationalität im Sinne zunehmender Erstarrung der Institutionen.

56. Das moderne rationale Recht ist insoweit formal rational, als die Rechte der Individuen im Prozess der Rechtsfindung garantiert werden – freilich mit der Konsequenz materialer Irrationalität in dem Sinne, dass nun jeder Bereich des alltäglichen Lebens durch gesetzliche Regelungen beschränkt, somit die individuelle Wahlfreiheit reduziert wird.

57. Die moderne Bürokratie ist formal rational im Sinne einer präzise funktionierenden Maschine, deren Ergebnisse präzise voraussagbar sind, aber sie ist material irrational in dem Sinne, dass sie zunehmend jede Autonomie individueller Entscheidungen beschränkt.

58. Je mehr die Politik demokratisch auf dem Wettbewerb zwischen charismatischen Führern basiert, umso eher wird sie als ausgleichende Macht gegen die erstarrenden Effekte des rational-legalen Herrschaftssystems wirken und die Gesellschaft in Bewegung halten.

# Kritische Würdigung

Max Webers Beitrag zur Soziologie gilt als die eindrucksvollste Darstellung des Entstehens kultureller Ideen und ihrer Auswirkungen auf soziales Handeln und soziale Entwicklung, die jemals von einem Soziologen geschrieben wurde. Sein kultursoziologischer Ansatz vermittelt uns Einsichten in die grundlegenden Merkmale und Widersprüche der modernen Gesellschaft, die immer noch von größter Bedeutung sind. Sie wurden durch nichts verdrängt, was nach Weber publiziert wurde. Weber erschließt uns ein Verständnis der kulturellen Wurzeln der wesentlichen Probleme moderner Gesellschaften, die weit in die Geschichte zurückreichen.

Der kulturelle Widerspruch zwischen formaler und materialer Rationalität steht im Zentrum dieser Probleme der modernen westlichen Gesellschaft. Die Widersprüche von Kapitalismus, Bürokratie und Rechtssystem sind Resultate dieses grundlegenderen kulturellen Widerspruchs. Indem er diese herausarbeitete, gelangte Weber zu einem tiefer gehenden analytischen Verständnis als die anderen Klassiker. Marx' Widersprüche des Kapitalismus, Spencers Triebkräfte der industriellen Gesellschaft, Durkheims Krise der Solidarität oder Paretos Dynamik der Machtsysteme weisen auf Eigenschaften spezifischer Institutionen hin. Weber deckt jedoch die Merkmale der westlichen Kultur auf, die allen diesen Institutionen gemeinsam und zugleich verschieden sind von anderen Kulturen. Was er somit an der westlichen Kultur aufhellt, reicht viel weiter in die Geschichte zurück, umfasst erheblich weitere Bereiche unseres Lebens und wirft seine Schatten weit in die Zukunft hinein. Während wir bestimmte Institutionen korrigieren können, um Probleme zu lösen, ist es viel schwieriger, unsere Kultur zu verändern. Das würde weitaus tiefere Transformationen mit viel umfassenderen Auswirkungen erfordern, den Wandel einer geheiligten kulturellen Identität zur Folge haben und auf erheblichen Widerstand aus der Sicht fest etablierter Wahrheiten stoßen.

Webers Interpretation und Erklärung der kulturellen Ursprünge der modernen Gesellschaft hat keineswegs einen einseitig idealistischen Charakter. Er ist sich der Interaktion der kulturellen Entwicklung mit Prozessen der Interessenartikulation, des Machtkampfs und der Gruppenbildung sehr bewusst. Weber verknüpft regelmäßig die Entwicklungslogik der kulturellen Ideen, ihre zunehmende Systematisierung, Kodifizierung und Verallgemeinerung, mit der gesellschaftlichen Stellung der Intellektuellen, die diese Entwicklung gestalten und mit den Interessen, der Machtposition und der Lebenswelt der sozialen Schichten und Gruppen, die diese kulturellen Ideen im sozialen Leben tragen. Wir können den Konfuzianismus in Webers Sinne nicht verstehen und erklären, ohne eine Analyse der Literati und ihrer Position im politischen Herrschaftssystem und ohne eine Analyse des alten Chinas. Dasselbe gilt für ein Verständnis und eine Erklärung des Hinduismus, die sich auf die Brahmanen und auf das hinduistische Kastensystem beziehen müssen, oder für den Buddhismus, bei dem man auf die buddhistischen Mönche und deren soziale Stellung hinweisen muss. Es gilt auch für das antike Judentum, seine Propheten und die politische Situation des jüdischen Volkes, für die soziale Stellung des Christentums im alten Rom und im Mittelalter und für den lutherischen oder den calvinistischen Protestantismus.

Webers vergleichender Ansatz zum Studium der Entwicklungsgeschichte der modernen westlichen Kultur ist vom Wesen her nicht idealistisch, sondern synthetisch, weil er der Wechselbeziehung der kulturellen Entwicklung mit ökonomischen Interessen, politischem Kampf und der Gruppenbildung eine zentrale Position zuweist. Dennoch finden wir bei ihm einen Ansatz, der sich auf kulturelle Systeme als eine abhängige und eine unabhängige Variable konzentriert und nicht in demselben Umfang auf soziale Systeme. Seine Untersuchungen über den Kapitalismus, über politische Herrschaft, Rechtssystem und Bürokratie sind überwiegend mit der kulturellen Dimension dieser Institutionen beschäftigt, mit deren Geist und mit der Frage, wie dieser in der herrschenden Kultur verwurzelt ist. In dieser Hinsicht kann Weber seine Herkunft aus dem deutschen historischen Idealismus nicht verleugnen, der die Untersuchung der Einzigartigkeit eines historischen Phänomens gegenüber den Verallgemeinerungen des Positivismus betonte, der auf die Formulierung von überall auf der Welt gültigen Gesetzen abzielt.

Folgen wir Webers Anknüpfung an den historischen Idealismus, dann leben wir innerhalb einer sehr spezifischen Kultur, die unsere Gesellschaft formt und sie von jeder anderen Gesellschaft unterscheidet. Ausgehend von dieser Tradition des historischen Idealismus konzentrierte sich Weber nicht darauf, allgemeine Gesetzmäßigkeiten zu formulieren. Kapitalismus, Rechtssystem und Bürokratie waren für ihn soziale Institutionen, die in unserer westlichen Kultur einzigartig waren und als Teile eines umfassenden kulturellen Systems interpretiert werden mussten, das sich von anderen kulturellen Systemen unterscheidet. Das bedeutet allerdings nicht, dass Weber allgemeineren Gesetzen keinen Platz im Rahmen soziologischer Erklärung einräumte. Er machte von solchen allgemeinen Annahmen zwar Gebrauch, während er in historischer Perspektive schrieb, aber er erkor sie nie ausdrücklich zum Untersuchungsgegenstand.

Er war darüber hinaus davon überzeugt, dass unser Begriffssystem unvermeidlich Teil unseres umfassenderen kulturellen Systems ist und deshalb von Grund auf einen historischen und kulturell selektiven Charakter hat. Es beleuchtet diejenigen Aspekte der Realität, die innerhalb unseres kulturellen Systems von Interesse sind. Seine eigenen vergleichenden Studien sind von einer westlichen Betrachtung der Weltreligionen und von der deutschen historischidealistischen Perspektive auf soziale Phänomene beeinflusst. Seine gründliche Kenntnis verschiedener Kulturen ist jedoch ein Schritt auf Kategorien hin, die weniger kulturgebunden sind. Seine Relativierung des westlichen Rationalismus im Lichte des östlichen Rationalismus ist ein bedeutender Schritt in diese Richtung.

Wir können diesen Prozess in Richtung allgemeinerer analytischer Systeme bei der Herausbildung einer globalen Kultur etwas weiter vorantreiben. Wir zielen mit unserer wissenschaftlichen Arbeit zu einem Teil auf solche allgemeinen analytischen Systeme, ein Ziel das wir nicht zugunsten eines völligen Relativismus aufgeben können. Unsere Absicht, unterschiedliche Kulturen zu verstehen und zu erklären, bedarf zumindest allgemeiner Instrumente, die eine Übersetzung der verschiedenen Sprachen innerhalb eines allgemeinen Rahmens erlauben. Dafür müssen wir ein Stück weit über Webers Orientierung am historischen Idealismus hinausgehen.

Dasselbe gilt im Hinblick auf seinen Wertrelativismus. Je weiter wir eine globale Kultur schaffen, desto mehr wird dies in kulturellen Diskursen geschehen, was die Diskussion moralischer Prinzipien und nicht nur kognitiver Aussagen einschließt. Wir begreifen Menschen- und Bürgerrechte nicht nur als partikulare Ideen, die im Lichte konkurrierender Ideen in Frage gestellt werden können. Wir beanspruchen ihre universelle Gültigkeit und erwarten, dass sie mehr und mehr und überall in der Welt gegen eine widerstrebende Realität verwirklicht werden. Wir behaupten, dass ihre Gültigkeit in einem moralischen Diskurs geprüft werden kann und dass jeder dem Ergebnis eines solchen Diskurses zustimmen können müsste.

Weber bietet keinen Zugang zu einer derartigen diskursiven Grundlegung von moralischen Maßstäben. Er neigte eher dazu, sie zu einer Angelegenheit individueller Wahl zu machen, ohne Gültigkeit über diese Wahl hinaus. Auf der Grundlage der heutigen, von Habermas begründeten Diskursethik können wir über Webers moralischen Relativismus hinausgelangen. Dies bedeutet freilich nicht, dass jeder Wertekonflikt, der von Weber aufgeworfen wurde, durch moralischen Diskurs aufgelöst werden kann. Viele Aussagen Webers zu unlösbaren Wertkonflikten beziehen sich auf sehr spezifische Probleme, bei denen jede Lösung unterschiedliche Konsequenzen hat, die wiederum unterschiedliche Werte berühren. Es gibt hier keine allgemeine Lösung, sondern nur individuelle Entscheidungen und Kompromisse auf der politischen Ebene. Hier bleibt Webers Modell der politischen Konkurrenz zur Lösung politischer Probleme weiter gültig.

Hinsichtlich des Prinzips, wonach sich die Sozialwissenschaften eines Werturteils zu enthalten haben, ist Webers Position immer noch partiell gültig, weil die Sozialwissenschaft ein kognitives Unternehmen darstellt, das sich vom moralischen Diskurs unterscheidet. Wir können jedoch in der moralischen Kritik kognitive Untersuchungen mit einem moralischen Diskurs verbinden. Das ist die legitime Aufgabe einer kritischen Sozialwissenschaft, die über Weber hinausgeht. Ihre Aufgabe besteht darin, Kritik vom Standpunkt der moralischen Maßstäbe her zu üben. Sie kann dabei noch immer nicht beweisen, dass eine bestimmte Institution absolut gültig ist, weil dies auf ein dogmatisches Beenden eines rationalen Diskurses hinauslaufen würde, der niemals aufhören darf, Zweifel an solchen Gewissheiten anzumelden. Es ist dasselbe wie mit der Wissenschaft überhaupt. Während wir durch Kritik Schritt für Schritt Fehler zu eliminieren vermögen, können wir doch keine Theorie als im positiven Sinn gültig belegen. Das gilt ebenso für den normativen Diskurs. Wir können kritisieren, was bezüglich universeller moralischer Maßstäbe falsch ist, aber wir können nicht eine Institution positiv als absolut richtig beweisen. Hier können wir Weber folgen, während wir über Weber hinausschreiten können, indem wir kritische Sozialwissenschaft betreiben. Wir können Webers Idee der Wertbeziehung und der Kulturbedeutung der Sozialwissenschaften gut in einem modernisierten Sinne verstehen, der über den kulturellen Relativismus hinausreicht und sich mehr universalisierbaren moralischen Standpunkten annähert. Tatsächlich ist die Substanz von Max Webers Soziologie kritische Sozialwissenschaft *par excellence*, wenn sie die materialen Irrationalitäten der formalen Rationalität in der modernen westlichen Kultur hervorhebt! Wir brauchen nur seine methodische Position so zu aktualisieren, dass sie mit dem heutigen Verständnis einer kritischen Sozialwissenschaft übereinstimmt.

Wir können gleichwohl über Webers Herangehensweise an den Widerspruch zwischen formaler und materialer Rationalität hinausgelangen. Für Weber gibt es keine Möglichkeit, diesem Widerspruch zu entkommen. Ein Blick auf den Rationalismus der östlichen Kultur könnte jedoch Entwicklungsperspektiven eröffnen, wenn wir uns nicht auf eine Wahl zwischen den beiden diametral entgegengesetzten Formen von Rationalität festlegen, sondern bewusst versuchen, eine neue Synthese zu erreichen, die von Max Weber nicht ins Auge gefasst wurde.

Die beiden Rationalitätstypen widersprechen einander vollständig. Der westliche Rationalismus zerstört aus der Perspektive des östlichen Rationalismus die kosmische Balance von Mensch und Natur, Mensch und Mensch. Aus der Perspektive des westlichen Rationalismus wiederum lässt der östliche Rationalismus die Welt wie sie ist, voll von Übeln, Leiden und Ungerechtigkeit. Der westliche Rationalismus erfuhr scharfe Kritik aufgrund seiner Widersprüche und neuerdings, weil es ihm an Konzepten für ein Gleichgewicht zwischen Mensch und Natur mangelt. Folglich können wir heute kritische Beurteilungen des westlichen Rationaltitätstypus beobachten, in denen Ideen formuliert werden, die dem östlichen Rationalitätstypus, der Idee eines Gleichgewichts ähnlich sind. Sehr oft begleitet ein Neotraditionalismus diese Kritik, eine logische Konsequenz von Gleichgewichtsvorstellungen. Wir müssen uns jedoch darüber im Klaren sein, dass eine völlige Umkehr unserer Kultur hin zu solchen Ideen nicht ohne eine Bewegung in Richtung des Traditionalismus der östlichen Kultur stattfinden kann. Damit würde zugleich auf die Formulierung von Ideen verzichtet, die über die gegenwärtige oder vergangene Gesellschaft hinausweisen, und wir würden die Welt belassen, wie sie ist, mit vielen Phänomenen, die von unserem westlichen Standpunkt aus als ungerecht und übel gelten.

Ein vielversprechender Ansatz wäre eine Bewegung hin zu einer Synthese beider Rationalitätstypen, um zu holistischen, also ganzheitlichen Konzepten eines Eingreifens in die Welt zu gelangen. Ein solcher Ansatz muss isolierte instrumentelle Eingriffe in die Welt durch die holistische Betrachtung der Vielzahl von Konsequenzen und Rückwirkungen überwinden, die aus jedem einzelnen Eingriff resultieren, sodass jeder Eingriff durch ein adäquates Spektrum begleitender Maßnahmen ergänzt werden kann. Mit diesem Ansatz verstehen wir unser Eingreifen in die Welt als Teil eines Systems, das die Ganzheit der Welt respektiert und behalten die Konsequenzen für die anderen Bereiche dieser Welt im Blick. Die Transformation einer schlechten Gesellschaft hin zu einer besseren benötigt dann nicht nur isolierte Eingriffe, sondern aufeinander abgestimmte Handlungen, die innerhalb eines Ganzen konzeptualisiert werden, das sich wiederum aus voneinander abhängigen Teilen zusammensetzt. Eine solche Herangehensweise an die Welt kann die von der Kritischen Theorie vorgebrachte Kritik des westlichen Rationalismus als instrumentalistisch und blind für die Welt in ihrer Totalität aufgreifen und kann uns bessere Optionen für eine Integration instrumenteller Rationalität – oder in Webers Begriffen: formaler Rationalität – in ein holistisches Konzept einer materialen Rationalität erschließen. Die Konsequenzen jedes Eingriffs für verschiedene substanzielle Werte werden innerhalb eines komplexen Systems voneinander abhängiger Teile gedeutet. Auf diese Weise kann der instrumentelle Rationalismus mit der Idee einer guten Gesellschaft auf einer neuen Stufe verknüpft werden, Fragen der formalen und materialen Rationalität werden nicht mehr auseinander gerissen.

Eine solche Synthese von westlichem und östlichem Rationalismus stellt die Herausforderung einer künftigen globalen Kultur dar. Es wird ein Rationalismus sein, der aktiv in die Welt eingreift, um sie zu verbessern, dabei jedoch mit Instrumenten arbeitet, die für die Konsequenzen und Folgewirkungen jedes Eingriffs innerhalb eines globalen Systems sensibel sind. Ansätze wie die Systemanalyse können als Instrumente in Richtung einer solchen Synthese gelten. Max Weber formulierte solche Ideen nicht selbst. Er brachte jedoch den Widerspruch des westlichen Rationalismus zwischen formaler und materialer Rationalität und den Widerspruch zwischen westlichem und östlichem Rationalismus so auf den

Punkt, dass er zum wichtigsten soziologischen Interpreten der modernen Welt wurde (vgl. Brubaker, 1984).

Webers Konzentration auf die kulturelle Dimension der Gesellschaft impliziert trotz seiner bewussten Untersuchung ihrer Wechselwirkung mit wirtschaftlichen Austauschbeziehungen, politischem Kampf und Gruppenbildung unvermeidlich eine Deutung dieser Formen des sozialen Handelns unter dem Gesichtspunkt ihrer Beziehung zu kulturellen Prozessen und Entwicklungen. Damit wird ein gründlicherer Blick auf ihre inneren Strukturen, Prozesse und Entwicklungen ein Stück weit verdrängt. Um zu einem vollständigeren Verständnis der nicht-kulturellen Phänomene zu gelangen, müssen wir die Beiträge anderer klassischer Autoren heranziehen, die sich weit mehr auf diese nicht-kulturellen Dimensionen der Gesellschaft konzentrierten. Wir müssen Webers kulturelle Perspektive erweitern, indem wir den modernen Kapitalismus aus Spencers liberaler und Marx' radikaler ökonomischer Perspektive in den Blick nehmen, indem wir politische Herrschaft vermittels Paretos Perspektive auf Macht und Konflikt in der Gesellschaft analysieren, indem wir das Rechtssystem unter Zuhilfenahme von Durkheims Forschungen zur Transformation der Solidaritätssysteme untersuchen. Obwohl Weber kein engstirniger historischer Idealist war, der die Folgen von ökonomischen Austauschbeziehungen, politischem Kampf und Gruppenbildung nicht berücksichtigte, und obwohl Weber verglichen mit allen anderen klassischen Autoren einer synthetischen Perspektive wahrlich am nächsten kam, werden durch ihn die Beiträge jener Autoren nicht irrelevant, wenn das Ziel eine wirklich umfassende soziologische Sicht auf soziales Handeln, soziale Organisation, Gesellschaft und soziale Entwicklung ist.

## Wirkungsgeschichte

Das Werk Max Webers wurde zum Forschungsgegenstand zahlreicher Forscher, die versuchten Webers Beitrag zur Soziologie zu klären und zu bewahren. Diese Aufgabe der Interpretation und Bewahrung von Webers Werk und der Weiterarbeit mit seinem Ansatz ist noch nicht abgeschlossen. Tatsächlich erlebte sie in den letzten Jahren einen erneuten Aufschwung. Entlang der zwei grundsätzlich entgegengesetzten Traditionen, die ihren Einfluss auf Webers Werk ausübten, gibt es eine Tendenz, sie auseinander zu reißen und sich auf eine dieser Traditionen zu konzentrieren. Da ist zuallererst die idealistische und historistische Tradition. Wichtige Beiträge zu einem Verständnis von Webers Werk aus dieser Perspektive stammen von Talcott Parsons (1937/1968), Benjamin Nelson (1949/1969, 1974), Friedrich H. Tenbruck (1989, 1999), Stephen Kalberg

(2001), Johannes Weiß (1989, 1992), Werner Gephart (1993, 1998) und Andreas Anter (1994). Der Autor des hier vorliegenden Werkes beteiligte sich ebenfalls aus dieser Perspektive am Weber-Diskurs (Münch 1982/1988, 1986/1993).

Eine besonders umfangreiche Auseinandersetzung mit und Weiterführung von Webers Gedanken stammt von Wolfgang Schluchter. Der Mitherausgeber der Max-Weber-Gesamtausgabe bearbeitete in mehreren Veröffentlichungen (Schluchter 1988a, 1988b, 1998) die Webersche Religionssoziologie. Er leistete auch wichtige Beiträge zur Modernisierungstheorie und griff Webers Ausführungen zur bürokratischen Herrschaft, zum modernen Rationalismus und zum Individualismus auf (Schluchter, 2000).

Jürgen Habermas greift in seiner *Theorie des kommunikativen Handelns* (Habermas, 1981) den auf Weber zurückgehenden Gedanken auf, die Gesellschaft zersplittere in eigenlogisch rationalisierte Sphären und die vormals einheitliche Wertordnung zerfalle. Anders als Weber sieht er allerdings diese Entwicklung nicht als unausweichlich an, sondern stellt ihm die Idee einer kommunikativen Rationalität gegenüber. In Diskursen könnten unter bestimmten Bedingungen auch in der modernen Gesellschaft normative Fragen behandelt und zu einer Einigung gebracht werden. In Band 3 wird auf diese Gedanken näher eingegangen.

Ein weberianischer Hintergrund ist auch in den Arbeiten von Daniel Bell wahrnehmbar. In seinem Werk *Die nachindustrielle Gesellschaft* (Bell, 1973) weist er darauf hin, dass Wissen und professionelles Expertentum in der Gesellschaft der Zukunft eine wichtige Rolle übernehmen werden. In seinem Werk *The Cultural Contradictions of Capitalism* (Bell, 1976) beschäftigt er sich mit der Trennung der kulturellen, wirtschaftlichen und politischen Sphären und der damit einhergehenden Erosion der protestantischen Arbeitsethik, die in seinen Augen in der heutigen Gesellschaft durch eine Kultur des psychedelischen Bazars ersetzt wurde. Deshalb sucht er nach einer neuen Religion, die der gesellschaftlichen Entwicklung in unserer Zeit eine Richtung geben könnte.

Unter den Beiträgen, die an Webers Konflikttradition anschließen, sind drei Typen zu unterscheiden. Der erste Typus der Konfliktinterpretation ist liberalistisch, der zweite konservativ und der dritte marxistisch. Liberale Konfliktinterpretationen von Webers Werk wurden von Wolfgang Mommsen (1959/1974a, 1974b), Reinhard Bendix (1964, 1982), Günter Roth (1987), Gianfranco Poggi (1978, 1983), Bryan S. Turner (1974, 1981), Robert Holton mit Bryan S. Turner (1989) sowie von Cohen, Hazelrigg und Pope (1975) vorgelegt; eine konservative Interpretation stammt von Wilhelm Hennis (1987).

Stefan Breuer entwickelte von Weber ausgehend die politische Soziologie weiter. In Auseinandersetzung mit dessen Herrschaftssoziologie untersuchte er verschiedene Aspekte der bürokratischen und charismatischen Herrschaft und aktualisierte die soziologische Perspektive auf den Staat (Breuer, 1991, 1994, 1999). Daneben veröffentlichte er Studien zur politischen Bewegung des Konservativismus, die er als Beispiel einer antimodernen Ideologie analysiert (Breuer, 1993). Diese überwiegend historisch-komparativen Studien bedienen sich Webers Methode und bieten einen tief gehenden Einblick in geistige Strömungen, die der von Weber beschriebenen Modernisierung entgegenstehen.

Die Rolle von Gewalt und Macht in der historischen Entwicklung wurde zu einem gemeinsamen Anliegen von Soziologen, die sich der historisch-vergleichenden Analyse zuwandten und dabei an die konflikttheoretische Seite im Werk Max Webers, aber auch an Karl Marx' Theorie der Klassenherrschaft anknüpften (Spohn, 2000). Der Grund für die Affinität zwischen Konflikttheorie und historischer Soziologie ist die Tatsache, dass wichtige historische Transformationen in relativ kurzer Zeit – im Extremfall in Form von Revolutionen – den Machtkampf zwischen Gruppen zum beherrschenden Element der Gesellschaft machen. Da dem wirklich so ist, ist es natürlich nicht falsch, die Analyse mit dem Studium der Struktur von Interessen, Machtpositionen und wechselseitigen Beziehungen der entsprechenden politischen Gruppen zu beginnen.

Die klassische Studie dieser Art der historisch-vergleichenden Soziologie ist Barrington Moores (1966) Werk über die Bedingungen, unter denen Revolutionen zu Demokratie, Sozialismus oder autoritativer Herrschaft führen. Er unterscheidet fünf Klassen, erfasst ihre Interessen an Demokratie oder autoritärer Herrschaft als Formen der Regierung und betrachtet dann ihre Konstellation. Die erste Wahl des Bürgertums ist die Demokratie; seine zweite Wahl ist die autoritäre Herrschaft, wenn ihre herrschende Stellung bedroht wird. Die erste Wahl der Grundbesitzer ist die autoritäre Herrschaft; ihre zweite Wahl ist die Demokratie, wenn ihre herrschende Stellung von der Regierungsbürokratie bedroht wird. Die erste Wahl der Bürokraten in der Regierung ist die autoritäre Herrschaft; ihre zweite Wahl ist der Sozialismus. Die Bauern werden nur in geringem Ausmaß mobilisiert und können sich gelegentlich revolutionären Bewegungen anschließen; sie tendieren zu den schwachen Teilen der kapitalistischen Klasse. Die Industriearbeiter bevorzugen entweder die Demokratie oder den Sozialismus.

Moore unterscheidet drei grundsätzliche Konstellationen, die zu Demokratie, Sozialismus oder autoritärer Herrschaft führen. Die britische Konstellation führte zur Demokratie, wobei die Grundbesitzer die Bauern von ihrem Land vertrieben und zur Arbeiterklasse machten; sie wurden zu landwirtschaftlichen Kapitalisten und schlossen sich dem Bürgertum im Kampf gegen die Krone und die Bürokraten der Regierung an. Dies begünstigte die Entscheidung für die Demokratie, die es später den Arbeitern erlaubte, den Weg der Reform zu ihren Rechten innerhalb der Demokratie zu wählen. Die chinesische Konstellation (die in leicht abgeänderter Form auch in Frankreich existierte) führte zum Sozialismus. Hier wurden die Grundbesitzer zu *Rentiers* und übten Druck auf die Bauern aus, die auch unter dem Druck des Marktes standen. Dies mobilisierte die Bauern und führte zum revolutionären Weg zum Sozialismus. Die russisch-japanische Konstellation lässt die Grundbesitzer für den Markt produzieren, hält aber die Bauern auf dem Land zurück und beutet sie so weit wie möglich aus. Sie schließen sich den Bürokraten der Regierung an, was die Kräfte für eine autoritäre Herrschaft unterstützt.

Theda Skocpol (1979) lieferte eine Erklärung zum Zeitpunkt des Ausbruchs von Revolutionen, indem sie mit dem Ansatz ihres Lehrers Moore arbeitete. Sie unterscheidet drei grundlegende Klassen: die besitzende Klasse, die produzierende Klasse und die Staatsbürokratie. Während politische Revolutionen lediglich die Art der Regierung verändern, involvieren soziale Revolutionen einen Machtkampf zwischen den drei Klassen. Sie treten auf, wenn die Staatsklasse durch militärische Niederlagen oder exzessive militärische Ausgaben geschwächt ist und dann versucht, größere Ressourcen aus der besitzenden Klasse abzuziehen. Wenn der daraus resultierende Konflikt zwischen diesen beiden Klassen mit einer Bauernrevolte zusammenfällt, haben wir die Konstellation für eine Revolution. Skocpols Beispiele zur Stützung dieser Theorie sind die Revolutionen in Frankreich, Russland und China. Da es nicht mehr ausreichend Bauern gibt, um in einer modernen Industriegesellschaft eine mächtige Klasse bilden zu können, erwartet Skocpol, dass es keine Revolutionen mehr geben wird, sondern nur noch parlamentarische Reformen.

Ohne jeden Zweifel involviert Revolution in erster Linie einen Machtkampf. Soweit sind die Ansätze von Moore und Skocpol richtig. Sie erweisen sich jedoch als zu eng begrenzt, wenn sie versuchen, eine allgemeine Theorie zum Entstehen oder zum Ergebnis von Revolutionen zu formulieren, indem sie eine handvoll historischer Fälle verallgemeinern. Es gibt Hunderte von Faktoren, die zu den Konstellationen von Interessen und Macht im Spektrum von Ständen, Klassen, Schichten und anderen Gruppen und Splittergruppen hinzukommen können und die weit über die Auswahl der Klassen hinausreichen, die Moore und Skocpol untersuchen, bis hin zu Faktoren wie Organisationsstärke, Führungskraft, Strategien in der Anwendung von Macht und so weiter. Berücksichtigt man diese unmittelbar mit dem Machtkampf verbundenen Faktoren, so wird das Modell so komplex, dass es unmöglich ist, Verallgemeinerungen in der Art zu formulieren, wie sie in den Analysen von Moore und Skocpol vorgebracht werden. Das Bild wird jedoch noch viel komplexer, wenn wir andere Faktoren in die Betrachtung einbeziehen. Wie wurde beispielsweise die Legitimität der gesellschaftlichen Stellung führender Klassen durch kulturelle Kritik unterminiert? Wie viel mehr waren aufstrebende Klassen in der Lage, ihre Forderungen auf legitime Grundlagen zu stellen, als die bislang führenden Klassen? Warum kam es zu neuen Koalitionen zwischen Klassen und zum Zusammenbruch alter? Wie änderte sich die Verteilung von Ressourcen zwischen den Klassen je nach den ökonomischen Transformationen? Diese Fragen lassen sich mit den Mitteln der Konflikttheorie nicht beantworten und erfordern Theorien zu Legitimation, Solidaritätsstrukturen und ökonomischen Transaktionen. Es gibt in den Theorien von Moore und Skocpol keinen systematischen Zugang zu solch wichtigen Fragen. Wenn man die französische Revolution erklären will, ist es beispielsweise falsch, die Rolle des Bürgertums und seiner intellektuellen Führer so stark herunterzuspielen, wie dies in der Moore-Skocpol-Theorie gemacht wird. Dies zeigt, dass es nicht möglich ist, auf der Ebene historischer Konkretheit eine allgemeine Theorie zu finden, wie dies Moore und Skocpol versuchen. Auf dieser Ebene ist eine historische Studie des konkreten Falls erforderlich, die speziell auf die ganz konkreten Umstände in den Feldern von Ökonomie, Politik, Solidaritätsstrukturen und Legitimation eingeht. Wir können die allgemeine Theorie anwenden, um verschiedene Aspekte von Revolutionen zu erklären, aber wir können die Theorie nicht aus einer handvoll Fällen ableiten.

Eine Verknüpfung der positivistischen Suche nach empirischer Verallgemeinerung mit der historischen Fallstudie neigt dazu, Einschränkungen sowohl in der Theorie als auch in der Geschichte nach sich zu ziehen. Als Theorie begeht diese Art der Analyse den Fehler, eine handvoll Tatsachen zu verallgemeinern und nie die eigentliche Ebene der analytischen Abstraktion zu erreichen, auf der eine Verallgemeinerung allein möglich ist. Als historische Studie schränkt diese Art der Analyse die Sicht auf die historischen Ereignisse so weit ein, dass sie keine ausreichende Erklärung bietet, weil zu viele der interessanten Elemente ausgelassen werden. Obwohl die Einschränkungen solcher soziologischer Annäherungen an die Geschichte offenkundig sind, wurden sie zu einem wachsenden Zweig der akademischen Forschung. Eine recht bekannte Arbeit dieser Art ist beispielsweise Perry Andersons *Passages from Antiquity to Feudalism* (Anderson, 1974). Die Studien von Michael Mann (1986) haben ebenfalls viel Aufmerksamkeit erregt. Er zeigt die Rolle auf, die Macht im Laufe der historischen Entwicklung von Stammesgesellschaften bis hin zum modernen Staat gespielt hat. So argumentiert er zum Beispiel, dass sich der moderne Staat auf der Grundlage einer Monopolisierung militärischer Macht entwickelt hat. Sicherlich besteht kein Zweifel daran, dass Macht in historischen Transformationen eine zentrale Bedeutung hat. Der Schritt von einer solchen unbestreitbaren Aussage hin zur Reduzierung der gesamten Geschichte der menschlichen Gesellschaften auf Machtkämpfe würde aber der soziologischen Analyse allzu enge Grenzen setzen. Historische Soziologie erfordert die Anwendung einer differenziert ausgearbeiteten Theorie. Macht erklärt lediglich den Aspekt der Durchsetzung von Handlungen. Aber wie steht es mit ihrer Veränderung aufgrund wirtschaftlichen Wandels, ihrer Strukturierung aufgrund von Solidaritätsbeziehungen und ihrer Legitimation aufgrund von kulturellen Entwicklungen einschließlich aller verschiedenen Unterdimensionen? Die historische Soziologie aus der Sicht der Macht-Konflikt-Theorie bedarf der Ergänzung durch diese Aspekte der historischen Entwicklung.

## Orientierungsfragen

1. Wie unterscheiden sich Natur- und Geisteswissenschaften voneinander? Welche Methoden kennzeichnen die geisteswissenschaftlichen Disziplinen?
2. Welche Aspekte des Handelns werden bei der verstehenden Soziologie erfasst? Erläutern Sie dies am Beispiel eines Jungen, der überlegt, ob er eine Tüte Gummibärchen stehlen oder kaufen sollte.
3. Inwiefern kann „soziales Handeln" als Grundbegriff der Soziologie gelten? Stellen Sie dabei insbesondere die Bedeutung von Kultur für das soziale Handeln heraus.
4. Stellen Sie die drei Prinzipien von Webers soziologischer Methode dar.
5. Worin liegt nach Weber der fundamentale Widerspruch zwischen formaler und materialer Rationalität in der Moderne?
6. Vergleichen Sie Hinduismus, Buddhismus, das antike Judentum sowie den Calvinismus hinsichtlich ihrer Haltung zum aktiven Eingreifen des Menschen in die Welt. Erstellen Sie dazu eine Tabelle mit vier Spalten: Religion, Ethik, Wirtschaftsethik, Stellung des Individuums in der Gesellschaft.
7. Stellen Sie dar, welche religiösen Verhaltensregeln des Calvinismus die Etablierung des rationalen kapitalistischen Geistes förderten.
8. Inwiefern ist der moderne Kapitalismus von anderen Institutionen und kulturellen Grundlagen abhängig? Welche sind dies?
9. Worin sieht Weber die Widersprüche des Kapitalismus im Unterschied zu Marx?
10. Charakterisieren Sie das rationale Recht und die Bürokratie nach Weber. In welchen Punkten äußert sich hier die Spannung zwischen formaler und materialer Rationalität?

## Wichtige Begriffe

*Formale Rationalität*
*Gesinnungsethik*

*Hermeneutik*
*Herrschaft*
*Herrschaft, charismatische*
*Herrschaft, rational-legale*
*Herrschaft, traditionale*
*Historismus*
*Idealtypus*
*Idiographische Wissenschaften*
*Kausaladäquanz*
*Legitime Ordnung*
*Materiale Rationalität*
*Nomothetische Wissenschaften*
*Prädestination*
*Sinnadäquanz*
*Soziale Beziehung*
*Soziales Handeln*
*Strukturregelmäßigkeiten*
*Theodizee*
*Verantwortungsethik*

## Zur Biografie

Fügen, Hans Norbert. 1985. *Max Weber mit Selbstzeugnissen und Bilddokumenten dargestellt*. Reinbek bei Hamburg: Rowohlt.
Roth, Guenther. 2001. *Max Webers deutsch-englische Familiengeschichte 1800–1950*. Tübingen: Mohr Siebeck.
Weber, Marianne. 1926/1984. *Max Weber. Ein Lebensbild*. Tübingen: Mohr Siebeck.

## Einstiegstexte

Schluchter, Wolfgang. 1988b. *Religion und Lebensführung*. 2 Bde. Frankfurt a. M.: Suhrkamp.
Weber, Max. 1920/1972c. „Die protestantische Ethik und der Geist des Kapitalismus." In: M. Weber, *Gesammelte Aufsätze zur Religionssoziologie*. Bd.1, S. 17–206. Tübingen: Mohr Siebeck.

## Weiterführende Literatur

Anter, Andreas 1994. *Max Webers Theorie des modernen Staates. Herkunft, Struktur und Bedeutung*. Berlin: Duncker & Humblot.

Breuer, Stefan. 1991. *Max Webers Herrschaftssoziologie*. Frankfurt a. M./New York: Campus.

Breuer, Stefan. 1998. *Der Staat. Entstehung, Typen, Organisationsstadien*. Reinbek bei Hamburg: Rowohlt.

Habermas, Jürgen. 1981. *Theorie des kommunikativen Handelns*. 2 Bde. Frankfurt a. M.: Suhrkamp.

Hamilton, Peter (Hg.). 1991. *Max Weber. Critical Assessments*. 4 Bde. London: Sage

Hennis, Wilhelm. 1987. *Max Webers Fragestellung. Studien zur Biographie des Werks*. Tübingen: Mohr Siebeck.

Hennis, Wilhelm. 1996. *Max Webers Wissenschaft vom Menschen. Neue Studien zur Biographie des Werks*. Tübingen: Mohr Siebeck.

Kalberg, Stephen. 2001. *Einführung in die historisch-vergleichende Soziologie Max Webers*. Wiesbaden: Westdeutscher Verlag.

Kaesler, Dirk. 1998. *Max Weber. Eine Einführung in Leben, Werk und Wirkung*. 2. Aufl. Frankfurt a. M.: Campus.

Mommsen, Wolfgang J. 1959/1974a. *Max Weber und die deutsche Politik 1890–1920*. 2. Aufl. Tübingen: Mohr Siebeck.

Mommsen, Wolfgang J. 1974b. *Max Weber. Gesellschaft, Politik und Geschichte*. Frankfurt a. M.: Suhrkamp.

Münch, Richard. 1982/1988. *Theorie des Handelns. Zur Rekonstruktion der Beiträge von Talcott Parsons, Emile Durkheim und Max Weber*. Frankfurt a. M.: Suhrkamp.

Münch, Richard. 1986/1993. *Die Kultur der Moderne*. 2 Bde. Frankfurt a. M.: Suhrkamp.

Nau, Heino Heinrich. 1997. *Eine „Wissenschaft vom Menschen". Max Weber und die Begründung der Sozialökonomik in der deutschsprachigen Ökonomie 1871 bis 1914*. Berlin: Duncker & Humblot.

Parsons, Talcott. 1937/1968. *The Structure of Social Action*. New York: Free Press.

Schluchter, Wolfgang (Hg.). 1981. *Max Webers Studie über das antike Judentum. Interpretation und Kritik*. Frankfurt a. M.: Suhrkamp.

Schluchter, Wolfgang (Hg.). 1983. *Max Webers Studien über Konfuzianismus und Taoismus. Interpretation und Kritik*. Frankfurt a. M.: Suhrkamp.

Schluchter, Wolfgang (Hg.). 1984 *Max Webers Studie über Hinduismus und Buddhismus. Interpretation und Kritik*. Frankfurt a. M.: Suhrkamp.

Schluchter, Wolfgang (Hg.). 1985. *Max Webers Sicht des antiken Christentums. Interpretation und Kritik*. Frankfurt a. M.: Suhrkamp.

Schluchter, Wolfgang (Hg.). 1987. *Max Webers Sicht des Islam. Interpretation und Kritik*. Frankfurt a. M.: Suhrkamp.

Schluchter, Wolfgang (Hg.). 1988a. *Max Webers Sicht des okzidentalen Christentums . Interpretation und Kritik*. Frankfurt a. M.: Suhrkamp.

Seyfarth, Constans und Walter M. Sprondel (Hg.). 1973. *Seminar: Religion und gesellschaftliche Entwicklung. Studien zur Protestantismus-Kapitalismus-These Max Webers*. Frankfurt a. M.: Suhrkamp.

Sprondel, Walter M. und Constans Seyfarth (Hg.). 1981. *Max Weber und die Rationalisierung sozialen Handelns*. Stuttgart: Enke.

Schwinn, Thomas. 2001. *Differenzierung ohne Gesellschaft*. Weilerswist: Velbrück Wissenschaft.

Wagner, G. und H. Zipprian (Hg.). 1994. *Max Webers Wissenschaftslehre*. Frankfurt a. M.: Suhrkamp.

Weiß, Johannes. 1992. *Max Webers Grundlegung der Soziologie*. 2. überarb. Aufl. München: Saur.

Weiß, Johannes (Hg.). 1989. *Max Weber heute. Erträge und Probleme der Forschung*. Frankfurt a. M.: Suhrkamp.

# 3. Formale Soziologie: Georg Simmel

## Biografische Einleitung

Georg Simmel wurde am 1. März 1858 geboren. Er war der Jüngste unter seinen sieben Geschwistern. Vater Edward Simmel und Mutter Flora, geb. Bodstein, waren jüdischer Herkunft, sind aber beide schon in jungen Jahren zum christlichen Glauben übergetreten, er zum katholischen, sie zum protestantischen Glauben. Sohn Georg wurde protestantisch getauft, allerdings kehrte er später der Kirche den Rücken zu und trat aus. Vater Edward war Kaufmann. Nach Übersiedlung von Breslau nach Berlin gründete er die Süßwarenfabrik *Felix und Sarotti*, die er jedoch aufgrund finanzieller Probleme wieder verkaufen musste, dementsprechend wurde der Finanzrahmen der Familie wieder bescheidener. Der Vater stirbt im Jahre 1874, als Georg erst 16 Jahre alt ist. Georg erhält deshalb einen Freund der Familie, Julius Friedländer, zum Vormund. Von seinem Vormund erbt Simmel später ein beträchtliches Vermögen aus dessen Musikgeschäft, der Musikedition Peters.

Simmel wächst in Berlin im Stadtteil Westend auf, wo er auch bis fast an sein Lebensende seinen Wohnsitz behält. Das Leben in der Großstadt, insbesondere in einer so pulsierenden Metropole wie Berlin, prägt maßgeblich seine Entwicklung, seine Lebensführung und Persönlichkeit. Es wird geradezu zum Koordinatensystem seines Denkens und seiner soziologischen Analyse der Moderne. Einer seiner bekanntesten Aufsätze, „Die Großstadt und das Geistesleben", legt davon ein beredtes Zeugnis ab. Die Erfahrung des großstädtischen Lebens als Grundstruktur des modernen Lebens überhaupt durchzieht jedoch über diesen Aufsatz hinaus Simmels gesamtes Werk.

Das Großstadtkind Georg Simmel nimmt 1876 nach der Reifeprüfung an der Berliner Universität ein Studium der Geschichte, Völkerpsychologie, Philosophie und Kunstgeschichte auf. Die Breite der Fächerauswahl deutet schon darauf hin, dass Simmel gern eingefahrene disziplinäre Grenzen sprengt. In seine später entwickelte Soziologie gehen deshalb wesentliche Elemente der verschiedenen von ihm studierten Disziplinen ein. Im Jahre 1881 schloss Simmel sein Studium mit der Promotion ab. Die von ihm zunächst eingereichte Dissertation mit dem Titel *Psychologisch-ethnographische Studien über die Anfänge der Musik* wird jedoch nicht angenommen. In dieser Arbeit wollte Simmel gegen die Darwinsche Lehre nachweisen, dass beim Menschen der Gesang nicht vor der Sprache, sondern erst nach Entwicklung der Sprache auftritt. Die beiden Gutachter, der Philosophiehistoriker Zeller und der Physiker Helmholtz erhoben gegen Simmels Argumentation jedoch Einwände, die zur Zurückweisung der Arbeit führten. Allerdings baut Helmholtz dem Kandidaten eine Brücke. Er empfiehlt Simmel, eine von der Fakultät kurz zuvor preisgekrönte Schrift als Dissertation einzureichen. Es handelte sich um eine Arbeit über *Das Wesen der Materie nach Kants Physischer Monadologie*. Simmel folgte dieser Empfehlung und promovierte schließlich mit der Dissertation über Kant. Auch Simmels Habilitation verläuft nicht ohne Komplikationen. Im Oktober 1883 reicht er eine Habilitationsschrift über Kants Raum- und Zeitlehre ein, die jedoch zunächst abgelehnt wird. Nach einer Intervention von Zeller und Dilthey wird die Arbeit dann doch akzeptiert. Trotzdem sind damit noch nicht alle Hürden übersprungen. Es gilt auch den Habilitationsvortrag zu bestehen. Mit seinem Vortrag über „Die metaphysischen Grundlagen des Erkennens" fällt Simmel jedoch durch. Nach Simmels Familienchronik soll dieses für ihn enttäuschende Ergebnis dadurch zustande gekommen sein, dass Simmel in der Diskussion zum Vortrag allzu forsch und unhöflich mit einem Fakultätsmitglied über den Sitz der Seele gestritten hat. Die Behauptung, sie sei ein punktförmiges Wesen in der Mitte des Gehirns, wies er kompromisslos zurück. Das soll die Mehrheit der Professoren veranlasst haben, den jungen Kollegen mit einer Ablehnung des Vortrags zu disziplinieren. Erst im zweiten Anlauf schafft Simmel mit einem Vortrag „Über die Lehre von den Assoziationen der Vorstellung" im Oktober 1884 die Hürde. Die öffentliche Antrittsvorlesung „Über das Verhältnis des ethischen Ideals zu dem logischen und ästhetischen" findet im Januar 1885 statt.

Im Jahre 1890 heiratet Georg Simmel. Aus der Ehe mit Gertrud Kinel geht ein Sohn hervor. Ehefrau Gertrud publiziert unter dem Pseudonym Marie-Luise Enckendorff philosophische Schriften wie z.B. *Vom Sein und vom Haben der Seele* (1906), *Realität und Gesetzlichkeit im Geschlechtsleben* (1910) und *Über das Religiöse* (1919). Das Ehepaar Simmel nimmt am geselligen Leben der gebildeten Elite Berlins teil. Dazu gehören diverse literarische und universitäre Zirkel, u.a. der George-Kreis. Die Simmels pflegen recht enge Kontakte zu den Familien Marianne und Max Weber sowie Sabine und Reinhold Lepsius. Simmel verbringt eine lange Zeit der Lehrtätigkeit als Privatdozent an der Philosophischen Fakultät der Berliner Universität. Nachdem ein erster Antrag auf Ernennung zum außerordentlichen Professor im Jahre 1898 nicht zum Erfolg führt, gelingt dies schließlich 1901 mit einem zweiten Antrag. Sowohl die Lehrtätigkeit als Privatdozent als auch die Lehrtätigkeit als außerordentlicher Professor waren nicht mit einer festen Besoldung verbunden. Nur das von den Hörern der Vorlesungen entrichtete „Hörgeld" wurde ausbezahlt. Auch die akademischen Prüfungs- und Mitwirkungsrechte waren eingeschränkt. Die leidvollen Erfahrungen eines Privatdozenten – die zur damaligen Zeit von vielen, nicht auf eine Professur berufenen Gelehrten teilt wurden – hat Simmel selbst 1896 in einem Aufsatz prägnant beschrieben. Simmel konnte die lange Zeit ohne feste Besoldung nur auf der finanziellen Grundlage der von seinem Vormund hinterlassenen Erbschaft durchstehen.

Auf die Ernennung zum außerordentlichen Professor ohne Besoldung folgen noch lange Jahre enttäuschter Hoffnungen. Mehrere erhoffte Berufungen schlagen fehl, in Berlin und an anderen Orten. Besonders enttäuschend ist ein Berufungsverfahren in Heidelberg 1908, auch ein zweites im Jahre 1915 scheitert in Heidelberg, in beiden Fällen trotz nachdrücklicher Fürsprache durch Max Weber. Zu erklären sind diese Misserfolge, weil Simmel in verschiedener Hinsicht aus dem Rahmen fällt. In einer Gesellschaft, in der auch in der akademischen Welt der Antisemitismus weit verbreitet war, genügte schon seine großelterliche jüdische Herkunft, trotz längst von den Eltern vollzogenem Übertritt zum christlichen Glauben, um ihn abzulehnen. Den im Heidelberger Berufungsverfahren von 1908 zu Rate gezogenen Berliner Historiker Dietrich Schäfer stört Simmels angeblich jüdische Art der Erscheinung, des Auftretens und der Geisteshaltung. Es gefällt ihm aber auch nicht, dass für Simmel die Gesellschaft und nicht Staat sowie Kirche dem menschlichen Zusammenleben seine Einheit gibt. Gegen Simmel sprechen insofern nicht nur antisemitische, sondern auch konservative Vorurteile. Darüber hinaus passte auch Simmels disziplinenübergreifende, teilweise essayistische, manchmal sprunghafte Vorgehensweise nicht in das herkömmliche Schema akademischer Forschung und Lehre. Simmels Vorlesungen zogen indessen in Berlin zahlreiche Hörer an, die sich von seiner Eloquenz, dem Witz und der Eleganz seines Vortrags begeistern ließen. Dass Simmels Leistungen trotz aller Fehlschläge auch akademische Schätzung erfuhren, beweist die Verleihung der Ehrendoktorwürde durch die Staatswissenschaftliche Fakultät der Universität Freiburg. Als ihn ein Ruf an eine amerikanische Universität erreicht, muss er ihn ablehnen, weil er glaubt, sein Denken nur in seiner Muttersprache in der notwendigen Differenziertheit ausdrücken zu können. Seine internationale Anerkennung ist daran zu ermessen, dass Aufsätze von ihm im *American Journal of Sociology*, herausgegeben vom ersten amerikanischen Department für Soziologie in Chicago, sowie in Emile Durkheims *L' Année Sociologique* erscheinen, sowie in seiner Mitherausgeberschaft beim *American Journal of Sociology* und in seiner Mitgliedschaft im von René Worms ins Leben gerufenen *Institut International de Sociologie*. Es dauerte jedoch schließlich bis 1914, als Simmel endlich auf ein Ordinariat an der Universität Straßburg berufen wurde. Die Kriegswirren ließen ihn allerdings nicht mehr in den vollen Genuss seines ersehnten akademischen Lehramtes gelangen. Als er am 26.9.1918 im Alter von 60 Jahren starb, waren gerade einmal vier Jahre der Tätigkeit als ordentlicher Professor vergangen. (Landmann, 1958; Dahme und Rammstedt 1983: 9–12; Nedelmann, 1999: 127–130)

## Hauptwerke

*Philosophie des Geldes.* (1900/1992a)
*Soziologie. Untersuchungen über die Formen der Vergesellschaftung.* (1908/1992b)
*Der Konflikt der modernen Kultur.* (1914/1926)
*Grundfragen der Soziologie (Individuum und Gesellschaft).* (1917)
*Gesamtausgabe.* Hg. von Otthein Rammstedt. (1989-2004)

## Theoriegeschichtlicher Kontext: der Dualismus von Form und Inhalt

Unter allen europäischen Klassikern lenkte Georg Simmel am nachdrücklichsten die Aufmerksamkeit der Soziologen auf das facettenreiche Netz der Interaktionen, die auf der kleinsten Stufe stattfinden. Die Gesellschaft war für ihn ein fein abgestuftes Netzwerk der Interaktionen zwischen Individuen. Und was Simmels Analyse der Formen und Muster der gesellschaftlichen Interaktion immer wieder deutlich macht, ist das Konfliktpotenzial, das in sozialen Interaktionen enthalten ist. Simmel zeigt, dass Konflikt kein abnormer Zustand der Gesellschaft ist, sondern ein wesentlicher Bestandteil jeder sozialen Interaktion. Er koexistiert mit Harmonie und Konsens und ist mit beiden in paradoxen Beziehungen verkettet. Gesellschaft und Individuen leben in Konflikt und Konsens und sie leben von beiden.

Diese immer gegenwärtige und normale Eigenschaft des Konflikts in der sozialen Interaktion ist die nachhaltigste Einsicht von Simmels Soziologie. Darum können wir das meiste aus seinem Werk herausholen, wenn wir es als eine Konflikttheorie lesen. Wenn wir dies tun, müssen wir Simmels Werk in einer konsistenteren Weise interpretieren, als er es selbst formulierte, und wir müssen es in einer spezifisch selektiven Weise lesen. Das ist umso notwendiger, als Simmel ein sprühender Geist voll von Ideen und Assoziationen war, wobei er nicht imstande war, diese in einer systematisch geordneten Weise darzustellen. Sein Werk ist eine Sammlung von brillanten Ideen, die mit unzähligen Beispielen aus der alltäglichen Erfahrung und der Geschichte veranschaulicht werden, denen es aber völlig an Ordnung mangelt. Allerdings wird eine Lesart seines Werks als Konflikttheorie von den meisten seiner Interpreten deutlich unterstützt (Simmel 1900/1992a, 1908/1992b).

Simmel war sehr an der Etablierung eines spezifischen Gegenstandsbereichs der Soziologie als einer besonderen und legitimen wissenschaftlichen Disziplin interessiert. Er kämpfte gegen die historische Schule des deutschen Idealismus, die eine scharfe Trennlinie zwischen den *Naturwissenschaften* und den *Geisteswissenschaften* zog. Nach dieser Sichtweise suchen die Naturwissenschaften nach allgemeinen kausalen Gesetzen in der Natur, während menschliches Handeln als Reich der Freiheit nicht mit allgemeinen kausalen Gesetzen erklärt werden kann. Menschliches Handeln ist offen für Vernunft und moralische Erwägungen. Man muss menschliches Handeln interpretativ über seine Rationalität und seine moralische Orientierung verstehen, anstatt es kausal zu erklären. Menschliches Handeln ist Teil der Kultur, nicht Teil der Natur. Um zu verstehen, warum sich etwas in bestimmter Weise ereignet und bestimmte Eigenschaften aufweist, ist es notwendig, seine besondere Bedeutung dadurch herauszufinden, dass man seine Stellung in einem bestimmten kulturellen Zusammenhang deutlich macht. Jede Handlung findet in einem besonderen kulturellen Zusammenhang statt. Sie ist ein historischer Einzelfall. Deshalb ist für Verallgemeinerungen in diesem kulturellen Reich des menschlichen Handelns kein Raum. Und weil Gesellschaft nur eine Bezeichnung für einen bestimmten kulturellen Zusammenhang ist, müssen Gesellschaft und soziales Handeln in ihrer historischen Individualität untersucht werden. In dieser Perspektive ist die Soziologie keine eigenständige Disziplin, sondern nur ein Zweig der Geschichtswissenschaft.

Diese Verweigerung einer besonderen Stellung der Soziologie in der Familie der Wissenschaften griff Simmel mit seinem Ansatz an. Dies überrascht nicht, wenn wir den Einfluss des Darwinschen und Spencerschen Evolutionismus auf sein frühes Werk berücksichtigen. Solche Einflüsse sind besonders sichtbar in seinen Arbeiten *Über sociale Differenzierung* (Simmel, 1890) und die *Einleitung in die Moralwissenschaft* (Simmel, 1892). Obwohl Spencers Theorie der Differenzierung zweifellos in Simmels Werk *Über sociale Differenzierung* präsent ist, wurde er nie zu einem Apologeten eines rein empirischen Positivismus. Je weiter er sich entwickelte, umso wichtiger wurde Kants kritische Philosophie für seine methodologische Perspektive (Simmel, 1908/1992b: 13–62). Er griff Kants Idee der *a priori* synthetischen Funktion der reinen Formen der Anschauung, wie Zeit und Raum, und der Verstandeskategorien, wie die Kausalität, auf, die aus der breiten Vielfalt der Sinneswahrnehmungen geordnetes Wissen hervorbringen.

In Übereinstimmung mit dieser Kantischen Idee suchte Simmel nach den formalen Kategorien, die eine synthetisierende Funktion erfüllen könnten, um eine Ordnung in das unermessliche historische Wissen über Gesellschaft und soziale Interaktionen zu bringen. In seiner späteren Phase wurde Simmel von Bergson und Nietzsche beeinflusst, und er begann die vitale Energie zu betonen, die das Leben konstant in einem endlosen Prozess und in einem endlosen Kampf gegen die Beengung durch formale Strukturen erneuert. Diese Lebensphilosophie betonte jedoch nur den anderen Teil der zwei Seiten, aus denen die fundamental dualistische Perspektive in Simmels Denken besteht: der Dualismus von Form und Inhalt, der als Grundkonflikt zwischen Ordnung und vitalem Leben gelesen werden kann und ebenso gut als das Kantianische Verhältnis zwischen formalen Kategorien und substantiellen Sinneswahrnehmungen. Dies ist die tiefste Ebene, auf der man Simmels Denken in Kategorien des Konflikts verstehen kann.

Simmels (1908/1992b: 13–62) Bemühung, einen spezifischen Gegenstandsbereich zu definieren, um die Soziologie als eine eigenständige wissenschaftliche Disziplin zu etablieren, muss vom Standpunkt seiner Kantianischen Perspektive her verstanden werden. Zuerst wählte er einen eigenständigen Aspekt der Wirklichkeit als den Gegenstandsbereich der Soziologie aus. Er nannte ihn **Wechselwirkung** (oder, um einen von ihm nicht benutzten Begriff zu verwenden: Interaktion). Er behauptete, dass die Soziologie alles untersucht, was die Wechselwirkung zwischen den einzelnen Menschen ausmacht und was daraus folgt. Wechselwirkung oder Interaktion bedeutet, dass das, was ein Individuum tut, sieht oder erwartet, Auswirkungen auf das hat, was ein anderes Individuum tut, sieht oder erwartet und umgekehrt. Simmel würde zum Beispiel untersuchen wie sich das Verhalten einer Person, die in einem Raum sitzt, verändert, wenn eine andere Person den Raum betritt, wie sich ihre Interaktion verändert, wenn eine dritte Person zum Objekt ihrer Liebe wird, oder wie ein Konflikt zwischen ihnen durch eine dritte Person gelöst werden kann, die als Vermittler zwischen beiden fungiert. Soziale Interaktion, wie sie von solchen Beispielen veranschaulicht wird, ist ein spezifischer Aspekt der Gesamtrealität. Mit solchen Interaktionen vermischen sich physische Aspekte der Umwelt, organische Aspekte der Körper der Individuen, psychische Aspekte ihrer Persönlichkeiten, der Aspekt ihrer Intelligenz und die kulturellen Aspekte der Werte und Normen, die in ihrer Gesellschaft maßgebend sind. All diese Aspekte beeinflussen das, was in diesem Raum vor sich geht. Es macht sicherlich einen Unterschied, ob die dritte Person intelligent und stark genug ist und ob es ihr überhaupt von den vorherrschenden kulturellen Normen her erlaubt ist, als Vermittler in dem Konflikt zwischen den ersten zwei Personen zu dienen. Das ist die Mischung der Aspekte, die eine konkrete Ganzheit ausmachen. Um jedoch die Auswirkungen eines dieser Aspekte auf das menschliche Handeln zu erkennen, müssen wir diesen auswählen, ihn von den anderen Aspekten trennen und ihn in seinem eigenen Recht untersuchen. Dies ist Simmels Argument für ein analytisches Verfahren in der soziologischen Forschung: die soziale Interaktion von den anderen Aspekten des menschlichen Lebens zu differenzieren, um ihre eigenen Merkmale zu untersuchen. Die anderen Aspekte, die sich mit der sozialen Interaktion in der konkreten Realität vermischen, müssen durch andere Wissenschaften erforscht werden: Medizin, Biologie, Psychologie, Kulturwissenschaften.

Mit seiner Wahl der sozialen Wechselwirkung als Gegenstandsbereich der Soziologie tritt Simmel ebenso für ein Verständnis der umfassenderen sozialen Phänomene – Gruppen, Organisationen und Gesellschaft – als kleinere oder größere Netzwerke der sozialen Interaktion ein. Jedes Mal wenn sich eine soziale Interaktion ereignet, tritt ein neues Phänomen auf: Individuen, die sonst voneinander getrennt sind, beziehen sich aufeinander und sie verbinden sich für eine kürzere oder längere Zeit. Das ist ein neu entstehendes Phänomen, das sich aus der Interaktion heraus entwickelt und seine eigenen Eigenschaften besitzt. Menschen, die sich wechselseitig aufeinander beziehen, *verbinden* und *teilen* etwas: Zeit, Raum, Erfahrungen, Gespräche, körperlichen Kontakt usw. Solch eine Verbindung und ein solches Teilen kann von einer kurzen Begegnung auf der Straße zu einem gemeinsamen Spaziergang, einer Tasse Kaffee, einem Essen, einer Kameradschaft, einem Klub, einer Firma, einer lebenslangen Freundschaft und sogar bis hin zu einer Heirat reichen. Um hervorzuheben, dass all diese unterschiedlichen Phänomene dieses Aufeinanderbeziehen und Teilen gemeinsam haben, ob es sich um kurze Begegnungen oder um etablierte Gruppen handelt, um Organisationen oder Gesellschaften, führt Simmel den Begriff der **Vergesellschaftung** ein.

Nachdem er die soziale Wechselwirkung und die Vergesellschaftung als den spezifischen Gegenstandsbereich der Soziologie bestimmt hat, ist Simmels (1908/1992b: 35–44) nächste Frage, wie man diesen Gegenstandsbereich untersuchen soll. Hier wendet er seine Kantianische Perspektive an. Er stellt fest, dass sich in einer historischen Perspektive soziale Wechselwirkung und Vergesellschaftung in einer Vielheit von unterschiedlichen Eigenschaften ereignen. In empirisch-historischen Begriffen ist jedes einzelne Ding unterschiedlich, und alles zusammengenommen ist chaotisch. Er stellt dann eine Frage, die Kants berühmter Frage ‚Wie ist Naturwissenschaft möglich?' ähnlich ist, obwohl er Kants Frage in: ‚Wie ist Natur möglich?' ändert. Kants Frage wandte sich dem Problem zu, dass die Erfahrung von Ereignissen und Prozessen in der Natur durch Sinneswahrnehmungen chaotisch ist, während das wissenschaftliche Wissen eine naturgesetzliche Ordnung annimmt. Wie kann solch eine Ordnung entstehen? Für Kant (1781/1964a) ist es die Aufgabe der reinen Formen der Anschauung, Zeit und Raum, und der Verstandeskategorien, wie Kausalität, die das Chaos der Sinneswahrnehmungen zu einer einheitlichen Ordnung zusammenfügen, die dann wiederum einem empirischen Test unterzogen werden kann. Simmels Frage ist ‚Wie ist Gesellschaft möglich?‘; er könnte aber genauso in engerer Übereinstimmung zu Kant gefragt haben: ‚Wie ist Soziologie möglich?‘ Der Kern dieser Frage ist, ob und wie das Chaos der historischen Fakten über das soziale Leben synthetisiert werden kann, um eine einheitliche Ordnung zu errichten, die ebenfalls einem empirischen Test zugänglich ist.

Simmels Antwort auf diese Frage besteht darin, dass im Unterschied zu den Naturwissenschaften, die sich auf die synthetisierende Funktion der menschlichen Anschauung und des Verstandes verlassen müssen, die Synthese im Gegenstandsbereich der Soziologie nicht durch die menschliche Anschauung und den Verstand geschaffen und auf diesen Gegenstandsbereich angewandt wird, sondern aus diesem Gegenstandsbereich selbst hervorgeht, nämlich durch die *apriorischen* Bedingungen und Formen der Vergesellschaftung (in Kürze: soziale Formen). „Synthetisierende Funktion" der Vergesellschaftung meint, dass die menschlichen Aktivitäten, die in Zeit und Ort verstreut sind und die immer eine bestimmte Bedeutung haben, durch die Vergesellschaftung in eine einheitliche Ordnung gebracht werden. Das bedeutet, dass Handlungen, die sich aufeinander beziehen und von anderen Handlungen getrennt sind, ein Netzwerk bilden und dadurch Bedeutung erlangen, dass sie ein Teil der Vergesellschaftung sind. Die Vergesellschaftung ist die elementarste Synthese von ansonsten verstreuten menschlichen Handlungen. Den Brief, den jemand einem Freund zu seinem Geburtstag schreibt, die Arbeit, die jemand für seine Firma verrichtet, das Abendessen, das jemand für die Familie vorbereitet, das Lächeln, das jemand an eine andere Person richtet, das alles hat seinen Platz in einer synthetisierten Ordnung der Vergesellschaftungen und wird als deren Bestandteil verständlich. Ohne die Ordnung dieser Vergesellschaftungen zu kennen, würden wir die Handlungen nicht verstehen, die dann nichts anderes wären als Elemente in einem Chaos menschlicher Handlungen.

Simmel führte die Vergesellschaftung jedoch nicht nur als die synthetisierende Kraft der sozialen Wechselwirkung und der Gesellschaft ein, er fährt fort, nach den *a priori* Bedingungen und den Formen der Synthese in der sozialen Wechselwirkung zu suchen, indem er die verschiedenen **Formen der Vergesellschaftung** untersucht. Im Unterschied zur begrenzten und systematisch geordneten Zahl von Kants reinen Formen der Anschauung und der Verstandeskategorien, die für die Naturwissenschaften gültig sind, versorgt uns Simmel nicht mit solch einer geordneten Sammlung von Formen der menschlichen Vergesellschaftung. Er versteht es vielmehr als eine Aufgabe der Soziologie, solche Formen im Prozess der Untersuchung selbst zu entdecken und zu studieren. Nachahmung, Wettbewerb, Über- und Unterordnung, Arbeitsteilung, Stellvertretung, Dyade, Triade, kleine Gruppe, große Gruppe, Führerschaft, Parteigruppe, interne Solidarität und externe Trennung sind Beispiele solcher Formen der Vergesellschaftung. Wie Simmel betont, treten diese allgemeinen *Formen* der Vergesellschaftung in sehr unterschiedlichen *historischen, partikularen* und *substanziellen* Vergesellschaftungen wie Banden, religiösen Gemeinschaften, ökonomischen Vereinigungen, Familien, Kunstströmungen und Beziehungen zwischen Staaten auf. Es gibt viele unterschiedliche Substanzen – zum Beispiel Ideen, Werte, Normen, Interessen, Ziele, Mitglieder –, die solchen Vergesellschaftungen zugrunde liegen, doch sie kommen dennoch in den gleichen Formen zum Ausdruck. Auf der anderen Seite – sagt Simmel – kann die gleiche Substanz in verschiedenen Formen erscheinen. Zum Beispiel können Familien, religiöse Gruppen oder Parteien in gleicher Weise von einem Führer geleitet werden, der sich direkt auf die anderen Mitglieder bezieht; religiöse Gemeinschaften können aber ebenso gut von einem Führer oder von mehreren Führern geleitet werden, oder wiederum durch einen Führer, bei dem eine Gruppe zwischen dem Führer und den einfachen Mitgliedern der Gemeinschaft vermittelt.

## Formale Soziologie

Indem er der Soziologie die Aufgabe zuweist, die Formen der Vergesellschaftung zu untersuchen, gelingt es Simmel, einen Gegenstandsbereich für die Soziologie auszuwählen, der sich sowohl von den Naturwissenschaften in ihrer Suche nach den kausalen Gesetzen unterscheidet wie von den Geisteswissenschaften oder Kulturwissenschaften und deren Suche nach dem Verstehen des besonderen Sinnes historischer Einzelfälle. Die Formen der Vergesellschaftung sind keine historischen Einzelfälle, sondern sie treten in derselben oder zumindest auf eine ähnliche Weise in unterschiedlichen historischen, kulturellen und gesellschaftlichen Zusammenhängen mit bestimmten Substanzen auf. Sie sind Universalien wie die Naturgesetze, sie sind jedoch keine Kausalgesetze im naturwissenschaftlichen Sinne. Sie prägen die menschliche Handlung nicht in einem kausalen Sinn, sondern sie definieren die Möglichkeiten, Beschränkungen und Grenzen der sozialen Wechselwirkung. Sie bestimmen, was oder was nicht in der sozialen Wechselwirkung geschehen kann, solange sie gemäß einer spezifischen Form vonstatten geht. In einer **Dyade** von zwei Personen kann beispielsweise nichts ohne ein Zusammenwirken von beiden stattfinden, aber beide haben einen maximalen Einfluss auf das, was passiert. In einer großen Gruppe können viele Dinge stattfinden, ohne dass ein bestimmtes Individuum daran mitwirkt, aber der Einzelne hat nur einen sehr geringen Einfluss auf das, was passiert. Mit der Einführung des Geldes im wirtschaftlichen Tausch entsteht ein Höchstmaß an Freiheit für die Vielzahl der Konsumenten, für ihre Entscheidung, was sie kaufen, aber gepaart mit einem sehr geringen Einfluss des einzelnen Konsumenten auf den Produzenten. Somit erweitert sich die Wahlfreiheit, aber die Freiheit, auf bestimmte Menschen einen bestimmten Einfluss auszuüben, verringert sich. Wenn der Wettbewerb zwischen den Produzenten die eindeutige Verteilung ihrer Konsumenten untereinander ersetzt, können die Konkurrenten höhere Profite erzielen, dennoch müssen sie auch mit niedrigeren Profiten rechnen. Den Konsumenten wird im Allgemeinen besser gedient sein, aber es wird ihnen auf die gleiche Weise gedient sein wie jedem anderen auch, ohne jede besondere Behandlung. Indem man Konflikte zwischen Gruppen offen austrägt, eröffnet dies Chancen um ihre Unterschiede zu verschärfen, aber ebenso Möglichkeiten, Konsens zu erneuern. Wird eine leitende Stellung von nur einer einzigen Person eingenommen, dann hat diese Person ein Höchstmaß an Verantwortung zu tragen, aber dies lässt den Beherrschten nur einen minimalen Zugang zu dieser Person; eine Mehrzahl von Personen in einer leitenden Position, verschafft den spezifischen Interessen der Beherrschten größeren Zugang zu dieser Position, doch mit einer geringeren Verantwortung jeder einzelnen Leitungsperson, diesen Interessen zu dienen.

Dies sind einige Beispiele der Auswirkungen von bestimmten Formen der Vergesellschaftung auf die Möglichkeiten und Beschränkungen, die der sozialen Wechselwirkung innewohnen. Wir können sagen, dass dies allgemeine Gesetze sind, die sich auf die Formen der Vergesellschaftung beziehen und die in jedem bestimmten historischen, kulturellen und gesellschaftlichen Zusammenhang mit jeder bestimmten Substanz wirksam werden. Es sind Gesetze über die Möglichkeiten und Beschränkungen der sozialen Wechselwirkung, die mit bestimmten Vergesellschaftungen entstehen. Wie wir aus den Beispielen erkennen können, ist ihr ausschlaggebendes Merkmal, dass sie die konflikthaften Effekte von solchen Vergesellschaftungen hervorheben. Somit ist Simmels soziologische Theorie von Anfang an eine Theorie des Widerspruchs und Konflikts in der sozialen Wechselwirkung, schon in der Art und Weise, in der er seinen Gegenstandsbereich definiert. Es ist eine Dialektik von Wechselwirkung und Vergesellschaftung. Die Gesetze, die durch die Soziologie in den Vergesellschaftungsformen herausgefunden werden, machen sie zu einer eigenständigen Disziplin.

Im Unterschied zu den partikularen und individuellen Fakten, die von den historischen Disziplinen untersucht werden, enthalten die Vergesellschaftungsformen allgemeine Gesetze. Im Unterschied zu den Kausalgesetzen, die von den

Naturwissenschaften erforscht werden, sind jedoch die Gesetze der Vergesell-schaftungsformen immer Gesetze der Wechselwirkung, welche die Beziehung von mindestens zwei Teilen aufeinander und die Auswirkungen ihrer Wechsel-wirkung auf jeden von ihnen sowie auf ihre unterschiedlichen Aspekte und Be-standteile einschließen. Wegen dieses komplexen Netzwerkes der Wechselwir-kungen gibt es keine einförmigen Folgen, sondern immer widersprüchliche und gegensätzliche Wirkungen. Zum Beispiel erhöht die Herrschaft einer einzelnen Person *die Verantwortung*, für die Belange der Beherrschten zu sorgen, aber sie *vermindert die Fähigkeit zur Wahrnehmung* dessen, was die Beherrschten be-schäftigt. Das ist ein widersprüchlicher Effekt der Einpersonenherrschaft in ihrer Wechselwirkung mit einer Mehrheit von regierten Menschen, bezüglich *zweier Aspekte* der *Aktivitäten* des Herrschers zugunsten der Beherrschten: *Verantwor-tung für* und *Wahrnehmung von* deren Belangen. Diese gegensätzlichen Wirkun-gen der Vergesellschaftungsformen auf unterschiedliche Teile und Aspekte der sozialen Wechselwirkung sind der Gegenstandsbereich von Simmels soziologi-scher Theorie. Die Gesetze, die auf diese Weise entdeckt werden, sind vom We-sen her nicht eindirektional sondern multidirektional und von widersprüchlichem Charakter! Sie stellen die Möglichkeiten und Begrenzungen des Handelns her-aus, die aus ein und derselben Quelle entstehen.

Sicherlich sind konkrete Ereignisse auf vielfältige Weise bestimmt und nicht einfach nur ein Ergebnis des Wirkens der Vergesellschaftungsformen auf menschliches Handeln. Ein anderer Aspekt ist zum Beispiel die Auswirkung der persönlichen Eigenschaften der Handelnden, die an einer Situation beteiligt sind. Ein persönlich verantwortungsloser Herrscher mag auf eine weniger verantwor-tungsvolle Weise handeln als eine Anzahl von persönlich sehr verantwortungs-bewusst herrschenden Menschen in einer regierenden Körperschaft. Das heißt, dass der verantwortungslose Herrscher es ablehnen wird, für das verantwortlich gemacht zu werden, was unter seiner Herrschaft stattfindet, während die verant-wortungsbewusste herrschende Gruppe sehr wohl darauf vorbereitet ist, für das verantwortlich gemacht zu werden, was unter ihrer Herrschaft passiert. Zusam-men mit ihrer Macht, den Bestrebungen, sie verantwortlich zu machen, zu wider-stehen, wird ihre unterschiedliche persönliche Akzeptanz der Verantwortung den Grad beeinflussen, bis zu dem sie in der Tat für das verantwortlich gemacht werden können, was geschehen ist. Dieser Effekt persönlicher Voraussetzungen lässt jedoch das Gesetz der Wirkungen von Herrschaftsstrukturen auf die Ver-antwortung nicht ungültig werden. Dieses Gesetz konzentriert sich auf den Grad, bis zu dem die Herrschenden durch die Beherrschten einzig auf der Grundlage der Herrschaftsstruktur und nichts anderem zur Verantwortung gezogen werden können. Das Gesetz informiert uns über die Wirkungen der Herrschaftsstruktur auf die *Möglichkeiten*, welche die Beherrschten haben, um ihre Herrscher für das verantwortlich zu machen, was unter ihrer Herrschaft passiert, und nicht über das Ausmaß, bis zu dem sie dies in der Wirklichkeit erreichen. Seine Aussagen gelten in konkreten Fällen soweit die Wirkungen aller anderen Faktoren konstant gehalten werden, zum Beispiel die gleiche persönliche Akzeptanz der Verantwortung und der gleiche Umfang an Macht, der einem Herrscher oder einer Anzahl von Herrschenden in einer Körperschaft übertragen wird.

Die Untersuchung der Vergesellschaftungsformen ist damit die Aufgabe von Simmels Soziologie. Wir können sie deshalb als eine formale Soziologie bezeichnen. Dies ist nach Simmels Auffassung der Kern der Disziplin. Von diesem Kern aus sind Erweiterungen in drei Richtungen möglich. Die erste umfasst das Studium von historischen Ereignissen, indem das Wissen über die Vergesellschaftungsformen auf bestimmte Fälle angewandt wird. Die zweite Richtung beinhaltet die Untersuchung der Voraussetzungen, um Sozialwissenschaft zu praktizieren, damit eine soziologische Erkenntnistheorie. Die dritte Richtung widmet sich der Untersuchung des Sinns der gesellschaftlichen Ereignisse und Entwicklungen für das menschliche Leben im Allgemeinen, dies ist die Sozialphilosophie. Der Hauptbeitrag Simmels zur Soziologie ist jedoch seine Untersuchung der Vergesellschaftungsformen. Wenden wir uns nun dieser Untersuchung zu.

Simmel machte die widersprüchlichen Auswirkungen der sozialen Formen auf menschliches Handeln und die Wechselwirkung offensichtlich. Er verdeutlichte sie unter Bezug auf zahllose Beispiele aus dem alltäglichen Leben und aus der Geschichte. Weil die Vergesellschaftungsformen auf viele verschiedene Aspekte des menschlichen Handelns und der sozialen Wechselwirkung bezogen werden können, vervielfältigen sich zudem die widersprüchlichen Effekte der sozialen Formen. Hinzu kommt, dass es auch noch Wirkungen von anderen Faktoren als den sozialen Formen, z.B. von Persönlichkeitsmerkmalen, auf diese und andere Aspekte des Handelns gibt. Schließlich ist das konkrete menschliche Handeln und die soziale Wechselwirkung eine Totalität all dieser Aspekte und ein Ergebnis all dieser widersprüchlichen Effekte auf sie, sodass wir einer unvorstellbaren Komplexität gegenüberstehen, wenn wir uns dieses Netz der widersprüchlichen Effekte ansehen, vor allem wenn wir konkrete Beispiele auswählen. Simmels Analyse der gesellschaftlichen Formen und ihre Illustration durch Beispiele wird so vielschichtig, dass sie ein Stadium schierer Unbegreifbarkeit erreicht. Seine Analyse wird somit zum Opfer seiner eigenen Methode. Es ist deshalb nicht nur Simmels sprühender, aber relativ unsystematischer Geist, sondern auch seine Methode, die für die Komplexität seiner Schriften verantwortlich ist. Beide entsprechen einander in gleicher Weise wie Form (seine Methode) und Inhalt (sein Geist). Es ist jedoch unmöglich, diese Komplexität wiederzugeben.

Wir können deshalb nur einige seiner Untersuchungen als exemplarische Beispiele für sein umfassendes Werk auswählen.

## Gruppengröße

Ein vorzügliches Beispiel von Simmels Untersuchungen über die sozialen Formen ist seine Analyse der formalen Eigenschaften von sozialen Gruppen und ihrer Effekte auf die soziale Wechselwirkung. Von besonderem Interesse sind die Auswirkungen der Größe der Gruppe (Simmel, 1908/1992b: 63–159).

### Gruppengröße und Inhalt

Es ist ein vorrangiges Merkmal der Größe einer Gruppe, dass sie dem Inhalt, der durch die Gruppe manifestiert wird, Grenzen setzt (Simmel, 1908/1992b: 63–69). So ist zum Beispiel das Funktionieren der sozialistischen Idee an die Notwendigkeit von relativ kleinen Gruppen gebunden, in denen jeder von jedem verantwortlich gemacht werden kann, aber sich auch für jeden anderen verantwortlich fühlt. Eine Elite kann ihre außergewöhnliche Stellung nur als eine relativ kleine Gruppe beanspruchen; dasselbe gilt für den Adel. Mit jedem neuen Mitglied, das über die Beschränkungen einer relativ kleinen Gruppe hinauswächst, nimmt der außergewöhnliche Status der Gruppe und damit ihre Kontrolle über den außergewöhnlichen Charakter ihrer Mitglieder ab.

### Gruppengröße und Radikalität

In der politischen Arena können kleine Gruppen weitaus radikalere Auffassungen vertreten als eine große Gruppe, weil sie nur die Ansichten eines kleinen Kreises von Mitgliedern und Wählern berücksichtigen müssen, während die große Gruppe die voneinander abweichenden Ansichten und Interessen einer großen Anzahl von Mitgliedern und Wählern integrieren muss. Eine Gruppe verliert deshalb programmatische Konsistenz, je größer sie wird (Simmel, 1908/1992b: 69–71).

Die Radikalität von Bewegungen in der Politik nimmt jedoch zu, je mehr die Bevölkerung als eine große Masse, die durch Demagogen emotionalisiert wird, einbezogen wird. Politische Debatten werden bis zur Konfrontation zwischen vereinfachten Ideen radikalisiert, je größer die Öffentlichkeit wird, an die sich demagogische Politiker wenden, die versuchen, die Auseinandersetzungen zu emotionalisieren (Simmel, 1908/1992b: 69–70).

## Gruppengröße und Regulierung

Kleine, mittlere und große Gruppen werfen verschiedene Probleme für eine Regulierung der Interaktionen mit dem Ziel auf, die Handlungen der Gruppenmitglieder voraussagbar zu machen. Eine kleine Gruppe kann sich auf die persönliche Moral ihrer Mitglieder verlassen, weil sie einander vollständig kennen. Eine mittelgroße Gruppe ist über das vollständige Wissen übereinander hinausgewachsen und bedarf einer engeren Kontrolle der Handlungen durch die Gruppe und einer bindenden Definition ihrer Gruppenmoral in Gestalt von Sitten und Konventionen. Eine große Gruppe kann sich nicht auf solche informellen Standards, die in eine starke Gruppensolidarität eingebettet sind, verlassen, sondern sie bedarf einer viel formaleren Etablierung der Kontrolle durch positives Recht und eines Rechtssystems. Die große Gruppe wird alle drei Ebenen der Regulierung beinhalten, doch mit einer wachsenden Bedeutung des positiven Rechts (Simmel, 1908/1992b: 71–2).

## Gruppengröße und Differenzierung

Eine kleine Gruppe zeigt keine umfangreiche Differenzierung ihrer Funktionen und Charaktere. Ihre Mitglieder tendieren dazu, das Gleiche zu sein und das Gleiche zu tun. Je mehr die Gruppengröße zunimmt, umso mehr wird sich die Gruppe im Sinne der Funktionen und Charaktere ausdifferenzieren. Eine erste Form der Differenzierung ist die Bildung von Abteilungen und Unterabteilungen nach Zahlen, z.B. die Divisionen von Hunderten in der Armee (Simmel, 1908/1992b: 74–2).

## Gruppengröße und Wesen der Wechselwirkung

Die kleine Gruppe beteiligt eine kleine Anzahl von Menschen an enger, umfassender und tiefgehender Interaktion, die größere Gruppe beteiligt sie nur an ausgewählter, vereinzelt auftretender, spezialisierter, oberflächlicher und unpersönlicher Interaktion. Beispielsweise lässt sich auf diese Weise eine Unterhaltung zwischen sechs Personen anlässlich eines Abendessens von den vielen Unterhaltungen bei einer Cocktailparty unterscheiden (Simmel, 1908/1992b: 88–90).

## Dyade

Die Zweiergruppe – die Dyade – hängt in ihrer Existenz und in ihrer Festigkeit vom Beitrag jedes Mitglieds ab. Wenn einer der beiden die Gruppe verlässt, erlischt sie. Ebenso hängt sie in ihrem Charakter völlig von der Individualität ihrer Mitglieder ab. Das bedeutet, dass der Einzelne die Gruppe im höchstmöglichen Grad gestalten kann. Die Gruppe hat keine „objektive" Existenz, die von der Individualität ihrer Mitglieder unabhängig wäre. Es gibt jedoch Fälle, in denen die gesellschaftliche Umgebung die Dyade so sehr kontrolliert, dass ihre Existenz und ihre Festigkeit vom Willen ihrer Mitglieder unabhängig werden können. Eine Ehe ist das beste Beispiel. Hier kann ein Paar von außen dazu gezwungen sein, zu heiraten oder in einer existierenden Ehe zu verbleiben, nur um den herrschenden Normen zu entsprechen (Simmel, 1908/1992b: 96–121).

## Triade

Eine Gruppe von drei Personen – eine **Triade** – unterscheidet sich sehr stark von einer Zweiergruppe. Hier kommt eine dritte Person hinzu und spielt eine entscheidende Rolle. Erstens kann die Gruppe mit dieser Anzahl existieren und fortbestehen, unabhängig von den Entscheidungen eines einzelnen Mitglieds. In diesem Sinne nimmt sie einen objektiven Charakter an. Eine Koalition von Zweien reicht aus, um den Gruppengeist und die Gruppenaktivitäten zu bestimmen. Die dritte Person kann verschiedene Rollen spielen. Die erste ist die Rolle eines Vermittlers. In diesem Fall kann die dritte Person die Beziehung zwischen den anderen beiden in einer direkten oder indirekten Weise einleiten oder verstärken. Das Kind eines Paares dürfte beispielsweise die Bande zwischen ihnen verstärken. Die dritte Person kann auch zwischen den beiden anderen vermitteln, wenn sie sich in einem Konflikt befinden, entweder als unparteiische Person oder als jemand, der eine Partei unterstützt, um ihr in diesem Konflikt zum Erfolg zu verhelfen. Die dritte Person kann auch vom Konflikt der beiden als ein *tertius gaudens* (der lachende Dritte) profitieren. Die streitenden Parteien mögen dazu gewillt sein, alles für sie zu tun, um ihre Unterstützung zu erhalten. Der Konsument ist beispielsweise der Gewinner der Konkurrenz zwischen den Produzenten. Schließlich besteht die Möglichkeit für die dritte Person, einen Konflikt zwischen zwei anderen herbeizuführen, um sich selbst in eine bessere Position zu bringen, in der die zwei von ihrer Unterstützung abhängig werden. Sie kann auch ähnlich handeln, um die Opposition der beiden anderen abzuschwächen. In diesen Fällen geht sie nach dem Prinzip des *divide et impera*, teile und herrsche, vor (Simmel, 1908/1992b: 121–49).

## Gruppenbestand

Der Fortbestand einer Gruppe hängt im Allgemeinen von den kontinuierlichen Beiträgen ihrer Mitglieder zum Gruppenleben ab, sowie von den Aktivitäten, mit denen sie sich beschäftigt, um ihre Ziele zu erreichen. Wie kann eine Gruppe diese kontinuierlichen Beiträge zum Gruppenleben sicherstellen? Simmel (1908/1992b: 556-686) unterscheidet eine Reihe von Wegen, um dies zu erreichen.

Zuerst benötigt die Gruppe eine örtliche Bindung. Sie braucht eine örtliche Bindung. Sie braucht eine Örtlichkeit, sodass ihre Mitglieder wissen, wo sie einander treffen, und dass sie zu diesem gemeinsamen Platz Verbindungen herstellen, die dann auch als Symbol der Geschichte der Gruppe dienen. Zum Beispiel dient das Spielfeld eines Fußballklubs als solch eine örtliche Bindung mit einer ereignisreichen Geschichte.

Damit die Gruppe über die Lebenszeit ihrer augenblicklichen Mitglieder hinaus überleben kann, bedarf sie zudem eines Ineinandergreifens von Generationen. Die jüngere Generation muss in das Gruppenleben miteinbezogen und so früh wie möglich so erzogen werden, dass die jüngeren Mitglieder Verbindungen zur älteren Mitgliedschaft haben und das Gruppenleben weiterführen können.

Gruppen, die sich auf Verwandtschaft gründen, sind von der biologischen Reproduktion abhängig.

Je mehr eine Gruppe auf der Grundlage einer Herrschaftsstruktur funktioniert, umso mehr muss die Nachfolge der Personen in Herrschaftspositionen sichergestellt werden.

Gruppen benötigen Symbolisierungen, wie ein Vereinshaus, eine Flagge, ein Emblem und Geschichten über Ereignisse der Gruppe, die kontinuierlich als ein gemeinsamer Identifikationspunkt für die verschiedenen Generationen von Mitgliedern dienen.

Die Gruppe muss genügend Ressourcen aufbieten, um das Gruppenleben zu organisieren. Finanzielle Mittel von Mitgliedern und Sponsoren erlauben eine flexible Organisation der Gruppenaktivitäten.

Die Schaffung einer Position, in der man sich besonders angesehen fühlt oder die das Selbstwertgefühl oder Ansehen erhöht, weil man ein Mitglied dieser Gruppe ist, wird fortwährend neue Menschen zu dieser Gruppe locken.

Insoweit die Gruppe Repräsentationsorgane besitzt, wie beispielsweise einen Vorstand, wird sie eher in der Lage sein, ihre Fähigkeiten zu konzentrieren, schnelle Entscheidungen zu treffen oder einheitlich zu handeln und rationale Entscheidungsfindungsprozesse aufrechtzuerhalten.

Gruppenversammlungen in regelmäßigen Zeitabständen sind das Mittel, um die Gruppe im Bewusstsein ihrer Mitglieder am Leben zu erhalten. Sie geben auch die Gelegenheit für eine Rückkopplung zwischen den gewöhnlichen Mitgliedern und den Repräsentationsorganen der Gruppe. Gemeinsam mit anderen Maßnahmen, um den Austausch zwischen der Leitung und den „Graswurzeln" aufrechtzuerhalten, hilft dies dabei, regelmäßige Beiträge der Gruppenmitglieder zum Gruppenleben sicherzustellen.

Die Gruppe muss nicht nur daran arbeiten, ihre Form zu bewahren, um ihre Identität aufrechtzuerhalten, sondern auch daran, ihre Form zu verändern, um sich neuen Herausforderungen anzupassen, solange dies nicht ihre Identität gefährdet. Die Herrschaft einer Aristokratie wirkt in Richtung Bewahrung, wohingegen der Druck der Massen in Wandel resultiert. Eine Herrschaft der Mittelklasse wird sich flexibel auf beide Seiten beziehen: auf den Konservatismus der Aristokratie und auf den Veränderungsdruck der niedrigeren Schichten. Eine oligarchische Parteiführung wird beispielsweise ihr Parteiprogramm bewahren, während neu hinzukommende Mitglieder (der Basis) dieses Programm verändern werden, weil sie vieles unterschiedlich erfahren und sehen. Die mittlere Ebene der Funktionäre muss dann zwischen diesen beiden Extremen vermitteln.

## Über- und Unterordnung

Simmels Hauptaussage in der Beschäftigung mit den Eigenschaften der Herrschaft besteht darin, dass es keine einseitige Beziehung der **Überordnung** gibt, sondern immer eine der Über- und Unterordnung (Simmel, 1908/1992b: 160–283). Es gibt keine Herrschaft ohne eine gewisse Einwilligung der Beherrschten. Meistens jedoch benötigt Herrschaft mehr als nur einfache Einwilligung. Die Beherrschten müssen letztlich an der Ausführung der Pläne der Herrschenden mitwirken. Der Herrscher benötigt hinreichende Ressourcen, um diese Mitwirkung durch Bestrafung und/oder Belohnung zu erlangen. Einige Formen der Über- und Unterordnung erfordern allerdings mehr als nur den effektiven Gebrauch solcher Ressourcen. Autorität ist ein solches Verhältnis, das sehr stark auf dem Vertrauen der untergeordneten Menschen beruht, es bestehe rechtmäßig. Prestige ist eine Form der Überordnung, die auf der Zuschreibung von außergewöhnlichen Eigenschaften zu Personen oder Gruppen durch die Untergeordneten basiert. Spezielle übergeordnete Positionen benötigen sogar noch größere Beiträge durch die Untergeordneten, damit sie bestehen können: die Positionen von Sprechern vor einem Publikum, von Lehrern und von politischen Führern. Diese aufeinander einwirkende Beziehung zwischen Über- und Untergeordneten bedeutet auch, dass das Verhalten der Übergeordneten zumindest teilweise vom

Verhalten der Untergeordneten bestimmt wird. Es handelt sich um eine Wechselwirkung.

Simmel unterscheidet drei Typen von Überordnungen: diejenigen einer Person, einer größeren Zahl von Personen oder der Überordnung eines objektiven Prinzips. Er untersucht dann die Interaktion dieser übergeordneten mit den jeweils Untergeordneten.

## Die Überordnung einer Person

Der erste Effekt der Herrschaft einer Einzelperson besteht darin, dass sie die Untergeordneten zu einer Masse vereinigt. Allen gemeinsam ist zumindest der Status der untergeordneten Menschen; gewöhnlich werden sie auch gleich behandelt, was aus ihnen eine einheitliche Masse macht. Es gibt eine weitere Tendenz zur Vereinigung unter den Untergeordneten selbst, wenn sie sich nämlich zusammenschließen, um sich dem Druck des Herrschers zu widersetzen. Ein intelligenter Führer kann jedoch die Untergeordneten auch spalten, um den Widerstand zu unterdrücken.

Die Vereinigung der Untergeordneten kann in zwei Formen stattfinden: durch Nivellierung oder durch Abstufung. Die Folge der Nivellierung äußert sich darin, dass die Untergeordneten in bestimmten Situationen auf der Basis sehr abstrakter Prinzipien vereinigt werden, und diese Kriterien beinhalten nur einen kleinen Aspekt jedes Individuums in der Gruppe der Untergeordneten. Andere Aspekte des Individuums werden nicht mit einbezogen und bleiben unabhängig, was der Entwicklung von Individualität außerhalb der Unterordnung Raum verschafft. Das Individuum kann sich in einigen Bereichen seines Lebens zurückziehen und hat Nischen, um eine Individualität separat von gesellschaftlicher Kontrolle zu entwickeln, weil das Gemeinwohl abstrakt und begrenzt ist.

Die Abstufung vereinigt die Untergeordneten als Untergeordnete, aber in einer differenzierteren Form innerhalb einer Pyramide von unterschiedlichen Schichten. Jedermann, der sich unterhalb der Spitze befindet, ist untergeordnet; aber zwischen der Spitze und dem Boden der Pyramide haben alle Schichten eine zweifache Gestalt: Sie sind zur gleichen Zeit über- und untergeordnet. Dies hat zur Folge, dass Druck nicht auf jeden in derselben Weise angewandt wird und keine einheitliche Opposition provoziert. Der Druck bewegt sich abwärts und ermöglicht der dazwischenliegenden Schicht, den empfangenen Druck an die nächsttiefere Schicht weiterzugeben. Die niedrigste Schicht, ohne jede Möglichkeit den Druck weiterzugeben, ist jeglicher Chance beraubt, Koalitionen gegen die Herrschaft zu schließen; die Schicht direkt oberhalb der untersten Schicht verliert das Interesse an der Opposition, weil sie selbst davon profitiert, Druck nach unten weitergeben zu können. Viele Konflikte treten nicht zwischen der Spitze und den untergeordneten Schichten auf, sondern zwischen den untergeordneten Schichten, die sich in der Pyramide am nächsten stehen. Diese Eigenschaft der Pyramide gibt der Spitze die Möglichkeit, als unparteiischer Vermittler zu fungieren, als *tertius gaudens* (lachender Dritter) davon zu profitieren oder durch die Förderung von Differenzen zu herrschen. Je mehr die Untergeordneten andererseits getrennt sind, umso eher werden sie es ablehnen, irgendeinen aus ihrer eigenen Gruppe in einer übergeordneten Position zu sehen, sondern sie werden es vorziehen, von einem distanzierten Fremden beherrscht zu werden, der dann als ein unparteiischer Vermittler erscheint. Eine einheitliche Gruppe wird demgegenüber einen Herrscher aus ihren eigenen Reihen vorziehen.

## Eine größere Zahl von Übergeordneten

Eine größere Zahl von Menschen kann auf zwei Wegen regieren: auf einem koordinierten und auf einem unkoordinierten Weg. Eine koordinierte Vielzahl, wie beispielsweise ein Vorstand, hat mehr Möglichkeiten, objektiv zu sein, als die Herrschaft einer einzelnen Person, und sie erscheint auch den Regierten objektiver, weil bestimmte Standpunkte von einer Vielzahl von Menschen geprüft werden müssen. Es bestehen ebenso größere Aussichten darauf, dass die Interessen der Regierten wahrgenommen werden und dass ein breiteres Spektrum von Informationen und Standpunkten berücksichtigt wird. Dies ermöglicht den Regierten einen besseren Zugang zu den Herrschenden. Andererseits ist die Verantwortung zwischen einer Reihe von Menschen aufgeteilt, sodass keiner persönlich für die Handlungen der Regierung verantwortlich gemacht werden kann. Das gibt den Regierten weniger Kontrolle über die Herrschenden.

Wenn die regierende Vielzahl unkoordiniert handelt, sind die Regierten widersprüchlichen Zwängen unterworfen, was die Unterdrückung zu einem Höchstmaß anwachsen lässt. Wenn die Herrschenden jedoch miteinander in einen Konflikt geraten und die Regierten dabei eine aktive Rolle übernehmen, so können sie von diesem Konflikt dadurch profitieren, dass sie die Rolle des *tertius gaudens* (lachenden Dritten) spielen. Viel Konkurrenz zwischen den Parteien in einem demokratischen politischen System übt Druck auf diese aus, die Wähler zufrieden zu stellen, um deren Unterstützung zu erhalten, zumindest während Wahlkampagnen.

## Herrschaft durch ein objektives Prinzip

Wir kommen abschließend zu der Herrschaftsform, in der die Menschen einem objektiven Prinzip untergeordnet sind. Was wir heute Rechtsstaatlichkeit nennen, hatte seinen Ursprung in England im ersten Abkommen zwischen den Baronen und dem König, in der Magna Charta von 1215, bis hin zur Bill of Rights von 1689. Dies ist die wirksamste Form der Überordnung eines objektiven Prinzips. Es leitet sowohl die Herrscher wie die Beherrschten und ist die Form der Herrschaft, die am berechenbarsten für beide Seiten ist.

## Freiheit und Herrschaft

Herrschaft beinhaltet immer die Entscheidungskompetenz über das Ausmaß der Freiheiten, zu regieren, der Freiheiten, die Herrschaft selbst zu kontrollieren, und der Freiheiten der Selbstregierung einschließlich der Selbstverantwortung des Einzelnen in bestimmten privaten Bereichen. Freiheit zu erlangen, bedeutet immer zweierlei: in bestimmten Bereichen des Lebens von der übergeordneten Kontrolle befreit zu sein, und das Recht zu haben, in diesen Bereichen die maßgebliche Kontrolle selbst auszuüben. Die Konsequenz für das Individuum besteht darin, dass es von der Kontrolle durch die Spitze als Teil seiner Gruppe befreit wird, aber der Kontrolle durch seine Gruppe unterliegt, die im Allgemeinen strenger ist als die entfernte Kontrolle der Spitze. Das Ergebnis ist deshalb in Bezug auf die Freiheit des Einzelnen gemischt. Ein befreiender Effekt entsteht auch durch die Gewaltenteilung und durch die Trennung von Position und Person. In diesem Fall umfasst die Unterordnung nur Teile einer gesellschaftlichen Beziehung, während andere Teile frei bleiben oder sogar umgekehrt verlaufen können, indem sie die Person, die in einer Dimension einer anderen untergeordnet ist, in die Position der Überordnung in einer anderen Dimension setzt. Diese komplexe Natur der verschiedenen Dimensionen der Über- und Unterordnung ist zunehmend ein Merkmal der Arbeitsteilung und der Gewaltenteilung in modernen Gesellschaften.

## Herrschaft der Besten

Simmel greift die Frage auf, ob eine Herrschaft durch die Besten möglich ist, und stellt dabei fest, dass es immer mehr qualifizierte Personen als leitende Positionen gibt, und dass Auswahlverfahren nicht immer die Wahl der besten und vernünftigsten Menschen in die leitenden Positionen garantieren.

## Die Armen

Innerhalb dieses Zusammenhangs der Über- und Unterordnung können wir Simmels Analyse der Armen einen bestimmten Platz zuweisen. Sie bilden nur insoweit eine identifizierbare *soziale* Gruppe, als sich die Gesellschaft dem Problem der Armut zuwendet und dieser Gruppe besondere Wohlfahrtsmaßnahmen widmet. Die Armen werden als eine untergeordnete soziale Gruppe konstituiert, insoweit sie das Objekt einer besonderen Behandlung durch die Organe der Gesellschaft werden: durch Regierungsbehörden und private Wohlfahrtsinstitutionen. Auf diese Weise werden die Armen als eine missachtete Gruppe ausgesondert und von der Teilnahme am normalen gesellschaftlichen Leben ausgeschlossen. In modernen interaktionistischen Begriffen könnte man sagen, dass sie stigmatisiert werden, mit der Konsequenz, dass ihr Stigma die Chancen, einen Weg zu einer angesehenen Position zu finden, sehr stark verringert.

## Streit und Konflikt

Simmel misst der Disharmonie eine besondere Bedeutung bei, Disharmonie, Streit und Konflikt auf der einen und Harmonie, Übereinstimmung und Konsens auf der anderen Seite vermischen sich auf sehr komplexe Weise, sodass sie meistens zusammen auftreten und sich keineswegs gegenseitig ausschließen (Simmel, 1908/1992b: 284–382). In Abhängigkeit von den spezifischen Bedingungen im Einzelfall bedeutet dies, dass Disharmonie, Streit und Konflikt aus Harmonie, Übereinstimmung und Konsens erwachsen und umgekehrt. Simmel betont die komplexe Natur von Harmonie und Disharmonie, indem er die Konsequenzen des Konflikts und die Beziehung zwischen den Konfliktparteien und der Gesellschaft als Ganzes aufzeigt, und ebenso, indem er die Konsequenzen des Konflikts für eine der Parteien diskutiert.

Wenden wir uns nun zuerst den Aspekten des Konflikts zu, die zum Erhalt einer sozialen Beziehung und der Gesamtheit der Gesellschaft beitragen.

1. Wenn es Möglichkeiten gibt, einen Konflikt auszutragen, indem man seine eigene Meinung äußert, ohne dabei unterdrückt zu werden, so entstehen bessere Möglichkeiten, latente Disharmonien zu schlichten, die Beziehung zu einem akzeptableren Zustand hin zu verändern und sich neuen Situationen anzupassen. Die Beziehung und die Gesellschaft als Ganzes sind dann flexibler.
2. Das Austragen von Konflikten unterstreicht die existierende Differenzierung der Gesellschaft in Kasten, Stände, Klassen, Schichten und Gruppen und

trägt zu deren Sichtbarkeit und zu ihrer Aufrechterhaltung bei, indem es spezifische Gruppenspaltungen und Solidaritäten erneuert.

3. Indem ein Konflikt seitens der Untergeordneten durch Protest ausgetragen wird, ist für diese ihre untergeordnete Position akzeptabler.

4. Indem wir Aversionen zum Ausdruck bringen, ist es für uns einfacher, mit Menschen zu leben, die wir nicht mögen.

Es gibt jedoch auch Aspekte des Konflikts, die eine größere Disharmonie, Härte, Intensität und Gewalt erzeugen, wenn sich nämlich Konflikt mit spezifischen verstärkenden Bedingungen verbindet.

5. Je mehr die gesamte Person in einen Konflikt verwickelt ist, und der Konflikt deshalb nicht auf eine objektive Tatsache beschränkt ist, z.B. ein Interessenkonflikt, umso eher wird sich der Konflikt verschärfen, intensivieren und gewalttätiger entfalten.

6. Je mehr überindividuelle Ideale mit einem Interessenkonflikt verschmelzen, umso mehr wird sich der Konflikt verschärfen, intensivieren und gewalttätiger entfalten.

7. Je mehr ein Konflikt auf eine gemeinsame Grundlage gerichtet ist, z.B. auf einen gemeinsamen Glauben der betroffenen Menschen, umso mehr wird er sich verschärfen, intensivieren und gewalttätiger entfalten. Der Konflikt zwischen religiösen und politischen Gruppen über ihren Glauben oder ihre Ideologie ist besonders heftig, intensiv und gewaltsam.

8. Je mehr jemand mit einer anderen Person oder Gruppe gemeinsam hat, umso eher wird jeder ausbrechende Konflikt als gegen die Beziehung gerichtet erfahren und weitere Reaktionen hervorrufen, die wiederum in einen Konflikt führen. Eifersucht ist hierfür ein Beispiel.

9. Je enger eine soziale Beziehung geflochten ist, umso eher wird der Ausbruch von Konflikten Emotionen, die gesamte Beziehung und die Gesamtheit jeder Person mit einbeziehen, und somit wird der Konflikt mit großer Heftigkeit ausgetragen. Liebesbeziehungen, Freundschaft, Ehe und Familienbeziehungen beinhalten oft intensive Konflikte mit Hassgefühlen. Hass ist oft das Ergebnis enttäuschter Liebe. Gleichgültigkeit ruft keinen Hass hervor.

Große Schärfe und Intensität eines Konflikts führen allerdings nicht notwendigerweise zu mehr Disharmonie und zur Gefährdung der Beziehung:

10. Je mehr das Austragen von Konflikten durch Regeln gesteuert wird, die den Gebrauch von Gewalt kontrollieren und/oder ausschließen und die Mittel zum Austragen von Konflikten definieren, umso intensiver und schärfer kann der Konflikt ausgetragen werden, ohne die soziale Beziehung zu zerbrechen. Dies ist zum Beispiel beim sportlichen Wettkampf der Fall, in der Wirtschaft,

der Politik oder bei einem Streit im Gerichtssaal. Der Wettbewerb hat auch den Effekt, dass er die Leistung der Konkurrenten steigert und die Dienstleistungen verbessert, die den Konsumenten durch Geschäftsbetriebe angeboten werden. Dies ist jedoch nicht der Fall, wenn Knappheit von Gütern und Diensten dem Verlierer im Wettbewerb zu wenig übrig lässt, um zu überleben. In diesem Fall bedarf der Wettbewerb einer gemeinschaftlichen Beschränkung durch Moralregeln und durch das positive Recht, um die negativen Effekte auszuschließen.

11. Je mehr die Persönlichkeiten vom Konfliktgegenstand getrennt sind, umso mehr kann der Konflikt ausgetragen werden, ohne die soziale Beziehung zu zerbrechen. Wettbewerb, Sport, Politik und wirtschaftliche Konkurrenz gehören zu diesem Fall.

12. Je mehr die Gegner etwas gemeinsam haben, worin sie sich verstehen, umso intensiver und schärfer können sie sich auf einen Streit ohne die Gefahr eines Bruchs der sozialen Beziehung einlassen. Das ist beispielsweise der Fall, wenn sich Wissenschaftler in Diskussionen engagieren. Sie wissen, dass ihr gemeinsames Ziel das Finden der Wahrheit ist.

Der Konflikt zwischen Gruppen hat auch Konsequenzen für das interne Verhältnis innerhalb jeder dieser Gruppen:

13. Je mehr sich eine Gruppe im Konflikt mit anderen Gruppen befindet, umso eher wird sie eine straffere Organisation aufbauen, ihr Verhalten kontrollieren und in den Augen ihrer Gegner berechenbarer werden.

14. Je mehr sich eine Gruppe im Konflikt mit anderen Gruppen befindet, desto mehr wird sie interne Differenzen ausgleichen und ihre Mitglieder über die Elemente zusammenbinden, die sie gemeinsam haben.

15. Je mehr sich eine Gruppe im Konflikt mit anderen Gruppen befindet, umso intoleranter wird sie auf interne Abweichungen und Spaltungen reagieren und wird somit solche Differenzen zu internen Konflikten mit dem Ziel verschärfen, die oppositionellen Elemente zu unterdrücken.

16. Je mehr sich eine Gruppe im Konflikt mit einer anderen Gruppe befindet, umso wahrscheinlicher ist es, dass sie interne Allianzen und Allianzen mit möglichen Unterstützern in dem Konflikt aufbaut.

Schließlich stellt sich die Frage, wie ein Konflikt beendet wird. Hier gibt es vier bedeutende Typen: das Verschwinden des Konfliktgegenstands, der Sieg einer Partei, Kompromiss und Versöhnung. Das Verschwinden des Konfliktgegenstands beendet den Konflikt vollständig, vorausgesetzt, dass er auf diesen Gegenstand beschränkt war. Der Sieg hält nur so lange an, wie die besiegte Partei nicht stark genug ist zurückzuschlagen, und ist für den Siegreichen nur so lange gut, wie er nicht die Zusammenarbeit mit dem Besiegten benötigt. Der Kompromiss bedarf einer gleichen Bestimmungsgewalt über das Ergebnis durch die Parteien, die sich im Konflikt befinden, um dauerhaft zu sein, andernfalls wird er letztlich zu einer Fortsetzung des Konflikts führen. Versöhnung kann den Konflikt dauerhaft beenden, erfasst sie aber den Konflikt nur an der Oberfläche, ohne die tiefgehenden Ursachen zu beseitigen, dann ist sie in Gefahr, den Konflikt wieder aufbrechen zu lassen, wenn die Konfliktursachen wieder relevant werden.

## Individualität

Ein wichtiger Teil von Simmels Werk ist der dialektischen Beziehung zwischen **Individualität** und gesellschaftlichem Zwang gewidmet (Simmel, 1908/1992b: 456–511, 791–863).

Ein erstes Beispiel dafür ist seine These, dass die Freiheit der Person und ihre Individualität von der Existenz der Gruppe abhängen, zumindest von der Fähigkeit einer Person, sich von ihr abzugrenzen. Die Freiheit des Individuums ist eine Eigenschaft, die nicht außerhalb der sozialen Welt existiert, sondern innerhalb dieser Welt als eine spezifische Beziehung zwischen dem Individuum und der Gruppe. Der erste Aspekt dieser Beziehung ist derjenige der Befreiung vom Gruppenzwang, der zweite besteht darin, die Gruppe als negativen Maßstab zu benutzen, von dem man seine eigene Individualität abgrenzt, der dritte meint das Recht, seine Freiheit in der Beziehung zu anderen zu nutzen, was Entscheidungen beinhaltet, die wiederum von anderen berücksichtigt werden müssen. Die Ausübung der Freiheit durch eine Person beschränkt die Handlungsmöglichkeiten sowohl anderer Personen als auch für die Person selbst in ihrer freiwilligen Entscheidung, sich Gruppen anzuschließen.

Freiheit und der Aufbau von Individualität sind immer Ergebnis eines Befreiungskampfes und der individuellen Abgrenzung gegenüber Unterdrückung und Kontrolle durch die Gruppe und durch Autoritäten. Sogar die freiwillige Entscheidung, sich einer Autorität zu unterwerfen und diese Unterwerfung beizubehalten, so wie es in jeder freiwilligen Vereinigung der Fall ist, verkörpert immer solch einen permanenten Kampf:

Dieser Form unsrer Verhältnisse gegenüber zeigt sich Freiheit als ein fortwährender Befreiungsprozess, als ein Kampf nicht nur um die Unabhängigkeit des Ich, sondern auch um das Recht, selbst in der *Abhängigkeit* in jedem Augenblick mit *freiem Willen* zu beharren – als ein Kampf, der nach jedem Siege erneuert werden muss. Die Ungebundenheit als negativ-soziales Verhalten ist also in Wirklichkeit fast niemals ein ruhender Besitz, sondern ein unaufhörliches Sichlösen aus Bindungen, die unaufhörlich das Fürsichsein des Individuums entweder real einschränken oder ideell einzuschränken streben; die Freiheit ist kein solipsistisches Sein, sondern ein soziologisches Tun, kein auf die Einzahl des Subjektes beschränkter Zustand, sondern ein Verhältnis, wenn auch freilich vom Standpunkt des einen Subjekts aus betrachtet (Simmel, 1908/1992b: 99).

Simmel zeigt, dass es eine spezielle Beziehung zwischen der Größe der Gruppe, zu der eine Person gehört, und ihrer Individualität gibt. Je größer eine Gruppe wird, umso eher wird eine Teilung der Arbeit stattfinden und umso mehr wird der Einzelne nur in einem abstrakten Sinn der Gruppe verbunden sein. Dies verschafft ihm eine größere Chance, seine Persönlichkeit von der Gruppe zu differenzieren. Somit gibt es hier zwei Aspekte der Individualität: individuelle Spezialisierung und Befreiung von der Gruppenkontrolle. Mit der Erweiterung des sozialen Kreises, auf den sich ein Individuum bezieht, wächst auch seine Unabhängigkeit von spezifischen Gruppen, und die Determinierung seines Charakters durch eine große Gruppe ist schließlich auf eine abstrakte Zugehörigkeit begrenzt. Die größte Gruppe ist die Menschheit, und je mehr sich das Individuum auf die Menschheit bezieht, umso eher wird sich die Weltoffenheit mit einer wachsenden Individualität verbinden.

Es gibt in der modernen Gesellschaft einen weiteren Trend, der diesen Prozess unterstützt: die zunehmende Differenzierung und Anzahl der gesellschaftlichen Kreise, deren Mitglied das Individuum ist. In traditionalen Gesellschaften beinhaltet die Mitgliedschaft des Individuums in seiner Familie die Mitgliedschaft in einem Stand und in einer politischen Einheit. In modernen Gesellschaften werden die Gruppenmitgliedschaften immer mehr voneinander getrennt und wachsen zahlenmäßig. Das Individuum ist der Schnittpunkt einer großen Zahl von gesellschaftlichen Kreisen. Es ist Mitglied einer Familie, eines Berufsverbandes, einer Firma, einer Anzahl von Vereinen, einer örtlichen Gemeinde, eines Staates, einer Nation, einer religiösen Gruppe, einer ethnischen Gruppe, einer Geschlechtsgruppe, einer Altersgruppe und so weiter. Mit jeder einzelnen Mitgliedschaft in einer Gruppe wird die Individualität der Person in einer einzigartigen Art und Weise festgelegt. Sie wird wahrscheinlich nicht alle ihre Mitgliedschaften mit irgendeiner anderen Person teilen. Je mehr das Individuum diese Mitgliedschaften wirklich freiwillig auswählt, umso eher werden sie in ihrer Kombination tatsächlich ein Merkmal seiner Individualität. Ebenso ist das Individuum gefordert, die Anforderungen der verschiedenen Mitgliedschaften selbstständig zu bewältigen, selbst seine Entscheidungen zu treffen und so Autonomie zu entfalten.

Je mehr die Gesellschaft eine Organisation von freiwilligen Vereinigungen ist, umso mehr verbindet sie eine wachsende Individualität mit einer wachsenden Kollektivität. Es gibt immer mehr Raum für die individuelle Wahl der Gruppenmitgliedschaft, aber auch eine immer größere Anzahl von Gruppen, die die soziale Wechselwirkung regulieren.

Ein besonderer sozialer Typus, der durch seine Randposition zwischen Gruppen bestimmt wird, ist der *Fremde* (Simmel, 1908/1992b: 764–771). Er kommt zu einer Gruppe, wird aber nicht wie ein gewöhnliches Mitglied behandelt. Die Tatsache, dass er ursprünglich ein Mitglied einer anderen Gruppe ist, legt seine Position fest. Die Person mag mit Misstrauen behandelt werden, wenn die neue Gruppe sehr einheitlich ist, aber sie kann auch, von denjenigen, die sich nicht ihren eigenen Genossen anvertrauen wollen, darum gebeten werden, als eine unparteiische Vermittlerin in Konfliktfällen oder als Ratgeberin tätig zu werden.

Eine spezielle Auswirkung auf die Individualisierung des menschlichen Lebens hat die Ausweitung der Geldwirtschaft (Simmel, 1900/1992a). Die Verpflichtung, für etwas in Form von Geld zu bezahlen, ist die Form der Verpflichtung, die mit dem größten Freiheitsgrad vereinbar ist. Geld ist auch ein Träger von unpersönlichen Beziehungen, die nur einen Teil einer Person erfassen und die anderen Seiten für die Individualität offen lassen. Das Geld erlaubt eine zunehmende Differenzierung der Charaktere und Funktionen, aber es lässt auch die Zahl der Menschen anwachsen, von denen man abhängig ist. Dieser letztere Effekt des Geldes ist Teil eines andauernden Prozesses, der das erzeugt, was Simmel als den Grundkonflikt der modernen Gesellschaft ausmacht: den Konflikt zwischen wachsender Subjektivität und wachsender Objektivität der Kultur, die dem Individuum entfremdet ist und Zwang auf das Individuum ausübt. Die Wirtschaft, die Politik, das System der Vereinigungen, die Wissenschaft und die Künste wirken aus unpersönlichen, objektiven Prinzipien und schaffen Gegenstände, die immer weniger durch ein einzelnes Individuum beeinflusst werden können. Es sind objektive kulturelle Systeme, die den Bereich der individuellen Spontaneität immer mehr begrenzen. Dies ist jedoch derselbe Prozess, der das Individuum vom konkreten Druck seiner kleineren Gemeinschaft befreite. Das Individuum hat durch die Spezialisierung einen größeren Bereich für seine Individualität, aber es hat eine geringere Aussicht, etwas anderes als das zu tun, was in der Gesellschaft kulturell geschaffen wird, und es ist immer mehr abhängig von Dingen, die seine Kontrolle übersteigen. Das ist die tragische Dialektik der subjektiven und objektiven Kultur, von Freiheit und Zwang in der modernen Gesellschaft (Simmel, 1914/1926).

# Zusammenfassung

## Methode

1. Soziologie ist die wissenschaftliche Untersuchung der Wechselwirkung und der Vergesellschaftung.

2. Sie untersucht die Formen der Vergesellschaftung und ihre Dialektik, insbesondere die widersprüchlichen Konsequenzen der Vergesellschaftungsformen für menschliches Handeln.

3. Die Untersuchung der Vergesellschaftungsformen unterscheidet den Gegenstandsbereich der Soziologie analytisch von dem der idiographischen Geisteswissenschaften und den nomothetischen Naturwissenschaften.

4. Die Vergesellschaftungsformen legen im Allgemeinen die Möglichkeiten und Begrenzungen einer Handlung fest.

5. Vergesellschaftungsformen sorgen für eine *a priori* Synthese der historisch besonderen sozialen Wechselwirkungen.

6. Soziale Formen und der Inhalt des Sozialen hängen in einer dialektischen Weise miteinander zusammen.

## Gruppengröße

7. Je kleiner eine Gruppe ist, umso mehr wird jedes einzelne Mitglied verantwortlich für das Handeln der Gruppe.

8. Je kleiner eine politische Gruppe ist, umso radikaler wird sie.

9. Je größer eine Gruppe ist, die in einem politischen Konflikt angesprochen wird, umso mehr wird sich der Konflikt radikalisieren.

10. Je mehr eine Gruppe an Größe zunimmt, desto mehr wird sich ihre Regulierung von persönlicher Moral hin zu Sitten, Konventionen und positivem Recht entwickeln.

11. Je größer eine Gruppe wird, umso mehr wird sie sich differenzieren.

12. Je kleiner eine Gruppe ist, umso tiefer und umfassender wird ihre Interaktion; je größer eine Gruppe ist, umso oberflächlicher und selektiver wird ihre Interaktion.

13. Je kleiner die Gruppe ist, mit der Dyade im Extremfall, umso mehr hängt ihre Existenz und ihr Charakter von jedem Individuum ab.

14. Je größer die Gruppe ist, mit der Triade als erstem Fall, umso objektiver wird ihre Existenz und ihr Charakter, das heißt umso unabhängiger wird sie vom einzelnen Individuum.

15. In der Triade hat die dritte Person die Möglichkeit, die Rollen eines Vermittlers, eines *tertius gaudens* und des *divide et impera* zu spielen.

## Gruppenbestand

16. Der Fortbestand einer Gruppe nimmt mit ihrer Leistung zu, indem sie folgende Dinge bereitstellt: Örtlichkeit, Ineinandergreifen von Generationen, biologische Reproduktion, Nachfolge in Herrschaftspositionen, Identitätssymbolisierung, Mobilisierung von Ressourcen, Ehre der Mitgliedschaft, Organe der Repräsentation, Gruppenzusammenkünfte, Wechselspiel zwischen Führung und Graswurzeln, Bewahrung und Veränderung ihrer Struktur.

## Überordnung und Unterordnung

17. Herrschaft ist ein Verhältnis der Wechselwirkung.
18. Die Herrschaft einer einzelnen Person schafft eine Vereinigung der Untergeordneten durch Nivellierung oder Abstufung.
19. Mit der Nivellierung der Untergeordneten wird es einfacher, diese derselben zentralen Kontrolle zu unterwerfen, zugleich kommt es jedoch zu einer Abnahme des Umfangs an Kontrolle über eine einzelne Person.
20. Mit der Abstufung der Untergeordneten differenziert sich die Kontrolle über die Untergeordneten; sie verschärft sich im Einzelfall, wird insgesamt jedoch weniger einheitlich.
21. Die koordinierte Herrschaft einer Vielzahl wird vom Charakter her objektiver und erscheint auch so.
22. Die unkoordinierte Herrschaft einer Vielzahl lässt die voneinander abweichenden Zwänge zunehmen, solange es zu keinem Konflikt zwischen den Regierenden kommt und solange die Regierten sich nicht widersetzen.
23. Die unkoordinierte Herrschaft einer Vielzahl wird geschwächt, je mehr ein Konflikt zwischen den Regierenden besteht und je mehr sich die Untergeordneten aktiv widersetzen.

## Streit und Konflikt

24. Je mehr Möglichkeiten bestehen, um einen Konflikt auszutragen, umso eher wird sich eine Beziehung erneuern, eine soziale Schichtung festigen, umso

eher wird eine untergeordnete Stellung akzeptiert und umso mehr wird man darauf vorbereitet sein, mit Menschen zusammenzuleben, die man nicht mag.

25. Je mehr ein Konflikt über einen Gegenstand die gesamte Person mit einbezieht, eine gemeinsame Grundlage betrifft, zwischen Menschen, die vieles gemeinsam haben, oder innerhalb enger Beziehungen ausbricht, umso intensiver, schärfer und gewalttätiger wird er in seinem Wesen.

26. Je mehr das Austragen von Konflikten von Normen reguliert wird, je mehr die Persönlichkeiten vom Konflikt getrennt sind oder je mehr die Opponenten irgendetwas anderes gemeinsam haben, worin sie einander verstehen, umso intensiver und schärfer kann ein Konflikt sein, ohne dass die Beziehung zerbricht.

27. Je mehr eine Gruppe im Konflikt mit anderen Gruppen steht, desto mehr wird sie interne Differenzen ausgleichen, wird sie intoleranter gegenüber Abweichlern auftreten, die Auseinandersetzung mit ihnen verschärfen und desto mehr wird sie nach Bündnissen suchen.

28. Ein Konflikt kann durch das Verschwinden des Konfliktgegenstands, durch Sieg, durch Kompromiss oder Versöhnung beendet werden.

## Individualität

29. Die individuelle Freiheit wird durch die Wechselwirkung zwischen Individuum und Gesellschaft bestimmt.

30. Freiheit heißt Befreiung von Kontrolle, heißt sich gegenüber Gruppen zu widersetzen, sich die Gruppe auszusuchen und auch die Herrschaft dieser Gruppe über sich selbst, heißt das Ausüben der eigenen Freiheit, was diese Wahlhandlung und die Festlegung der Wahlhandlungen der anderen beinhaltet.

31. Je mehr das Individuum für seine Freiheit in sozialen Gruppen kämpft, umso mehr wird es seine Freiheit und Individualität aufbauen.

32. Je größer eine Gruppe wird, umso kleiner wird der Teil des Individuums, den sie kontrolliert, und umso größer wird der Umfang der individuellen Differenzierung.

33. Je größer die Gruppe wird, an der sich ein Individuum orientiert, als Extremfall die gesamte Menschheit, umso mehr werden sich Individualität und Weltoffenheit einander annähern.

34. Je größer die Zahl und Differenzierung der sozialen Kreise wird, zu denen man gehört, umso eher wird das Individuum zum einzigartigen Schnittpunkt dieser Kreise und umso größer wird seine Individualität.

35. Je mehr Geld zum Vermittler der menschlichen Verbindungen wird, umso mehr werden Verpflichtungen Wahlfreiheit erlauben, umso mehr wird eine Spezialisierung der Funktionen und des Charakters eintreten und umso eher wird Individualität möglich.
36. Je mehr Geld als Vermittler zwischen sozialen Verbindungen dient, umso größer wird die Anzahl der Menschen, von denen jedes Mitglied der Gesellschaft abhängig ist.
37. Je mehr sich die Kreise der Vergesellschaftung ausweiten, umso mehr Raum wird es für Individualität geben, aber umso weniger wird es für das einzelne Individuum möglich, die soziale Verbindung und ihre Produkte zu beeinflussen, und umso mehr wird sich die objektive Kultur in einem Konflikt mit der subjektiven Kultur befinden.

## Kritische Würdigung

Was Simmels Beitrag zur soziologischen Theorie auszeichnet, ist seine Betonung der Allgegenwart des Konflikts in der gesellschaftlichen Wechselwirkung, in der Beziehung zwischen Individuen und Gesellschaft und des Ausmaßes, in dem er als Ursache und Folge mit Harmonie, Übereinstimmung und Konsens verflochten ist. Indem er sich mit dem Konflikt befasst, hebt er besonders dessen dynamischen Charakter und dessen vielfältige Konsequenzen unter wechselnden Bedingungen hervor. Er gibt uns eine Menge Einblicke in dieses dynamische Wesen des Konflikts.

Simmels soziologische Analyse basiert auf einer Betrachtung der Individuen als strategisch Handelnde, die an ihren spezifischen Zielen orientiert sind, und deren strategische Handlungen mit denjenigen anderer Individuen interagieren. Diese Perspektive und sein Gespür für die dialektische Natur der Vergesellschaftung führte ihn dazu, die gegensätzlichen Merkmale von Entwicklungen zu betonen, welche die Evolution der modernen Gesellschaft charakterisieren. Die Konflikte, die mit der zunehmenden Arbeitsteilung zusammenhängen, mit den sich verändernden Solidaritätsstrukturen im Prozess der Bewegung von kleineren zu größeren Gruppen und von der konvergenten zur multiplen Gruppenmitgliedschaft, mit der Entwicklung von Herrschaft, und mit der Entwicklung der Rationalität, wurden von Simmel in ihrer ganzen Komplexität skizziert. Daher vermittelt uns Simmel mehr über die komplexe Natur der Moderne als jeder andere klassische Soziologe. Aber er tut dies auf eine abstraktere Weise, mit geringerer Information über die internen Kräfte dieser Phänomene, soweit diese unabhängig von ihrer Wechselbeziehung mit Konflikt sind. Die ökonomischen Merkmale der

Modernisierung wurden von Spencer deutlicher dargelegt, ihre Merkmale der Solidarität deutlicher von Durkheim, ihre kulturellen Charakteristika deutlicher von Weber, die reine Dynamik der Machtsysteme klarer von Pareto.

Wir lernen von Simmel über die Entwicklung der Individualität der Person in ihrem permanenten Kampf mit der Gesellschaft viel mehr als von Durkheim, Mead oder Piaget, aber wir lernen weniger über die Entwicklung des moralischen Bewusstseins als von Durkheim, weniger über die moralische Autonomie als von Piaget und weniger über das Experimentieren mit Moral als von Mead.

Simmel erschließt keine Wege, um sich mit der Entwicklung der Moral in der Gesellschaft und im Individuum überhaupt zu beschäftigen, weil er das Individuum als einen strategisch Handelnden betrachtet. Er verschafft keinen Zugang zur Kommunikation in ihrer eigentlichen Bedeutung und ihrem Beitrag zur Entwicklung von Individuum und Gesellschaft und der Wechselwirkung beider. Seine soziologische Perspektive ist derjenigen des italienischen politischen Theoretikers der Renaissance Niccolò Machiavelli sehr ähnlich: das Studium der Wirkungen, die strategisch handelnde Individuen und Gruppen aufeinander und auf ihre Beziehungen ausüben, und die Untersuchung der Auswirkungen auf solche Beziehungen.

## Wirkungsgeschichte

Das Fehlen einer systematischen Ordnung bedeutete, dass Simmel kein neues Paradigma schuf, das für eine besondere soziologische Schule als ein kristallisierender Bezugspunkt hätte dienen können. Daher blieb Simmels Einfluss im gesamten Gebiet der Soziologie disparat. Man kann den Einfluss einiger seiner Ideen an mehreren Stellen sehen, aber nicht in einer systematisch begründeten Gestalt. In Deutschland war Leopold von Wiese (1924–29/1966), der an der Universität zu Köln lehrte, der Einzige, der einige von Simmels Ideen in eine Theorie, die er *Beziehungslehre* nannte, weiterentwickelte. Nach von Wiese gab es jedoch niemanden, der dieser Tradition folgte. Erst in jüngerer Zeit hat das Interesse an Simmels Werk wieder zugenommen. Darauf weist die Gesamtausgabe von Simmels Werken hin, die von Otthein Rammstedt (Simmel, 1989–2004) herausgegeben wird. Ray (1991) hat ihm unter dem Blickwinkel der formalen Soziologie eine Monografie gewidmet. In den Vereinigten Staaten (vgl. Levine, Carter und Miller Gorman, 1976a, 1976b), waren Albion Small und Robert E. Park, die an der Universität von Chicago lehrten, von Simmels Werk beeinflusst. Simmels Konzentration auf die soziale Wechselwirkung war besonders nützlich für die mikrosoziologische Theorie, die besonders und immer noch in den Vereinigten Staaten blüht. Der symbolische Interaktionismus ist der mikrosoziologische Ansatz, in dem Spuren von Simmels Denken am sichtbarsten sind, freilich meist ohne zitiert zu werden.

Lewis Coser (1956, 1967), Kurt H. Wolff (1950, 1959) und Donald N. Levine (1980, 1985) haben nach dem Zweiten Weltkrieg maßgeblich dazu beigetragen, Simmels Werk als Bestandteil der soziologischen Theorie zu erhalten und weiterzuführen. In den letzten Jahren zog Simmels Werk neues Interesse im Zusammenhang mit Theorien der Postmoderne auf sich. Gianfranco Poggi (1993) hat Simmels *Philosophie des Geldes* eine eigene Untersuchung gewidmet. Birgitta Nedelmann (1980, 1991, 1993) hat neue Einblicke in Simmels Werk ermöglicht. Simmel stellte Merkmale der Moderne heraus, die in den letzten Jahren besonders sichtbar wurden und die als Merkmale der Postmoderne diskutiert werden. Michel Maffesoli (1988a, 1988b), D. Weinstein und M.A. Weinstein (1993) trugen zu dieser Wiederbelebung von Simmels Werk bei. Im angelsächsischen Kontext erweckte David Frisby (1984, 1989, 1992) neues Interesse an Simmels Werk.

## Orientierungsfragen

1.  Welche Phänomene sind für Simmel Gegenstandsbereich der Soziologie? Mit welcher Methode will er ihn untersuchen?
2.  Zeigen Sie, inwiefern Simmels Aussagen über soziale Gruppen seiner Logik einer formalen Soziologie folgen.
3.  Welche Aspekte sind notwendig, um nach Simmel den Fortbestand einer Gruppe zu gewährleisten?
4.  Inwiefern kann Konflikt nach Simmel integrierend, inwiefern desintegrierend wirken?
5.  Stellen Sie dar, wie sich Individualität im Zusammenspiel zwischen dem Einzelnen und sozialen Gruppen herausbildet. Welche Strukturbedingungen müssen gegeben sein, damit sich Individualität entfalten kann?
6.  Welche Formen der sozialen Wechselwirkungen unterscheidet Simmel? Veranschaulichen Sie die Formen sozialer Wechselwirkungen anhand der sozialen Prozesse in einer Hochschule oder einer vergleichbaren Bildungsinstitution!

## Wichtige Begriffe

*Dyade*
*Formen der Vergesellschaftung*
*Individualität*
*Triade*
*Überordnung*
*Vergesellschaftung*
*Wechselwirkung*

## Zur Biografie

Gassen, Kurt und Michael Landmann (Hg.). 1958. *Buch des Dankes. Briefe, Erinnerungen. Bibliographie.* Berlin: Duncker & Humblot.

## Einstiegstexte

Simmel, Georg. 1908/1992. „Die Kreuzung sozialer Kreise." In: Georg Simmel, *Soziologie. Untersuchung über die Formen der Vergesellschaftung.* Frankfurt a. M.: Suhrkamp.
Lichtblau, Klaus. 1997. *Georg Simmel.* Frankfurt a. M.: Campus.

## Weiterführende Literatur

Coser, Lewis. 1956. *The Functions of Social Conflict.* New York: Free Press.
Dahme, Hans-Jürgen. 1981. *Soziologie als exakte Wissenschaft. Georg Simmels Ansatz und seine Bedeutung in der gegenwärtigen Soziologie.* Stuttgart: Enke.
Frisby, David (Hg.). 1989. *Fragmente der Moderne. Georg Simmel – Siegfried Kracauer – Walter Benjamin.* Rheda-Wiedenbrück: Daedalus.
Frisby, David (Hg.). 1994. *Georg Simmel. Critical Assessments.* 3 Bde. London und New York: Sage.
Frisby, David. 1992. *Sociological Impressionism. A Reassessment of Georg Simmel's Social Theory.* 2. überarb. Aufl. London: Heinemann.

Helle, Horst Jürgen. 2001. *Georg Simmel. Einführung in seine Theorie und Methode*. München/Wien: Oldenbourg.

Kintzelé, Jeff und Peter Schneider (Hg.). 1993. *Georg Simmels Philosophie des Geldes*. Frankfurt a. M.: Hain.

Köhnke, Klaus Christian. 1996. *Der junge Simmel in Theoriebeziehungen und sozialen Bewegungen*. Frankfurt a. M.: Suhrkamp.

Levine, Donald N. (Hg.). 1971. *Georg Simmel on Individuality and Social Forms*. Chicago: University of Chicago Press.

Levine, Donald N.. 1985. *The Flight from Ambiguity: Essays in Social and Cultural Theory*. Chicago: University of Chicago Press.

Lichtblau, Klaus. 1997. *Georg Simmel*. Frankfurt a. M./ New York: Campus.

Poggi, Gianfranco. 1993. *Money and the Modern Mind. Georg Simmel's Philosophy of Money*. Berkeley, Los Angeles und London: University of California Press

Rammstedt, Otthein (Hg.). 1988. *Simmel und die frühen Soziologen. Nähe und Distanz zu Durkheim, Tönnies und Max Weber*. Frankfurt a. M.: Suhrkamp.

Ray, Larry. 1991. *Formal Sociology. The Sociology of Georg Simmel*. Aldershot/Brookfield: Elgar.

Sellerberg, Ann-Mari. 1994. *A Blend of Contradictions: Georg Simmel in Theory and Practice*. New Brunswick, N.J.: Transaction Publications.

Weinstein, Deena und Michael A. Weinstein. 1993. *Postmodern(ized) Simmel*. London/New York: Routledge.

# IV. Die italienische Tradition des Machiavellismus
# Vilfredo Pareto

## Biografische Einleitung

Vilfredo Pareto wurde am 15. Juli 1848 in Paris geboren. Sein Großvater hatte von Napoleon einen Adelstitel verliehen bekommen, auf den Vilfredo Pareto allerdings keinen Wert legte. Sein Vater Raffaele Pareto entstammte einer wohlhabenden Genueser Kaufmannsfamilie. Er war Liberaler und Republikaner. Im Alter von 24 Jahren flüchtete er nach Paris, nachdem er in eine Verschwörung verwickelt war. Genua war 1815 unter die Herrschaft Savoyens gefallen. Paretos Mutter, Marie Métenier, war Französin. So wuchs Vilfredo Pareto mit zwei Sprachen, Italienisch und Französisch, auf. Als er elf Jahre war, konnte der Vater aufgrund einer Amnestie wieder nach Italien zurückkehren. Als ausgebildeter Ingenieur lehrte er zunächst in Genua Französisch, war dann im Agrarministerium tätig, weiterhin am *Instituto Leardi di Casale di Monferrato* und in Turin.

Nach der Reifeprüfung absolvierte Vilfredo Pareto von 1864 bis 1867 ein Studium der Mathematik und Physik an der Turiner Universität, anschließend bis 1870 ein Promotionsstudium des Ingenieurswesens an der *Scuola di Applicazione per Ingegneri*. Seine Dissertation schrieb er über *Principî fondamentali della teoria elasticità dei corpi solidi*. Nach Abschluss des Ingenieursstudiums war Pareto zunächst in der Florentiner Zentrale der *Società Anonima delle Strade ferrate Romane* tätig. Nach einer Geschäfts- und Studienreise nach Deutschland im Jahre 1873 gab er diese Tätigkeit wieder auf und wechselte dank einer Vermittlung durch Freunde der Familie zu einer Firma in der Eisenindustrie in Florenz. Nach einem Besitzerwechsel wurde Pareto Generaldirektor der Firma. Aufgrund von Differenzen trat er 1890 von diesem Posten mit einer ansehnlichen Abfindung wieder zurück. Er verkehrte im Kreise der angesehensten Familien von Florenz, zu denen der Bürgermeister und eine ganze Reihe von Staatsmännern, Geschäftsleuten und Gelehrten gehörten.

Parallel zu seiner Geschäftstätigkeit widmete sich Pareto mit zunehmender Intensität dem autodidaktischen Studium der Wirtschaftswissenschaften und wurde in wissenschaftstheoretischer Hinsicht ein glühender Verfechter der allgemeine ökonomische Gesetzmäßigkeiten suchenden neoklassischen Wirtschaftstheorie gegen die deutsche Historische Schule, für die ökonomische Phänomene aus ihrer je spezifisch historischen Situation heraus in ihrer Konkretion zu verstehen und nicht durch allgemeine Gesetzmäßigkeiten zu erklären sind. In wirtschaftspolitischer Hinsicht trat er ebenso vehement für die liberale Lehre ein, die Staatsinterventionen in die Wirtschaft für wirtschaftlich schädlich hält, weil sie anderen Prinzipien als den Prinzipien der ökonomischen Vernunft folgen. Die Differenz zwischen der ökonomischen Rationalität der optimalen Allokation von Ressourcen an gegebene Präferenzen und der politischen Rationalität der Gewinnung und Sicherung von Macht – in Demokratien: von Mehrheiten – wird für Pareto zu einer entscheidenden Erfahrung. Sie prägt sowohl seine praktische Tätigkeit als auch seine wissenschaftliche Analyse. Auf seinem Managementposten in der Eisenindustrie bringt ihn die Schwierigkeit zur Resignation, das Unternehmen gegen interne und externe Widerstände auf den Wettbewerb am Markt einzustellen, anstatt das Heil in Protektionsmaßnahmen zu suchen. Auf ähnliche Schwierigkeiten stößt er beim Versuch, politisch tätig zu werden. Er ist immerhin von 1877 bis 1882 Mitglied im Gemeinderat seines Wohnortes San Giovanni Valdarno nahe Florenz. Eine Kandidatur für das italienische Parlament im Jahre 1882 führt jedoch nicht zum Erfolg. Als er später noch zweimal zu einer Kandidatur gedrängt wird, lehnt er ab, weil er inzwischen erkannt hat, dass er für das Geschäft der Gewinnung von Mehrheiten offensichtlich nicht geeignet ist. Er muss feststellen, dass sich die Einsicht in ökonomische Gesetzmäßigkeiten nicht nahtlos in eine von ökonomischer Rationalität geleitete Politik umsetzen lässt. Wie Pareto ermittelt, kommt es in der Politik vor allem darauf an, Wahlstimmen mittels Gegenleistungen in spürbaren Vorteilen für die Wähler zu gewinnen. Pareto zieht sich deshalb mit seiner aus Russland stammenden Frau Allessandra Bakounine aus den Feldern praktisch-ökonomischer und praktisch-politischer Tätigkeiten in ein Haus in Fiesole oberhalb von Florenz zurück und verlagert seine Interessen ganz auf die Wirtschaftswissenschaften.

Schon 1874 war Pareto in die bedeutende *R. Accademia Economico-Agraria dei Georgofili di Firenze* aufgenommen worden. Er hielt Vorträge zu wirtschaftswissenschaftlichen Problemstellungen, publizierte Artikel in volkswirtschaftlichen Fachzeitschriften und knüpfte enge freundschaftliche Bande zu einem der einflussreichsten Ökonomen des Landes, Maffeo Pantaleoni. Sein Interesse war, die liberale Wirtschaftslehre in Italien zu verbreiten, was ihm allerdings zu seiner Enttäuschung ebenso wenig gelang wie ihre unmittelbare Anwendung in Wirtschaft und Politik. Deshalb gab er der rein wissenschaftlichen Arbeit einen immer größeren Vorrang. Dazu passte, dass sich ihm die Chance bot, an der Universität Lausanne in der Schweiz den Lehrstuhl des von ihm verehrten neoklassischen Ökonomen Leon Walras zu übernehmen. Am 12. Mai 1893 hält er dort seine erste Vorlesung. Es folgen Jahre der Ausarbeitung seiner Vorlesungen zu Buchpublikationen. Sein zweibändiges Werk *Cours d' économie politique* erscheint 1896/97. Paretos ökonomische Schriften gehören noch immer zum Kanon der modernen Volkswirtschaftslehre. Am berühmtesten ist Paretos Gesetz der Einkommensverteilung. Nach Pareto existiert eine optimale Einkommensverteilung, wenn entweder Einkommensveränderungen nicht möglich sind, die *jedermann* besser stellen, oder wenn diejenigen, die durch eine solche Veränderung profitieren würden, nicht dazu imstande sind, die Verlierer ausreichend zu entschädigen, um deren Lage zu stabilisieren während sie dabei ihre eigene Position verbessern.

Mit den Jahren wendet sich Pareto immer ausschließlicher der Ausarbeitung einer Allgemeinen Soziologie zu. Es wird ihm immer klarer, dass die ökonomischen Modelle zwar zu vollkommener analytischer Schärfe und Perfektion gelangt sind, sie sich damit aber auch immer weiter von den Vorgängen der konkreten Realität entfernt haben. Sie eignen sich deshalb nicht für eine hinreichende Erklärung der konkreten Realität. Da die ökonomischen Prozesse in einem Interdependenzverhältnis zu vielfältigen nicht-ökonomischen Phänomenen stehen, können sie auch nur hinreichend erklärt werden, wenn diese Interdependenzen durch eine über das rein Ökonomische hinausgehende soziologische Theorie erfasst werden. Das implizierte auch eine Abkehr von der rein liberalen Wirtschaftslehre, der das Verständnis für diese Interdependenzen fehlt. Die Ausarbeitung einer Allgemeinen Soziologie ist die Aufgabe, die er sich für den Rest seines Lebens stellt und die er schließlich mit der Publikation seines *Trattato di sociologia generale* im Jahre 1917 bewerkstelligt sieht. Zuvor arbeitet Pareto in *Les systèmes socialistes* (1901/02) auf eine Synthese von Ökonomie und Soziologie hin. Weitere Entwicklungsstufen zu seiner Allgemeinen Soziologie sind „L' économie et la sociologie au point de vue scientifique" in *Revista di Scienza* (1907) und *Le mythe vertuiste et la littérature immorale* (1911). Nach dem *Trattato* hat Pareto die Anwendung seiner Allgemeinen Soziologie auf aktuelle Vorgänge demonstriert. Die entsprechenden Aufsätze sind in *Fatti e Teorie* (1920) und *Transformazioni della democrazia* (1921) gesammelt.

Lange vor Beendigung seines soziologischen Hauptwerkes hat sich Pareto zum Ende des Wintersemesters 1906/07 von seiner Lehrverpflichtung befreien lassen, um sich ganz der Arbeit an der Allgemeinen Soziologie zuwenden zu können. Ermöglicht wurde dies durch die ihm von einem vermögenden Onkel hinterlassene Erbschaft. Er erwarb 1900 in Céligny, 40 Kilometer von Lausanne entfernt auf Genfer Gebiet eine wunderschön gelegene Villa am Ufer des Genfer

Sees. Die Villa wurde zu einer Pilgerstätte der damaligen Gelehrtenwelt. Nachdem ihn seine erste Frau Allessandra Bakounine im November 1901 verlassen hatte, um anlässlich eines Besuches bei ihrer Mutter zusammen mit dem baltischen Koch des Paares nach Russland zurückzukehren, lernte er schon im folgenden Jahr per Zeitungsanzeige seine zweite Lebensgefährtin, Jeanne Régis kennen. Sie kam aus Paris und lebte mit Pareto bis zu seinem Tod am 19. August 1923 in seinem Haus in Céligny am Genfer See. Erst kurz vor seinem Tod konnte er seine Lebensgefährtin heiraten, weil ihm bis dahin das in Italien geltende kanonische Recht nur die Trennung, aber nicht die Scheidung von seiner ersten Frau erlaubt hatte.

Mit seinem Werk hat Pareto den Rang eines hochangesehenen Gelehrten in zwei heute völlig voneinander getrennten Wissenschaften erreicht, in der Volkswirtschaftslehre und in der Soziologie. Im Jahr des Erscheinens seines *Trattato di sociologia generale* wurde er in Lausanne anlässlich seiner 25 Jahre zurückliegenden Berufung an die Universität geehrt. Eine Mitgliedschaft in der Accademia Lincei lehnte er ab, ebenso nahm er eine von Mussolini kurz vor seinem Tode veranlasste Ernennung zum Senator nicht an. Aus kritischer Sicht wurde er gelegentlich in die Nähe des Faschismus gebracht. Während sein Freund Pantaleo einige Hoffnung auf die Bewegung setzte, blieb Pareto jedoch skeptisch und ließ sich auf jeden Fall nicht vereinnahmen (Bosquet, 1960; Eisermann, 1987: 1–55).

## Hauptwerk

*Trattato di Sociologia generale.* 2 Bde. (1916/dt.1955,1962)

## Theoriegeschichtlicher Kontext: Machiavellismus

Unter den klassischen Gründern der Soziologie war es Vilfredo Pareto, der die Dynamik von Machtgewinn und -verlust als eine bestimmende Kraft in der gesellschaftlichen Entwicklung am deutlichsten in den Vordergrund stellte. Mit Paretos Werk erhalten wir die beste Einsicht in die Argumentation einer soziologischen Theorie in den Begriffen der Machtdynamik.

Das Studium der Gesellschaft im Lichte von Konflikt und Machtpolitik wurde durch den italienischen politischen Analytiker der Renaissance, Niccolò Machiavelli (1469–1527), in die Geschichte des westlichen Denkens eingeführt.

Italien war bis 1861 keine einheitliche Gesellschaft. Die italienische Geschichte ist durch permanente Kämpfe zwischen den Fürsten der Kleinstaaten, den Stadtstaaten untereinander und den Fürstentümern mit den Stadtstaaten gekennzeichnet. Krieg, Eroberung und Vernichtung waren die gemeinsame italienische Erfahrung durch Jahrhunderte hindurch.

Das ist der gesellschaftliche Kontext, in dem Machiavellis politische Theorie entstand und auf den sie sich bezog. Es gab keine fest etablierte Ordnung, keinen gemeinsamen Glauben, keinen Austausch, auf den sich das gesellschaftliche Leben hätte beziehen können. Jede etablierte Ordnung gründete sich auf intelligenten Machtgebrauch und war stets in Gefahr, durch innere oder äußere Feinde verdrängt zu werden. In seinem Buch *Der Fürst* (1532/1979) formulierte Machiavelli eine Analyse, welche Strategie und Taktik in welchen Situationen am besten geeignet wäre, um Macht zu erhalten oder sie durch den Umsturz einer anderen Machtgruppe zu erlangen. Er fragt zum Beispiel: Wie sollen die verfeindeten Parteien einer Stadt, die ein Fürst gerade erobert hat, behandelt werden? Soll man sie miteinander versöhnen, mit einer davon zusammenarbeiten oder beide beseitigen? Oder: Wie soll ein Fürst einen siegreichen Armeeführer behandeln? Oder: Wie kann eine Verschwörung der Bürger zum Erfolg geführt werden? Beziehungsweise: Wie kann sich ein Fürst gegen solch eine Verschwörung schützen?

Machiavelli untersuchte zahlreiche solcher Situationen, um herauszufinden, welche Strategie durch einen bestimmten Handelnden welche Konsequenzen haben wird. Sein Buch *Die Diskurse*, das er nach *Der Fürst* schrieb, beinhaltete ebenfalls eine Reihe von strategischen Analysen von politischen Situationen. Er beginnt immer mit der Annahme, dass zwei oder mehrere Handelnde in einen Konflikt miteinander geraten, weil sie sich gegenseitig ausschließende Ziele haben, die meistens darauf ausgerichtet sind, Machtpositionen zu erhalten oder sie zu erlangen; er nimmt weiterhin an, dass sie dazu bereit sind, alle verfügbaren Mittel anzuwenden, um ihre Ziele zu erreichen. Dann zeigt Machiavelli auf, welche Strategie welche Folgen für die Chancen der einen oder der anderen Partei hat, um die Macht zu erhalten oder sie zu erlangen. Es ist wie eine Analyse möglicher Strategien für Schachspieler in bestimmten Situationen.

Machiavelli unterscheidet zwei grundlegende Eigenschaften von Handelnden im politischen Spiel: *virtu* (Tugend) und *fortuna* (Glück). *Virtu* ist die Fähigkeit eines Handelnden, wirksam auf der Grundlage von festen Prinzipien zu handeln, was seinen Ruf bei seiner Gefolgschaft, dem Volk und den Gegnern vergrößert. *Fortuna* ist das Schicksal oder der Zufall. Ein erfolgreich politisch Handelnder benötigt sie beide oder er muss zumindest Mut oder andere kleinere Tugenden aufweisen, um *virtu* oder Glück auszugleichen.

Machiavelli erforscht erfolgreiche Strategien, um Macht in verschiedenen Situationen fest zu etablieren: im Fall ererbter Macht, in Staaten, die als Ergebnis von Annexion gegründet wurden, in Staaten mit eigenen Gesetzen, bevor sie von einer äußeren Macht erobert wurden, im Fall der Eroberung durch die eigene Waffengewalt und durch *virtu,* im Fall der Eroberung durch die Waffen anderer Parteien und durch *fortuna,* wenn ein Fürst durch kriminelle Mittel an die Macht kommt, wenn der Fürst ein populärer Führer ist, oder wenn der Staat von religiösen Führern geleitet wird. Er analysiert auch wie sich ein Fürst gegenüber seiner Gefolgschaft, dem Volk und seinen Gegnern verhalten soll, um seine Macht zu erhalten. Wie man sich gegenüber Truppen und Söldnern verhält, gegenüber Bündnisarmeen, der eigenen Armee und gegenüber Heeren, die aus beiden zusammengesetzt wurden, wie man seinen militärischen Pflichten nachkommt, wann man großzügig oder geizig sein soll, wann man grausam und wann man milde sein soll, wann geliebt und wann gefürchtet, inwieweit man sein Wort halten soll; weiter analysiert er die Notwendigkeit, Hass und Spott zu vermeiden, die Nützlichkeit von Festungsanlagen, wie man einen guten Ruf erlangt, wie man geheime Gesandte behandeln soll, wie man sich gegen Schmeichler schützt, warum die Fürsten in Italien Macht verloren haben, welchen Einfluss *fortuna* ausübt und wie man sich davor schützen kann. Für diese Vielzahl von Situationen des Machtspiels stellt Machiavelli Strategien bereit, um erfolgreich Macht zu erlangen und zu erhalten.

Man kann sich vorstellen, dass die durchgängige Zersplitterung von Italien in kleine Staaten und Stadtstaaten mit einer Geschichte andauernder Eroberungen und Machtverluste und auch der Unterwerfung unter ausländische Mächte zur jahrhundertelangen Bedeutung von Machiavellis Denken beigetragen hat. Dies galt auch noch im 19. Jahrhundert als Paretos Denken Gestalt annahm. Erwähnt werden muss hier besonders Gaetano Mosca, der seine politische Theorie der Wechselbeziehung zwischen der herrschenden und der beherrschten Klasse im Jahr 1884 veröffentlichte, einige Zeit bevor Pareto seine Theorie des Kreislaufs der Eliten verfasste. Mosca war darüber empört, dass Pareto seine Idee angeblich gestohlen hatte. Doch Pareto stellte seine Theorie des Kampfes zwischen der herrschenden und der gegnerischen Elite und ihre Beziehung zu den Massen auf eine allgemeinere Grundlage und untermauerte sie mit einer genaueren Analyse.

Die machiavellistische Tradition in Paretos Ansatz ist offensichtlich. Konflikt und Macht sind die zentralen Phänomene, die das gesellschaftliche Leben bestimmen. Allerdings überschritt Pareto die bisherigen Grenzen des machiavellistischen Denkens unter dem Einfluss der angelsächsischen ökonomischen Theorie und des darwinistischen Evolutionismus, wie er von Herbert Spencer repräsentiert wurde, und beeinflusst durch den französischen rationalen Positivismus, wie er von Claude-Henri de Saint-Simon und von Auguste Comte verkörpert wurde. Die französische Tradition systematisierte sein Werk weit mehr, als es die machiavellistische Analyse der unzähligen Situationen allein ermöglicht hätte, und öffnete seine Theorie für die Berücksichtigung der Funktion von Gefühlen und solidarischen Bindungen für die Aufrechterhaltung der gesellschaftlichen Struktur und für kollektive Handlungen. Die angelsächsische Tradition lenkte seinen Blick auf die Dynamik der Differenzierung, obwohl er letztlich die Nützlichkeit einer darwinistischen Theorie der gesellschaftlichen Entwicklung und ihrer Verbindung mit der Idee des Fortschritts verwarf. Paretos Sichtweise eines andauernden Machtkampfs bot keine Möglichkeit für irgendeinen teleologischen Fortschritt der Gesellschaft hin zu höheren Ebenen der Moral; möglich war nur die Ersetzung einer herrschenden Elite durch eine andere. Obgleich Pareto Elemente des französischen organischen Strukturalismus und des angelsächsischen Ökonomismus verband, verblieb der Machtkampf die dominierende Kraft in der Geschichte und formte seine Sichtweise von Gefühl, Solidarität und wirtschaftlicher Arbeitsteilung. Er gab diesen Elementen keinen eigenen Status und keine eigene Logik.

## Methodologie

Als ein ausgebildeter Physiker und praktizierender Politischer Ökonom war Pareto den Idealen der positiven Wissenschaft verpflichtet, die er die logisch-experimentelle Wissenschaft nannte (Pareto, 1916: Kap.II, III.). Die Naturwissenschaften stellten das Modell für sein Verständnis der Soziologie bereit. In dieser Sicht muss die Soziologie von Tatsachen über die Induktion zu allgemeinen und abstrakten Gesetzen voranschreiten, die dann wiederum durch Tatsachen geprüft werden müssen. Die präzise Definition von Begriffen, die analytische Trennung der untersuchten Gegenstände von der konkreten Realität, die Formulierung allgemeiner Gesetze und ihre Bestätigung durch Fakten sind die Hauptaufgaben einer logisch-experimentellen Wissenschaft.

## Logisches und nicht-logisches Handeln

Paretos Zugang zur soziologischen Analyse ist die Differenzierung zwischen **logischem** und **nicht-logischem Handeln** (Pareto, 1916: Kap. II, 111). In einem allgemeinen Sinne folgt das Erstere den Anforderungen der logisch-experimentellen Wissenschaft, wohingegen das Zweite diesen nicht entspricht. Im Fall des logischen Handelns wenden die Handelnden Theorien an, die überprüft sind oder die gemäß der Anforderungen der logisch-experimentellen Wissenschaft getestet werden können, im Fall des nicht-logischen Handelns greifen sie auf Theorien zurück, die nicht gemäß dieser Standards überprüft werden können. Ein Ingenieur, der eine Maschine nach physikalischen Gesetzen konstruiert, die wiederum von der Physik als Wissenschaft belegt werden, handelt logisch. Er bezieht die vorhandenen Mittel logisch auf ein gewünschtes Ziel und folgt darin dem objektiv gültigen Wissen. Seine subjektive Sicht stimmt mit der objektiven Sichtweise von jedem Beobachter überein, der das angesammelte Wissen der Wissenschaft repräsentiert. Die griechischen Seeleute, die Poseidon ein Opfer darbrachten, um sicher zu reisen, waren von der wirkungsvollen Beziehung zwischen dem Opfer und der sicheren Reise und umgekehrt überzeugt. Somit vollzogen sie in ihrer subjektiven Sicht eine logische Handlung, aber dies kann nicht vom Standpunkt eines objektiven Beobachters bestätigt werden, der das heutige wissenschaftliche Wissen zugrunde legt. Von einem objektiven wissenschaftlichen Standpunkt aus ist das Handeln der Seeleute nicht-logisch.

Logisches Handeln macht nicht den größten Teil des menschlichen Lebens aus. Es ist im Wesentlichen auf das Gebiet der rationalen ökonomischen Kalkulation und auf wissenschaftliche Forschung beschränkt. Der größte Teil des menschlichen Handelns ist vom Wesen her nicht-logisch. Weil logisches und nicht-logisches Handeln keine konkreten Dinge sind, sondern analytische Aspekte konkreten Handelns, können wir sogar sagen, dass jede einzelne Handlung logische und nicht-logische Elemente beinhaltet. Wie Pareto feststellt, gibt es keine Gesellschaft, die ausschließlich auf Vernunft beruht. Das Profitkalkül des Unternehmers mag völlig auf wissenschaftlichem Wissen basieren, seine Hingabe, überhaupt Profit zu machen, erfüllt diese Voraussetzung jedoch nicht. Sie mag durch religiösen Glauben motiviert sein, sich selbst als rechtschaffen zu beweisen, oder durch die Überzeugung, dazu auserwählt zu sein, andere Menschen zu führen. Diese Überzeugungen können falsch sein oder nur unüberprüfbar, wenn man die Methoden der logisch-experimentellen Wissenschaft zugrunde legt. Nicht zuletzt ist jede Handlung nicht nur von wissenschaftlich adäquatem oder inadäquatem Wissen geleitet, sondern von grundlegenden Zielen, die sich nicht wieder selbst als Mittel auf weiterreichende Ziele beziehen. Die Hingabe des Unternehmers an religiöse Erlösung oder Führerschaft mögen Ziele für sich selbst sein. Warum er diese Ziele ausgewählt hat, kann nicht durch irgendeine Beziehung zu anderen Zielen erschlossen werden. Somit fehlt ihnen ein wissenschaftlicher Grund. Die Hingabe des Unternehmers an Religion oder Führerschaft führt deshalb ein nicht-logisches Element in sein Verhalten ein. Wir können sagen, dass jede Handlung solch eine Ausrichtung auf ein letztes Ziel benötigt, andernfalls würde sie keine Richtung haben, was sie erst von einer anderen

Handlung unterscheidet. Somit bedarf jede Handlung nicht-logischer Elemente, um wirklich stattzufinden. Nicht-logisches Handeln erfüllt eine nützliche Funktion für das Individuum und für die Gesellschaft, nämlich die Funktion, Handeln auf individuelle und gemeinschaftliche Ziele auszurichten. Es ist deshalb wichtig, dessen innere Struktur, dessen Voraussetzungen und dessen Konsequenzen zu untersuchen.

Wie Pareto feststellt, gibt es eine bedauerliche Tendenz in der Philosophie und in den Sozialwissenschaften, die Bedeutung des nicht-logischen Handelns zu bestreiten, was zu Versuchen geführt hat, sein Auftreten oder seine Bedeutung wegzuerklären. Sein Auftreten wird schlicht geleugnet oder es wird einfach rationalisiert, indem ihm rationale Ursachen zugeschrieben werden, oder es wird aus der Untersuchung ausgeschlossen, weil es keine Beziehung zum Fortschritt habe.

Nicht-logisches Handeln wird selten als solches praktiziert und anerkannt, sondern in der Regel durch Gründe gerechtfertigt. Es wird meistens von enormen Anstrengungen begleitet, dieser Handlung vernünftige Begründungen zu verleihen (Pareto, 1916: Kap. IV). Viele solcher Bemühungen beziehen sich auf Elemente, die jenseits von Erfahrung und empirischer Beobachtung liegen. Dazu gehören Verweise auf Gott, auf die Vernunft, auf eine natürliche Ordnung, auf das Naturrecht, auf Moral und Gerechtigkeit. Sie beschreiben entweder Dinge, die nicht beobachtet werden können oder die so ungenau definiert sind, dass sie jeder auf unterschiedliche Art und Weise verstehen kann. Weil Gott kein beobachtbares Wesen ist, wissen wir nicht, ob er bestimmte Befehle erteilt hat. Folglich kann die Befolgung solcher Befehle durch die Methoden der logisch-experimentellen Wissenschaft nicht als richtiges Verhalten im Namen Gottes bewiesen werden. Dennoch ist dies eine verbreitete Rechtfertigung menschlichen Handelns, die jedoch vom Wesen her nicht-logisch ist. Begriffe wie „Natur", „natürliche Ordnung", „naturgegebene Rechte", „Vernunft", „Moral" und „Gerechtigkeit" sind so ungenau definiert, dass man in ihrem Namen alles rechtfertigen kann. Man kann keine genaue Übereinstimmung zwischen ihnen und irgendeiner bestimmten Handlung feststellen. Somit kann auch kein Anspruch irgendeiner Handlung, diese Werte zu verkörpern, als wissenschaftlich richtig bewiesen werden.

Der Triumph der Wissenschaften hat die traditionellen Rechtfertigungen nicht-logischer Handlungen durch Bezug auf erfahrungstranszendierende Phänomene überholt. Das bedeutet jedoch nicht, dass man nicht-logisches Handeln auf sich beruhen lässt. Die Versuche, nicht-logisches Handeln zu rechtfertigen, sind genauso effektiv wie früher. Nur ihr Wesen hat sich verändert. Sie erscheinen nun in Gestalt der logisch-experimentellen Wissenschaft. Weil nicht-logisches Handeln jedoch nicht durch wirkliche Wissenschaft bewiesen werden kann, wirken dessen Rechtfertigungen in Form pseudowissenschaftlicher Theorien (Pareto, 1916: Kap. V). Die Theorien des Liberalismus, des Marxismus und des Sozialdarwinismus beeinflussten die Handlungen historischer Akteure, der Bourgeoisie und der Arbeiterklasse sehr stark, und sie wirkten deutlich in der Art pseudowissenschaftlicher Theorien. Sie rechtfertigen das Eintreten für den Kapitalismus oder den Sozialismus als wären sie Theorien, die wissenschaftlich argumentieren; sie können jedoch nicht vollständig durch wissenschaftliche Methoden bewiesen werden. Diese Theorien enthalten teilweise wissenschaftlich überprüfte Aussagen, verbinden diese aber mit widerlegten und ebenso mit unüberprüfbaren Aussagen. Folglich ist das Eintreten für den Kapitalismus oder den Sozialismus nicht wirklich durch wissenschaftliche Theorien gestützt; es ist deshalb von seinem Wesen her nicht logisch. Das bedeutet jedoch nicht, dass solche Theorien nutzlos sind. Sie sind für das menschliche Handeln und für die Gesellschaft deshalb nützlich, weil sie die Menschen unter einer gemeinsamen Überzeugung verbinden, ihrem Handeln eine Orientierung geben und die gesellschaftliche Entwicklung auf gemeinsame Ziele hinführen. Sie fungieren als Ideologien im Bemühen darum, die Gesellschaft weiterzuentwickeln. Ohne solche Ideologien würde die Gesellschaft jegliche Orientierung und Richtung verlieren und wäre hilflos äußeren Impulsen ausgeliefert, die sich von Situation zu Situation wandeln. Ideologien erfüllen somit eine notwendige Funktion für die Gesellschaft.

## Gefühle, Residuen und Derivationen

Pareto interessiert sich im nächsten Schritt für die Ursprünge des nicht-logischen Handelns. Handlungen dieser Art sind durch dauerhaftes Engagement für bestimmte Ziele charakterisiert, das nicht aus irgendeinem logisch-experimentell gewonnenen wissenschaftlichen Wissen entstehen kann. Letzteres teilt uns mit, was und warum etwas so ist, es sagt uns aber nichts darüber aus, was wir tun sollen. Es lässt uns ohne Orientierung und Richtung. Welche Elemente aber verleihen unserem Handeln ein dauerhaftes Engagement für bestimmte Ziele? Paretos Antwort verbindet die organischen Grundlagen des Individuums mit der kollektiven Organisation des gesellschaftlichen Lebens und mit seiner kulturellen Legitimation. Pareto spricht von Gefühlen, **Residuen** (dt. etwa „Gefühlsstruktur", vgl. Eisermann, 1987: 143) und **Derivationen** (dt. etwa „Ideen") (Pareto, 1916: Kap. VI–XI). Pareto argumentiert, dass nicht-logisches Handeln von Theorien geleitet wird, die aus einem unveränderlichen und einem sich verändernden Element bestehen. Das unveränderliche Element wird Residuum genannt, das wechselnde Element Derivation. Das Residuum ist dabei mit den Gefühlen verbunden. Es ist eine Erscheinungsform des Gefühls. Ein Residuum ist zum Beispiel die christliche Verpflichtung zu rechtschaffenem Handeln, das sich der Versuchung widersetzt. Die Baptisten stellen die Taufe der Erwachsenen in den Mittelpunkt ihrer religiösen Rituale. Das Ziel dieses Rituals ist, die Verpflichtung zum rechtschaffenen Handeln im Namen von Jesus Christus zu stärken. Das ist der kollektive Ursprung des Residuums des rechtschaffenen christlichen Handelns. Die Einbeziehung des menschlichen Körpers in dieses Ritual regt die Empfindungen des Einzelnen an. Der Baptist hat nach dieser Zeremonie ein gutes, moralisch reines Gefühl. Er fühlt sich gut darin, rechtschaffen zu handeln und schlecht darin, sündhaft zu handeln. Die Wahrnehmung rechtschaffenen Handelns stimuliert seine Zustimmung, die Wahrnehmung von sündhaftem Handeln erregt seine Abscheu. Darin besteht die Wechselbeziehung zwischen Gefühlen und Residuen. Gefühl ist ein Empfinden für Gut und Böse, Anerkennung oder Abscheu, das Residuum ist die Verpflichtung zum rechtschaffenen Handeln.

Welchen Platz nimmt die Derivation im nicht-logischen Handeln ein? Eine Derivation ist beispielsweise die Erklärung, mit der die Baptisten ihre konkreten Handlungen in der Taufzeremonie und das Residuum legitimieren. Der Baptist sagt, dass das Wasser, in das er eingetaucht wird, einen moralisch reinigenden Effekt hat. Das rechtfertigt das eigentümliche Verhalten während der Zeremonie. Und er sagt, dass Gott von uns verlangt, dass wir seine Befehle befolgen. Das ist seine Legitimation des Residuums vom rechtschaffenen Handeln. Diese Derivationen sind veränderlich in dem Sinne, dass neben der Handlung, ins Wasser einzutauchen, auch andere Handlungen in Ritualen angewendet werden können, zum Beispiel die Handlung, den Körper mit Öl oder anderen Substanzen einzureiben. Gleichermaßen können neben Gottes Befehlen viele weitere Gründe für rechtschaffenes Handeln bestehen, beispielsweise Vernunft oder die Ordnung der Natur.

Das ist der Grund, warum das Residuum des rechtschaffenen Handelns, die allgemeine Form des Reinigungsrituals und das entsprechende Gefühl moralischer Anerkennung und Abscheu als unveränderlich betrachtet werden, während die Derivation, die Gründe für ein Residuum und ein bestimmtes Reinigungsritual angibt, als in ihrem Wesen veränderlich gilt. Gefühle, Residuen und Derivationen sind auf diese Weise in jeder nicht-logischen Handlung miteinander verkettet.

Gefühle, Residuen und Derivationen und ihre Verkettung erfüllen wichtige Funktionen für die Gesellschaft (Pareto, 1916: Kap. XI). Residuen verpflichten das Individuum auf bestimmte Handlungen und Ziele. Insoweit sie Ursprünge in gemeinsamen Ritualen haben, führen sie die Handlung zu gemeinsamen Zielen. Gefühle sorgen für eine organisch verwurzelte Motivation des Individuums, auf eine bestimmte Art und Weise zu handeln. Insofern sie mit Residuen verkettet sind, die ihre Wurzeln in gemeinsamen Ritualen haben, motivieren Gefühle zum Handeln, das zu gemeinsamen Zielen führt. Derivationen verleihen Gefühlen und Residuen, damit der Verpflichtung auf bestimmte Ziele und der Motivation, diese zu verwirklichen, eine breitere kulturelle Legitimation und passen sie an unterschiedliche Situationen an. Ohne die Unterstützung durch Derivationen würden die Residuen zu blindem Verhalten degenerieren, ohne die Unterstützung durch Gefühle würden sie in leeren Zeremonien erstarren.

Pareto unterscheidet sechs Klassen von Residuen und vier Klasse von Derivationen. Die Klassen der Residuen sind folgende:

I. Instinkt der Kombination. Das ist ein Residuum, das Innovationen fördert. Es ist die Grundlage der Skepsis und des spekulativen ökonomischen Unternehmertums.

II. Persistenz der Aggregate. Dieses Residuum bindet das Individuum an soziale Beziehungen, an Familie, Gruppen, soziale Klassen und Orte, an Werte, Normen und Personen. Es ist die Grundlage des Glaubens und einer Rentier-Mentalität im ökonomischen Handeln.

III. Das Bedürfnis, Gefühle durch äußere Handlungen zu bekunden (Aktivität, Expressivität). Dieses Residuum stellt den Ausdruck der eigenen Persönlichkeit in den Mittelpunkt der menschlichen Tätigkeit.

IV. Residuen in Beziehung zur Sozialität. Diese Residuen binden das Individuum an die Gesellschaft durch Konformismus, Mitleid und den Versuch, Leiden zu vermeiden, durch Selbstaufopferung zum Wohle der anderen, durch Beachtung von Vorgesetzten, Untergebenen und der eigenen Gruppe.

V. Die Integrität des Individuums und seines Besitzes. Dieses Residuum schützt die Würde des Individuums.

VI. Sexuelles Residuum. Dieses Residuum schreibt der sozialen Aktivität ein erotisches Element zu.

Die Derivationen sind die folgenden vier:

I. Behauptung. Hier sorgt die Behauptung von Tatsachen und/oder Gefühlen für die Rechtfertigung einer Handlung.

II. Autorität. Hier sorgt die Bezugnahme auf ein Individuum, eine Anzahl von Individuen, auf Tradition, Sitten und Bräuche und auf göttliche Wesen oder Verkörperungen für die Rechtfertigung von Handlungen.

III. Übereinstimmung mit Gefühlen oder mit Prinzipien. Hier erfolgt die Rechtfertigung der Handlung durch ihre Übereinstimmung mit Gefühlen, individuellen oder kollektiven Interessen, juristischen, metaphysischen und übernatürlichen Elementen.

IV. Beweise mit Worten. Dies sind Handlungsrechtfertigungen, die Begriffe mit unbestimmten, unklaren und mehrfachen Bedeutungen, Metaphern, Allegorien und Analogien benutzen.

Damit sich eine Gesellschaft auf eine ausgeglichene Art und Weise entwickeln kann, muss die Verteilung und Intensität der unterschiedlichen Residuen ausgewogen sein. Ein Übergewicht des Residuums der Innovation setzt die Gesellschaft dynamischen Transformationsprozessen aus, freilich ohne irgendeine konstante Richtung. Ein Überwiegen des Residuums der Persistenz gibt der Gesellschaft eine beständige Orientierung und Richtung, aber es mangelt ihr an jedweder Flexibilität. Damit ist eine Kombination der Funktionen der latenten Strukturerhaltung und der kollektiven Zielerreichung gemeint. Ein Übergewicht des Residuums der Sozialität fördert eine dichte Integration der Gesellschaft, allerdings bei vollständiger Einschränkung individueller und partikularer Bestrebungen. Ein Überwiegen der Residuen der Expressivität, der Individualität und der Sexualität stellt das Individuum über die Gesellschaft, sodass ihre Integration und ihr Fortbestehen gefährdet sind. Somit können wir Paretos sechs Residuen in vier Klassen mit vier unterschiedlichen Funktionen einordnen: Anpassung, latente Strukturerhaltung, Integration und Zielerreichung auf der kollektiven und der individuellen Ebene. Die Derivationen erfüllen dieselben Funktionen auf der kollektiven Ebene: Behauptung sorgt für Anpassung, Autorität für kollektive Zielerreichung, Gefühle und Prinzipien sorgen für Integration, Beweise mit Worten für latente Strukturerhaltung.

## Die Dynamik des Machtgewinns und des Machtverlusts

Die Entwicklung einer Gesellschaft ist zuallererst durch ihre Teilung in eine Elite und eine Nicht-Elite (die Massen) bestimmt (Pareto, 1916: Kap. XII). Ein Mitglied der **Elite** ist jeder, der sich durch eine besondere Eigenschaft auszeichnet, ob sie gut ist oder schlecht: Reichtum, militärische Stärke, Bildung, künstlerische Fähigkeiten, Wissen, Tugend, Kriminalität und andere Eigenschaften. Die Elite ist immer eine kleine Minderheit. Sie kann weiter in die herrschende Elite – diejenige, welche die Gesellschaft politisch führt – und die nicht-herrschende Elite – jene, die nicht unmittelbar an der Regierung beteiligt ist – unterschieden werden. Es ist Paretos zentrale Annahme, dass Eliten niemals für immer ihre Position in der Gesellschaft behalten, sondern unausweichlich früher oder später absteigen und durch eine neue Elite verdrängt werden, die wiederum zwangsläufig absteigt, um durch die nächste Elite ersetzt zu werden, und so weiter. Das ist seine These vom Aufstieg und Fall der Eliten als einem grundlegenden zyklischen Prozess der historischen Entwicklung:

Daher ist die Geschichte der Menschheit die Geschichte einer kontinuierlichen Auswechslung der Eliten: während die eine emporsteigt, steigt die andere ab (Pareto, 1901: 36) (Übersetzung durch den Verfasser).

Während der üblichen Zeitspanne der Vorherrschaft einer bestimmten Elite kommt es zu einem fortwährenden Austausch zwischen den Mitgliedern der Elite und den Massen. Einige steigen in die Elite auf, andere steigen ab und werden Teil der Masse. Aufstieg, Erhalt und Niedergang einer herrschenden Elite, womit wir uns auf den folgenden Seiten beschäftigen werden, wird von einer spezifischen Veränderung der Residuen der Kombination und der Persistenz begleitet. Eine Elite, die an die Macht gelangt, tut dies, weil sie sehr stark im Residuum der Persistenz ist. Das bedeutet, sie hat einen starken Glauben an bestimmte Ideale, eine starke Verpflichtung auf gemeinsame Ziele und gegenüber ihrer Gruppe und sie ist gewillt, Gewalt auszuüben, um ihre Ideale und gemeinsamen Ziele zu verwirklichen. Es ist eine starke, kraftvoll handelnde Gruppe. Der Gebrauch oder die Androhung von Gewalt tragen wesentlich zu ihrem Erfolg in der Auseinandersetzung mit der alten, absteigenden Elite bei. Was die aufsteigende Elite erfolgreich macht, ist die enge Verkettung von Glaube, Verpflichtung und Anwendung von Gewalt. Ein starker Glaube an ihre Ideologie disponiert die aufsteigende Elite dazu, Gewalt anzuwenden, um ihre Ideologie in die Praxis umzusetzen. Der Aufstieg und die Etablierung einer Elite ist die Zeit der „Löwen", die stark im Residuum der Persistenz sind und für ihre gemeinsame Sache kämpfen.

Je mehr sich die Elite als die herrschende Elite in der Gesellschaft etabliert hat, desto mehr hat sie sich den Bedingungen des Machterhalts anzupassen, die sich von den Bedingungen der Machterlangung grundsätzlich unterscheiden. Der Machterhalt in der Ausübung der Regierungsgeschäfte erfordert andere Eigenschaften, nämlich technisches Wissen, Intelligenz, situationsbedingtes taktisches Vermögen, Verhandlungsgeschick, Klarheit der Urteilskraft, Innovation, List, Geschicklichkeit und manchmal sogar Schwindel und Falschheit. Das sind die Eigenschaften, die von Paretos Residuum der Kombination erfasst werden. Je mehr es dieses Residuums bedarf, um die Regierung zu führen, umso größer wird sein Gewicht in der herrschenden Elite sein und desto mehr wird es das Residuum der Persistenz verdrängen. Die herrschende Elite muss dieses Problem der geschickten Regierungsausübung dadurch lösen, dass sie sich immer mehr dem Residuum der Kombination zuwendet und Personen aus den Massen heranzieht, die sich in diesem Residuum auszeichnen. In diesem Prozess überwiegen immer mehr die Residuen der Kombination in der herrschenden Elite und ersetzen diejenigen der Persistenz. Die Löwen werden durch eine neue Spezies verdrängt: durch die Füchse.

So sehr dieser Wechsel hin zu dem Residuum der Kombination innerhalb der herrschenden Elite dabei behilflich ist, die Regierungsgeschäfte geschickt zu führen, so hat es trotzdem nachteilige Folgen für ihren langfristigen Machterhalt gegenüber der Opposition einer potenziell aufsteigenden neuen Elite. Mit der Ersetzung des Residuums der Persistenz durch das Residuum der Kombination beginnen der Glaube an die Ideale und die Verpflichtung auf gemeinsame Ziele sowie auf die Gruppe dahinzuschwinden. Die Ideale, die Ziele und die Gruppen-solidarität, die ursprünglich die Stärke der Elite ausmachten, sind vergessen. Viele der neuen tüchtigen Mitglieder der Elite kennen sie noch nicht einmal, noch empfinden sie irgendeine Verpflichtung gegenüber diesen Idealen, gegenüber den gemeinsamen Zielen oder gegenüber der Gruppe. Die Ausübung der Macht wird dann zu einem Ziel an sich und ist nicht mehr länger durch einen festen Glauben und durch die Verpflichtung auf Ideale und gemeinsame Ziele gesteuert. Egoistische Bedürfnisbefriedigung tritt an die Stelle einer glaubwürdigen und kraftvollen Regierungsausübung. Die Befriedigung von Begehrungen und Interessen legitimiert die Ausbeutung der Schwachen; Betrug und Täuschung beginnen jede rechtmäßige Ausübung der Regierungsgewalt zu verdrängen. Es gibt keine Orientierung an der Zukunft und keine planvolle Regierungs-führung, um Ideale und gemeinsame Ziele zu verwirklichen. Stattdessen herrscht der Hang zur Befriedigung von Begehrungen und Interessen in der unmittelbaren Gegenwart vor. In der ökonomischen Sphäre findet ein paralleler Prozess statt. Hier ist die Elite in die *Rentiers*, die Geld sparen, und in die unternehmerischen Neuerer und *Spekulanten* aufgeteilt, die dieses Geld investieren. Die *Rentiers* sind Menschen mit starken Residuen der Persistenz, die unternehmerischen Innovatoren und *Spekulanten* sind stark im Residuum der Kombination. Die herrschende Elite benötigt Geld, um zu regieren, und unterstützt deshalb das dynamische ökonomische Wachstum, das durch die innovativen Spekulanten eingeleitet wird. Das trägt in der ökonomischen Elite zu einem Wachstum der Residuen der Kombination bei. Weniger Menschen sparen Geld und mehr Menschen geben Geld aus. Die unmittelbare Befriedigung von Begehrungen und Interessen über-wiegt das langfristige Sparen, womit weniger Geld verfügbar ist für zukunftsbe-zogene Investitionen. Kurzlebige Interessen ersetzen langfristige Planung. In diesem Prozess erschöpfen sich früher oder später die ökonomischen Ressour-cen, insbesondere die Ersparnisse, sodass die Ressourcen für die Regierungsfüh-rung immer knapper werden; das bedeutet wiederum, dass die regierende Elite noch mehr zu einem ausbeuterischen Handeln gegenüber den Schwachen und Armen neigt. Dieser parallele Prozess in der Wirtschaft trägt seinen Teil zum Niedergang der herrschenden Elite bei.

Der Verfall des Glaubens in der herrschenden Elite wird von einer Zunahme des Skeptizismus auf der ideologischen Ebene begleitet. Menschen, die stark in dem Residuum der Kombination sind, glauben nicht an Ideale, sondern sehen sich selbst von wissenschaftlichem Wissen und von Interessen geleitet, was sie hinsichtlich der Legitimation von Idealen skeptisch macht. Mit diesem wachsenden Skeptizismus wird die Legitimation der ursprünglichen Überzeugungen, welche die feste Grundlage der herrschenden Elite bildete, immer mehr geschwächt, bis zu einem Punkt, an dem die Elite nicht mehr an ihre eigenen ursprünglichen Ideale glaubt. Das ist der Zeitpunkt, zu dem die alte Elite völlig geschwächt ist und der Kritik der Opposition ausgesetzt sein wird, die für die Schwachen und Enteigneten spricht. Die Opposition stellt ihre Ansprüche auf Macht im Namen von humanitären Idealen, im Namen der gesamten Gesellschaft. Weil sie den Glauben an ihre eigenen Ideale verloren haben, werden auch Mitglieder der alten Elite für die Angriffe der Opposition anfällig und greifen deren humanitären Ideale auf. Indem sie das tun, schaufeln sie ihr eigenes Grab, weil es nun keinen Grund mehr gibt, sie in ihren Machtpositionen zu belassen.

Damit begeht die alte Elite einen doppelten Selbstmord: zuerst durch die zunehmende, rücksichtslose Ausbeutung der Schwachen, um kurzsichtiger Begehrungen und Interessen willen; zweitens durch das Aufgreifen der Ideale der Opposition. Der Verlust des Glaubens in ihre eigenen Ideale ist der Grund für beide Fehlentwicklungen, die wiederum ihren Grund im Wechsel von den Residuen der Persistenz zu denen der Kombination haben. Ein weiterer Aspekt dieser Transformation innerhalb der herrschenden Elite sind nachlassender Mut und Fähigkeit, auch Gewalt als Antwort auf Angriffe und Verletzungen der sozialen Ordnung anzuwenden. Ihre Schwäche gefährdet sogar das Bestehen sozialer Ordnung überhaupt. Weil sich das bloße Geschick in der Leitung der Regierung durchsetzt und weil sie ihren Glauben an ihre eigenen, ursprünglichen Ideale verloren hat, weiß die herrschende Elite nicht mehr, wofür sie eintritt. Sie ist damit nicht mehr so weit ihren Idealen und Zielen verpflichtet, dass sie mutig zu ihren Überzeugungen steht und dabei auch bereit ist, Gewalt gegen Angriffe und Verletzungen ihrer Ordnung einzusetzen. Es gibt keinen Glauben mehr und somit auch keinen Mut, um Gewalt im Namen dieses Glaubens anzuwenden. Die herrschende Elite spaltet sich immer mehr in die selbstsüchtigen Ausbeuter qua Macht und die enttäuschten Menschenfreunde. Einige der Letztgenannten verlassen sogar die herrschende Elite und ergreifen die Partei der Opposition. Folglich wird der Niedergang der alten Elite durch drei unmittelbare Faktoren verursacht: 1. durch die rücksichtslose Bedürfnisbefriedigung auf dem Weg der Ausbeutung der Schwachen, 2. durch die Schwächung der Überzeugungen und 3. durch einen abnehmenden Mut, auch Gewalt anzuwenden, um die Macht zu verteidigen.

Während die alte Elite in diesem Prozess immer schwächer wird, entsteht genügend Raum, in dem sich eine neue Elite entwickeln kann. Die zunehmend rücksichtslosere Befriedigung von Gier und Interessen, Korruption, Schwindel und Betrug und die Ausbeutung der Armen verlangen nach einer Opposition, die den Widerstand gegen diese dekadente Führung organisiert. Diese Opposition spricht im Namen der ausgebeuteten Schwachen und Armen und auch im Namen der gesamten Gesellschaft. Sie tritt für eine bessere Gesellschaft ein. Die Führer dieser Opposition bilden die neue Elite. Sie verfügt über Führerpersönlichkeiten, die den Massen entstammen, und über humanitär gesonnene Führerpersönlichkeiten, welche die bisher herrschende Elite verlassen haben. Die zunehmende Unfähigkeit der alten Elite, sich wirksam den Verletzungen der sozialen Ordnung durch die Anwendung von Gewalt zu widersetzen, bringt die neue Elite sogar in die Position, selbst die soziale Ordnung wiederherzustellen.

Die aufstrebende Elite wird zum Reservoir der Residuen der Persistenz. Menschen, die fähig sind zum Kombinieren und zur List, sind über die Zeit in die herrschende Elite aufgestiegen, wohingegen die Menschen, die stark in der Persistenz sind, sich nun in der neuen oppositionellen Elite sammeln, die aus den Massen entsteht. Das sind Menschen, die einen starken Glauben an ihre Ideale besitzen, eine starke Verpflichtung auf ihre gemeinsame Sache und ihre Ziele und eine starke Solidarität zu ihrer Gruppe empfinden. Sie wissen, wofür sie eintreten und sie sind bereit, für ihre Sache zu kämpfen und auch Gewalt anzuwenden, um ihre Ziele zu verwirklichen. Dies macht sie stark genug, um die schwache, zerfallende Elite zu stürzen und schließlich die Position einer neuen herrschenden Elite einzunehmen.

Nachdem sich die neue Elite jedoch selbst an die Macht gebracht hat, wird sie zwangsläufig den gleichen Prozess des Verfalls durchmachen, den auch die alte Elite erlebt hat. Das bedeutet auch, dass der Glaube an eine künftige Verwirklichung von universellen Idealen sowie die Sorge für die Schwachen und Armen und für die gesamte Gesellschaft zwangsläufig verschwinden wird und mehr und mehr durch eine kurzsichtige Befriedigung von Gier und Interessen verdrängt wird. Skepsis und zynisches Ausnutzen von Machtpositionen werden den Glauben ersetzen, bis zu dem Punkt, an dem wiederum die Zeit reif für die Auswechslung der dekadenten Elite durch eine neue herrschende Gruppe ist. Der Verlust des Glaubens an die eigenen Ideale auf Seiten der bürgerlichen Elite und der wachsende Glaube an den Sozialismus bei den breiten Massen ist zusammen mit dem zwangsläufigen Prozess des Verfalls innerhalb der herrschenden Elite der Grund, warum Pareto den Sieg des Sozialismus als Ersatz der herrschenden bürgerlichen Elite durch eine herrschende sozialistische Elite vorhersieht; aber er sagt ebenso das Scheitern des Sozialismus als Ideal voraus, weil er denselben Prozess der Degeneration durchlaufen wird wie es jedes Ideal in der Geschichte getan hat.

## Zusammenfassung

Wir können Paretos zentrale Gedanken in den folgenden Aussagen zusammenfassen:

### Methode

1. Die Soziologie muss als eine logisch-experimentelle Wissenschaft begriffen werden, die mit Exaktheit in der Definition ihrer Begriffe vorgeht, mit empirischem Bezug ihrer Begriffe, mit analytischer Abstraktion von der konkreten Wirklichkeit der untersuchten Gegenstände, die mittels Induktion von Tatsachen zur Formulierung allgemeiner Gesetze voranschreitet und die Bestätigung dieser Gesetze durch neue Tatsachen sucht.

### Logische und nicht-logische Handlung

2. Handeln kann von seinem Wesen her logisch oder nicht-logisch sein (oder: Handeln hat logische und nicht-logische Aspekte).
3. Logisches Handeln wendet Wissen an, das den Maßstäben der logisch-experimentellen Wissenschaft entspricht; nicht-logisches Handeln entspricht diesen Maßstäben nicht.
4. Kein Handeln und keine Gesellschaft beruhen ausschließlich auf Vernunft.
5. Nicht-logisches Handeln erfüllt eine nützliche Funktion, indem es dem Einzelnen und der Gesellschaft eine Orientierung und Richtung hin auf Ziele verleiht.
6. Die Philosophie und die Sozialwissenschaften bestreiten fälschlicherweise sehr oft die Existenz nicht-logischen Handelns, oder versuchen es zu rationalisieren.
7. Je mehr nicht-logisches Handeln durch den Hinweis auf Elemente gerechtfertigt wird, welche die Erfahrung überschreiten, oder durch pseudowissenschaftliche Theorien, desto stärker wird seine Bedeutung.
8. Verweise auf transzendente Elemente und pseudowissenschaftliche Theorien fungieren als Ideologien, die der Gesellschaft und den Individuen Orientierung und Richtung hin auf Ziele geben.

## Gefühle, Residuen und Derivationen

9. Die beständigste Orientierung und Richtung des Handelns ist durch Residuen gegeben, die mit Gefühlen und Derivationen verknüpft sind.

10. Je mehr Handeln durch Residuen – wie z.B. die christliche Verpflichtung zu rechtschaffenem Handeln – bestimmt ist, je mehr diese Residuen in Ritualen verankert werden, die auf die Etablierung dieser Haltung ausgerichtet sind, je mehr diese Rituale die Gefühle der Individuen erfassen und sie mit dem Residuum verbinden, und je mehr sich Ritual und Residuum auf Derivationen gründen, umso mehr wird dann die Orientierung und Ausrichtung des Handelns auf bestimmte Ziele emotional verankert, fest etabliert, kollektiv bindend, dauerhaft legitimiert und situationsadäquat sein.

11. Gefühle geben der Handlung eine Motivation, Residuen verleihen ihr eine beständige Orientierung, Derivationen vermitteln ihr Kontinuität und die Anpassungsfähigkeit an sich verändernde Situationen.

12. Residuen können in sechs Klassen unterschieden werden: I. Kombination, II. Persistenz, III. Expressivität, IV. Sozialität, V. Individualismus, VI. Erotik.

13. Derivationen können in vier Klassen unterschieden werden: I. Behauptung, II. Autorität, III. Übereinstimmungen von Gefühlen und Prinzipien, IV. Beweise mit Worten.

14. Damit eine Gesellschaft sich insgesamt entwickeln kann, benötigt sie ein Gleichgewicht zwischen Residuen und Derivationen.

15. Die Kombination sorgt für Anpassung, Persistenz für die latente Strukturerhaltung und die kollektive Zielerreichung, die Sozialität für Integration und schließlich sorgen Expressivität, Individualismus und Erotik für die individuelle Zielerreichung.

16. Die Behauptungen dienen der Anpassung, Autorität der kollektiven Zielerreichung, Übereinstimmung von Gefühlen und Prinzipien der Integration, Beweise mit Worten der Erhaltung latenter Strukturen.

## Die Dynamik von Machterwerb und Machtverlust

17. Jede Gesellschaft ist in eine Minderheit der Elite und eine Mehrheit der Nichtelite (die Masse) aufgeteilt.

18. Die Elite ist in die herrschende und in die nichtherrschende Elite unterteilt.

19. Die Entwicklung der Gesellschaft ist vom zyklischen Aufstieg und Niedergang von Eliten bestimmt.

20. Je stärker eine nichtherrschende Elite in den Residuen der Persistenz ist, je mehr sie einer gemeinsamen Sache verpflichtet ist, je mehr sie bereit ist, für

ihre Ziele zu kämpfen, und gewillt, wenn nötig Gewalt anzuwenden, umso wahrscheinlicher ist es, dass sie die herrschende Elite stürzen und an die Macht kommen wird.

21. Je mehr eine neu etablierte Elite Regierungsverantwortung übernimmt, umso dringender wird sie die Residuen der Kombination benötigen.

22. Je mehr das Bedürfnis nach den Residuen der Kombination von einer neu an die Macht gelangten Elite erfüllt wird, indem sie sich auf dieses Residuum ausrichtet und indem sie neue fähige Mitglieder aus den Massen rekrutiert, umso eher wird das Residuum der Persistenz durch das Residuum der Kombination ersetzt werden.

23. Je mehr sich die Residuen einer herrschenden Elite von der Persistenz hin zu denjenigen der Kombination verlagern, desto weniger werden sich die Mitglieder ihrer gemeinsamen Sache verpflichtet fühlen, umso mehr werden sie mit der kurzsichtigen Befriedigung von Begehrungen und Interessen beschäftigt sein und umso weniger werden sie die Zukunft planen, umso mehr werden sie den Glauben an ihre gemeinsame Sache verlieren und anfällig für die Angriffe der Opposition und deren humanitäre Ideale werden und umso weniger werden sie gewillt sein, ihre Macht durch die Anwendung von Gewalt zu verteidigen.

24. Je mehr Mitglieder einer herrschenden Elite sich der selbstsüchtigen Befriedigung von Begehren und Interessen hingeben, umso rücksichtsloser werden sie die Schwachen ausbeuten und umso mehr werden sie den Protest und den Widerstand der nichtherrschenden Elite, der Massen und deren Führer provozieren.

25. Je mehr die „Füchse" in der herrschenden Elite die Oberhand gewinnen, umso stärker wird der Bedarf an rasantem Wirtschaftswachstum sein.

26. Je mehr die *Spekulanten* über die *Rentiers* in der Wirtschaft dominieren, umso schneller wird das kurzfristige Wachstum sein, doch umso mehr werden sich die Ressourcen für ein langfristiges Wachstum erschöpfen.

27. Je mehr sich die ökonomischen Ressourcen für ein langfristiges Wachstum in der Wirtschaft erschöpfen, umso weniger Ressourcen werden der Regierung auf lange Sicht zur Verfügung stehen.

28. Je weniger Ressourcen durch die Wirtschaft auf lange Sicht für die Regierungsausübung bereitgestellt werden, umso mehr wird die herrschende Elite die Schwachen ausbeuten.

29. Je länger die Ideologie der herrschenden Elite an der Macht ist, umso mehr werden ihre falschen Annahmen durch wissenschaftliche Kritik aufgedeckt.

30. Je mehr die falschen Annahmen der Ideologie der herrschenden Elite aufgedeckt werden, desto mehr werden die Mitglieder der herrschenden Elite den Glauben an ihre eigene Ideologie verlieren.

31. Je mehr Mitglieder der herrschenden Elite den humanitären Idealen der Opposition gegenüber aufgeschlossen sind, umso weniger Mitglieder werden deren Angriffen widerstehen und umso mehr von ihnen werden sich der Opposition zuwenden und als ihre Führer dienen.

32. Je mehr eine herrschende Elite den Protest und den Widerstand der Massen provoziert, je mehr sie Mitglieder, die nach einer neuen Überzeugung suchen, an die Opposition verliert und je weniger sie dazu bereit ist, ihre Position zu verteidigen, indem sie Gewalt anwendet, umso wahrscheinlicher ist es, dass sie durch eine neu emporkommende Elite gestürzt wird.

## Kritische Würdigung

Paretos allgemeine Soziologie veranschaulicht eindrucksvoll den Ort und die Bestimmung der nicht-rationalen Elemente des menschlichen Handelns. Er betont in seiner Theorie der Gefühle, Residuen und Derivationen deren gemeinsamen Einfluss auf das Handeln: Motivation, Verpflichtung auf Ziele, Kontinuität und Anpassung. Seine Residuen und Derivationen decken das gesamte Feld des sozialen Handelns ab: Anpassung, Zielerreichung, Integration und die Erhaltung latenter Strukturen. Somit gelangt Pareto zu einer umfassenden soziologischen Theorie in ihrer formalen Struktur.

Sein Ansatz ist jedoch zu sehr davon beeinflusst, dass er die nicht-logischen Elemente des Handelns als Abweichungen von den Maßstäben der positiven Wissenschaft begreift. Obwohl er sehr deutlich die nützliche Funktion des nicht-logischen Handelns hervorhebt, da es den Menschen und der Gesellschaft Orientierung gibt und eine Richtung weist, versteht er trotzdem nicht vollständig den Charakter der nicht-logischen Handlungselemente an sich, unabhängig von ihrer Abweichung von den Maßstäben der positiven Wissenschaft. Weil er die nicht-logische Handlung an den Maßstäben der positiven Wissenschaft misst, erscheint das Entstehen der nicht-logischen Handlungselemente als eine unzureichende Abweichung von den Maßstäben der Wissenschaft. Diese Auffassung beschränkt jedoch erheblich die Sicht auf die internen Prozesse, durch welche die nicht-logischen Handlungselemente produziert werden. Was im Werk Durkheims als Entstehung und Transformation von Solidarität, als Konsens und Moral umfassend behandelt wird, erscheint in Paretos Werk als ein Residuum, das auf einer Verbindung von Ritual und Gefühlen beruht, und somit als etwas, das von den Standards der positiven Wissenschaft abweicht. Deshalb ist Pareto nicht einmal in der Lage, die bedeutsamen Fragen nach der Transformation von Solidaritäts- und Moralstrukturen zu stellen, welche die Entwicklung von Gesellschaften begleitet und die eine weitaus angemessenere Behandlung in Durkheims Werk erhält. Paretos Theorie der Residuen richtet sich auf denselben Gegenstand wie Durkheims Theorie der sozialen Tatbestände, der Solidarität und der Moral, aber sie gibt uns keinen Einblick in deren innere Strukturen und Prozesse, der sich mit Durkheims Ausführungen messen kann.

Dasselbe gilt für Paretos Theorie der Derivationen. Sie wendet sich dem Problem der Legitimation von sozialem Handeln und sozialen Strukturen zu, ein Problem, das am genauesten von Max Weber untersucht wurde. Paretos Theorie lenkt unsere Aufmerksamkeit hauptsächlich auf die Abweichung der Derivationen von den Maßstäben der wissenschaftlichen Erklärung, anstatt diese aus ihrem eigenen Recht heraus zu analysieren, indem man ihre Strukturen, Prozesse und Funktionen für die Gesellschaft untersucht. Hier müssen wir die Rolle der Ideen und ihre Verknüpfung mit der Legitimation und Kritik sozialen Handelns und sozialer Strukturen herausarbeiten. Pareto erreicht jedoch bei weitem nicht das Niveau von Max Webers Ansatz, der sein Hauptaugenmerk auf diesen Gegenstand richtete.

Hier müssen wir auch Paretos Behandlung der Prozesse von Legitimation und Kritik als nicht-rationale Abweichungen von den Anforderungen der positiven Wissenschaft ablehnen. Pareto verklärt fälschlicherweise die Rationalität der positiven Wissenschaft als eine umfassende Rationalität, die sie einfach nicht ist. Er übergeht vollständig die Rationalität der diskursiven Prozesse der Legitimation und Kritik von Werten und Normen. Eine positive Naturwissenschaft kann nicht die Fragen nach Recht oder Unrecht beantworten; dies bedeutet jedoch nicht, dass es überhaupt keinen rationalen Zugang zu diesen Fragen geben kann. Seit Kants praktischer Philosophie bis hin zur Formulierung der Diskursethik von Habermas haben wir zumindest Anhaltspunkte für eine rationale Annäherung an die Fragen der Moral. Wie diese Fragen beantwortet werden können und welchen Beitrag Moraldiskurse zur Entwicklung der Gesellschaft leisten, kann von Paretos Theorie der Derivationen her nicht angegangen werden.

Obwohl Pareto ein berühmter Politischer Ökonom war, nutzte er die Früchte seines ökonomischen Werks nicht für eine soziologische Analyse der Entwicklung des modernen Kapitalismus, die mit Marx' Theorie der kapitalistischen Entwicklung oder selbst mit Durkheims Behandlung der Entwicklung der Arbeitsteilung oder mit Webers Theorie des Aufkommens und der Entwicklung des rationalen Kapitalismus vergleichbar wäre. Sein ökonomisches und sein soziologisches Werk waren beide vom Charakter her zu formalistisch, um solch eine Synthese und damit eine Anwendung auf die historische Entwicklung zu erlauben.

Was Pareto am genauesten darstellt, ist die Dynamik von Machtgewinn und Machtverlust. Hierin ist er seinen Kollegen überlegen. Dieser Beitrag Paretos ist unentbehrlich für ein präzises Verständnis und eine Erklärung der Dynamik von Machtsystemen. Seine Theorie des Aufstiegs und Niedergangs von Eliten bietet interessante Einsichten, die bei anderen klassischen Autoren nicht vorhanden sind. Er formuliert zudem seine Theorie in einer viel systematischeren Weise und mit einer größeren Genauigkeit als die vergleichbare Theorie, die sein Kollege Gaetano Mosca (1896/dt.1950) lieferte. Hier ist auch das Feld, auf dem er den besten Gebrauch von seiner Theorie der Residuen macht und wo seine Konzeptualisierung der Residuen deren spezifische Natur zeigt, da sie eng mit dem Kampf um Macht verknüpft sind. Sie sind Werkzeuge, um Macht zu gewinnen und zu erhalten. Dasselbe gilt für seine Konzeptualisierung der Ideen als Ideologien. Ideen werden zu Ideologien sobald sie als Werkzeuge im Machtkampf gebraucht werden.

Paretos Theorie der Dynamik von Machtsystemen kann auf langfristige Transformationen von Machtsystemen angewandt werden, aber auch auf die kurzfristigen Auswechslungen politischer Eliten in demokratischen Systemen, auf der Ebene der Gesellschaft, der Parteien, der Gewerkschaften und in anderen Machtsystemen. Die Geschichte ist voll von Beispielen, die Paretos Theorie entsprechen. Man könnte sich zum Beispiel das Schicksal der Russischen Revolution von 1917 ansehen. Die bolschewikischen Revolutionäre waren „Löwen", Männer mit einem festen Glauben an die künftige Errichtung einer kommunistischen Gesellschaft. Je länger die kommunistische Partei an der Macht war, desto mehr wurde sie folglich von den „Füchsen" übernommen, Menschen, die kurzfristige Begehrungen und Interessen befriedigen wollen, von Funktionären, die das System immer mehr zu einem Selbstbedienungsladen für Privilegien entstellten. Gleichzeitig gingen die ursprünglichen Überzeugungen völlig verloren und wurden durch ein zynisches Spiel mit den Regeln des Systems ersetzt. Das war der Zeitpunkt, zu dem Gorbatschow begann, die alte Elite durch eine neu emporkommende Elite abzulösen, Männer und Frauen, die dem Glauben an *Perestroika* und *Glasnost* verpflichtet waren.

Wir können jede beliebige siegreiche Partei in einem demokratischen System betrachten. Sie beginnt mit einer tiefen Verpflichtung auf eine gemeinsame Sache und wird dann mehr und mehr durch das unkontrollierte Spiel von Begehrungen und Interessen und durch das Verschwinden der ursprünglichen Überzeugungen geschwächt, sodass sie schließlich reif dafür ist, durch die Opposition ersetzt zu werden.

Pareto zeigt jedoch nicht, wie die Dynamik des Machtsystems durch den Einfluss kultureller Legitimation, durch die Umwandlung von Solidaritätsstrukturen und durch wirtschaftliche Rationalisierung transformiert werden kann. Soweit diese Prozesse von ihm berücksichtigt werden, sind sie nur ein Bestandteil der Machtdynamik selbst. Das ist auch der Grund, warum er nur den unablässigen

Austausch von Eliten sehen kann, ohne irgendeine qualitative Veränderung in Bezug auf die Verwirklichung kultureller Werte, die aus einem starken Einfluss der Logik des kulturellen Diskurses resultiert, oder in Bezug auf die Integration der Gesellschaft, die sich aus einem starken Einfluss der Prozesse der Inklusion ergibt, und bezüglich des ökonomischen, technologischen und wissenschaftlichen Fortschritts, der aus dem machtvollen Einfluss ökonomischer Prozesse, der technologischen und wissenschaftlichen Rationalisierung resultiert. Je mehr diese Prozesse Effekte auf die Dynamik des Machtsystems ausüben, desto mehr bedeutet historische Entwicklung mehr als nur einfach ein Kreislauf emporsteigender und niedergehender Eliten.

## Wirkungsgeschichte

Talcott Parsons zählte Pareto zu den Klassikern der Soziologie und arbeitete in seinem ersten großen Werk „The Structure of Social Action" (Parsons, 1937/1968) heraus, dass Pareto neben Marshall, Durkheim und Weber einen wichtigen Beitrag zu einer universalen Theorie des sozialen Handelns geleistet hatte. Allerdings gehen die Gedanken von Weber und Durkheim in sehr viel stärkerem Maße in Parsons' Theoriegebäude ein (siehe die ausführliche Darstellung in Band 3 dieses Lehrbuchs).

Vilfredo Pareto leistete einen spezifischen Beitrag zur soziologischen Theorieentwicklung. Er schuf jedoch keine Schule. Spätere Arbeiten zur Konflikttheorie gründeten sich weit mehr auf Marx als auf Pareto. Das ist auch der Grund, warum sein Einfluss auf weitere Theorieentwicklungen sehr gering blieb. Dennoch sorgte Pareto für Einsichten in die Dynamik der Macht, die keine andere klassische oder moderne Theorie bietet. Diese Einsichten verdienen ihren angemessenen Platz im umfassenden Netzwerk soziologischer Theorie (siehe Powers, 1987; Eisermann, 1987).

## Orientierungsfragen

1. Was unterscheidet logisches und nicht-logisches Handeln nach Pareto? Inwiefern sind in tatsächlichen Handlungen beide Elemente vertreten?
2. Wie verläuft nach Pareto der Prozess der Elitezirkulation?

3. Erläutern Sie anhand einer aktuellen politischen Auseinandersetzung, wie sich Politiker verhalten, wobei Sie die Begriffe der Elitetheorie von Pareto verwenden.

## Wichtige Begriffe

*Derivationen*
*Elite*
*Logisches Handeln*
*Nicht-logisches Handeln*
*Residuen*

## Zur Biografie

Bousquet, Georges-Henry. 1960. *Pareto (1848–1923). Le savant et l' homme.* Lausanne/Paris : Payot.
Eisermann, Gottfried. 1987. *Vilfredo Pareto. Ein Klassiker der Soziologie.* Tübingen: Mohr Siebeck, S. 1–55.

## Einstiegstexte

Eisermann, Gottfried. 1987. *Vilfredo Pareto. Ein Klassiker der Soziologie.* Tübingen: Mohr Siebeck.
Pareto, Vilfredo. 1998. *Logik und Typus. Beiträge zur soziologischen Handlungstheorie.* Konstanz: UVK.

## Weiterführende Literatur

Eisermann, Gottfried. 1989. *Max Weber und Vilfredo Pareto. Dialog und Konfrontation.* Tübingen: Mohr Siebeck.
Hübner, Peter. 1967. *Herrschende Klasse und Elite. Eine Strukturanalyse der Gesellschaftstheorien Moscas und Paretos.* Berlin: Duncker & Humblot.
Powers, Charles H. 1987. *Vilfredo Pareto.* Newbury Park u.a.: Sage.

Parsons, Talcott. 1937/1968. *The Structure of Social Action*. New York: Free Press.

Valade, Bernard. 1990. *Pareto – La naissance d' une autre sociologie*. Paris : Pr. Univ. de France.

# V. Die amerikanische Tradition des Pragmatismus
# George Herbert Mead

## Biografische Einleitung

George Herbert Mead wurde am 27. Februar 1863 in South Hadley, Massachusetts, geboren. Sein Vater war zunächst protestantischer Pfarrer. Als George Herbert vier Jahre alt war, wechselte er nach New Hampshire. Zwei Jahre später, 1869, übernahm er eine Professur für Geschichte und Theorie der Predigt am hochangesehenen Oberlin College in Ohio. Er lehrte an diesem College bis zu seinem Tod im Jahr 1881. Das College war stark durch religiöse Orthodoxie, aber auch durch die ernsthafte Wahrnehmung sozialer Verpflichtungen nach christlicher Lehre geprägt und setzte sich für die Gleichberechtigung von Schwarzen und Frauen ein. Die Sozialisation von George Herbert Mead wurde maßgeblich durch dieses religiöse Umfeld beeinflusst. Er studierte selbst von 1879 bis 1883, also zwei Jahre über den Tod des Vaters hinaus, am Oberlin College. Für seine intellektuelle Entwicklung in dieser Zeit war der Konflikt zwischen der religiösen Dogmatik und der Ausbreitung der Naturwissenschaften maßgeblich. Er spitzte sich auf den Streit zwischen der christlichen Schöpfungslehre und der Darwinschen Evolutionstheorie zu. Mead öffnet sich mit fortschreitendem Studium der naturwissenschaftlichen Methodik, ohne jedoch die von der christlichen Lehre vermittelten moralischen Impulse aufzugeben. Seine Frage ist, wie sich eine moralische Ordnung, in der persönliche Lebensführung und gesellschaftliche Organisation ineinander greifen, auch ohne religiöse Dogmatik herausbilden kann. Sie wird den Rahmen für seine ganze weitere intellektuelle Entwicklung bilden.

Nach Abschluss seines Studiums wird Mead zunächst als Lehrer tätig, kommt allerdings nicht mit seinen Schülern zurecht, weshalb er diese Tätigkeit schon nach ein paar Monaten wieder beendet. Er bekommt dann für einige Jahre eine Anstellung bei einer Vermessungsgesellschaft für den Eisenbahnbau in Wisconsin. Hier wird seine Aufgeschlossenheit für Naturwissenschaften und

Technik weiter ausgeformt. Er findet allerdings in dieser Tätigkeit keine Erfüllung seiner tieferen Lebenspläne. Es drängt ihn zu einer stärker geistig-moralisch herausfordernden Betätigung. Der Weg seines Vaters zum Pfarrerberuf ist ihm jedoch versperrt, weil ihm seine Aufgeschlossenheit für die Naturwissenschaften den naiven Glauben geraubt hat. In dieser Situation der Suche nach neuem Sinn entschließt er sich trotz der damit verbundenen ökonomischen Risiken zu einer Fortsetzung seines Studiums an der Harvard Universität, die sich zur damaligen Zeit von allen amerikanischen Hochschulen am weitesten von religiöser Dogmatik befreit hatte. An der Harvard Universität wurde Josiah Royce der für Mead maßgeblichste akademische Lehrer. Royce war ein christlicher Neuhegelianer, für den am Ende der Geschichte aus der fortschreitenden Verständigung zwischen den Menschen das Reich Gottes als Gemeinschaft aller Menschen hervorging. In den Seminaren von Royce erhielt Mead einen ersten Zugang zu Kants kritischer Philosophie, der allerdings noch von seiner nur beschränkten Beherrschung der deutschen Sprache behindert wurde. Royce weckte auf jeden Fall Meads Interesse an Kants kritischer Philosophie und ihrer „Überwindung" durch den insbesondere von Hegel geprägten deutschen Idealismus. Was Mead an dem Denkansatz von Royce jedoch fehlte, war der Bezug zur Naturwissenschaft und zur tatsächlichen gesellschaftlichen Praxis. In seinen Augen passte dieses Produkt der europäischen Bildungselite nicht zur Praxis des amerikanischen Lebens (Joas, 1980: 21–23).

Eine Verknüpfung von Philosophie, naturwissenschaftlicher Methodik und gesellschaftlicher Praxis verspricht sich Mead von der physiologischen Psychologie. Hier glaubt er, die Frage nach dem Ineinandergreifen von persönlicher Lebensführung und moralischer Ordnung mit Hilfe von empirischer Forschung beantworten zu können. Der weltweit führende Standort dieser Disziplin war damals das Laboratorium von Wilhelm Wundt in Leipzig. Mead setzte deshalb sein Studium im Wintersemester 1888/89 in Leipzig fort. Er studierte bei Wundt „Grundzüge der Metaphysik", bei M. Heinze „Geschichte der neueren Philosophie" und bei Rudolf Seydel „Das Verhältnis der deutschen Philosophie zum Christentum seit Kant". Sein Studium konzentrierte sich insofern weniger auf das engere Gebiet der physiologischen Psychologie als auf die darüber hinausgreifenden Fragestellungen der Philosophie. Im Sommersemester 1889 ging Mead nach Berlin, wo er Lehrveranstaltungen von Dilthey, Ebbinghaus, Paulsen und Schmoller belegte. Hier begegnete ihm in Gestalt der Antipoden Ebbinghaus und Dilthey der Konflikt zwischen einer naturwissenschaftlich-experimentell verfahrenden, allgemeine Gesetzmäßigkeiten erforschenden und einer geisteswissenschaftlich-verstehend verfahrenden, die individuell besondere Persönlichkeit erfassenden Psychologie. Für Mead ist es eine neue, säkularisierte Gestalt des alten Konflikts zwischen naturwissenschaftlicher Methodik und christlicher

Lehre. Er sucht auch hier nicht die Entscheidung für eine der beiden Seiten, sondern einen Weg, der beide Seiten miteinander verknüpft. Dieses Ziel verliert er in seiner weiteren Entwicklung nicht mehr aus den Augen. Einen ersten Versuch will er bei Dilthey mit einer Dissertation wagen, in der in Abgrenzung zu Kant ein Verständnis des Raumes gewonnen werden soll, das ihn nicht transzendentalphilosophisch als reine Form der Anschauung, sondern empirisch-psychologisch als leibabhängig konstituierte Raumwahrnehmung begreifen sollte. Obwohl Mead dieses Projekt dann doch nicht realisiert hat, zeigt sich darin eine weitere Entwicklungsstufe seiner angezielten Verknüpfung von philosophischen Fragestellungen mit empirisch-wissenschaftlicher Methodik. Dieser Ansatz leitete auch Meads weitere Beschäftigung mit Fragen der Ethik. Er hörte Diltheys Ethik-Vorlesung und zog daraus die für seine weitere Entwicklung maßgebliche Leitlinie, mit Hilfe der Psychologie das Ineinandergreifen von moralischer Entwicklung und gesellschaftlicher Praxis zu untersuchen. Während seines Aufenthaltes in Deutschland lernt Mead auch den sozialreformerischen Impetus der Arbeiterbewegung in Deutschland zu schätzen, den er gerne in einer für die dortigen Verhältnisse angemessenen Form in den Vereinigten Staaten fördern möchte. Nach seiner Einschätzung müsste in den Vereinigten Staaten wegen des föderalen Systems an die Stelle der europäischen zentral-staatlich ausgerichteten Reformbewegung eine auf kommunale Sozialreform abzielende Bewegung treten (Joas, 1980: 24–25).

Das Angebot, an der Universität von Michigan in Ann Arbor Psychologie zu lehren, führt ihn 1891 zurück in die Vereinigten Staaten. In demselben Jahr heiratet er Helen Castles; aus der Ehe geht ein Sohn, Henry, hervor. In Ann Arbor versucht er der experimentellen Psychologie theoretische Grundlagen zu geben, wozu er sich erneut der Philosophie Hegels zuwendet. In John Dewey und Alfred Lloyd findet er in Ann Arbor zwei Hegelianer, die ihn darin unterstützen können. Meads Projekt ist die Verknüpfung von deutschem Idealismus und experimenteller Psychologie. Seine sozialreformerischen Ziele verfolgt Mead durch die Mitarbeit an einem von syndikalistischen Sozialisten initiierten Zeitungsprojekt, das allerdings nicht zur Verwirklichung kommt. Aus seiner wissenschaftlichen Arbeit geht ein Text zum christlichen Begriff der Liebe hervor, in dem er an die Emotionstheorie von William James anknüpft. Er will zeigen, dass Liebe über das bloße christliche Ritual hinaus als ein Impuls zu begreifen ist, aus dem sich eine brüderliche Gemeinschaft aller Menschen entwickeln kann.

Im Jahre 1894 ergibt sich für Mead die Chance, an der neu gegründeten Universität von Chicago seine wissenschaftliche Forschung mit seinem Interesse an Sozialreformen zu verbinden. John Dewey war nach Chicago berufen worden und erreichte, dass Mead die Stelle eines Assistenzprofessors bekam. Chicago erlebte zur damaligen Zeit aufgrund der Zuwanderungsströme und der industriellen Entwicklung ein atemberaubendes Wachstum. In der Stadt wurden alle sozialen Probleme des schnellen Wachstums virulent. Die neue Universität sollte einen wesentlichen Beitrag zur Bewältigung dieser Probleme leisten. Darauf war das Programm von Soziologie, Psychologie und Philosophie ausgerichtet. Neben ihrer wissenschaftlichen Arbeit beteiligten sich Mead und Dewey an einer ganzen Reihe von Projekten, die auf soziale Integration abzielten. Mead war z.B. für einige Jahre Schatzmeister des Hull-House. Es handelte sich dabei um ein Kommunikationszentrum, in dem Sozialarbeiter und Intellektuelle vor Ort im Wohnviertel die enge Zusammenarbeit mit der aus verschiedenen Nationalitäten zusammengesetzten Bevölkerung suchten, um soziale Probleme zu lösen. Hull-House wurde zu einem Vorbild der sogenannten Settlement-Bewegung, in der sich Demokratie auf kommunaler Ebene als Lebensform verwirklichen sollte. Mead war darüber hinaus an einer ganzen Reihe weiterer kommunaler Projekte maßgeblich beteiligt. Dabei ging es um Frauenrechte und Reformen des Jugendstrafrechts, um berufliche Bildung und Schulreform. Er war Mitglied und für einige Zeit Präsident des City Clubs, in dem sich Intellektuelle und Unternehmer zusammentaten, um in sozialreformerischer Absicht auf die Kommunalpolitik einzuwirken.

Der Eintritt der Vereinigten Staaten in den Ersten Weltkrieg war für Mead und seine Kollegen in Chicago wie für viele amerikanische Intellektuelle ein einschneidendes Erlebnis. Wie viele seiner Kollegen unterstützte Mead die Politik von Präsident Wilson nach innen und nach außen. Im Innenverhältnis bedeutete dies die Bereitschaft zur Hinnahme von Solidaritätzwängen, aus denen sich auch Einschränkungen von Freiheiten ergaben. So war für Mead z.B. die Kriegsdienstverweigerung aus religiösen und ethischen Gründen zu rechtfertigen, aber nicht aus politischen Gründen. Der sozialreformerische Impetus von Mead wurde dadurch jedoch nicht grundlegend geschwächt. Allerdings musste er Ende der zwanziger Jahre erleben, dass die sozialreformerische Bewegung in Chicago von restaurativen Kräften zurückgedrängt wurde. Die letzten Jahre seines Lebens waren deshalb von Enttäuschungen geprägt. Er starb am 26. April 1931 zu einem Zeitpunkt als der von Dewey und ihm geformte Pragmatismus als Verknüpfung von empirischer Forschung und Sozialreform in Chicago deutlich an Einfluss verloren hatte. Zu Lebzeiten hat Mead kein einziges Buch veröffentlicht. Sein Einfluss ging nicht über den engen Chicagoer Kreis von Psychologie und Philosophie hinaus. Die Sozialpsychologie, die Mead in Chicago lehrte, wurde jedoch über seinen Tod hinaus in die Soziologie-Ausbildung in Chicago integriert. Da das erste, 1895 gegründete Soziologie-Department in den Vereinigten Staaten bis heute einen großen Einfluss auf die Entwicklung der amerikanischen Soziologie ausübt, waren für die posthume Verbreitung von Meads Denken sehr gute Bedingungen erfüllt. Je mehr Schriften und Vorlesungsnachschriften aus Meads

Nachlass veröffentlicht wurden, umso mehr konnte sein Denkansatz in der Soziologie auch Fuß fassen (Joas, 1980: 26–37).

## Hauptwerke

*The Philosophy of the Present.* (1932/1959)
*Mind, Self, and Society.* (1934)
*Movements of Thought in the Nineteenth Century.* (1936)
*The Philosophy of the Act.* (1938)
*Selected Writings.* (1964/dt.1987)

## Theoriegeschichtlicher Kontext: Pragmatismus

Der **Pragmatismus** verhalf der amerikanischen Philosophie zu einem eigenständigen Ansatz, um die Welt und den Menschen in dieser Welt zu verstehen (vgl. Rorty, 1982). Die führenden Philosophen des Pragmatismus, Charles S. Peirce (1839–1914), William James (1842–1910) und John Dewey (1859–1952) stellten die praktisch-instrumentelle Beziehung des handelnden Menschen zu seiner natürlichen und sozialen Umwelt in den Mittelpunkt ihrer Untersuchungen (vgl. Peirce, 1974; James, 1907; Dewey, 1922, 1927, 1977). Wissen und Moralvorstellungen entwickeln sich aus dieser praktisch-instrumentellen Beziehung zwischen dem Handelnden und der Umwelt. Wahrheit ist eine Frage der praktisch-instrumentellen Brauchbarkeit von Wissen und Moral.

James war besonders an der Psychologie der kognitiven Prozesse interessiert und untersuchte hierfür die reinen Formen der Bewusstseinserfahrung. Er wies auf die Selektivität der Wahrnehmung hin und darauf, dass die Aufmerksamkeit gegenüber Gegenständen von den Interessen des Individuums abhängt. Von Peirce über Dewey und Mead lässt sich eine immer stärkere Betonung kognitiver Prozesse als Aspekte eines Handlungsprozesses beobachten, der wiederum nur im Zusammenhang von kollektiver Assoziierung und sozialer Kommunikation gedacht werden kann. Nach Peirce entwickelt sich Wissen im Prozess des Handelns weiter, je nach den Problemen, die im Verlauf des Handelns aufkommen und Lösungen erfordern. Hierbei beginnen die Handelnden auf der Grundlage eines Wissensvorrats, der sich in Gewohnheiten niederschlägt. Wenn der Akteur, um erfolgreich handeln zu können, mit einer neuen Erfahrung und zugleich einem Scheitern des hergebrachten Wissens konfrontiert wird, dann sucht er nach neuen Lösungen, indem er alternative Handlungsabläufe durchspielt und seine Gewohnheiten entsprechend seiner neuen, erfolgreichen Lösungen verändert.

Peirce (1974:156–157) stellte diese pragmatistische Sichtweise des Wissensfortschritts in Gegensatz zu Descartes' Vorgabe, völlig mit dem traditionellen „Buchwissen" zu brechen und den Zweifel als das fundamentale Prinzip zu nutzen, auf dem der Mensch Wissen auf dem Wege reiner Intuition erwerbe. Für Descartes gründete Intuition vor allem auf dem reinen Prinzip des „cogito, ergo sum", dem „Ich denke, also bin ich" (vgl. Joas, 1987: 86–87). Peirce hielt dagegen, dass dieser gesamte Prozess nicht einfach nur von isolierten Individuen ausgeführt wird, sondern von Individuen, die kollektiv verbunden sind und in sozialer Kommunikation miteinander stehen. Selbstreflexion und kollektive Reflexion vermischen sich in diesem Prozess. Damit legte der Pragmatismus die philosophischen Grundlagen für die Idee der Demokratie als eines komplexen Gefüges von selbstverwalteten Vereinigungen und Gemeinschaften, die durch die freiwillige Partizipation von kreativen Individuen lebendig bleiben (vgl. Joas, 1987: 89–93). Soziale Kommunikation muss alle Bereiche der Gesellschaft einschließlich der ökonomischen Sphäre durchdringen, um eine soziale Ordnung zu schaffen, die einerseits in moralischen Ideen verwurzelt und auf der anderen Seite flexibel ist für die Erfordernisse situativen Handelns. Diese Idee ist in der amerikanischen Realität verwurzelt, zugleich transzendiert sie diese Realität mit weitreichenderen Ansprüchen. Vor allem John Dewey (1927) trug zu diesen Ideen von Selbstverwaltung und sozialer Kommunikation bei. George Herbert Mead (1934) führte Deweys Werk weiter. Der Pragmatismus stellte eine Reformbewegung mit dem Ziel dar, die amerikanische Tradition des Individualismus, der zugleich in freiwilliger Assoziation und dezentralisierter, partizipatorischer Demokratie eingebettet war, wiederzubeleben – gegen ihre Verdrängung durch das Entstehen eines korporativen Kapitalismus, einer repräsentativen und zentralisierten Regierung und einer gesellschaftlichen Gemeinschaft, die als Ergebnis einer Massenimmigration aus der ganzen Welt in rassische, ethnische und nationale Gruppen parzelliert war.

Der Pragmatismus beeinflusste als gegen Ende des 19. Jahrhunderts führende Schule der amerikanischen Philosophie entscheidend die Entwicklung der amerikanischen Soziologie in den ersten Jahrzehnten des 20. Jahrhunderts. Die Arbeiten von Charles Horton Cooley, George Herbert Mead, William I. Thomas und Robert E. Park, die das Entstehen der amerikanischen Soziologie wesentlich gestalteten, waren soziologische Transformationen des philosophischen Pragmatismus. Cooley lehrte an der Universität von Michigan. Thomas, Mead und Park begründeten die Chicagoer Schule der Soziologie, die in der amerikanischen Soziologie bis in die späten 1930er Jahre dominierte (Lewis und Smith, 1980; Bulmer, 1984; Joas, 1987). Diese Schule wurde später durch das soziologische

Department der Columbia Universität in New York mit Robert K. Merton und Paul F. Lazarsfeld als ihren führenden Vertretern und vom „Department for Social Relations" der Harvard Universität unter der Leitung von Pitirim Sorokin, Talcott Parsons und George C. Homans in ihrer führenden Rolle abgelöst (Wiley, 1979). Merton (1949/1968) förderte den empirischen Funktionalismus und Theorien mittlerer Reichweite, Lazarsfeld verbesserte zusammen mit Rosenberg die quantitative Methodologie (Lazarsfeld und Rosenberg, 1955), Sorokin (1937–1941) beschäftigte sich mit umfassenderen Studien des sozialen und kulturellen Wandels, Parsons (1937/1968, 1951) setzte sich für den analytischen Funktionalismus und die „große Theorie" ein, Homans (1961) wandte sich den psychologischen Grundlagen des sozialen Verhaltens zu. Im Gegensatz zu diesen späteren Entwicklungen konzentrierte sich die Chicagoer Schule auf mikrosoziologische empirische Studien unter Verwendung qualitativer Methoden. Sie wollte in einer Zeit fundamentaler Veränderungen der Großstädte zu einer Sozialreform auf professioneller soziologischer Grundlage beitragen. Diese Veränderungen waren Resultate der Massenimmigration einer wachsenden Vielfalt von Menschen unterschiedlicher nationaler Herkunft, der Ausweitung des industriellen Kapitalismus und der wachsenden Macht der Bundesregierung. Diese Prozesse veränderten die einst relativ homogenen Kommunen beträchtlich. Chicago war von diesen Veränderungen besonders betroffen.

Die Soziologen der Chicagoer Schule stellten erstmals das Individuum, sein Selbst, seine Beziehung zur unmittelbaren sozialen Umgebung, die kleinen Einheiten wie die Familie, den Arbeitsplatz, die Nachbarschaft und die lokale Gemeinschaft in den Mittelpunkt der soziologischen Analyse. Bedeutende Beiträge kamen beispielsweise von Anderson (1923) über den Landstreicher, von Trasher (1927) über kriminelle Jugendbanden, von Wirth (1928/1969) über das jüdische Ghetto und von Shaw (1930) über jugendliche Kriminelle. Wirths (1938, 1964) Untersuchungen über die Großstadt waren ebenfalls von großer Bedeutung. Damit stellten die Chicagoer Soziologen der klassischen europäischen Soziologie, die sich hauptsächlich mit der makrosoziologischen Analyse der großen gesellschaftlichen Strukturen und Transformationen in der Ökonomie, der Politik, der gesellschaftlichen Gemeinschaft und der Kultur der Gesamtheit der modernen industriellen Gesellschaften beschäftigen, einen eigenständigen mikrosoziologischen Ansatz gegenüber. Der einzige klassische europäische Soziologe, der zu diesem mikrosoziologischen Unternehmen beitrug, war Georg Simmel, der in der Tat einigen Einfluss auf die pragmatistisch orientierten amerikanischen Soziologen ausübte, zumal er zu den ersten Autoren des *American Journal of Sociology* zählte.

Zum Pragmatismus in der amerikanischen Soziologie gehört eine besondere Betonung der symbolischen Natur des sozialen Lebens. Dieser Aspekt des sozialen Lebens wird jedoch nicht von oben, von den großen kulturellen Systemen der Religion, den Moralvorstellungen und Ideologien her untersucht. Es ist stattdessen eine Forschungstradition von unten, die die mikrosoziale Perspektive der menschlichen Akteure einnimmt. Sie untersucht die Prozesse, in denen Menschen ihre Situationen, ihr eigenes Selbst und die Rollen, die sie in sozialer Interaktion spielen, symbolisch definieren. Von Cooley (1902/1964, 1909/1962) wissen wir, wie sich das Selbst des Individuums aus seiner Erfahrung der Anerkennung in den Reaktionen der anderen entwickelt. Das Individuum erkennt sich selbst in diesen Reaktionen. Cooley nannte dies das „Spiegelbild-Selbst" (**looking glass self**). Von Thomas stammt der berühmte Satz: „Wenn Menschen ihre Situationen als wirklich definieren, sind sie wirklich in ihren Konsequenzen" (Thomas und Thomas, 1928: 572) (Übersetzung durch den Verfasser). Das bedeutet, dass die Verhaltensprinzipien, denen menschliche Akteure folgen, weitgehend durch die Definition der Situation bestimmt werden, die sie benutzen, durch die Perspektiven, Vorannahmen, Kategorien und Ideen, mit denen sie den Sinn einer Handlungssituation interpretieren (Thomas und Znaniecki, 1918–1920; Thomas und Thomas, 1928; Thomas, 1937, 1972). In seiner klassischen Untersuchung über *The Polish Peasant in Europe and America*, von Florian Znaniecki mitverfasst, konzeptualisierte Thomas sozialen Wandel als einen andauernden Prozess der Auflösung und Reorganisation des sozialen Lebens. Park zeigte, dass menschliches Handeln durch das Spielen von Rollen bestimmt wird. Er begriff Gesellschaft als Kombination von zwei Typen sozialer Ordnung: der moralischen Ordnung, die auf allgemeinen Werten und Sinngehalten beruht, und der biotischen oder ökologischen Ordnung, die aus dem Wettbewerb um knappe Ressourcen entsteht und die sich in der räumlichen und zeitlichen Verteilung solcher Ressourcen widerspiegelt (Park und Burgess, 1921; Park, 1950–1955, 1952).

Rückblickend stammt jedoch der bedeutendste Beitrag zur Entwicklung des soziologischen Pragmatismus von George Herbert Mead. Er entwickelte aus dem Pragmatismus, was Herbert Blumer später **symbolischen Interaktionismus** nannte und zu einer der führenden Schulen mikrosoziologischer Theorie werden sollte. Mead verknüpfte den Pragmatismus mit zwei anderen Strömungen seiner Zeit: mit Darwins Evolutionstheorie und mit dem Behaviorismus, wie ihn vor allem der Psychologe John Watson vertrat. Mead verfügte jedoch gleichfalls über ein beachtliches Wissen der klassischen und modernen europäischen Philosophie. Die Tradition des deutschen Idealismus als Reaktion auf Kants kritische Philosophie war für Meads Werk von besonderer Bedeutung (Mead, 1936).

Meads Lektüre von Kant, Fichte, Schelling, Hegel und Dilthey gab seinem Ansatz die Grundrichtung. Er suchte nach einer pragmatistischen Grundlage für die Begriffe, die die deutschen Idealisten in der Entwicklung des menschlichen

Bewusstseins selbst verorteten. Die deutschen Idealisten begriffen die Entwicklung der individuellen und sozialen Welt als Selbstverwirklichung des Geistes im objektiven und subjektiven Sinne, als eine Logik der geistigen Entwicklung. Mead konzeptualisierte diesen Prozess als Interaktion zwischen dem individuellen Subjekt und seiner natürlichen und sozialen Umgebung im pragmatistischen Sinne, im pragmatischen Prozess der Gestaltung des individuellen und des sozialen Lebens.

Die evolutionäre Perspektive in Meads Denken tritt in seiner Grundannahme zu Tage, dass sich menschlicher Geist, Selbst, Moral und Gesellschaft aus den niedrigsten Formen der Anpassung des tierischen Organismus an die Umgebung hin zu den höchsten und komplexesten Formen der Anpassung des menschlichen Organismus an eine Umwelt entwickeln, die schließlich sowohl Natur wie andere menschliche Wesen umfasst. Er versucht beispielsweise aufzuzeigen, wie sich die Sprache unter Einbeziehung von Gesten Schritt für Schritt aus einfacheren Formen der Konversation entwickelte. Diese evolutionäre Perspektive gibt dem Versuch-Irrtum-Charakter des menschlichen Lernens besonderes Gewicht. Mead stellt diese Perspektive in seiner Behandlung der Evolution sozialer Ordnung, z.B. moralischer Ordnung, den apriorischen Auffassungen gegenüber, wie sie in der deutschen philosophischen Tradition durch Immanuel Kant und nach ihm durch idealistische Philosophen wie Fichte, Schelling und Hegel verkörpert wurden. Nach Kant muss das, was moralisch richtig oder falsch ist, *a priori* determiniert werden, das heißt bevor jede konkrete Handlung stattfindet und Konsequenzen folgen. Für Mead entwickeln sich Vorstellungen von richtig und falsch in einem von Versuch und Irrtum geleiteten Prozess konkreten menschlichen Handelns und in der Erfahrung, die aus der Beobachtung seiner Folgen gezogen wird. Er stellt Kants apriorischer Moral eine experimentelle Moral gegenüber (Mead, 1908).

Der Behaviorismus, wie ihn beispielsweise Watson (1914) vertrat, weigerte sich, Prozesse des menschlichen Geistes zu untersuchen und stellte sich stattdessen eine „black box" vor, die nicht unmittelbar beobachtet werden könne. Meads Integration des Behaviorismus in seine pragmatistische Sozialpsychologie veränderte diesen naturalistischen Behaviorismus in einen „sozialen Behaviorismus". Damit löste er das „black box"-Denken durch eine explizite Untersuchung der Evolution des Geistes und des Denkens ab (Mead, 1968: 39–79).

# Geist

Der **Behaviorismus** begreift das Verhalten der Tiere und der menschlichen Individuen als Antwort auf einen Reiz. „Feuer" ist zum Beispiel ein Stimulus, der die Reaktion „Flucht" bei einem Tier oder einem menschlichen Wesen hervorruft. Der soziale Behaviorismus besagt, dass eine Gebärde eines Individuums eine bestimmte Reaktion bei einem anderen erweckt. So mag zum Beispiel eine bedrohliche Geste eines Individuums ein anderes Individuum die Flucht ergreifen lassen. Der Unterschied zwischen einer Gebärde und einem Stimulus liegt in der Bedeutung, die der Gebärde durch das Individuum, das die Gebärde ausführt, und das Individuum, das sie erkennt, zugeschrieben wird. Die Verbindung zwischen Reiz und Reaktion ist instinktiv oder erlernt und ist in allen Fällen direkt und unzweideutig. Ein Reiz ruft direkt und abschließend eine spezifische instinktive oder erlernte Erwiderung hervor. Diese direkte Verbindung zwischen Reiz und Reaktion wird unterbrochen, wenn der Reiz durch eine Gebärde ersetzt wird. Die **Gebärde** unterscheidet sich vom Reiz durch ihren Ausdruck einer Intention, sie symbolisiert etwas, das über sie selbst hinausweist. Sie hat Bedeutung und bedarf einer Interpretation, damit sie verstanden werden kann und damit der Empfänger in einer Weise antworten kann, die in Bezug auf die Gebärde einen Sinn ergibt.

Wenn sich zwei Organismen treffen und ihr Verhalten über Gebärden koordinieren, findet statt, was Mead (1968: 81–175) die Konversation von Gebärden nennt. Hier führt die Gebärde eines Organismus zur Reaktion eines anderen Organismus, die in sich selbst eine Gebärde darstellt, die eine neue Reaktion beim ersten Organismus hervorruft. Mead führt Beispiele für drei Ebenen der Konversation der Gebärden an: der Kampf von Hunden, der aufeinander bezogene Gesang von Vögeln und die Kommunikation zwischen Menschen. Beim Hundekampf führt die bedrohliche Gebärde eines Hundes dazu, dass dieser Hund den Hals des anderen anspringt. Unterdessen erweckt diese Gebärde die gleiche Reaktion im zweiten Hund, nämlich an den Hals des ersten zu springen. Hier löst die Gebärde des ersten Hundes in beiden Hunden nicht die gleiche Reaktion aus. Die bedrohliche Gebärde des ersten Hundes macht seinen eigenen Angriff eindrucksvoller, somit lautet seine Antwort auf die eigene Gebärde „verstärkter Angriff". Der zweite Hund wird durch die bedrohliche Gebärde des ersten Hundes in seinem Verhalten nicht bestärkt, sondern eingeschüchtert und antwortet mit „Verteidigung". Weil die Bedeutungen der bedrohlichen Gebärden nicht für beide Tiere übereinstimmen, handelt es sich nur um eine sehr vorläufige Form der Konversation von Gebärden.

Eine höhere Form dieser Konversation wird in dem aufeinander bezogenen Gesang der Vögel erreicht. Hier haben wir eine Konversation von Lautgebärden.

Das Lied eines Vogels ruft eine spezifische und entsprechende Erwiderung durch den anderen Vogel hervor. Das Lied des ersten Vogels intendiert als Antwort das Lied des anderen Vogels. Wenn er alleine ist, könnte der Vogel die Antwort ebenso selbst singen. So kann die Lautgebärde die gleiche Antwort im ersten und im zweiten Vogel auslösen. Dies ist ein weiterer Schritt hin zu einer Konversation der Gebärden, die den Gebrauch des so genannten signifikanten Symbols beinhaltet. Eine solche Unterhaltung unter Verwendung signifikanter Symbole stellt die Kommunikation über eine gemeinsame Sprache dar, einen evolutionären Schritt, den nur die menschliche Spezies vollständig erreicht hat.

Wenn eine Person am Kaffeetisch eine andere bittet „Könntest du mir bitte den Zucker reichen", drückt die erste Person die Absicht aus, den Zucker zu erhalten. Wenn die andere Person mit dem Herüberreichen des Zuckers der ersten Person antwortet, entspricht diese Reaktion genau der Intention der ersten Person. Wenn sie nicht erkennt, was die erste Person will, wird sie nicht reagieren, und die erste Person wird versuchen, sich den Zucker selbst zu verschaffen. Somit antwortet die erste Person auf ihre Nachfrage mit demselben Verhalten, das sie bei der zweiten Person hervorrufen wollte. Mead hält an diesem Punkt seiner Analyse fest: Die Bitte ist ein **signifikantes Symbol**, sie erweckt nämlich die gleiche Reaktion in der ersten und in der zweiten Person. Die erste Person ist dazu fähig, sich die Reaktion der zweiten Person im Vorhinein innerlich vorzustellen.

Das signifikante Symbol ist das Kommunikationsmedium. Es erlaubt gegenseitiges Verstehen und somit die erfolgreiche Koordination von Handlungen und Zielerreichung. Nehmen wir als Beispiel eine Diskussionsgruppe: Ein Teilnehmer gibt einem anderen Teilnehmer ein Zeichen, dass er in die Diskussion eingreifen will. Indem er das Zeichen erkennt, hört der andere Teilnehmer mit dem Sprechen auf (die beabsichtigte Reaktion auf das Zeichen der ersten Person). Der erste Teilnehmer setzt stillschweigend voraus, dass der zweite Teilnehmer mit dem Sprechen aufhört und ist deshalb darauf vorbereitet zu beginnen. Das Zeichen des ersten Teilnehmers ruft die gleiche Reaktion in beiden hervor, offenkundig beim zweiten Teilnehmer und verborgen im ersten. Ihr Verhalten ist insoweit aufeinander abgestimmt, wie die Symbole, die sie gebrauchen, um ihre Absichten auszudrücken, die gleiche Reaktion bei beiden auslösen.

Mead fährt dann fort, die Universalisierung von signifikanten Symbolen zu erklären. Sie werden in dem Maße universalisiert, in dem der Bereich der sozialen Interaktion wächst und immer umfassendere Kreise abdeckt. In diesem Prozess sind die signifikanten Symbole darauf ausgerichtet, die gleiche Reaktion nicht nur in zwei miteinander kommunizierenden Handelnden auszulösen, sondern in jedem, der an der Kommunikation teilnimmt oder zumindest in diese eintreten könnte. Wir können sagen, dass diese Menschen eine gemeinsame

Sprache sprechen und eine Sprachgemeinschaft verkörpern. Die Bedeutung der Symbole dieser Sprache besteht in der Reaktion, die sie in beiden hervorrufen, den sprechenden und zuhörenden Handelnden, und schließlich bei jedem Mitglied der Sprachgemeinschaft.

So lässt sich Meads pragmatistische, evolutionäre und sozial-behavioristische Erklärung der Evolution der menschlichen Sprache zusammenfassen. Seine Erklärung bindet die Sprache an die Ebene des praktisch-instrumentellen Verhaltens. Ein Symbol drückt eine bestimmte Absicht aus, mit einem bestimmten Ziel instrumentell zu handeln. Die Bedeutung eines Symbols zeigt sich ebenfalls im praktisch-instrumentellen Verhalten. Sie liegt in der offenen oder verborgenen aktiven Reaktion der Handelnden auf das Symbol. Diese Erklärung der Sprache hat einen evolutionären Charakter, weil sie eine Entwicklung der Sprache annimmt, die von der einfachen Konversation von Gebärden über die einfache Konversation der Lautgebärden in der Tierwelt bis hin zur Konversation über signifikante Symbole in der menschlichen Welt reicht. Sie ist auch deshalb evolutionär, weil sie die Entwicklung der Sprache aus der Konfrontation des Menschen mit dem Bedürfnis nach immer universelleren Konversationsmedien denkt. Nur so kann das Verhalten des Menschen mit dem Ziel erfolgreichen Überlebens in einer immer komplexer werdenden Welt umfassend koordiniert werden, in der menschliches Verhalten voneinander abhängt. Schließlich ist Meads Erklärung des Entstehens der Sprache sozial-behavioristisch, weil sie die behavioristische Reiz-Reaktions-Perspektive in die Konversation von Gebärden zwischen sozial Handelnden transformiert.

Mead erklärt das Entstehen des menschlichen Denkens auf dieselbe pragmatistische, evolutionäre und sozial-behavioristische Weise wie das Auftreten von Kommunikation und Sprache. Denken ist internalisierte Kommunikation. Mead versteht darunter, dass das menschliche Individuum im Denken die Reaktionen auf seine Intentionen, potenziell in signifikanten Symbolen ausgedrückt, vorwegnimmt. Die erste Stufe, auf der dies geschieht, ist die technisch-instrumentelle Stufe. Hier nimmt der Handelnde das potenzielle Gelingen oder Misslingen verschiedener Maßnahmen vorweg um erfolgreich sein Ziel zu erreichen. Das Gleiche gilt für die innerliche Vorwegnahme der Reaktionen anderer auf seine Absichten, die in signifikanten Symbolen ausgedrückt werden könnten.

Der erste Schritt hin zum Denken als interner Kommunikation geschieht, wenn das Kind in der Stimme der Mutter oder des Vaters laut zu sich selbst spricht. Der nächste Schritt ist solches inneres, jedoch ausdrücklich auf sich selbst bezogenes Sprechen. Aus diesem inneren Gespräch entsteht Schritt für Schritt eine abstraktere Antizipation möglicher Reaktionen auf eigene Absichten, die immer längere Ketten möglichen Verhaltens und möglicher Reaktionen darauf umfasst. Auf diese Weise entsteht der menschliche Geist aus sozialer Kommunikation. Diese Erklärung des menschlichen Denkens ist vom Grundzug her pragmatistisch, weil sie Denken als eine innerliche Vorwegnahme des praktisch-instrumentellen, zielorientierten Verhaltens betrachtet. Sie ist evolutionär, weil sie Denken als eine Entwicklung vom primitiven Versuch-Irrtum-Verhalten über das Selbstgespräch bis hin zur abstrakten Vorwegnahme von Verhaltens- und Reaktionsketten begreift, wobei zwischen immer stärkeren Anforderungen und immer höheren Fähigkeiten für solche Antizipationen ein Zusammenhang besteht. Die Erklärung ist sozial-behavioristisch, weil sie den Ursprung menschlichen Denkens in der Beziehung zwischen den Gebärden und den Reaktionen sozial Handelnder in einer sozialen Kommunikation verortet. Wie Mead betont, liegt die endgültige Bestimmung des Denkens als innere Unterhaltung selbst wiederum in sozialer Kommunikation:

Nur durch Gesten qua signifikante Symbole wird Geist oder Intelligenz möglich, denn nur durch Gesten, die signifikante Symbole sind, kann Denken stattfinden, das einfach ein nach innen verlegtes oder implizites Gespräch des Einzelnen mit sich selbst mit Hilfe solcher Gesten ist. Dieses Hereinnehmen-in-unsere-Erfahrung dieser äußerlichen Übermittlung von Gesten, die wir mit anderen in den gesellschaftlichen Prozess eingeschalteten Menschen ausführen, macht das Wesen des Denkens aus (Mead, 1968: 86).

## Identität

Neben Sprache und Geist gibt es eine weitere Eigenschaft des menschlichen Individuums, die es zu einer besonderen Spezies macht: das **Selbst** (Mead, 1968: 177–271). Es ist das organisierende Zentrum der Erfahrungen, Gedanken, Motive und Vorhaben des Individuums. Es ist die vermittelnde Einheit zwischen dem menschlichen Organismus und seiner sozialen Umgebung. Das Selbst ist eine eigenständige Einheit, ein besonderes Phänomen; es ist unterscheidbar vom Organismus, vom Körper. Letzterer kann sich nicht *in toto* als ein Objekt auf sich selbst beziehen. Gefühle und Sinneswahrnehmungen sind vom Wesen her immer speziell, treten jetzt und hier auf und beziehen sich nur auf Teile des Organismus. Es fehlt ihnen jede Einheit in Raum und Zeit. Das ist jedoch genau das, was das Selbst zu einer eigenständigen Einheit macht. Es kann sich als ein Objekt in toto auf sich selbst beziehen und gestaltet Erfahrungen, Gefühle, Gedanken und Ideen, um eine Einheit zu bilden.

Der Organismus des menschlichen Individuums existiert vom Moment der Geburt an, während das Selbst Zeit braucht, um sich zu entwickeln. Es entsteht aus der Interaktion des Organismus mit seiner sozialen Umgebung und entwickelt sich weiter in sozialer Kommunikation. Das Individuum lernt, sich selbst als eine eigenständige Person zu betrachten, insoweit andere auf das reagieren, was es tut. Dass da jemand ist, der verantwortlich dafür zeichnet, was er tut, wird vom Individuum dadurch erfahren, wenn andere es beobachten, auf es reagieren, Meinungen von ihm haben. Die ersten Schritte des Kindes in seiner Selbstwahrnehmung sind Wiederholungen von Aussagen der Mutter über es: „Weine nicht, weil Jungen nicht weinen!", „Du bist ein tapferer Junge!", „Du bist ein gutes Kind, also ärgere deine Mutter nicht, zeige deinem Vater gegenüber Respekt, sei gut zu deiner Schwester, sei höflich zu Besuchern!". Mit der Ausdehnung des Interaktionskreises des Kindes lernt es sich selbst mit den Augen vieler anderer, neben denen der Mutter, zu beobachten und die Einstellungen dieser Menschen in Bezug auf sich selbst wahrzunehmen, schließlich von einer ganzen Gruppe oder Gemeinschaft. In diesem Prozess erwirbt das Individuum zunehmend die Fähigkeit, für sich selbst Objekt zu sein. Wir nennen diese Fähigkeit „Selbstbewusstsein", ein Wissen, dass man eine eigenständige Person mit spezifischen Motiven, Erfahrungen, Gedanken, Plänen und Meinungen ist. Es resultiert aus der Internalisierung der Haltungen in das individuelle Selbst, die andere Menschen und Gruppen gegenüber dem Individuum ausdrücken. Mit wachsender Anzahl von Menschen, die sich auf das Individuum beziehen, entwickelt es so viele Selbste, wie es mit anderen kommuniziert, wie es ein Mitglied von unterschiedlichen Gruppen wird. Es hat ein multiples Selbst. Das ist eine Entwicklungsstufe, in der das Selbst des Individuums noch nicht fähig ist, die verschiedenen Einzelmeinungen der anderen insgesamt zu organisieren und diese Meinungen so zu gestalten, dass sie eine Einheit bilden. Mead fragt dann, wie eine solche Einheit im Selbst des Individuums entsteht. Seine Antwort heißt, dass diese Einheit hervortritt, sobald das Individuum Schritt für Schritt lernt, den organisierten Charakter der Einstellungen seiner sozialen Umgebung selbst zu erkennen, und es zunehmend in immer umfassendere Gemeinschaften einbezogen wird, die immer abstraktere Einstellungen gemeinsam haben.

Mead veranschaulicht diese Entwicklung vom multiplen Selbst zur Einheit im Selbst des Individuums mit seiner berühmten Unterscheidung zwischen „Spiel" (play) und „Wettkampf" (game) in der kindlichen Entwicklung. Sie repräsentieren zwei Stufen in der Entwicklung des Selbst. Im früheren Stadium des Spielens, spielen die Kinder nicht auf eine koordinierte Weise miteinander, sondern für sich selbst. Sie übernehmen die Rollen von so genannten **signifikanten Anderen**, z.B. die Rollen von Mutter oder Vater, und sprechen zu sich selbst vom Standpunkt dieser Rollenmodelle aus. Sie interagieren symbolisch mit ihnen und verinnerlichen deren Meinungen über sich selbst. Das sind jedoch immer „Spiele" mit je einem einzelnen imaginierten Partner, wobei einer auf den anderen folgt. Das Kind gestaltet nicht deren verbundene Beziehung zu sich selbst und deren Wechselbeziehung, um so ein Ganzes zu formen. Die verinnerlichten Einstellungen der signifikanten Anderen bleiben getrennte, partikulare

Standpunkte. Das Selbst des Kindes ist vom Wesen her nach wie vor uneinheit-
lich.

Wenn die Kinder dann in „Wettkämpfe" einbezogen werden, in denen sich
die Kinder in einer organisierten Weise nach gemeinsamen Spielregeln aufeinander beziehen und sich in gegenseitig voneinander abhängigen Rollen in einem
Team im Wettkampf miteinander messen, erreicht das Kind ein neues Stadium
der Entwicklung des Selbst. In einem Spiel wie Baseball, Basketball oder Fußball kann das Kind nicht nacheinander mit einzelnen Partnern spielen, sondern
muss sich auf all seine Teamkameraden und zur gleichen Zeit strukturiert auf das
gegnerische Team beziehen. Es muss sein Verhalten mit allen anderen koordinieren und muss wissen, wie das Verhalten der anderen untereinander koordiniert
ist, um für das eigene wie für das gegnerische Team verlässlich zu handeln. Das
Kind muss eine Idee vom Wettkampf als Ganzem bekommen, von der Wechselbeziehung aller unterschiedlichen Rollen, vom einheitlichen Handeln innerhalb
eines Teams, von der wechselseitigen Beziehung zwischen den gegnerischen
Teams, von den Spielregeln, von der Einheit, die das Bild beider Seiten für den
Außenstehenden ergibt, schließlich von der Idee des Spiels selbst, beispielsweise
Streben nach Leistungserfolg, vorausgesetzt dass die Bedingungen von Chancengleichheit und fairem Spiel erfüllt sind. Je mehr das Kind diese organisierte
Einheit verinnerlicht, desto mehr bezieht es sich auf das, was Mead den **generalisierten Anderen** nennt. Das Ergebnis eines solchen Schrittes zur Verinnerlichung des generalisierten Anderen besteht darin, dass das Individuum seine
innere Teilung des Selbst überwindet und ein generalisiertes Selbst erreicht, das
in seinen Einstellungen zu sich selbst einheitlich ist. Diese Generalisierung des
Selbst wächst mit der Zugehörigkeit des Individuums zu immer umfassenderen
Gruppen und Gemeinschaften mit einer immer umfassenderen Menge von organisierten Rollen und einer immer abstrakter werdenden Einheit, die ihrem koordinierten Verhalten und den Regeln ihrer Wettkämpfe zugrunde liegt.

Nach Mead erhöht die Generalisierung die Autonomie des Selbst. Insoweit
das menschliche Individuum über die Abhängigkeit von einer geringen Zahl von
signifikanten Anderen hinaus wächst und die dem Verhalten und den Wettkämp-
fen von immer weitreichenderen Gruppen und Gemeinschaften zugrunde liegen-
de Einheit und entsprechenden Ideen kennen lernt, ist es immer weniger der
Beurteilung einzelner Individuen unterworfen und kann sich immer mehr auf
Maßstäbe verlassen, die über ein einzelnes Individuum oder eine partikulare
Gruppe hinausreichen. Das macht das Individuum gegenüber den Anforderungen
jedes anderen Individuums und jeder Gruppe autonom. Was in der Moderne zu
dieser Erweiterung des individuellen Horizonts und zu der wachsenden Generalisierung und Autonomie des Selbst beiträgt, ist die zunehmende Ausweitung der

sozialen Interaktion über weltweit expandierende Märkte, religiöse Vereinigungen, wissenschaftliche und künstlerische Gemeinschaften und Tourismus.

Bis jetzt haben wir über den Aspekt des Selbst gesprochen, der mit der zunehmenden Verinnerlichung eines immer umfassenderen Teils der sozialen Umgebung durch das Individuum wächst. Nach dieser Auffassung ist das Selbst ein Abbild seiner sozialen Umgebung. Dies wirft die Frage auf, ob das individuelle Selbst vollständig mit der sozialen Umgebung verschmilzt oder ob es irgendeinen Raum für eine Individualität gibt, die eine abgrenzbare Einzigartigkeit entfaltet. Mead betont, dass in der Tat Raum für eine solche Individualität existiert, obwohl sich das menschliche Selbst im Prozess der Verinnerlichung seiner sozialen Umgebung entwickelt. Die Begründung seiner These besteht in folgendem Argument: Dieser Prozess geschieht in Form einer *Interaktion* zwischen dem menschlichen Individuum und seiner Umgebung. Das menschliche Individuum ist ein aktives Lebewesen, das Aktivitäten hervorbringt, und diese Aktivitäten rufen die Reaktion von anderen hervor, die wiederum eine Reaktion bei der ersten Person auslösen. In diesem Prozess der Interaktion entwickelt sich das Selbst aus zwei Komponenten: der spontanen Aktivität des Individuums und seiner spontanen Reaktion auf die Haltungen von anderen, und aus der individuellen Verinnerlichung dieser Haltungen. Mead nennt die erste Komponente das **I** und die zweite das **Me**. Das I steht für die spontane und einzigartige Individualität, das Me für die internalisierte Menge von Haltungen. Jedes Individuum erlebt die Haltungen von anderen auf eine einzigartige Weise, in einzigartigen Situationen und in einer einzigartigen, historisch gewachsenen Perspektive; es entfaltet einzigartige Aktivitäten, die wiederum einzigartige Ausprägungen der Haltungen anderer Menschen hervorrufen; und es antwortet auf diese Ausprägung von Haltungen in einer einzigartigen Weise.

Dieses einzigartige Wechselspiel zwischen spontanen Aktivitäten, spezifischen Reaktionen von anderen und spezifischen Reaktionen des Individuums bringt ein Selbst zustande, das zugleich eine einzigartige Individualität und eine Menge verinnerlichter Haltungen verbindet, die einzigartigen Ausprägungen sozialer Haltungen entstammen. Aufgrund dieser in Wechselbeziehung zueinander stehenden Einzigartigkeiten sieht Mead das I und das Me als zwei Bestandteile eines Selbst, die sich gegenseitig unterstützen. In ihrem Zusammenwirken bringen sie alle Handlungen des menschlichen Individuums hervor. Für Mead gibt es keinen Widerspruch zwischen wachsender Individualität und wachsender Sozialität, weil das Individuum schlicht der Interaktion mit seiner sozialen Umgebung bedarf, um ein einmaliges Selbst zu entwickeln, das spontane Aktivität und Reaktion auf der einen und spezifizierte Haltungen auf der anderen Seite umfasst. Insoweit der Mensch zudem die Gesellschaft benötigt, um seine Individualität zu entwickeln, bedarf er derselben Gesellschaft, um seine Individualität in der Aktivität mit dem Ziel der Selbstverwirklichung zu verwirklichen. Diese Selbstverwirklichung hängt von der Vergegenständlichung der Ideen über sich selbst im eigenen Verhalten ab. Und dieses Verhalten bezieht sich wesentlich auf die Reaktion von anderen und leistet zugleich die Selbstbeobachtung des Individuums als Teil des Beobachtungsprozesses, ob die Handlung den je eigenen Vorstellungen von sich selbst entspricht oder nicht. Nur die andauernde Reaktion von anderen informiert uns über den Erfolg unserer Selbstverwirklichung. Dies ist der Grund warum Mead behauptet, dass das Selbst des Individuums in sozialer Aktivität verwirklicht wird.

## Gesellschaft

Für Mead entsteht das Selbst des Individuums in seiner Individualität aus der Interaktion des Organismus mit seiner sozialen Umgebung. Der andere Teil dieser Perspektive bezieht sich auf die Gestaltung der Gesellschaft durch ihre individuellen Mitglieder (Mead, 1968: 273–377). Die Transformation einer Gesellschaft resultiert aus der Interaktion zwischen der bestehenden Gesellschaft, wie sie in ihren Institutionen zum Ausdruck kommt, und den Reaktionen ihrer Mitglieder als individuelle Wesen auf die sozialen Haltungen, die in diesen Institutionen begründet sind. Damit wird die soziale Kreativität des menschlichen Individuums zum Ausdruck gebracht:

Wenn sich ein Mensch an eine bestimmte Umwelt anpasst, wird er zu einem anderen Wesen; dadurch beeinflusst er aber die Gemeinschaft, in der er lebt (Mead, 1968: 260).

Die Gesellschaft wird permanent durch die individuellen Reaktionen jedes ihrer Mitglieder auf ihre Institutionen verändert. Je mehr eine Gesellschaft die Partizipation ihrer Mitglieder im sozialen Leben fördert, umso mehr bleibt sie innovativ und verändert sich aufgrund der sozialen Kreativität des Selbst ihrer Mitglieder und vor allem des spontanen Aspekts des Selbst, des „I". Es gibt keine Gesellschaft, die ohne die Mitwirkung ihrer Mitglieder zum sozialen Leben existieren kann, weil Gesellschaft die koordinierte Tätigkeit von Individuen ist. Gesellschaften fördern und fordern diese Mitwirkung freilich zu einem größeren oder geringerem Grad. Für Mead zeigt sich die Leistung der Selbstregierung in der politischen Demokratie, wie sie sich in paradigmatischer Form in den Vereinigten Staaten entwickelte, darin, dass sie die soziale Kreativität des Individuums im Höchstmaß mobilisiert. Geht die politische Demokratie einher mit der Ausweitung sozialer Beziehungen und ihrer zunehmenden gegenseitigen Abhängigkeit, relationalen Einheit und Komplexität – eine Folge der Expansion der Kommunikation in Religion, auf Märkten, in Wissenschaft, Künsten und Öffentlichkeit –, dann vergrößert sie den Objektbereich des Individuums, weitet seine Aufmerksamkeit über die jeweilige Bezugsgruppe hinaus und trägt somit zu Universalisierung und Autonomie des individuellen Selbst bei. Eine universalistische Vereinigung von Bürgern und sogar der ganzen Menschheit kann sich aus diesem Prozess entwickeln. Die Gesellschaft ist dann wirklich ein Ergebnis der Kooperation vieler individueller Selbste, die sich der Gesellschaft über ihr „Me" verpflichtet fühlen und die, indem sie spontan über ihr „I" reagieren, zur Innovation der Gesellschaft beitragen. Die Gesellschaft gründet sich somit auf Kommunikation, die wiederum auf der Assoziation von Individuen beruht.

Wie wir sehen konnten, formuliert Mead eine Theorie, wonach der Mensch seine Individualität in der Interaktion mit der Gesellschaft entwickelt, und die Gesellschaft sich über ihre Interaktion mit ihren Mitgliedern erneuert. Dies gilt umso mehr, je mehr sich diese Interaktionen intensiv über die ganze Gesellschaft hinweg ausweiten. Für Mead sind Selbstverwaltung durch politische Demokratie und ebenso die Zunahme weltweiter Kommunikation die bedeutendsten Voraussetzungen, um diese gegenseitige Förderung von Individualität und sozialer Kommunikation hervorzubringen.

## Zusammenfassung

### Geist

1. Je mehr sich Kommunikation von physischen Gebärden zu Lautgebärden und schließlich zu signifikanten Symbolen entwickelt, umso komplexer kann das Verhalten zwischen Organismen koordiniert werden.
2. Je umfassender die Gemeinschaft ist, innerhalb derer ein signifikantes Symbol die gleiche Reaktion auslöst, umso universeller ist die Bedeutung dieses Symbols und umso universeller ist eine aus solchen Symbolen zusammengesetzte Sprache.
3. Je mehr ein Individuum kommuniziert, umso mehr nimmt seine Denkfähigkeit zu, denn Denken ist internalisierte Kommunikation.

### Selbst

4. Je intensiver die Interaktion zwischen dem menschlichen Organismus und seiner sozialen Umgebung wird, desto mehr entwickelt sich ein eigenständiges Selbst, das aus zwei Teilen besteht: dem „I" und dem „Me".

5. Je mehr sich das Kind noch unkoordiniert auf signifikante Andere bezieht, desto mehr entwickelt es multiple Selbste beziehungsweise ein gespaltenes Selbst.

6. Je mehr sich das heranwachsende Individuum auf ein Team, eine Gruppe oder eine Gemeinschaft bezieht, umso weiter wird sein Objektbereich ausgedehnt und desto mehr lernt es diese Menge von Rollen zu organisieren, sich darin einheitlich zu verhalten, lernt Spielregeln und die ihnen zugrunde liegenden Ideen, und umso mehr stellt das individuelle Selbst eine Einheit dar, wird generalisiert und autonom.

7. Je mehr Möglichkeiten das Individuum hat, freiwillig am sozialen Leben teilzunehmen, desto mehr koordiniert sein Selbst eine einzigartige auf dem „I" basierende Individualität mit einer generalisierten, autonomen Einheit spezifizierter Haltungen, die dem „Me" zugrunde liegen, desto mehr werden sich das „I" und das „Me" gegenseitig unterstützen, wird jede Handlung zum Ergebnis ihres Zusammenwirkens und umso mehr geschieht Selbstverwirklichung in sozialer Aktivität.

### Gesellschaft

8. Je mehr Möglichkeiten eine Gesellschaft zur freiwilligen Partizipation ihrer Mitglieder über die Selbstverwaltung einer politischen Demokratie anbietet, und je mehr sich der Wahrnehmungsbereich der Assoziationen ausweitet, denen ein Individuum angehört, bis hin zu umfangreichen, ineinander greifenden und komplexen Organisationen des sozialen Lebens und sich über große Entfernungen erstreckende Kommunikation, umso mehr entwickelt sich die Gesellschaft auf der Grundlage der Kreativität ihrer Mitglieder weiter und umso universeller wird die Orientierung ihrer Mitglieder.

## Kritische Würdigung

George Herbert Mead informiert uns über die Dynamik des Wandels im Selbst und in der Gesellschaft. Er betont die gegenseitige Förderung von wachsender Individualität und zunehmend umfassender werdender sozialer Organisation, so wie er die gegenseitige Förderung des spontanen Individuums und der Gesellschaft hervorhebt, die offen für die Partizipation des Individuums ist, und wie er die gegenseitige Unterstützung von „I" und „Me" herausstellt. Der Mensch entwickelt eine immer allgemenere und autonomere Haltung und eine immer einzigartigere Individualität und ist dennoch zunehmend Bestandteil umfassender sozialer Assoziationen und Kommunikationszusammenhänge. Wir finden hier eine dynamische Interaktion zwischen wachsender persönlicher Individualität und zunehmenden sozial organisierten, ineinander greifenden Handlungen: Individualität und Gesellschaft entwickeln und fördern einander. Dieses aufeinander bezogene und verbundene dynamische Wachstum von Individualität und sozialer Organisation hat jedoch sehr spezifische Voraussetzungen, die viel deutlicher zu Tage treten müssen, als dies bei Mead geschieht. Mead tendiert zu einer unspezifizierten Übergeneralisierung des gegenseitig fördernden Wachstums von Individualität und sozialer Organisation, und er wurde sehr häufig auf diese unspezifische Weise interpretiert. Die besonderen Qualitäten seiner Theorie sollten eher von seinen Argumenten zur Selbstverwaltung der Gesellschaft her entfaltet werden. Dabei wird sichtbar, dass das angenommene gleichzeitige Wachstum von Individualität und sozialer Organisation nur unter sehr spezifischen Bedingungen stattfindet: nämlich einer zunehmenden Intensität und Ausweitung der *freiwilligen Partizipation* des Individuums am sozialen Leben und, damit verbunden, einem sich erweiternden Blickwinkel sozialer Assoziations- und Kommunikationszusammenhänge. Solange diese Voraussetzungen nicht erfüllt sind, treten die vorhergesagten Konsequenzen nicht ein, und andere Typen des Selbst und der sozialen Organisation treten auf. Mead teilt uns nichts mit über diese anderen Typen des Selbst, der sozialen Organisation und deren Voraussetzungen.

Ein Beispiel dafür wäre die totale *Einverleibung* des Selbst in die Gesellschaft. Hier übt die Gesellschaft Zwang auf das Individuum aus und hält es unter strenger Kontrolle. Partizipation resultiert in diesem Fall nicht aus freier Wahl, sondern aus Zwang, der auf der Autorität der Gesellschaft über das Individuum basiert, auf der Solidarität der Mitglieder der Gesellschaft und ihrer uniformen Reaktion auf jede noch so geringfügige Abweichung. Wann immer die Haltungen eines Individuums, die im „Me" verkörpert sind, einen absolut bindenden Charakter zeigen, muss sich zumindest etwas von diesem moralischen Zwang der Gemeinschaft im Individuum widerspiegeln. Darauf wies Durkheim hin, und es ist eine Einsicht, die uns Meads Theorie des Selbst und der sozialen Organisation nicht ersetzen kann.

Wir kennen ebenfalls den *Konflikt* zwischen dem Selbst und der Gesellschaft. Hier erzwingt die Gesellschaft die Mitwirkung des Individuums dadurch, dass sie ihre Macht ausübt. Auch hier ist Partizipation vom Wesen her nicht freiwillig, noch beruht sie auf einem Gefühl von Solidarität und Verpflichtung, wie im Falle des moralischen Zwangs. Partizipation wird hier schlicht durch äußere Gewalt erzwungen. Das verlangt freilich auch keine Internalisierung sozialer Haltungen durch das Individuum. Soziale Haltungen bleiben etwas Äußerliches und Fremdes. Es gibt keine Entwicklung eines eigenständigen „Me" im Individuum, zumindest bleibt das „Me" ein fremdes Element, das sich nicht mit dem „I" vereinigt. Wir finden kein „Me", das das „I" mit der Gesellschaft verbinden könnte. Das Ergebnis ist ein „I", das sich in andauernder Rebellion gegenüber der Gesellschaft befindet. Es wird entweder von der Gesellschaft unterdrückt und wann immer möglich von ihr abweichen, oder es wird sich gegen die Gesellschaft stellen und sie ablehnen, wann immer es eine Chance hat, Protest zu artikulieren. Solange das Individuum die Kraft hat, von der Gesellschaft abzuweichen, sie abzulehnen, sich ihr zu widersetzen, sich aufzulehnen und gegen sie zu protestieren, existiert zumindest etwas von diesem Konflikt, der auf der Macht der Gesellschaft über das Individuum beruht. Um einen rebellischen Geist zu entwickeln, benötigt das Individuum Gelegenheiten, um gegen eine tatsächlich während seiner Entwicklung ausgeübte Macht zu rebellieren. Wenn es keine Objekte für diesen Widerstand in seiner Entwicklung gibt, weil derartige Machtquellen fehlen (z.B. die Macht eines Vaters), dann hat es keine Gelegenheit, einen rebellischen Geist zu entwickeln. Was wir für die Erklärung dieser Art von Beziehung zwischen Individuum und Gesellschaft benötigen, ist eine Konflikttheorie, die durch Meads Theorie nicht abgedeckt wird. Es war Simmel, der die Grundlage für eine solche Theorie schuf.

Das letzte alternative Szenario ist der kontemplative *Rückzug* des Selbst von der Gesellschaft. Hier lehnt es das Individuum ab, am alltäglichen sozialen Leben teilzunehmen, und flüchtet stattdessen in eine imaginäre Welt reiner Meditation. Ein erster Schritt zu einem solchen Rückzug von der Gesellschaft ist die Abtrennung des religiösen oder philosophischen Diskurses von den praktisch-instrumentellen Problemen des täglichen Lebens. Hier wird die Konstruktion von Sinn durch den Geist und durch das Selbst zu einem Ziel in sich selbst: Der Geist erreicht immer abstraktere Ebenen des Denkens. Der Diskurs kann sich sogar vom Diskurs zwischen konkreten Personen zu einem imaginären Diskurs mit großen unsterblichen Persönlichkeiten des religiösen oder philosophischen Denkens entwickeln, bis hin zum Extremfall eines sich selbst genügenden Diskurses über die ewigen und universellen Probleme der menschlichen Existenz, einschließlich der ewigen Probleme der Moral. Ein Individuum, das sich auf diesem Pfad zur Ewigkeit befindet, *zieht* sich von der Gesellschaft *zurück* und *bewegt* sich gleichzeitig über die Gesellschaft *hinaus*. Es wird einen viel abstrakteren Geist und ein Selbst mit viel universelleren Ideen entwickeln, als es irgendeine Erweiterung von konkreten Assoziationen leisten könnte. Diese Ebene der Universalität kann über Meads Vorschläge zu expandierender weltweiter sozialer Assoziation und Konkurrenz nicht erreicht werden. Abstrakter Diskurs, Rückzug und reine Meditation schaffen ein „Me", zu dem Haltungen und Ideen gehören, die über jede konkret existierende Gesellschaft und gesellschaftliche Institution hinausreichen. Insoweit das Individuum solch ein zurückgezogenes kontemplatives Leben führt, vermischt sich seine individuelle Spontaneität, sein „I" mit einem umfassenden selbstgenügsamen „Me", wird von diesem „Me" vereinnahmt und verliert jede Kraft und Energie zu entscheiden und zu handeln. Aktivität verschwindet in einer selbstgenügsamen Persönlichkeit, die ihren ewigen Frieden dadurch gefunden hat, dass sie nicht in die Welt eingreift.

Sofern ein Individuum zumindest gewisse Fähigkeiten besitzt, über die Gesellschaft hinauszusehen, von einer eher universellen Position aus zu reflektieren, utopische Ideen zu entwickeln, abstrakte Einheit selbst dann zu finden, wenn es auf das soziale Leben einzuwirken versucht – als Folge von *anderen* Beziehungen zur Gesellschaft, die es noch unterhält –, dann muss es einen gewissen Rückzug von der Gesellschaft geben, um sich mit diesem abstrakten Diskurs im Individuum selbst zu beschäftigen. Meads Theorie öffnet keinen Zugang zu dieser Art von Beziehung zwischen Individuum und Gesellschaft. Es ist die Dimension, die er mit seiner Kritik an Kants aprioristischer Moraltheorie zurückweist. Wir können eine solche Theorie jedoch nicht völlig durch Meads evolutionär-experimentelle Theorie ersetzen, weil Letztere nicht den Wahrheitsgehalt der Ersten enthält. Was wir benötigen, um diesen Aspekt des Selbst und seiner Beziehung zur Gesellschaft zu verstehen, ist eine Theorie der Entwicklung des Selbst im moralischen Diskurs. Um mehr darüber zu erfahren, müssen wir die Beiträge von Jean Piaget und seinen Nachfolgern, von Lawrence Kohlberg bis Jürgen Habermas heranziehen.

## Wirkungsgeschichte

Das Werk von George Herbert Mead initiierte verschiedene Formen des symbolischen Interaktionismus in der amerikanischen Soziologie. Das wichtigste Beispiel sind die Arbeiten von Herbert Blumer (1969), einem Studenten Meads, der den Begriff des „symbolischen Interaktionismus" geprägt hat. Er wollte eine mikrosoziologische Theorietradition begründen, die sich von makrosoziologischen, funktionalistischen Theorien abgrenzte. Die grundlegende These seines Ansatzes ist, dass nicht die allgemeinen Regeln und Strukturen die soziale Interaktionen bestimmen, sondern dass andersherum das soziale Handeln erst die Regeln und Strukturen erschafft, aufrechterhält und reproduziert.

Anselm Strauss (1959, 1964, 1978) hat die Gedanken Meads ebenfalls weiterentwickelt und sich mit der Bedeutung der Sprache für die Herausbildung einer Identität befasst. In jeder Interaktion laufen soziale Prozesse ab, die die symbolischen und kulturellen Grundlagen der Identität beeinflussen. Jeder Handelnde besitzt in der Interaktionssituation verschiedene Informationen über die Identität des anderen und über die eigene Identität, wie sie von dem Interaktionspartner gesehen wird. Strauss führte den Begriff des „awareness context" ein, um diese Kombination von Informationen zu kennzeichnen.

In Deutschland hat Hans Joas (1980, 1993) Meads Werk insbesondere in Bezug auf die *Kreativität des Handelns* und die *Entstehung der Werte* – so die Titel zweier Publikationen – neu interpretiert. Er setzt sich dabei besonders mit der philosophischen Tradition des Pragmatismus sowie mit zeitgenössischem kommunitaristischem Gedankengut auseinander. Die Kerngedanken von Blumer, Strauss und Joas werden in Band 2 dieses Lehrbuchs detaillierter vorgestellt.

Andere Varianten des Meadschen Ansatzes wurden von Manford Kuhn (1964a, 1964b), Everett C. Hughes (1958, 1971; Hughes und Thompson, 1968), Ralph H. Turner (1976, 1978), Norman Denzin (1977), Theodore Kemper (1978), Sheldon Stryker (1980) und von Gary Alan Fine gemeinsam mit Sherry Kleinmann (Fine, 1984, 1987, Fine und Kleinmann, 1983, 1986) erarbeitet.

## Orientierungsfragen

1. Was sind die Grundgedanken des amerikanischen Pragmatismus? Inwiefern beeinflusste er die frühe amerikanische Soziologie, insbesondere die sog. „Chicagoer Schule"?
2. Grenzen Sie Reiz, Gebärde und signifikantes Symbol voneinander ab.
3. Inwiefern sind Sprache und Denken nach Mead pragmatistisch, evolutionär und sozial-behavioristisch zu erklären?
4. Erläutern Sie den Prozess, in dem sich das Selbst herausbildet, anhand der Begriffe „Spiel" und „Wettkampf".
5. Inwiefern ist das Selbst nach Mead sozial geprägt, inwiefern besitzt es Spielraum für Individualität?
6. Stellen Sie in einem Vergleich dar, wie Simmel, Mead und Durkheim die Entwicklung der menschlichen Identität erklären.
7. Die Sozialisation ist auch im erwachsenen Alter nicht abgeschlossen. Erläutern Sie diese These mit den Begriffen von Mead am Beispiel des Übergangs von der Schule an die Universität!

## Wichtige Begriffe

*Behaviorismus*
*Gebärde*
*Generalisierter Anderer*
*I*
*Looking Glass Self*
*Me*
*Pragmatismus*
*Selbst*
*Signifikanter Anderer*
*Signifikantes Symbol*
*Symbolischer Interaktionismus*

## Zur Biografie

Joas, Hans. 1980. *Praktische Intersubjektivität. Die Entwicklung des Werkes von George Herbert Mead*. Frankfurt a. M.: Suhrkamp, S. 21–37.

## Einstiegstexte

Mead, George Herbert. 1968. *Geist, Identität und* Gesellschaft. Frankfurt a. M.: Suhrkamp.
Joas, Hans. 1980. *Praktische Intersubjektivität. Die Entwicklung des Werkes von George Herber Mead*. Frankfurt a. M.: Suhrkamp.

## Weiterführende Literatur

Aboulafia, Mitchell. 1986. *The Mediating Self: Mead, Sartre, and Self-Determination*. New Haven, CT: Yale University Press.
Blumer, Herbert. 1969. *Symbolic Interactionism*. Englewood Cliffs, N.J.: Prentice-Hall.
Cook, Gary Allan. 1993. *G.H. Mead. The Making of a Social Pragmatist*. Urbana, Ill.: University of Illinois Press.

Joas, Hans (Hg.). 1985. *Das Problem der Intersubjektivität. Neuere Beiträge zum Werk George Herbert Meads.* Frankfurt a. M.: Suhrkamp.

Joas, Hans. 1993. *Die Kreativität des Handelns.* Frankfurt a. M.: Suhrkamp.

Müller, David L. 1973. *G.H. Mead. Self, Language, and the World.* Austin, TX: University of Texas Press.

Strauss, Anselm. 1974. *Spiegel und Masken. Die Suche nach Identität.* Frankfurt a. M.: Suhrkamp.

# Glossar

*Akkumulation*: nach Marx der Prozess der Anhäufung von Kapital durch kapitalistisch organisierte Unternehmen durch die Produktion von Mehrwert.

*Anderer, generalisierter*: die Gesamtheit der Wechselbeziehungen zwischen sozialen Rollen, etwa der aufeinander bezogenen Rollen der Mitspieler im Wettkampf, die Rollenkonfiguration als Ganzes; verinnerlicht das Kind den generalisierten Anderen, kann es ein generalisiertes und einheitliches Selbst entwickeln.

*Anderer, signifikanter*: eine bestimmbare und einzelne Rolle, die das Kind in der Entwicklung seines Selbst übernimmt und deren Einstellungen es verinnerlicht (z.B. Mutter oder Vater); auf dieser Entwicklungsstufe besitzt das Kind ein uneinheitliches Selbst.

*Anomie*: die Abwesenheit von sozialer Ordnung, d.h. Handeln ist für die Personen wechselseitig nicht erwartbar und berechenbar.

*Arbeitsteilung*: die der gesellschaftlich-historischen Entwicklung innewohnende Tendenz zur Trennung von Arbeitsaufgaben, gesellschaftlichen Positionen und Rollen aufgrund der Tatsache, dass sich die Menschen auf diejenigen Kenntnisse und Fähigkeiten spezialisieren, für die sie die besten Begabungen oder die meisten Erfahrungen haben.

*Behaviorismus*: eine sozialpsychologische Forschungstradition, die das Verhalten von Lebewesen als Reaktion auf äußere Reize erklärt und bewusst auf die Untersuchung der zwischen Reiz und Reaktion liegenden inneren Wahrnehmungs- und Deutungsprozesse verzichtet.

*Beziehung, soziale*: regelmäßig auftretendes Handeln zwischen Akteuren; Formen von sozialen Beziehungen sind Kampf, Vergemeinschaftung und Vergesellschaftung.

*Derivationen*: veränderliches Element von nicht-logischen Theorien; begründen und legitimieren Residuen, können dabei aber unterschiedliche Formen annehmen.

*Dialektik*: (1) Bezeichnung für eine philosophische Methode, bei der These und Antithese einander gegenübergestellt werden und in der Synthese beider Positionen eine Erkenntnis höherer Art gewonnen wird; (2) in der marxistischen Geschichtsphilosophie die widersprüchliche Entwicklung von Ökonomie und Gesellschaft.

*Dichte, dynamische* oder *moralische*: Zahl der Interdependenzen von Handlungen und Beziehungen zwischen den Menschen in einer Gesellschaft.

*Dichte, materielle*: Bevölkerungsgröße einer Gesellschaft pro Quadratkilometer. Je größer die materielle Dichte ist, umso geringer ist die Distanz zwischen den Menschen.

*Differenzierung, funktionale*: Bezeichnung für das Merkmal von Gesellschaften, dass sich verschiedene Bereiche voneinander separieren, die unterschiedliche Aufgaben für die gesamte Gesellschaft erfüllen.

*Dyade*: kleinste denkbare soziale Gruppe; an ihr sind zwei Personen beteiligt, die jeweils mit ihrer Individualität die Gruppe prägen.

*Dynamik, soziale*: Spencers Bezeichnung für die sozialen Kräfte, die eine Gesellschaft hin zu einem Gleichgewichtszustand bewegen.

*Elite*: Gegenbegriff zur Masse; Mitglied der Elite ist jeder, der sich durch eine besondere Eigenschaft auszeichnet; im politischen Bereich unterscheidet Pareto zwischen „Löwen" und „Füchsen", im ökonomischen Bereich zwischen „Rentiers" und „Spekulanten".

*Entfremdung*: Bezeichnung für das Phänomen, dass der Mensch seine ursprüngliche Einheit mit der Natur und mit anderen Menschen zerstört, indem er durch seine Arbeit eine künstliche Welt der Produktivkräfte und der Produktionsverhältnisse schafft.

*Evolutionstheorie*: die zuerst von Darwin entwickelte Theorie, dass sich alle Lebewesen mittels Prozessen von Mutation (Variation) und Selektion aus niederen Organismen entwickelt haben.

*Gebärde*: ein Reiz, der Ausdruck einer Intention ist und somit über sich selbst hinausweist.

*Gebrauchswert:* nach Marx der Nutzen, den eine Ware für den Konsumenten in Abhängigkeit von seinen Bedürfnissen hat.

*Gesellschaft als Realität sui generis*: Eine Gesellschaft ist eine Realität sui generis, d.h. eine Wirklichkeit eigener Art. Ihre Eigenart lässt sich nicht allein aus ihren Bestandteilen, d.h. aus Personen, Gruppen und Organisationen erklären, denn die Gesellschaft, die aus den Interdependenzen und Interaktionen der Personen, Gruppen und Organisationen entsteht, entwickelt mit zunehmender Größe und Komplexität ein Eigenleben, das unabhängig ist von den Interessen und Handlungsmotiven der Akteure, aus denen sie zusammengesetzt ist.

*Gesinnungsethik:* eine Ethik, die nach Max Weber das Handeln an ethischen Maßstäben orientiert, ohne die Folgen und Nebenfolgen des entsprechenden Handelns einzukalkulieren.

*Hand, unsichtbare:* der von Adam Smith geprägte Begriff für das Wirken der Kräfte am Markt, die dafür sorgen, dass das individuelle Profitstreben zur Erzeugung von kollektivem Wohlstand führt.

*Handeln, logisches*: Handeln, bei dem die Handelnden logisch-experimentell geprüfte bzw. prinzipiell logisch-experimentell überprüfbare Theorien anwenden; Gegenbegriff: nicht-logisches Handeln.

*Handeln, nicht-logisches*: Handeln, das nicht von logisch-experimentell überprüfbaren Theorien geleitet wird; Theorien, die nicht-logischem Handeln zugrunde liegen, bestehen aus Residuen und Derivationen.

*Handeln, soziales*: Handeln, das dem Sinn nach und in seinem Ablauf auf das Verhalten anderer bezogen ist. Für Weber ist dies der elementare Begriff der Soziologie, er unterscheidet zweckrationales, wertrationales, affektuelles und traditionales soziales Handeln. Der Begriff der Interaktion wird meistens synonym mit dem Begriff des sozialen Handelns verwendet. Formen der sozialen Interaktion sind Konversation, Kooperation, Konkurrenz oder Konflikt, Herrschaft und Unterordnung. Strukturbedingungen sozialer Interaktion sind zum Beispiel die räumlichen Verhältnisse wie Nähe und Distanz sowie die Anzahl der Teilnehmer.

*Hermeneutik*: eine Methode des Erkenntnisgewinns, die den Sinn von kulturellen Phänomenen (Texten, Ereignissen) im methodisch geordneten Verfahren zu verstehen versucht.

*Herrschaft*: nach Weber die Chance, für einen Befehl bestimmten Inhalts bei angebbaren Personen Gehorsam zu finden. Er unterscheidet drei Typen der legitimen Herrschaft nach dem Ursprung ihrer Legitimität: traditionale, charismatische und rational-legale Herrschaft.

*Herrschaft, charismatische:* Herrschaft, deren Legitimität nach Max Weber auf dem Glauben der Herrschaftsunterworfenen an die außeralltäglichen Qualitäten des Herrschers beruht.

*Herrschaft, rational-legale:* Herrschaft, deren Legitimität nach Max Weber auf dem Glauben der Herrschaftsunterworfenen an die Geltung gesatzter Ordnungen beruht.

*Herrschaft, traditionale:* Herrschaft, deren Legitimität nach Max Weber auf dem Glauben der Herrschaftsunterworfenen an die unverbrüchliche Geltung der Tradition beruht.

*Heterogenität, kohärente*: für Spencer ein gesellschaftlicher Zustand, der in der sozialen Evolution auf die inkohärente Homogenität folgt. Durch Spezialisierung und funktionale Differenzierung wächst die Zahl und die gegenseitige Abhängigkeit und Kohärenz unterschiedlicher gesellschaftlicher Gruppen.

*Historismus*: eine Anschauung, die alle Gegebenheiten aus ihren geschichtlichen Bedingungen zu erklären und zu verstehen versucht.

*Homogenität, inkohärente*: für Spencer ein gesellschaftlicher Zustand, insbesondere in primitiven Gesellschaften, in dem verschiedene ähnliche Gruppen nebeneinander leben, die kaum in Austausch untereinander stehen.

*I*: die spontane und individuelle Komponente des Selbst.

*Idealismus*: Lehre in der Wissenschaftstheorie, wonach sich die Wirklichkeit nicht unabhängig vom Bewusstsein der handelnden Personen, Gruppen oder Organisationen untersuchen lässt. Um etwas über die Welt zu erfahren, kommt es der idealistischen Forschungstradition zufolge deshalb vor allen Dingen darauf an, Ideen, Wissen über Welt, Wertvorstellungen und Handlungsmotive von Akteuren verstehend nachzuvollziehen. Soziologisch bedeutsam sind dem Idealismus die Tatsachen und Ereignisse in der Welt nur insofern, als sie den Menschen bedeutsam erscheinen, die damit zu tun haben. Gelehrte der idealistischen Denktradition, die sich von der positivistischen und materialistischen Denktradition abgrenzen wollten, haben sogar geschrieben, dass die letzte Wahrheit ohnehin in den Ideen- und Vorstellungswelten zu suchen ist.

*Idealtypus*: konstruierte Beschreibung eines Phänomens, bei der bestimmte Aspekte zur Verdeutlichung ausgewählt und zugespitzt werden.

*Individualisierung*: die sowohl in der gesellschaftlich-historischen Entwicklung als auch in der Persönlichkeitsentwicklung des Einzelnen enthaltene Tendenz, die Handlungsspielräume und Möglichkeitshorizonte der Person zu erweitern, gesellschaftliche Zwänge nach und nach abzulegen, sich selbst zunehmend als freies Individuum wahrzunehmen und von der gewonnenen Freiheit aktiv Gebrauch zu machen. Umgekehrt bedeutet das, dass sich der Einzelne immer weniger als Mitglied der Herkunftsgruppe fühlt, die eine Schicksalsgemeinschaft darstellt, und immer weniger bereit ist, sich ihren Forderungen bedingungslos zu unterwerfen, dafür aber offener ist für weit darüber hinausgehende Verbindungen.

*Individualismus*: eine Denkhaltung, die dem Einzelnen die Verantwortung für sein Leben überträgt, die er / sie gegenüber jedem anderen wahrzunehmen hat.

*Individualität*: die Einzigartigkeit einer bestimmten Person, die nach Simmel untrennbar mit sozialen Gruppen verbunden ist: Einerseits grenzt sich das Individuum von der Gruppenkontrolle ab, andererseits kann es aus der abstrakten Zugehörigkeit zu einer Vielzahl von großen Gruppen eine einzigartige Identität erlangen.

*Interaktionismus, symbolischer*: Bezeichnung für die mikrosoziologische Theorietradition, die G.H.Mead begründete (der Begriff wurde von seinem Schüler Blumer geprägt).

*Kausaladäquanz*: ein Kriterium zur Beurteilung einer Ursache-Wirkungs-Hypothese (der Gegenbegriff ist Sinnadäquanz). Kausaladäquanz liegt vor, wenn durch systematische und kontrollierte Analyse eine statistisch signifikante Beziehung zwischen der Ursache und der Wirkung belegt werden kann.

*Kollektivbewusstsein*: das gemeinsam geteilte Wissen und die gemeinsam geteilten Wertvorstellungen, Normen und ästhetischen Maßstäbe einer Gruppe, Organisation oder Gesellschaft im Unterschied zum Individualbewusstsein, das jedes einzelne Individuum für sich selbst besitzt und nicht mit der Gruppe, Organisation oder Gesellschaft teilt.

*Kommunismus*: nach Marx die Gesellschaftsformation, die aus den Klassenkämpfen des Kapitalismus hervorgeht und sich durch die Vergesellschaftung der Produktionsmittel sowie durch das Prinzip auszeichnet, dass jeder nach seinen Fähigkeiten zur Produktion beiträgt und jeder nach seinen Bedürfnissen an den Früchten der Produktion teilhat.

*Liberalismus*: eine Denkhaltung, welche die individuelle Freiheit, Autonomie, Verantwortung und Entfaltung der Persönlichkeit in den Mittelpunkt von Politik, Wirtschaft und Gesellschaft stellt.

*looking-glass-self*: auch „Spiegelbild-Selbst"; von Cooley geprägter Begriff für die Tatsache, dass Menschen ihr Selbst aus den wahrgenommenen Reaktionen der Interaktionspartner bilden.

*Materialismus*: die philosophische Anschauung, dass die ganze Wirklichkeit, einschließlich der Seele und des Denkens, auf Kräfte oder Bedingungen der Materie zurückzuführen ist. Der Gegenbegriff ist der Idealismus.

*Me*: die vom Individuum internalisierten Haltungen anderer.

*Mehrwert:* der Wert, um den nach Marx der Gebrauchswert der Ware Arbeitskraft in Gestalt des durch ihren Einsatz vom Unternehmer erzielten Produktionserlöses über ihren Tauschwert, gemessen in Kosten für die generationsübergreifende Reproduktion der Arbeitskraft, hinausgeht. Benötigt der Arbeiter sechs Stunden täglich, um die Reproduktion seiner Arbeitskraft sicherzustellen, beträgt aber die vereinbarte Arbeitszeit zwölf Stunden täglich, dann erzielt der Unternehmer in den sechs weiteren Stunden den Mehrwert.

*Moral*: Unter Moral versteht Durkheim die sozial definierten und allgemein verbindlichen Verhaltensregeln innerhalb einer Gruppe, Organisation oder Gesellschaft, d.h. sozial formulierte Regeln dafür, was man tun und was man unterlassen sollte. Jedes Zuwiderhandeln, ganz gleich durch welchen Akteur, zieht Sanktionen nach sich. Wenn man von einem Menschen sagen kann, dass er moralisch handelt, bedeutet das konkret, dass er die geltenden Verhaltensregeln internalisiert, d.h. übernommen und sich zu Eigen gemacht hat.

*Norm, soziale*: Eine in einer Gruppe, Organisation oder Gesellschaft gemeinsam geteilte Erwartung, dass in einer bestimmten Situation in einer bestimmten Weise gehandelt werden muss, soll oder kann.

*Ordnung, legitime*: Eine soziale Ordnung, die sich aus Strukturregelmäßigkeiten und dem Glauben der Menschen an die gerechtfertigte Geltung dieser Regelmäßigkeiten zusammensetzt; die Grundlage der Legitimität kann Tradition, affektuelle Bindung, wertrationaler Glaube oder Legalität sein.

*Ordnung, soziale*: Die Tatsache, dass in einer Gruppe, Organisation oder Gesellschaft in gegebenen Situationen mit regelmäßig wiederkehrendem Handeln gerechnet werden kann, das Handeln für die Personen dadurch wechselseitig erwartbar und berechenbar ist.

*Organizismus*: die Vorstellung, dass hochkomplexe Sozialgebilde wie Gesellschaften im Prinzip wie ein biologischer Organismus aufgebaut sind. Daraus ergibt sich die Möglichkeit, die Funktionsweise von Gesellschaften mit der Analogie zum biologischen Organismus zu erklären. Alle Organe bzw. alle Zellen haben spezifische Funktionen, die sie erbringen müssen, damit der Fortbestand des Ganzen gewährleistet ist. Fehlt diese Funktionsleistung, ist die Funktion anderer Organe beeinträchtigt und möglicherweise ist sogar das Überleben des Organismus insgesamt in Gefahr.

*Positivismus*: Lehre in der Wissenschaftstheorie, wonach das objektiv Gegebene, d.h. Tatsachen, die Quelle der Erkenntnis ist und die Aufgabe der Wissenschaft vorrangig darin besteht, die Gesetzmäßigkeiten zu erforschen, denen diese Tatsachen unterliegen. Im Hintergrund der Lehre des Positivismus steht die Vorstellung, dass die Welt – zumindest im Allgemeinen – durch allgemeine, abstrakte Gesetzmäßigkeiten bestimmt ist und sich deshalb alle Ereignisse – zumindest im Groben – damit erklären lassen, wenn es nur gelingt, diese Gesetzmäßigkeiten zu finden. Eine Soziologie, die in der Tradition des Positivismus steht, muss eine Wissenschaft von den sozialen Tatsachen sein. Die Denktradition des Positivismus hat sich traditionell immer von der des Idealismus abgegrenzt, bei der die Interpretation von Ideen, Wertvorstellungen und menschlichem Handeln im Mittelpunkt steht.

*Prädestination*: die insbesondere im Calvinismus vertretene Vorstellung, dass das menschliche Schicksal durch Gottes Fügung vorherbestimmt sei; die Nachfolger Calvins lehrten, die individuelle irdische Lebensführung könne dem Menschen jedoch Hinweise auf seine Bestimmung geben.

*Pragmatismus*: insbesondere in den USA vertretene philosophische Schule, welche die praktisch-instrumentelle Beziehung zwischen dem handelnden Menschen und seiner natürlichen und sozialen Umgebung für die Entstehung von Wissen, Moral und Wahrheit betont.

*Produktionsverhältnisse*: für Marx der institutionelle Rahmen der menschlichen Arbeit, der beispielsweise Eigentumsrechte, Klassenverhältnisse, die Arbeitsorganisation und Handelsbeziehungen umfasst. Sie bilden zusammen mit den Produktivkräften den Unterbau der Gesellschaft.

*Produktivkräfte*: für Marx der Sammelbegriff für diejenigen Ressourcen und Fähigkeiten (Naturschätze, Wissenschaft, Technologien, Intelligenz und Fertigkeiten), mit deren Hilfe die Menschen Produkte zur Sicherung des menschlichen Lebens herstellen. Sie bilden zusammen mit den Produktionsverhältnissen den Unterbau der Gesellschaft.

*Rationalismus*: Lehre in der Erkenntnis- und Wissenschaftstheorie, wonach der Verstand – nicht die Sinneserfahrung – der beste Weg zu Erkenntnis ist; dem Rationalismus zufolge sollte die Ratio, also das auf Vernunft basierende Denken, am Beginn und im Mittelpunkt des Forschungsprozesses stehen.

*Rationalität, formale*: Das Anwenden von Wissen über kausale Beziehungen und Zweck-Mittel-Beziehungen mit dem Ziel, aktiv in die Welt einzugreifen. Nach Weber besteht in der Moderne ein fundamentaler Widerspruch zwischen formaler und materialer Rationalität.

*Rationalität, materiale*: das Anwenden von Wissen über Grundwerte mit dem Ziel, die Ergebnisse eines Eingreifens in die Welt zu beurteilen. Nach Weber besteht in der Moderne ein fundamentaler Widerspruch zwischen formaler und materialer Rationalität.

*Religion*: Unter Religion versteht Durkheim ein System von Glaubensvorstellungen und zeremoniellen Riten, das institutionell verankert ist – beispielsweise in einer kirchlichen Gemeinschaft – und in dessen Mittelpunkt das *Heilige* im Gegensatz zum *Profanen* steht. Heilig sind all die Dinge, die für das Fortbestehen des jeweiligen Sozialgebildes als unerlässlich gelten können. Profan sind alle Dinge, die lediglich als Mittel zum Zweck angesehen werden. Um heilige Dinge gibt es Symbole, Kulte und Riten, um profane Dinge nicht. Die Religion ist gleichermaßen Ausdruck einer bestimmten sozialen Ordnung, und sie ist Ursprung der dem Denken zugrunde liegenden Kategorien.

*Residuen*: unveränderliches Element von nicht-logischen Theorien, das die Erscheinungsform eines Gefühls annimmt; verpflichten Individuen auf bestimmte Handlungen und Ziele.

*Ritual*: Ein Ritual ist eine sozial geregelte, im Ablauf im Wesentlichen festgelegte, kollektiv ausgeführte Abfolge unterschiedlicher Handlungen. Diese Handlungen werden nicht ausgeführt, um eine Situation zielgerichtet zu verändern und eine andere Situation herbeizuführen, sondern um eine Situation symbolisch zu verarbeiten. Rituale sind beispielsweise das Weihnachtsfest, die Hochzeit, eine Museumseröffnung, ein Betriebsausflug, ein Geschäftsessen, ein Staatsempfang, eine Feier am Nationalfeiertag oder eine Beerdigung. Rituale sind von großer Bedeutung für das soziale Leben der Gruppe, die sie ausführt. Sie gelten als heilig. Heilige Rituale sind sehr wichtig für das Zusammengehörigkeitsgefühl einer Gruppe.

*Selbst*: nach Mead das organisierende Zentrum der Erfahrungen, Gedanken, Motive und Vorhaben eines Individuums, das zwischen dem Organismus und seiner sozialen Umgebung vermittelt; es bildet sich aus den zwei miteinander interagierenden Komponenten des „I" und des „Me".

*Sinnadäquanz*: ein Kriterium zur Beurteilung einer Motiv-Handlung-Hypothese (der Gegenbegriff ist Kausaladäquanz). Sinnadäquanz liegt vor, wenn nachgewiesen werden kann, dass ein bestimmtes Phänomen (kapitalistische Lebensführung) eine unter bestimmten Umständen sinnvolle Ableitung von einem anderen Phänomen oder Teil eines umfassenderen Phänomens (protestantisches Ethos) ist.

*Solidarität*: Bereitschaft der Mitglieder einer Gruppe, Organisation oder Gesellschaft, zusammenzuhalten, zueinander zu stehen, sich gegenseitig zu unterstützen und zusammenzuarbeiten.

*Solidarität, mechanische*: Solidarität, die aus dem Zusammengehörigkeitsgefühl in einer geschlossenen Gemeinschaft, Gruppe, Organisation oder Gesellschaft resultiert.

*Solidarität, organische*: Solidarität, die aus den sozialen Beziehungen zwischen spezialisierten Individuen in einer arbeitsteiligen Gesellschaft hervorgeht.

*Statik, soziale*: Spencers Bezeichnung für einen Zustand der Gesellschaft, in dem die höchstmögliche Anpassung an die Umweltbedingungen erreicht ist. In diesem Gleichgewichtszustand ist das utilitaristische Moralprinzip des größten Glücks für alle verwirklicht.

*Strukturalismus*: eine Denkrichtung in den Sozialwissenschaften, in der die Geltung, die Merkmale und die Entstehungsweise der sozialen Ordnung insofern im Mittelpunkt der Betrachtung stehen, als die soziale Ordnung herangezogen wird, um bestimmte soziale Tatsachen und menschliche Handlungsweisen in der Gesellschaft zu erklären. Für den Strukturalismus ist soziales Handeln immer Vollzug einer sozialen Ordnung und lässt sich nur im Rahmen dieser Ordnung verstehen und erklären.

*Strukturregelmäßigkeiten*: sich wiederholendes und damit erwartbares Verhalten; resultiert aus der Kombination von stabilen Interessen und externen Bedingungen und kann sich in Bräuchen, Sitten, Konventionen oder Recht äußern.

*Symbol, signifikantes*: besondere Form der Gebärde, bei der sowohl beim Handelnden wie beim Empfänger die gleiche Reaktion ausgelöst wird; signifikante Symbole, insbesondere die Sprache, erlauben die Koordination von Handlungen.

*Tatbestand, sozialer*: nach Durkheim eine Regelmäßigkeit des Handelns in einer Gruppe, Organisation oder Gesellschaft, die verbindlich festgeschrieben ist und in Bezug auf das handelnde Individuum einen externen Zwang ausübt und einen allgemein verbindlichen und dinghaften Charakter hat. Ein Examen ist ein sozialer Tatbestand, dessen Ablauf von der Prüfungsordnung geregelt wird, an die sich Prüfer und Prüfling gleichermaßen halten müssen. Was Durkheim als sozialen Tatbestand bezeichnet, lässt sich auch als Institution verstehen.

*Tauschwert*: nach Marx die Arbeitszeit, die auf einem bestimmten gesellschaftlichen Entwicklungsniveau in die Herstellung einer Ware gesteckt werden muss.

*Theodizee, religiöse*: die von den ethischen Religionen entwickelten Lehren, mit deren Hilfe die Spannung zwischen der Unvollkommenheit der Welt und der Vollkommenheit des göttlichen Wesens bewältigt wird. Religionen lösen dieses Problem entweder weltimmanent (die Erlösung wird durch Mystik oder Askese in der Welt erreicht) oder welttranszendent (die Erlösung wird in einer anderen, besseren Welt erreicht).

*Theodizee, säkularisierte*: im Unterschied zur religiösen Theodizee eine Geschichtsphilosophie, nach der sich die Geschichte zu einem Endzustand entwickelt, in dem Vernunft und Wirklichkeit miteinander versöhnt sind (Hegel).

*Triade*: eine Gruppe, die aus drei Personen besteht; für die dritte Person ergeben sich verschiedene mögliche Rollen: Vermittler, Konfliktstifter, „lachender Dritter".

*Überordnung*: Phänomen der Herrschaft; ohne den Begriff der „Unterordnung" nicht denkbar, da nur in der Wechselwirkung zwischen Über- und Untergeordneten Herrschaft entstehen kann; denkbar sind Überordnungen einer Person, einer Gruppe und eines objektiven Prinzips.

*Utilitarismus*: eine Denkrichtung, die annimmt, dass sich das Verhalten der Menschen mit Kosten-Nutzen-Abwägungen erklären lässt.

*Verantwortungsethik*: eine Ethik, die nach Max Weber das Handeln an ethischen Maßstäben orientiert und zugleich die Folgen und Nebenfolgen des entsprechenden Handelns einkalkuliert.

*Vergesellschaftung*: die Konstitution von Gesellschaft aus den sozialen Interaktionen von Akteuren, die dadurch eine nach außen abgrenzbare und innen zusammenhängende Einheit bilden.

*Vergesellschaftung, Formen der*: Allgemeine Formen wie Wettbewerb, Arbeitsteilung oder Führerschaft treten in unterschiedlichen partikularen Vergesellschaftungen auf und definieren so die Möglichkeiten und Grenzen der sozialen Wechselwirkung; für Simmel Gegenstandsbereich der Soziologie als Wissenschaft.

*Vertrag, nonkontraktuelle Grundlagen des*: Vertragsrecht und Vertragsmoral, d.h. sozial definierte und allgemein verbindliche Verhaltenserwartungen zwischen zunehmend entfernten Personen, Gruppen oder Organisationen, die Verträge mit anderen Akteuren abschließen. Die Vertragsparteien müssen sich darauf verpflichten, die von ihnen – unter freien Bedingungen – getroffenen Vereinbarungen tatsächlich einzuhalten. Tun sie das nicht, droht ihnen Strafe. Grund dafür ist die Geltung verbindlicher Normen bezüglich der Vertragseinhaltung in der Gesellschaft.

*Volumen, soziales*: Bevölkerungsgröße einer Gesellschaft.

*Warenfetischismus*: nach Marx die Unterwerfung des Menschen unter die Gesetze der Warenproduktion und des Warentauschs, die ihnen wie eine fremde Macht gegenübertreten.

*Wechselwirkung*: Simmels Begriff für „Interaktion"; bezeichnet die Tatsache, dass Handlungen, Erwartungen oder Wahrnehmungen von Individuen wechselseitig aufeinander Auswirkungen haben.

*Wissenschaften, idiographische*: Diejenigen Wissenschaften, die historisch einmalige Sachverhalte in ihrer Individualität beschreiben und zu verstehen suchen (insbesondere die Geistes- und Kulturwissenschaften).

*Wissenschaften, nomothetische*: diejenigen Wissenschaften, die nach allgemeinen Gesetzmäßigkeiten suchen (insbesondere die Naturwissenschaften).

# Literaturverzeichnis

Aboulafia, Mitchell. 1986. *The Mediating Self: Mead, Satre, and Self-Determination.* New Haven, CT: Yale University Press.

Adorno, Theodor W. 1966/1973. *Negative Dialektik.* In: Gesammelte Schriften, Bd. 6. Frankfurt a. M.: Suhrkamp.

Alexander, Jeffrey C. 1982–83. *Theoretical Logic in Sociology.* 4 Bde. Berkeley: University of California Press.

Alexander, Jeffrey C.(Hg.). 1988. *Durkheimian Sociology. Cultural Studies.* Cambridge: Cambridge University Press.

Alexander, Jeffrey C. 1998. *Neofunctionalism and after.* Malden: Blackwell.

Althusser, Louis. 1965. *Pour Marx.* Paris: Maspero.

Althusser, Louis. 1996. *Das Kapital lesen.* Reinbek bei Hamburg: Rowohlt.

Altvater, Elmar und Birgit Mahnkopf. 1996. *Grenzen der Globalisierung. Ökonomie, Ökologie und Politik in der Weltgesellschaft.* Münster: Westfälisches Dampfboot.

Anderson, Nels. 1923. *The Hobo.* Chicago: University of Chicago Press.

Anderson, Perry. 1974. *Passages from Antiquity to Feudalism.* London: New Left Books.

Andreski, Stanislav. 1971. *Herbert Spencer. Structure Function and Evolution.* London: Nelson.

Anter, Andreas. 1994. *Max Webers Theorie des modernen Staates. Herkunft, Struktur und Bedeutung.* Berlin: Duncker & Humblot.

Arbeitsgemeinschaft zur Erforschung suizidalen Verhaltens. 2002. „Epidemiologie von Suiziden und Suizidversuchen in Deutschland." www.suizidprophylaxe.de

Aron, Raymond. 1967. *Hauptströmungen des soziologischen Denkens.* Köln: Kiepenheuer & Witsch.

Atteslander, Peter, Bettina Gransow und John Western (Hg.). 1999. *Comparative Anomie Research — Hidden Potential for Social Development.* Aldershot: Ashgate.

Bader, Michael, Johannes Berger, Heiner Gaußmann und Jost Knesebeck. 1976. *Einführung in die Gesellschaftstheorie. Gesellschaft, Wirtschaft und Staat bei Marx und Weber.* Frankfurt a. M.: Campus.

Baran, Paul A. und Paul M. Sweezy. 1966. *Monopoly Capital.* New York: Monthly Review Press.

Baumgarten, Eduard. 1964. „Einleitung". In: Max Weber. *Soziologie, weltgeschichtliche Analysen, Politik.* Stuttgart: Kröner, S. XI–XXXVI.

Bayerisches Landesamt für Statistik. 1998. *Statistisches Jahrbuch für Bayern 1998.* München: Landesamt.

Bell, Daniel. 1973. *The Coming of Postindustrial Society: A Venture in Social Forecasting.* New York: Basic Books. (Deutsche Übersetzung: 1975. *Die nachindustrielle Gesellschaft.* Frankfurt a. M.: Campus.)

Bell, Daniel. 1976. *The Cultural Contradictions of Capitalism.* Garden City, N.Y.: Doubleday. (Deutsche Übersetzung: 1991. *Die kulturellen Widersprüche des Kapitalismus.* Frankfurt a. M.: Campus.)

Bendix, Reinhard. 1964. *Max Weber. Das Werk.* München: Beck.

Bendix, Reinhard. 1982. *Freiheit und historisches Schicksal.* Frankfurt a. M.: Suhrkamp.

Bentham, Jeremy. 1789/1970. *An Introduction to the Principles of Morals and Legislation.* Hg. von James H. Burns und Herbert L.A. Hart. London: Attlestone Press.

Bernstein, Eduard. 1907. *Die Geschichte der Berliner Arbeiter-Bewegung: ein Kapitel zur Geschichte der deutschen Sozialdemokratie.* 2 Bde. Berlin: Vorwärts.

Bernstein, Eduard. 1969. *Die Voraussetzungen des Sozialismus und die Aufgaben der Sozialdemokratie.* Reinbek bei Hamburg: Rowohlt.

Bernstein, Richard. 1971. *Praxis and Action.* Philadelphia: Duckworth.

Bernstein, Richard. 1985. *Philosophical Profiles: Essays in Pragmatic Mode.* Oxford: Polity Press.

Besnard, Philippe (Hg.). 1983. *The Sociological Domain. The Durkheimians and the Founding of French Sociology.* Cambridge: Cambridge University Press.

Blumer, Herbert. 1969. *Symbolic Interactionism.* Englewood Cliffs, N.J.: Prentice-Hall.

Bourdieu, Pierre. 1979. *La distinction. Critique social du jugement.* Paris: Minuit.

Bousquet, Georges-Henri. 1960. *Pareto (1848–1923). Le savent et l'homme.* Lausanne/Paris: Payot.

Braudel, Fernand. 1986. *L'identité de la France. Espace et Histoire.* Paris: Arthaud-Flammarion (Deutsche Übersetzung: 1989. *Frankreich. 1 Raum und Geschichte.* Stuttgart: Klett-Cotta.)

Brentano, Lujo. 1901. *Ethik und Volkswirtschaft in der Geschichte. Rektoratsrede gehalten am 23. Nov. 1901.* München: C. Wolf & Sohn.

Breuer, Stefan. 1991. *Max Webers Herrschaftssoziologie.* Frankfurt a. M.: Campus.

Breuer, Stefan. 1993. *Anatomie der konservativen Revolution.* Darmstadt: Wissenschaftliche Buchgesellschaft.

Breuer, Stefan. 1994. *Bürokratie und Charisma. Zur politischen Soziologie Max Webers.* Darmstadt: Wissenschaftliche Buchgesellschaft.

Breuer, Stefan. 1998. *Der Staat. Entstehung, Typen, Organisationsstadien.* Reinbek bei Hamburg: Rowohlt.

Breuer, Stefan. 1999. *Georg Jellinek und Max Weber. Von der sozialen zur soziologischen Staatslehre.* Baden-Baden: Nomos.

Brubaker, Rogers. 1984. *The Limits of Rationality: An Essay on the Social and Moral Thought of Max Weber.* London: George Allen & Unwin.

Bulmer, Martin. 1984. *The Chicago School of Sociology: Institutionalization, Diversity, and the Rise of Sociological Research.* Chicago: University of Chicago Press.

Burawoy, Michael. 1979. *Manufacturing Consent: Changes in the Labor Process under Monopoly Capitalism.* Chicago: University of Chicago Press.

Burger, Thomas. 1976. *Max Weber's Theory of Concept Formation: History, Laws and Ideal Types.* Durham, N.C.: Duke University Press.

Castells, Manuel. 1979. *The Urban Question: A Marxist Approach.* Cambridge: MIT Press.

Castells, Manuel. 2000. *The Information Age: Economy, Society and Culture.* 3 Bde. Oxford: Blackwell.

Castoriadis, Cornelius. 1987. *The Imaginary Institution of Society.* Cambridge: Polity Press.

Clark, Terry N. 1973. *Prophets and Patrons. The French University and the Emergence of the Social Science*. Cambridge: Harvard University Press.

Cohen, Gerald A. 1978. *Karl Marx's Theory of History*. Princeton, NJ: Princeton University Press.

Cohen, Jere, Lawrence Hazelrigg and Whitney Pope. 1975. „DeParsonizing Weber: A Critique of Parsons's Interpretation of Weber's Sociology." *American Sociological Review*, 40, S. 229–241.

Comte, Auguste. 1830–42/1969a. *Cours de philosophie positive*. 6 Bde. Brüssel: Culture et civilisation. (Auszugsweise deutsche Übersetzung: 1974. *Die Soziologie. Die positive Philosophie im Auszug*. 2. Auflage mit einer Einleitung von J. v. Kempski. Stuttgart: Kröner.)

Comte, Auguste. 1851–54/1969b. *Système de politique positive*. Brüssel: Culture et Civilisation.

Condorcet, Marie Jean Caritat Marquis de. 1795/1982. *Esquisse d'un tableau historique des progrès de l'esprit humain*. Hildesheim: Olms. (Deutsche Übersetzung: 1976. *Entwurf einer historischen Darstellung der Fortschritte des menschlichen Geistes*. Hg. v. Wilhelm Alff. Frankfurt a. M.: Suhrkamp)

Cook, Gary Allan. 1993. *G.H. Mead. The Making of a Social Pragmatist*. Urbana, Ill.: University of Illinois Press.

Coleman, James. 1990. *Foundations of Social Theory*. Cambridge Mass.: Belknap Press of Harvard University Press.

Cooley, Charles H. 1902/1964. *Nature and the Social Order*. New York: Schocken.

Cooley, Charles H. 1909/1962. *Social Organization*. New York: Schocken.

Coser, Lewis A. 1977. *Masters of Sociological Thought*. New York: Harcourt Brace Jovanovich.

Coser, Lewis A. 1956. *The Functions of Social Conflict*. New York: Free Press.

Coser, Lewis A. 1967. *Continuities in the Study of Social Conflict*. New York: Free Press.

Dahme, Heinz-Jürgen. 1981. *Soziologie als exakte Wissenschaft. Georg Simmels Ansatz und seine Bedeutung in der gegenwärtigen Soziologie*. Stuttgart: Enke.

Dahme, Heinz-Jürgen und Otthein Rammstedt. 1983. „Einleitung". In: Georg Simmel, *Schriften zur Soziologie*, S. 7–34. Hg. von Heinz-Jürgen Dahme und Otthein Rammstedt. Frankfurt a. M.: Suhrkamp.

Denzin, Norman. 1977. *Childhood Socialization: Studies in the Development of Language, Social Behavior, and Identity*. San Francisco: Jossey Bass.

Descartes, René. 1637/1963. „Discours de la méthode." In: *Œuvres philosophiques*. Bd. 1. Paris: Garnier. (Deutsche Übersetzung: 1993. *Abhandlung über die Methode des richtigen Vernunftgebrauchs und der wissenschaftlichen Wahrheitsforschung*. Ins Deutsche übertragen von Kuno Fischer. Erneuert und mit einem Nachwort versehen von Hermann Glockner. Stuttgart: Reclam.)

Dewey, John. 1922. *Human Nature and Human Conduct*. New York: Henry Holt.

Dewey, John. 1927. *The Public and its Problems*. New York: Henry Holt.

Dewey, John. 1977. *The Essential Writings*. Hg. von D. Sidersky. New York: Harper & Row.

Dilthey, Wilhelm. 1924/1964. *Die geistige Welt. 1: Abhandlungen zur Grundlegung der Geisteswissenschaften*. In: *Gesammelte Schriften*. Bd. 5. Stuttgart: Teubner.

Dilthey, Wilhelm. 1883/1968. *Der Aufbau der geschichtlichen Welt in den Geisteswissenschaften*. In: *Gesammelte Schriften*. Bd. 7. Stuttgart: Teubner.

Djilas, Milovan. 1957. *The New Class: An Analysis of the Communist System*. New York: Praeger.

Douglas, Mary. 1996. *Thought Styles. Critical Essays on Good Taste.* London: Sage.

Durkheim, Emile. 1912/1968. *Les formes élémentaires de la vie religieuse.* Paris: Presses Universitaires de France. (Deutsche Übersetzung: 1981. *Die elementaren Formen des religiösen Lebens.* Frankfurt a. M.: Suhrkamp.)

Durkheim, Emile. 1950/1969. *Leçons de sociologie. Physique des mœurs et du droit.* Paris: Presses Universitaires de France. (Deutsche Übersetzung: 1991. *Physik der Sitten und des Rechts.* Frankfurt a. M.: Suhrkamp.)

Durkheim, Emile. 1914/1970. „Le dualism de la nature humaine et ses conditions sociales." In: *La science sociale et l'action,* S. 314–332. Hg. von Jean Claude Filloux. Paris: Presses Universitaires de France.

Durkheim, Emile. 1893/1973a. *De la division du travail social.* Paris: Presses Universitaires de France. (Deutsche Übersetzung: 1992. *Über soziale Arbeitsteilung: Studie über die Organisation höherer Gesellschaften.* Frankfurt a. M.: Suhrkamp.)

Durkheim, Emile. 1895/1973b. *Les règles de la méthode sociologique.* Paris: Presses Universitaires de France. (Deutsche Übersetzung: 1961. *Die Regeln der soziologischen Methode.* Neuwied/Berlin: Luchterhand.)

Durkheim, Emile. 1897/1973c. *Le suicide.* Paris: Presses Universitaires de France. (Deutsche Übersetzung: 1976a. *Der Selbstmord.* Neuwied/Berlin: Luchterhand.)

Durkheim, Emile. 1924/1974a. *Sociologie et philosophie.* Paris: Presses Universitaires de France. (Deutsche Übersetzung: 1976b. *Soziologie und Philosophie.* Frankfurt a. M.: Suhrkamp.)

Durkheim, Emile. 1925/1974b. *L'éducation morale.* Paris: Presses Universitaires de France. (Deutsche Übersetzung: 1973d. *Erziehung, Moral und Gesellschaft.* Neuwied/Berlin: Luchterhand.)

Eiben, Jürgen. 1989. *Von Luther zu Kant. Der deutsche Sonderweg in die Moderne.* Wiesbaden: Deutscher Universitätsverlag.

Eisermann, Gottfried. 1987. *Vilfredo Pareto. Ein Klassiker der Soziologie.* Tübingen: Mohr Siebeck.

Eisermann, Gottfried. 1989. *Max Weber und Vilfredo Pareto. Dialog und Konfrontation.* Tübingen: Mohr Siebeck.

Elster, Jon. 1985. *Making Sense of Marx.* Cambridge: Cambridge University Press.

Esser, Hartmut. 1996. *Soziologie. Allgemeine Grundlagen.* Frankfurt a. M.: Campus.

Etzioni, Amitai. 1998. *Die Entdeckung des Gemeinwesens. Ansprüche, Verantwortlichkeiten und das Programm des Kommunitarismus.* Frankfurt a. M.: Fischer.

Fenton, Steve. 1984. *Durkheim and Modern Sociology.* Cambridge: Cambridge University Press.

Fetscher, Iring (Hg.). 1962. *Der Marxismus. Seine Geschichte in Dokumenten.* 2 Bde. München: Piper.

Fiedler, Georg. 2001. „Suizide, Suizidversuche und Suizidalität." www. suicidology.de/online-text/daten.pdf

Fine, Gary Alan. 1984. „Negotiated Orders and Organization Cultures." *Annual Review of Sociology,* 10, S. 239–262.

Fine, Gary Alan. 1987. *With the Boys: Little League Baseball and Preadolescent Culture.* Chicago: University of Chicago Press.

Fine, Gary Alan and Sherryl Kleinmann. 1983. „Network and Meaning; An Interactionist Approach to Social Structure." *Symbolic Interaction,* 6, S. 97–110.

Fine, Gary Alan and Sherryl Kleinmann. 1986. „Interpreting the Sociological Classics: Can There be a ‚True' Meaning of Mead?" *Symbolic Interaction*, 9, S. 129–146.

Fricke, Susanne, Armin Schmidtke und Bettina Weinacker. 1997. „Epidemiologie von Suizid und Suizidversuchen." In: Thomas Giernalczyk (Hg.), *Suizidgefahr – Verständnis und Hilfe*. S. 25–33. Tübingen: dgut-Verlag,.

Frisby, David. 1984. *Georg Simmel*. Chichester: Ellis Horwood.

Frisby, David (Hg.). 1989. *Fragmente der Moderne. Georg Simmel, Siegfried Kracauer, Walter Benjamin*. Rheda-Wiedenbrück: Daedalus.

Frisby, David. 1992. *Sociological Impressionism: A Reassessment of Georg Simmel's Social Theory*. 2. überarb. Auflage. London: Heinemann.

Frisby, David (Hg.). 1994. *Georg Simmel. Critical Assessments*. 3 Bde. London/New York: Sage.

Fromm. Erich. 1975. *Das Menschenbild bei Marx. Mit den wichtigsten Teilen der Frühschriften von Karl Marx*. Frankfurt a. M.: Europäische Verlags-Anstalt.

Fügen, Hans Norbert. 1985. *Max Weber mit Selbstzeugnissen und Bilddokumenten*. Reinbek bei Hamburg: Rowohlt.

Gephart, Werner. 1990. *Strafe und Verbrechen. Die Theorie Emile Durkheims*. Opladen: Leske + Budrich.

Gephart, Werner. 1993. *Gesellschaftstheorie und Recht*. Frankfurt a. M.: Suhrkamp.

Gephart, Werner. 1998. *Handeln und Kultur. Vielfalt und Einheit der Kulturwissenschaften im Werk Max Webers*. Frankfurt a. M.: Suhrkamp.

Gephart, Werner. 1999. *Religion, Kultur und Gesellschaft. Zwischen Säkularisierung und Resakralisierung*. Opladen: Leske + Budrich.

Giddens, Anthony. 1977. „Durkheim's Political Sociology". In: Anthony Giddens, *Studies in Social and Political Theory*. London: Hutchinson, S. 235–272.

Giddens, Anthony und Jonathan H. Turner. 1987. *Social Theory Today*. Cambridge: Polity Press.

Gottlieb, Roger S. (Hg.) 1989. *An Anthology of Western Marxism. From Lukács and Gramsci to Socialist Feminism*. New York: Oxford University Press.

Gramsci, Antonio. 1932/1972. *Briefe aus dem Kerker*. Frankfurt a. M.: S. Fischer.

Gramsci, Antonio. 1991–2001. *Gefängnishefte. Kritische Gesamtausgabe*. 10 Bde. Hg. von Klaus Bochmann und Wolfgang Haug. Hamburg: Argument.

Gray, Tim S. 1996. *The Political Philosophy of Herbert Spencer. Individualism and Organism*. Aldershot: Avebury.

Habermas, Jürgen. 1976. *Zur Rekonstruktion des historischen Materialismus*. Frankfurt a. M.: Suhrkamp.

Habermas, Jürgen. 1981. *Theorie des kommunikativen Handelns*. 2 Bde. Frankfurt a. M.: Suhrkamp.

Hamilton, Peter (Hg.). 1990. *Emile Durkheim. Critical Assessments*. 4 Bde. London: Sage.

Hamilton, Peter (Hg.). 1991. *Max Weber. Critical Assessments*. 4 Bde. London: Sage.

Hegel, Georg Wilhelm Friedrich. 1820/1995. *Grundlinien der Philosophie des Rechts*. Hamburg: Meiner.

Heitmeyer, Wilhelm. 1997a. *Was hält die Gesellschaft zusammen?* Frankfurt a. M.: Suhrkamp.

Heitmeyer, Wilhelm. 1997b. *Was treibt die Gesellschaft auseinander?* Frankfurt a. M.: Suhrkamp.

Helle, Horst Jürgen. 2001. *Georg Simmel. Einführung in seine Theorie und Methode.* München/Wien: Oldenbourg.

Heller, Agnes. 1976. *The Theory of Need in Marx.* New York: St. Martin's.

Hennis, Wilhelm. 1987. *Max Webers Fragestellung: Studien zur Biographie des Werks.* Tübingen: Mohr Siebeck.

Hennis, Wilhelm. 1996. *Max Webers Wissenschaft vom Menschen. Neue Studien zur Biographie des Werks.* Tübingen: Mohr Siebeck.

Hinkle, Roscoe. 1980. *Founding Theory of American Sociology: 1881–1915.* London: Routledge.

Hobbes, Thomas. 1651/1966. *Leviathan.* In: *Collected English Works of Thomas Hobbes.* Hg. von William Molesworth. Bd. 3. Aalen: Scientia. (Deutsche Übersetzung: 1996. *Levitiathan.* Aus dem Engl. übertr. von Jutta Schlösser. Mit einer Einf. und hg. von Hermann Klenner. Hamburg: Meiner.)

Hofstadter, David. 1959. *Social Darwinism in American Thought.* New York: Braziller.

Holton, Robert und Bryan S. Turner. 1989. *Max Weber on Economy and Society.* London: Routledge.

Homans, George C. 1961. *Social Behavior: Its Elementary Forms.* New York: Harcourt, Brace, Jovanovich. (Deutsche Übersetzung: 1972. *Die Elementarformen sozialen Verhaltens.* 2. Aufl. Opladen: Westdeutscher Verlag.)

Honneth, Axel und Hans Joas. 1980. *Soziales Handeln und menschliche Natur. Anthropologische Grundlagen der Sozialwissenschaften.* Frankfurt a. M.: Suhrkamp.

Horkheimer, Max und Theodor W. Adorno. 1947. *Dialektik der Aufklärung.* Amsterdam: Nijhoff.

Hübner, Peter. 1967. *Herrschende Klasse und Elite. Eine Strukturanalyse der Gesellschaftstheorien Moscas und Paretos.* Berlin: Duncker & Humblot.

Hughes, Everett C. 1958. *Men and Their Work.* Glencoe, Ill.: Free Press.

Hughes, Everett C. 1971. *The Sociological Eye: Selected Papers of Everett Hughes.* Chicago: University of Chicago Press.

Hughes, Everett C. und Edgar T. Thompson. 1968. *Race: Individual and Collective Behavior.* Glencoe, Ill.: Free Press.

Hume, David. 1739/1978. *A Treatise on Human Nature.* Hg. von Lewis A. Selby-Bigge. Oxford: Clarendon Press. (Deutsche Übersetzung: 1959. *Ein Traktat über die menschliche Natur.* Buch I. Übersetzt und mit Anmerkungen versehen von Theodor Lipps. Hamburg: Meiner.)

Hume, David. 1777/1980. *Enquiries Concerning the Human Understanding and Concerning the Principles of Morals.* Hg. von L.A. Selby-Bigge. Oxford: Clarendon Press. (Deutsche Übersetzung des ersten Teils: 1993. David Hume. *Eine Untersuchung über den menschlichen Verstand.* Übersetzt von Raoul Richter. Hamburg: Meiner. Deutsche Übersetzung des zweiten Teils: 2002. David Hume. *Untersuchungen über die Prinzipien der Moral.* Hg. von Manfred Kühn. Hamburg: Meiner.)

Israel, Joachim. 1971. *Alienation: From Marx to Modern Sociology.* Boston: Allyn and Bacon.

James, William. 1907. *Pragmatism: A New Name for Some Old Ways of Thinking.* New York: Longmans & Green.

Jessop, Bob. 1990. *State Theory. Putting Capitalist States in Their Places.* Cambridge: Polity.

Joas, Hans. 1980. *Praktische Intersubjektivität. Die Entwicklung des Werkes von George Herbert Meads.* Frankfurt a. M.: Suhrkamp.

Joas, Hans (Hg.). 1985. *Das Problem der Intersubjektivität. Neuere Beiträge zum Werk George Herbert Mead.* Frankfurt a. M.: Suhrkamp.

Joas, Hans. 1987. „Symbolic Interactionism." In: Anthony Giddens und Jonathan H. Turner (Hg.), *Social Theory Today*, S. 82–115. Cambridge: Polity Press.

Joas, Hans. 1993. *Die Kreativität des Handelns.* Frankfurt a. M.: Suhrkamp.

Joas, Hans. 1997. *Die Entstehung der Werte.* Frankfurt am Main: Suhrkamp.

Jung, Werner. 1990. *Georg Simmel zur Einführung.* Hamburg: Junius.

Kaesler, Dirk. 1997. „Der retuschierte Klassiker. Zum gegenwärtigen Forschungsstand der Biographie Max Webers. In: Dirk Kaesler, *Soziologie als Berufung. Bausteine einer selbstbewußten Soziologie*, S. 63–79. Opladen: Westdeutscher Verlag.

Kaesler, Dirk. 1998. *Max Weber. Eine Einführung in Leben, Werk und Wirkung.* 2 Aufl. Frankfurt a. M.: Campus.

Kaesler, Dirk (Hg). 1999. *Klassiker der Soziologie.* 2 Bde. München: C.H. Beck.

Kalberg, Stephen. 2001. *Einführung in die historisch-vergleichende Soziologie Max Webers.* Wiesbaden: Westdeutscher Verlag.

Kant, Immanuel. 1781/1964a. *Kritik der reinen Vernunft.* In: *Werke in sechs Bänden.* Herausgegeben von Wilhelm Weischedel. Bd. 2. Frankfurt a. M.: Insel Verlag.

Kant, Immanuel. 1788/1964b. *Kritik der praktischen Vernunft.* In: *Werke sechs Bänden.* Herausgegeben von Wilhelm Weischedel. Bd. 4, S. 103–302. Frankfurt a. M.: Insel Verlag.

Kant, Immanuel. 1793/1964c. „Über den Gemeinspruch: Das mag in der Theorie richtig sein, taugt aber nicht für die Praxis." In: *Werke in sechs Bänden.* Hg. von Wilhelm Weischedel. Bd. 6, S. 125–72. Frankfurt a. M.: Insel Verlag.

Kautsky, Karl. 1927. *Die materialistische Geschichtsauffassung.* Berlin: Dietz.

Kemper, Theodore. 1978. *A Social Interactional Theory of Emotions.* New York: Wiley.

Kilminster, Richard. 1979. *Praxis and Method.* London: Routledge.

Kintzelé. Jeff und Peter Schneider (Hg.). 1993. *Georg Simmels Philosophie des Geldes.* Frankfurt a. M.: Hain.

Knies, Karl. 1853. *Die politische Ökonomie vom Standpunkt der geschichtlichen Methode.* Braunschweig: Schwetschke & Sohn.

Kohlberg, Lawrence. 1969. „Stage and Sequence: The Cognitive-Developmental Approach to Socialization." In: David A. Goslin (Hg.), *Handbook of Socialization Theory and Research*, S. 347–480. Chicago: Rand McNally.

Kolakowski, Leszek. 1979. *Die Hauptströmungen des Marxismus: Entstehung, Entwicklung, Zerfall.* 3 Bde. München: Piper.

Köhnke, Klaus Christian. 1996. *Der junge Simmel in Theoriebeziehungen und sozialen Bewegungen.* Frankfurt a. M.: Suhrkamp.

König, René. 1958. *Grundformen der Gesellschaft: Die Gemeinde.* Hamburg: Rowohlt.

König, René. 1962. „Die Religionssoziologie bei Emile Durkheim." In: Dietrich Goldschmidt und Joachim Matthes (Hg.), *Probleme der Religionssoziologie*, S. 39–46. Opladen: Westdeutscher Verlag.

König, René. 1978. *Emile Durkheim zur Diskussion. Jenseits von Dogmatismus und Skepsis.* München/Wien: Hanser.

Kuhn, Manford. 1964a. „Major Trends in Symbolic Interaction Theory in the Past Twenty-Five Years." *Sociological Quarterly*, 5, S. 61–84.

Kuhn, Manford. 1964b. „The Reference Group Reconsidered." *Sociological Quarterly*, 5, S. 6–21.

Landmann, Michael. 1958. „Bausteine zur Biographie." In: Kurt Gassen und Michael Landmann (Hg.), *Buch des Dankes. Briefe, Erinnerungen*, Bibliopraphie. Berlin: Duncker & Humblot.

Lask, Emil. 1923. *Gesammelte Schriften*. Hg. von Eugen Herrigel. 3 Bde. Tübingen: Mohr Siebeck.

Lazarsfeld, Paul F. and Morris Rosenberg (Hg.). 1955. *The Language of Social Research*. Glencoe, Ill.: Free Press.

Lenin, Wladimir Iljitsch. 1902/1970. *Was tun? Brennende Fragen unserer Bewegung*. Berlin: Dietz.

Levine, Donald N. (Hg.). 1971 *Georg Simmel on Individuality and Social Forms*. Chicago: University of Chicago Press.

Levine, Donald N. 1980. *Simmel and Parsons. Two Approaches to the Study of Sociology*. Reprint of Thesis, University of Chicago, 1957. New York: Arno.

Levine, Donald N. 1985. *The Flight from Ambiguity: Essays in Social and Cultural Theory*. Chicago: University of Chicago Press.

Levine, Donald N. 1995. *Visions of the Sociological Tradition*. Chicgao, Ill: University of Chicago Press.

Levine, Donald N., Ellwood B. Carter und Eleanor Miller Gorman. 1976a. „Simmel's Influence on American Sociology – I." *American Journal of Sociology* 81, S. 813–845.

Levine, Donald N., Ellwood B. Carter und Eleanor Miller Gorman. 1976b. „Simmel's Influence on American Sociology – II." *American Journal of Sociology* 81, S. 1112–1132.

Lévi-Strauss, Claude. 1947. *Les structures élémentaires de la parenté*. Paris: Mouton. (Deutsche Übersetzung: 1981. *Die elementaren Strukturen der Verwandtschaft*. Frankfurt a. M.: Suhrkamp.)

Lewis, J. David and Richard L. Smith. 1980. *American Sociology and Pragmatism: Mead, Chicago School, and Symbolic Interactionism*. Chicago: University of Chicago Press.

Lichtblau, Klaus. 1997. *Georg Simmel*. Frankfurt a. M. : Campus.

Lipietz, Alain. 1987. *Mirages and Miracles: The Crises of Global Fordism*. London: Verso.

Lipietz, Alain. 1993. *Towards a New Economic Order: Postfordism, Ecology, and Democracy*. Cambridge: Polity.

Locke, John. 1690/1963. „Two Treatises on Government". In: *The Works*. 10 Bde. Aalen, Germany: Scientia. (Deutsche Übersetzung: 1970. *Zwei Abhandlungen über die Regierung*. Frankfurt a. M.: Europäische Verlagsanstalt.)

Luhmann, Niklas. 1984. *Soziale Systeme*. Frankfurt a. M.: Suhrkamp.

Luhmann, Niklas. 1997. *Die Gesellschaft der Gesellschaft*. 2 Bde. Frankfurt a. M.: Suhrkamp.

Lukács, Georg. 1923/1968. *Geschichte und Klassenbewußtsein*. 2 Bde. Neuwied: Luchterhand.

Lukes, Steven. 1985. *Emile Durkheim. His Life and Work: A Historical and Critical Study*. Stanford, Calif.: Stanford University Press.

Macchiavelli, Niccolò. 1532/1979. *Il Principe*. Turin: Einaudi.

Maffesoli, Michel. 1988a. *Le temps des tribus: le déclin de l'individualisme dans les sociétes de masse*. Paris: Librairie des Meridiens Klinksieck.

Maffesoli, Michel. 1988b. „Ein Vergleich zwischen Durkheim und Simmel." In: Otthein Rammstedt (Hg.), *Simmel und die frühen Soziologen. Nähe und Distanz zu Durkheim, Tönnies und Max Weber,* S. 163–180. Frankfurt a. M.: Suhrkamp.

Mann, Michael. 1986. *The Sources of Social Power*. Bd. 1. New York: Cambridge University Press.

Mannheim, Karl. 1929. *Ideologie und Utopie*. Bonn: Cohen.

Markovic, Mihailo. 1968. *Dialektik der Praxis*. Frankfurt a. M.: Suhrkamp.

Marx-Engels-Lenin-Institut. 1971. *Karl Marx. Chronik seines Lebens in Einzeldaten*. Glashütten im Taunus: Detlev Auermann.

Marx, Karl. 1843/1956. *Zur Kritik der Hegelschen Rechtsphilosophie. Kritik des Hegelschen Staatsrechts. Einleitung*, S. 201–333, 378–391. Marx-Engels Werke. Bd. 1. Berlin: Dietz.

Marx, Karl. 1852/1960. *Der achtzehnte Brumaire des Louis Bonaparte*. Marx-Engels Werke. Bd. 8, S. 111–207. Berlin: Dietz.

Marx, Karl. 1859/1961. *Zur Kritik der politischen Ökonomie*, S. 3–160. Marx-Engels Werke. Bd. 13. Berlin: Dietz.

Marx, Karl. 1867/1962, 1885/1963, 1894/1964. *Das Kapital*. 3 Bde. Marx-Engels Werke. Bd. 23–25. Berlin: Dietz.

Marx, Karl. 1844/1968. *Ökonomisch-philosophische Manuskripte aus dem Jahre 1844*. Marx-Engels Werke, Ergänzungsband. Teil 1, S. 465–588. Berlin: Dietz.

Marx, Karl. 1845/1969. *Thesen über Feuerbach*. Marx-Engels Werke. Bd. 3, S. 5–7. Berlin: Dietz.

Marx, Karl. 1841/1983. *Die Differenz der demokritischen und epikureischen Naturphilosophie*. Eingel. und bearb. von Erhard Lange. Berlin: Dietz.

Marx, Karl und Friedrich Engels. 1848/1959. *Manifest der kommunistischen Partei*. Marx-Engels Werke. Bd. 4, S. 459–493. Berlin: Dietz.

Marx, Karl und Friedrich Engels. 1846/1969. *Die deutsche Ideologie*. Marx-Engels Werke. Bd. 3, S. 9–530. Berlin: Dietz.

Marx, Karl und Friedrich Engels. 1845/1969. *Die heilige Familie, oder die Kritik der kritischen Kritik*. Marx-Engels-Werke. Bd. 2, S. 3–223. Berlin: Dietz.

Mead, George Herbert. 1908. „The Philosophical Basis of Ethics." *International Journal of Ethics*, 18, S. 311–323.

Mead, George Herbert. 1934. *Mind, Self, and Society*. Edited and introduction by Charles W. Morris. Chicago: University of Chicago Press. (Deutsche Übersetzung: 1968. *Geist, Identität und Gesellschaft aus der Sicht des Sozialbehaviorismus*. Frankfurt a. M.: Suhrkamp.)

Mead, George Herbert. 1936. *Movements of Thought in the Nineteeth Century*. Chicago: University of Chicago Press.

Mead, George Herbert. 1938. *The Philosophy of the Act*. Chicago: University of Chicago Press.

Mead, George Herbert. 1932/1959. *The Philosophy of the Present*. Chicago: University of Chicago Press.

Mead, George Herbert. 1964. *Selected Writings*. Hg. von Andrew Reck. Indianapolis, Ind.: Bobbs-Merrill.

Merton, Robert K. 1949/1968. *Social Theory and Social Structure*. New York: Free Press.

Mészáros, Istvan. 1970. *Marx's Theory of Alienation*. New York: Harper.

Miliband, Ralph. 1982. *Capitalist Democracy in Britain*. London: Oxford University Press.

Mill, John Stuart. 1861/1974. „Utilitarianism". In: *Utilitarianism, On Liberty; Essays on Bentham; Selected Writings of Jeremy Bentham and John Austin*. Hg. von Mary Warnock. Hecho En Westford, Mass.: New American Library. (Deutsche Übersetzung: 1976. *Der Utilitarismus*. Übers., Anm. und Nachw. von Dieter Birnbacher. Stuttgart: Reclam.)

Mommsen, Wolfgang J. 1959/1974a. *Max Weber und die deutsche Politik 1890–1920*. Tübingen: Mohr Siebeck.

Mommsen, Wolfgang J. 1974b. *Max Weber. Gesellschaft, Politik und Geschichte*. Frankfurt a. M.: Suhrkamp.

Montesqiueu, Charles de Secondat Baron de la Bréde et de. 1748. *De l'esprit des lois.* Paris: Garnier. (Deutsche Übersetzung: 1965. *Vom Geist der Gesetze.* Eingel., ausgew. und übers. von Kurt Weigand. Stuttgart: Reclam.)

Moore, Barrington. 1966. *Social Origins of Dictatorship and Democracy: Lord and Peasant in the Making of the Modern World.* Boston: Beacon Press. (Deutsche Übersetzung: 1974. *Soziale Ursprünge von Diktatur und Demokratie. Die Rolle der Grundbesitzer und Bauern bei der Entstehung der modernen Welt.* 3. Aufl. Frankfurt a. M.: Suhrkamp.)

Mosca, Gaetano. 1884. *Sulla teorica dei governi e sul governo parlamentari: studi storice e sociali.* Toronto: Loescher.

Mosca, Gaetano. 1896. *Elementi di Scienca politica.* Torino. (Deutsche Übersetzung: 1950. *Die herrschende Klasse. Grundlagen der politischen Wissenschaft.* München: Lehnen.)

Müller, David L. 1973. *G.H. Mead. Self, Language, and the World.* Austin, Tx: University of Texas Press.

Müller, Hans-Peter. 1983. *Wertkrise und Gesellschaftsreform. Emile Durkheims Schriften zur Politik.* Stuttgart: Enke.

Müller, Hans-Peter. 1992. „Durkheims Vision einer ‚gerechten' Gesellschaft." *Zeitschrift für Rechtssoziologie,* Jg. 13, S. 16–43.

Münch, Richard. 1986/1993. *Die Kultur der Moderne.* 2 Bde. Frankfurt a. M.: Suhrkamp.

Münch, Richard. 1982/1988. *Theorie des Handelns. Zur Rekonstruktion der Beiträge von Talcott Parsons, Emile Durkheim und Max Weber.* Frankfurt a. M.: Suhrkamp.

Münch, Richard. 2001. *Offene Räume. Soziale Integration diesseits und jenseits des National-staats.* Frankfurt a. M.: Suhrkamp.

Nau, Heino-Heinrich. 1997. *Eine „Wissenschaft vom Menschen". Max Weber und die Be-gründung der Sozialökonomik in der deutschsprachigen Ökonomie 1871 bis 1914.* Berlin: Duncker & Humblot.

Nedelmann, Birgitta. 1980. „Strukturprinzipien der soziologischen Denkweise Georg Sim-mels." *Kölner Zeitschrift für Soziologie und Sozialpsychologie,* 32, S. 559–73.

Nedelmann, Birgitta. 1991. „Individualization, Exaggeration and Paralysation: Simmel's Three Problems of Culture." *Theory, Culture & Society,* 8, S. 169–93.

Nedelmann, Birgitta. 1993. „Geld und Lebensstil. Georg Simmel – ein ‚Entfremdungstheoretiker'?" In: Jeff Kintzelé und Peter Schneider (Hg.). *Georg Simmels Philosophie des Geldes.* Frankfurt a. M.: Anton-Hain-Verlag.

Nedelmann, Birgitta. 1999. „Georg Simmel (1858–1918)." In: Dirk Kaesler (Hg.), *Klassiker der Soziologie,* Bd. 1, S. 127–149. München: C.H. Beck.

Nelson, Benjamin. 1949/1969. *The Idea of Usury. From Tribal Brotherhood to Universal Otherhood.* Chicago: University of Chicago Press.

Nelson, Benjamin. 1974. „Max Weber's Author's Introduction (1920): A Master Clue to His Main Aims." *Sociological Inquiry,* 44, S. 269–278.

Nisbet, Robert A. 1974. *The Sociology of Emile Durkheim.* New York: Oxford University Press.

Nisbet, Robert A. 1975. *Emile Durkheim.* Englewood Cliffs: Prentice Hall.

Offe, Claus. 1972. *Strukturprobleme des kapitalistischen Staates.* Frankfurt a. M.: Suhrkamp.

Offe, Claus. 1984. *„Arbeitsgesellschaft": Strukturprobleme und Zukunftsperspektiven.* Frank-furt a. M.: Campus.

Pareto, Vilfredo. 1901. „Un'applicazione di teorie sociologiche." In: *Rivista italiana di sociologia*, S. 402–456.

Pareto, Vilfredo. 1902–03. *Les sytèmes socialistes.* 2 Bde. Paris: Giard et Brière.

Pareto, Vilfredo. 1916. *Trattato di Sociologia generale.* 2 Bde. Florenz: Barbera. (Auszugsweise deutsche Übersetzung: 1955. *Allgemeine Soziologie.* Tübingen: Mohr Siebeck. 1962. *Paretos System der allgemeinen Soziologie.* Stuttgart: Enke.)

Pareto, Vilfredo. 1921. *Transformazione della Democrazia.* Mailand: Corbaccio.

Pareto, Vilfredo. 1998. *Logik und Typus. Beiträge zur soziologischen Handlungstheorie.* Hg. und mit einer Einl. vers. von Maurizio Bach. Konstanz: UVK.

Park, Robert E. 1950–55. *Collected Papers.* 3 Bde. Glencoe, Ill.: Free Press.

Park, Robert E. 1952. *Human Communities.* New York: Free Press.

Park, Robert E. und Ernest W. Burgess. 1921. *Introduction to the Science of Sociology.* Chicago: University of Chicago Press.

Parsons, Talcott. 1951. *The Social System.* New York: Free Press.

Parsons, Talcott. 1967. *Sociological Theory and Modern Society.* New York: Free Press.

Parsons, Talcott. 1937/1968. *The Structure of Social Action.* New York: Free Press.

Parsons, Talcott. 1971. *The System of Modern Societies.* Englewood Cliffs: Prentice Hall. (Deutsche Übersetzung: 1972. *Das System moderner Gesellschaften.* München: Juventa.)

Peel, John D.Y. 1971. *Herbert Spencer. The Evolution of a Sociologist.* London: Heinemann.

Peirce, Charles. 1974. „Some Consequences of Four Incapacities." In: *Collected Papers*, S. 156–169. Hg. von Charles Hawthorne and Paul Weiss. Cambridge, Mass.: Belknap.

Peters, Bernhard. 1993. *Die Integration moderner Gesellschaften.* Frankfurt/Main: Suhrkamp.

Piaget, Jean. 1932/1973. *Le jugement moral chez l'enfant.* Paris: Presses Universitaires de France. (Deutsche Übersetzung: 1973. *Das moralische Urteil beim Kinde.* Frankfurt a. M.: Suhrkamp.)

Piore, Michael and Charles Sabel. 1984. *The Second Industrial Divide.* New York: Basic Books.

Poggi, Gianfranco. 1978. *The Development of the Modern State: A Sociological Introduction.* London: Hutchinson.

Poggi, Gianfranco. 1983. *Calvinism and the Capitalist Spirit: Max Webers Protestant Ethic.* London: Macmillan.

Poggi, Gianfranco. 1993. *Money and the Modern Mind. Georg Simmel's Philosophy of Money.* Berkeley/Los Angeles/London: University of California Press.

Poggi, Gianfranco. 2000. *Durkheim.* Oxford: Oxford University Press.

Pope, Whitney. 1976. *Durkheim's Suicide: A Classic Analyzed.* Chicago: University of Chicago Press.

Poulantzas, Nicos. 1968. *Pouvoir politique et classes sociales de l'état capitaliste.* Paris: Maspero.

Powers, Charles H. 1987. *Vilfredo Pareto.* Newbury Park: Sage.

Prager, Jeffrey. 1981. „Moral Integration and Political Inclusion: A Comparison of Durkheim's and Weber's Theories of Democracy." *Social Forces*, 59, S. 918–950.

Quesnay, Francois. 1888/1965. *Œuvres économique et philosophiques.* Hg. von Auguste Oncken. Aalen: Scientia.

Raddatz, Fritz J. 1975. *Karl Marx. Eine politische Biographie.* Hamburg: Hoffmann und Campe.

Rammstedt, Otthein (Hg.). 1988. *Simmel und die frühen Soziologen. Nähe und Distanz zu Durkheim, Tönnies und Max Weber.* Frankfurt a. M.: Suhrkamp.

Ray, Larry. 1991. *Formal Sociology. The Sociology of Georg Simmel.* Aldershot/Brookfield: Elgar.

Rex, John. 1981. *Social Conflict: A Conceptual and Theoretical Analysis.* London: Longman.

Rex, John. 1986. *Race and ethnicity.* Milton Keynes: Open University Press.

Rickert, Heinrich. 1896–1902. *Die Grenzen der naturwissenschaftlichen Begriffsbildung. Eine logische Einleitung in die historischen Wissenschaften.* 2 Bde. Tübingen: Mohr.

Roemer, John E. 1982. „Methodological Individualism and Deductive Marxism." *Theory and Society,* 11, S. 513–520.

Rorty, Richard. 1982. *Consequences of Pragmatism: Essays 1972–1980.* Minneapolis: University of Minnesota Press.

Roscher, Wilhelm. 1854–92. *Grundlagen. System der Volkswirtschaft.* 5 Bde. Stuttgart: Cotta.

Roth, Günter. 1987. *Politische Herrschaft und Persönliche Freiheit.* Frankfurt a. M.: Suhrkamp.

Roth, Günther. 2001. *Max Webers deutsch-englische Familiengeschichte 1800–1950.* Tübingen: Mohr Siebeck.

Rousseau, Jean-Jacques. 1762/1964. *Du contrat social ou principes du droit politique.* In: *Œuvres complètes.* Hg. von Bernard Gagnebin und Marcel Raymond. Paris: Gallimard. (Deutsche Übersetzung: 1971. *Der Gesellschaftsvertrag.* Stuttgart: Reclam.)

Runciman, Walter Garrison. 1972. *A Critique of Max Weber's Philosophy of Social Science.* London: Cambridge University Press.

Saint-Simon, Claude-Henri de. 1865–78. *Œuvres de Saint Simon et d'Enfantin.* 47 Bde. Paris: E. Dentu.

Saussure, Ferdinand de. 1916. *Cours de linguistique générale.* Hg. von Ch. Bally und Ch.-A. Sechehaye. Lausanne-Paris: Payot.

Schleiermacher, Friedrich D.E. 1911. „Hermeneutik." In: *Werke.* Bd. 4, S. 135–206. Leipzig: Felix Meiner.

Schluchter, Wolfgang (Hg.). 1981. *Max Webers Studien über das antike Judentum. Interpretation und Kritik.* Frankfurt a. M.: Suhrkamp.

Schluchter, Wolfgang (Hg.). 1983. *Max Webers Studien über Konfuzianismus und Taoismus. Interpretation und Kritik.* Frankfurt a. M.: Suhrkamp.

Schluchter, Wolfgang. (Hg.). 1984. *Max Webers Studien über Hinduismus und Buddhismus. Interpretation und Kritik.* Frankfurt a. M.: Suhrkamp.

Schluchter, Wolfgang (Hg.). 1985. *Max Webers Sicht des antiken Christentums. Interpretation und Kritik.* Frankfurt a. M.: Suhrkamp.

Schluchter, Wolfgang (Hg.). 1987. *Max Webers Sicht des Islam. Interpretation und Kritik.* Frankfurt a. M.: Suhrkamp.

Schluchter, Wolfgang (Hg.). 1988a. *Max Webers Sicht des okzidentalen Christentums. Interpretation und Kritik.* Frankfurt a. M.: Suhrkamp.

Schluchter, Wolfgang. 1988b. *Religion und Lebensführung.* 2 Bde. Frankfurt a. M.: Suhrkamp.

Schluchter, Wolfgang. 1998. *Die Entstehung des modernen Rationalismus. Eine Analyse von Max Webers Entwicklungsgeschichte des Okzidents.* Frankfurt a. M.: Suhrkamp.

Schluchter, Wolfgang. 2000. *Individualismus, Verantwortungsethik und Vielfalt.* Weilerswist: Velbrück Wissenschaft.

Schmid, Michael und Margit Weihrich. 1996. *Herbert Spencer: Der Klassiker ohne Gemeinde. Eine Bibliographie und Biographie.* Göggingen/Augsburg: Jürgen Cromm Verlag.

Schmoller, Gustav. 1900–04. *Grundriss der Allgemeinen Volkswirtschaftslehre.* 2 Bde. Leipzig: Duncker & Humblot.

Schneider, Louis. 1967. *The Scottish Moralists: On Human Nature and Society.* Chicago: University of Chicago Press.

Schwinn, Thomas. 2001. *Differenzierung ohne Gesellschaft.* Weilerswist: Velbrück Wissenschaft.

Sellerberg, Ann-Mari.1994. *A Blend of Contradictions: Georg Simmel in Theory and Practice.* New Brunswick, N.J.: Transaction Publications.

Seyfarth, Constans und Walter M. Sprondel (Hg.). 1973. *Seminar: Religion und gesellschaftliche Entwicklung. Studien zur Protestantismus-Kapitalismus-These Max Webers.* Frankfurt a. M.: Suhrkamp.

Shaw, Clifford. 1930. *A Delinquent Boy's Own Story.* Chicago: University of Chicago Press.

Simmel, Georg. 1890. *Über Sociale Differenzierung.* Leipzig: Duncker & Humblot.

Simmel, Georg. 1892. *Einführungen in die Moralwissenschaft.* Berlin: Duncker & Humblot.

Simmel, Georg. 1906. *Vom Sein und vom Haben der Seele.* München: Duncker & Humblot.

Simmel, Georg. 1910. *Realität und Gesetzlichkeit im Geschlechtsleben.* Leipzig: Duncker & Humblot.

Simmel, Georg. 1917. *Grundfragen der Soziologie (Individuum und Gesellschaft).* Berlin und Leipzig: de Gruyter & Co.

Simmel, Georg. 1914/1926. *Der Konflikt der modernen Kultur.* Berlin: Duncker & Humblot.

Simmel, Georg. 1900/1992a. *Philosophie des Geldes.* Frankfurt a. M.: Suhrkamp.

Simmel, Georg. 1908/1992b. *Soziologie. Untersuchungen über die Formen der Vergesellschaftung.* Frankfurt a. M.: Suhrkamp.

Simmel, Georg. 1989–2004. *Gesamtausgabe.* 24 Bde. Hg. Von Otthein Rammstedt. Frankfurt a. M.: Suhrkamp.

Skocpol, Theda. 1979. *Social Revolutions.* New York: Cambridge University Press.

Smith, Adam. 1759/1966. *The Theory of Moral Sentiments.* New York: Bohn. (Deutsche Übersetzung: 1994. *Theorie der ethischen Gefühle.* Hamburg: Meiner.)

Smith, Adam. 1776/1937. *The Wealth of Nations.* New York: Modern Library. (Deutsche Übersetzung: 1999. *Der Wohlstand der Nationen. Eine Untersuchung seiner Natur und Ursachen.* 9 Aufl. München: DTV.)

Sorokin, Pitirim A. 1937–41. *Social and Cultural Dynamics.* 4 Bde. New York: American Book Co.

Spencer, Herbert. 1855. *The Principles of Psychology.* London: Longman.

Spencer, Herbert. 1862/1904. *First Principles.* London: Williams and Norgate.

Spencer, Herbert. 1867. *The Principles of Biology.* New York: Appleton.

Spencer, Herbert. 1873/1908. *The Study of Sociology.* London: Kegan Paul, Trench, Trübner & Co.

Spencer, Herbert. 1851/1970. *Social Statistics.* London: John Chapman.

Spencer, Herbert. 1852/1972a. „A Theory of Population deduced from the General Law of Animal Fertility." In: *On Social Evolution. Selected Writings,* S. 33–37. Hg. von J.D.Y. Peel. Chicago: University of Chicago Press.

Spencer, Herbert. 1852/1972b. „Progress: Its Law and Cause." In: *On Social Evolution. Selected Writings,* S. 38–52. Hg. von J.D.Y. Peel. Chicago: University of Chicago Press.

Spencer, Herbert. 1852/1972c. „The Social Organism." In: *On Social Evolution. Selected Writings,* S. 53–70. Hg. von J.D.Y. Peel. Chicago: University of Chicago Press.

Spencer, Herbert. 1972d. *On Social Evolution. Selected Writings.* Hg. Von John D. Y. Peel. Chicago: University of Chicago Press.

Spencer, Herbert. 1876–1897/1975. *The Principles of Sociology*. 3 Bde. Westport, Conn.: Greenwood Press.

Spohn, Wilfried. 2000. „Historische Soziologie." In: Richard Münch, Claudia Jauß und Carsten Stark (Hg.). *Soziologie 2000*, S. 101–16. München: Oldenburg.

Sprondel, Walter M. und Constans Seyfarth (Hg.). 1981. *Max Weber und die Rationalisierung sozialen Handelns*. Stuttgart: Enke.

Statistisches Bundesamt. 2000. *Statistisches Jahrbuch für die Bundesrepublik Deutschland 2000*. Stuttgart: Metzler-Poeschler.

Stojanovic, Svetozar. 1973. *Between Ideals and Reality: A Critique of Socialism and its Future*. London: Oxford University Press.

Strasser, Hermann. 1976. *The Normative Structure of Sociology*. London: Routledge.

Strauss, Anselm. 1959. *Mirrors and Masks: The Search for Identity*. Glencoe, Ill.: Sociology Press. (Deutsche Übersetzung: 1974. *Spiegel und Masken. Die Suche nach Identität*. Frankfurt a. M.: Suhrkamp.)

Strauss, Anselm. 1978. *Negotiations: Varieties, Contexts, Processes and Social Order*. San Francisco: Jossey-Bass.

Strauss, Anselm, et al. 1964. *Psychatric Ideologies and Institutions*. New York: Free Press.

Stryker, Sheldon. 1980. *Symbolic Interactionism: A Social Structural Vision*. Menloe Park: Benjamin Cummings.

Sumner, William G. 1906/1940. *Folkways*. Boston: Ginn.

Sweezy, Paul M. 1970. *Theorie der kapitalistischen Entwicklung*. Frankfurt a. M.: Suhrkamp.

Taylor, Michael W. 1992. *Men versus the State. Herbert Spencer and Late Victorian Individualism*. Oxford: Claredon Press.

Tenbruck, Friedrich. 1989. *Die kulturellen Grundlagen der Gesellschaft*. Opladen: Westdeutscher Verlag.

Tenbruck, Friedrich. 1999. *Das Werk Max Webers. Gesammelte Aufsätze zu Max Weber*. Tübingen: Mohr Siebeck.

Thomas, William I. 1937. *Primitive Behavior: An Introduction to the Social Sciences*. New York: McGraw-Hill.

Thomas, William I. 1972. „The Definition of the Situation." In: Jerome G. Manis und Bernard N. Meltzer (Hg.), *Symbolic Interaction*, S. 331–336. Boston: Allyn & Bacon.

Thomas, William I. and Dorothy S. Thomas. 1928. *The Child in America*. New York: Knopf.

Thomas, William I. and Florian Znaniecki. 1918–20. *The Polish Peasant in Europe and America*. 5 Bde. Boston: Badger.

Tiryakian, Edward A. 1962. *Sociologism and Existentialism*. Englewood Cliffs, N.J.: Prentice-Hall.

Tiryakian, Edward A. 1977. „Durkheim and Husserl: A Comparison of the Spirit of Positivism and the Spirit of Phenomenology." In: Joseph Bien (Hg.), *Phenomenology and the Social Sciences*, S. 20–43. Den Haag: Nijhoff.

Trasher, Frederick. 1927. *The Gang*. Chicago: University of Chicago Press.

Troeltsch, Ernst. 1912/1922. *Die Soziallehren der christlichen Kirchen und Gruppen*. Tübingen: Mohr Siebeck.

Türcke, Christoph und Gerhard Bolte. 1994. *Einführung in die kritische Theorie*. Darmstadt: Wissenschaftliche Buchgesellschaft.

Turgot, Anne Robert Jacques. 1972. *Œuvres de Turgot et documents le concernant*. Glashütten/Taunus: Auvermann.

Turner, Bryan S. 1974. *Weber and Islam: A Critical Study*. London: Routledge.

Turner, Bryan S. 1981. *For Weber: Essays in the Sociology of Fate*. London: Routledge.

Turner, Jonathan H. 1985. *Herbert Spencer: A Renewed Appreciation*. Beverly Hills: Sage.

Turner, Ralph H. 1976. „The Real Self: From Institution to Impulse." *American Journal of Sociology*, 81, S. 989–1016.

Turner, Ralph H. 1978. „The Role and the Person." *American Journal of Sociology*, 84, S. 1–23.

Turner, Stephen P. 1983. „Weber on Action." *American Sociological Review*, 48, S. 506–519.

Turner, Stephen P. (Hg.). 1993. *Emile Durkheim. Sociologist and Moralist*. London/New York: Routledge.

Universitätsklinikum Hamburg-Eppendorf. 2002. „Suicides in Germany." www.uke.uni-hamburg.de

Valade, Bernard. 1990. *Pareto – La naissance d'une autre sociologie*. Paris: Pr. Univ. de France.

Wagner, Gerhard und Hans Zipprian (Hg.). 1994. *Max Webers Wissenschaftslehre*. Frankfurt a. M.: Suhrkamp.

Wallerstein, Immanuel. 1974. *The Modern World System. Bd. 1: Capitalist Agriculture and the Origins of the European World-Economy in the Sixteenth Century*. New York: Academic Press.

Wallerstein, Immanuel. 1983. *The capitalist world-economy*. Cambridge: Cambridge University Press.

Wallwork, Ernest. 1972. *Durkheim, Morality and Milieu*. Cambridge: Harvard University Press.

Wallwork, Ernest. 1985. „Durkheim's Early Sociology of Religion". *Sociological Analysis* 46, S. 201–218.

Ward, Lester F. 1883/1902. *Dynamic Sociology*. 2 Bde. New York: Appleton.

Watson, John B. 1914. *Behavior: An Introduction to Comparative Psychology*. New York: Henry Holt.

Weber, Marianne. 1926/1984. *Max Weber. Ein Lebensbild*. Tübingen: Mohr Siebeck.

Weber, Max. 1920/1971a. *Gesammelte Aufsätze zur Religionssoziologie*. Bd. 3. Tübingen: Mohr Siebeck.

Weber, Max. 1921/1971b. *Gesammelte Politische Schriften*. Tübingen: Mohr Siebeck.

Weber, Max. 1920/1972a. *Gesammelte Aufsätze zur Religionssoziologie*. Bd. 1. Tübingen: Mohr Siebeck.

Weber, Max. 1920/1972b. *Gesammelte Aufsätze zur Religionssoziologie*. Bd. 2. Tübingen: Mohr Siebeck.

Weber, Max. 1920/1972c. „Die protestantische Ethik und der Geist des Kapitalismus." In: M. Weber, *Gesammelte Aufsätze zur Religionssoziologie*. Bd. 1, S. 17–206. Tübingen: Mohr Siebeck.

Weber, Max. 1922/1973. *Gesammelte Aufsätze zur Wissenschaftslehre*. Tübingen: Mohr Siebeck.

Weber, Max. 1922/1976. *Wirtschaft und Gesellschaft*. Tübingen: Mohr Siebeck.

Weber, Max. 1982. *Die Protestantische Ethik II. Kritiken und Antikritiken*. Hg. von J. Winckelmann, 4. Aufl., Gütersloh: Mohn.

Weber, Max. 1924/1988a. *Gesammelte Aufsätze zur Sozial- und Wirtschaftsgeschichte*. Tübingen: Mohr Siebeck.

Weber, Max. 1924/1988b. *Gesammelte Aufsätze zur Soziologie und Sozialpolitik*. Tübingen: Mohr Siebeck.

Weber, Max. 1923/1991. *Wirtschaftsgeschichte. Aus den nachgelassenen Vorlesungen*. Hg. von S. Hellman und M. Palyi. München: Duncker & Humblot.

Weber, Max. 1984–2001. *Gesamtausgabe*. Hg. von Horst Baier, M. Rainer Lepsius, Wolfgang J. Mommsen und Wolfgang Schluchter. Tübingen: Mohr Siebeck.

Weinstein, Deena und Michael A. Weinstein. 1993. *Postmodern(ized) Simmel*. London: Routledge.

Weiss, Hilde. 1993. *Soziologische Theorien der Gegenwart*, Wien/New York: Springer.

Weiß, Johannes. 1975. *Max Webers Grundlegung der Soziologie*. München: UTB.

Weiß, Johannes. 1981. *Das Werk Max Webers in der marxistischen Rezeption und Kritik*. Opladen: Westdeutscher Verlag.

Weiß, Johannes (Hg.). 1989. *Max Weber heute. Erträge und Probleme der Forschung*. Frankfurt a. M.: Suhrkamp.

Weiß, Johannes. 1992. *Max Webers Grundlegung der Soziologie*. 2. überarb. Aufl. München: Saur.

Wiese, Leopold von. 1924–29/1966. *System der allgemeinen Sociologie*. Berlin: Duncker & Humblot.

Wiley, Norbert. 1979. „The Rise and the Fall of Dominating Theories in American Sociology." In: William Snizek, Ellsworth Fuhrman, and Michael Miller (Hg.), *Contemporary Issues in Theory and Research*, S. 47–79. Westport, Conn.: Greenwood Press.

Wiltshire, David. 1978. *The Social and the Political Thought of Herbert Spencer*. Oxford: Oxford University Press.

Windelband, Wilhelm. 1909. *Die Philosophie im deutschen Geistesleben des XIX. Jahrhunderts*. Tübingen: Mohr.

Wirth, Louis. 1938. „Urbanism as a Way of Life." *American Journal of Sociology*, 44, S. 1–24.

Wirth, Louis. 1964. *On Cities and Social Life: Selected Papers of Louis Wirth*. Chicago: University of Chicago Press.

Wirth, Louis. 1928/1969. *The Ghetto*. Chicago: University of Chicago Press.

Wolff, Kurt H. (Hg.). 1950. *The Sociology of Georg Simmel*. New York: Free Press.

Wolff, Kurt H. (Hg.). 1959. *Georg Simmel 1858–1918. A Collection of Essays with Translations and a Bibliography*. Columbus: Ohio State University Press.

# Namenverzeichnis

# Sachverzeichnis

# Sozialwissenschaften

Hans Joas (Hg.)
**Lehrbuch der Soziologie**
2001. 640 Seiten, mit 115 Bildern,
45 Tabellen und 54 Grafiken
ISBN 3-593-36388-7 (gebunden)
ISBN 3-593-36765-3 (kartoniert)

Dieses neuartige Lehrbuch gibt einen leicht verständlichen Überblick über die Gegenstandsbereiche und gleichzeitig eine Einführung in den neuesten Wissensstand der Disziplin. Der Text wird durch Abbildungen, Schaubilder und Tabellen aufgelockert. Jedes Kapitel schließt mit Kontrollfragen und einem Glossar. Neben der Bibliografie enthält das Lehrbuch eine Webliografie, die das Internet für Soziologen erschließt.

**Inhalt:** Die soziologische Perspektive (Hans Joas), Methoden soziologischer Forschung (Craig Calhoun), Kultur (Karl Siegbert Rehberg), Interaktion und Sozialstruktur (Ansgar Weymann), Sozialisation (Dieter Geulen), Der Lebenslauf (Walter R. Heinz), Abweichendes Verhalten (Fritz Sack / Michael Lindenberg), Gruppe und Organisation (Uwe Schimank), Klasse und Schichtung (Peter A. Berger), Nation und Ethnizität (Georg Elwert), Geschlecht und Gesellschaft (Gertrud Nunner-Winkler), Ehe und Familie (Rosemarie Nave-Herz / Corinna Onnen-Isemann), Bildung und Erziehung (Gero Lenhardt), Religion (Detlev Pollack), Gesundheit und Gesundheitswesen (Bernhard Badura / Günter Feuerstein), Wirtschaft und Arbeit (Helmut Voelzkow), Politik, Staat und Krieg (Claus Offe), Globale Integration und Ungleichheit (Hans-Dieter Evers), Bevölkerungsentwicklung (Rainer Münz / Ralf Ulrich), Städte, Gemeinden und Urbanisierung (Hartmut Häußermann), Soziale Bewegungen und kollektive Aktionen (Dieter Rucht / Friedhelm Neidhardt), Umwelt (Karl-Werner Brand / Fritz Reusswig)

Gerne schicken wir Ihnen unsere aktuellen Prospekte:
Campus Verlag · Kurfürstenstr. 49 · 60488 Frankfurt/M.
Tel. 069/97 65 16-0 · Fax -78 · www.campus.de

**campus**
*Frankfurt / New York*